# ESSAI

sur la

# MÉTAPHYSIQUE

D'ARISTOTE.

IMPRIMERIE DE H. FOURNIER ET Cⁱᵉ
7 RUE SAINT-BENOIT.

# ESSAI
## sur la
# MÉTAPHYSIQUE
## D'ARISTOTE

PAR

## FÉLIX RAVAISSON

Ἔστιν ἡ νόησις νοήσεως νόησις.
MÉTAPHYSIQUE, l. XII.

### TOME II

PARIS

LIBRAIRIE DE JOUBERT, ÉDITEUR
RUE DES GRÈS-SORBONNE, 14

—

M DCCC XLVI

Lorsque je publiais, il y a plusieurs années, le premier volume de cet Essai, j'annonçais que le deuxième en serait aussi le dernier; mais je n'avais pas alors mesuré exactement la carrière qu'il me restait à parcourir. A mesure que j'y ai avancé, j'ai reconnu que je ne pouvais comprendre dans un court espace, avec la conclusion où je dois essayer d'apprécier la Métaphysique d'Aristote et d'indiquer ses destinées à venir, l'histoire complète d'une doctrine si vaste et qui a exercé pendant tant de siècles, en tant de lieux différents, une si grande influence. Tout en m'efforçant d'abréger le plus possible, je me vois donc contraint de dépasser les limites dans lesquelles j'avais d'abord espéré me renfermer; et, au lieu de deux volumes, cet Essai en aura quatre; les trois derniers seront divisés de la manière suivante :

Le deuxième volume, que je publie aujourd'hui, se termine avec la philosophie ancienne.

Le troisième contiendra l'histoire de la Métaphysique, dans le Judaïsme, le Christianisme et l'Islamisme, en Orient et en Occident, jusqu'à la fin du moyen âge.

Le quatrième volume contiendra l'histoire de la Métaphysique dans les temps modernes, et la Conclusion de tout l'ouvrage.

Pendant toute la durée de ce long travail, M. Hector Poret, mon ancien maître, n'a cessé de me prêter, pour la révision des épreuves, le concours de son amitié et de son savoir. Je dois beaucoup à ses conseils et à ses soins. Qu'il me soit permis de l'en remercier ici.

23 décembre 1845.

# ESSAI
## SUR LA
# MÉTAPHYSIQUE
## D'ARISTOTE.

## QUATRIÈME PARTIE.

## HISTOIRE
### DE LA
## MÉTAPHYSIQUE D'ARISTOTE.

### LIVRE PREMIER.
#### HISTOIRE DE LA MÉTAPHYSIQUE D'ARISTOTE DANS L'ANTIQUITÉ.

### CHAPITRE I.
Successeurs d'Aristote : Théophraste, Straton, Dicéarque, etc.

La philosophie grecque ne s'était pas d'abord élevée au-dessus de l'idée de la nature. Ainsi que la religion au sein de laquelle elle avait pris naissance, et dont elle ne se détacha que peu à peu, elle avait dû, à son origine, tout envisager du point de vue des sens. Dominée, comme l'est d'abord l'intelligence humaine, par les sensations et l'imagination, elle n'avait vu que le monde sensible, et elle n'en avait pas cherché ailleurs les principes. Tout se réduisait pour elle au corps, à la matière, d'une ou de plusieurs espèces, plus ou moins grossière ou subtile, plus ou moins douée d'activité, de vie et d'intelligence. Science de la nature, science de l'homme et de Dieu, tout était compris dans la Physique [1].

Au premier éveil de la raison, au moment où, se séparant des sens, elle acquit le pouvoir de séparer aussi de la variété des choses sensibles ce qui s'y trouve d'universel, elle s'éleva à l'idée de l'existence, de l'être commun à tous les êtres divers dont se compose la nature. Elle posa le principe, si certain en apparence, en réalité si vague et si indéterminé, que ce qui n'est pas, que le non-être ne saurait en aucune manière exister [2]; fondement de la fameuse maxime : rien ne vient de rien, et par conséquent rien ne devient; rien ne change donc, et rien aussi n'est différent : car tout changement et toute diversité impliquent du non-être. La diversité, le changement, la pluralité que les sens nous attestent, ne sont donc qu'une trompeuse apparence, et il n'y a véritablement, il n'y a

---

[1] Voy. I$^{er}$ vol., part. III, liv. II, c. 1.
[2] Aristot. *Metaphys.* XIV, p. 294, l. 9, ed. Brandis :
Οὐ γὰρ μήποτε τοῦτ' οὐδαμῆ εἶναι μὴ ἐόντα.

pour la raison qu'un seul être, immobile, indivisible et éternel. Telle fut la philosophie de l'école d'Élée, et le premier essai de la dialectique[1].

Mais était-ce là sortir véritablement du cercle de la nature, et remonter à un principe supérieur? C'était seulement résoudre la nature dans une existence et unité universelle qui n'en diffère que par l'abstraction, et n'est que la nature même, considérée comme une. Aussi le Dieu de Xénophane et de Parménide n'est-il encore que le monde, étendu, quoique sans division, sous la forme d'une sphère immobile[2], uniformément pleine de sensation et de pensée, et la pensée n'est aux yeux de ces idéalistes ou spiritualistes prétendus, ni séparée ni réellement différente de la sensation[3].

---

[1] L'invention de la dialectique était attribuée par Aristote, dans le *Sophiste*, que nous n'avons plus, à Zénon d'Élée (Diog. Laert. IX, 25); mais elle est attribuée aussi à Xénophane; voy. Cicer. *Acad.* II, 42.

[2] Parmenid. ap. Simplic. *in Phys.*, f° 316 :

Πάντοθεν εὐκύκλου σφαίρης ἐναλίγκιον ὄγκῳ,
Μέσσοθεν ἰσοπαλὲς πάντῃ.

[3] Theophrast. *de Sensu*, c. 4 : Καὶ ὅλως δὲ πᾶν τὸ ὂν ἔχειν τινὰ γνῶσιν. Aristot. *de Xenoph. Zen. et Gorg.* c. 3 (en parlant de Xénophane) : Πάντῃ δ'ὅμοιον ὄντα (sc. τὸν θεὸν) σφαιροειδῆ εἶναι. — Dans son travail sur Xénophane (*Biographie universelle*, t. LI, p. 345-368, et *Nouveaux fragments philosophiques*, Paris, 1828, in-8°, p. 9 et suiv.), M. V. Cousin dit que cette expression est une métaphore, et même « qu'elle témoigne d'un théisme sévère; » et il présente la doctrine éléate comme un théisme spiritualiste, entièrement opposé au panthéisme : interprétation qui nous semble contraire et à la lettre des textes, et à l'esprit de cette haute antiquité. — Aristot. loc. laud. : Ὁρᾶν τε καὶ ἀκούειν τάς τε ἄλλας αἰσθήσεις ἔχοντα πάντῃ.

A peu près dans le même temps, se faisait jour une autre conception, qui, au premier aspect, paraissait destinée à expliquer la nature, sans l'anéantir, par des principes réellement supérieurs, objets distincts de la raison. Les Pythagoriciens avaient compris que ce qui rend raison de l'essence des choses, ce n'est pas, comme les premiers physiciens l'imaginaient, la matière dont elles se composent, mais plutôt les lois ou les formes qui règlent les rapports de leurs éléments. Ces lois, ces formes, ils les trouvaient dans les nombres, mesures de la quantité. Les mathématiques venaient de naître dans l'école des Pythagoriciens : il semblait d'abord que ce fût la science même, qui devait tout expliquer.

Cependant la dialectique se fortifiait et s'étendait. A l'imagination, reine des premiers âges, et de laquelle relèvent encore les mathématiques, succédait de plus en plus le raisonnement et le discours. Cultivé et perfectionné par ceux qui s'appelaient par excellence les maîtres de la sagesse, les Sophistes, l'art encore nouveau de traiter de toute chose et de résoudre en apparence toute question par des notions abstraites et les subtilités du langage, séduisait les esprits. Il donnait le jour à cette rhétorique qui contribua si puissamment à dissoudre

---

Theophrast. *de Sensu*, c. 4 : Τὸ γὰρ αἰσθάνεσθαι καὶ τὸ φρονεῖν ὡς ταὐτὸ λέγει. Aristot. *Metaphys*. IV, 5.

toutes les formes particulières de la société grecque : il ouvrait en même temps la carrière à une philosophie qui devait, ce semble, par une méthode universelle d'abstraction, découvrir enfin à tous les phénomènes particuliers dont le monde est l'ensemble, leur raison et leur explication hyperphysiques. En effet, les formes et les lois que les Pythagoriciens ont fait résider dans les nombres, Platon les cherche, à la suite de Socrate, dans les genres ou espèces, identiques et immuables parmi la diversité et les variations du monde sensible, unités communes à la multitude indéfinie des individus, et modèles parfaits dont ils sont d'imparfaites images. Dans cette théorie, l'essence de chaque homme, c'est donc la forme ou l'*idée* de l'homme, l'homme en général, l'homme absolu ; l'essence de chaque idée, l'idée plus générale dont elle est une espèce ; et enfin l'essence première et le principe de tout, ou Dieu, la plus générale de toutes les idées, c'est-à-dire l'idée universelle de l'unité. Ainsi, entre la pluralité des choses sensibles et l'unité absolue, Pythagore interposait le nombre, et Platon l'idée. Au lieu de la dialectique grossière des Éléates, le premier met en usage les spéculations mathématiques qui assujettissent la nature à des rapports et des proportions graduées ; le second, une dialectique plus savante qui accorde, dans une échelle ascendante d'idées de plus en plus générales, l'identité avec la variété, l'unité avec la multitude. C'est que l'un et l'autre ils ne rejettent pas, comme les Éléates, tout ce qui n'est pas l'être absolu. Au contraire, ils reconnaissent dans la nature l'alliance de l'être, sous la forme du nombre ou de l'idée, avec un néant d'existence, inexplicable à la raison et pourtant nécessaire, source de la pluralité et du changement, et auquel la matière se réduit, en dernière analyse [1]. C'est le je ne sais quoi auquel s'applique la forme, l'indéfini qu'elle mesure et qu'elle circonscrit, mais en quoi elle se disperse et se déploie.

Mais ce principe matériel, ce non-être ainsi conçu, et sans aucune détermination propre, ce n'est rien, ou c'est encore de l'être; ou plutôt c'est une abstraction trop générale, qui n'exprime encore rien de réel. Aussi le Pythagorisme et le Platonisme s'accordent-ils, au fond, avec l'école d'Élée comme avec l'atomisme de Démocrite, pour retrancher de la nature l'idée d'un passage du non-être à l'être, d'une génération véritable, et pour réduire tous les changements au mouvement dans l'espace d'éléments éternels, toute la physique au mécanisme [2].

En second lieu, dans la diversité des nombres et des idées où Pythagore et Platon font résider les

---

[1] Voy. surtout le Sophiste de Platon.
[2] Sur la physique atomistique des Pythagoriciens et de Platon, voy. I$^{er}$ volume, part. III, l. II, c. 2. Plutarque (*de Prim. frig.* 8), rapproche avec raison, pour la physique, Platon et Démocrite.

essences des choses, il leur faut reconnaître aussi la présence de l'élément inexplicable du non-être, et c'est en faisant remonter ainsi le principe matériel jusque dans les principes intelligibles, supérieurs à la matière, qu'ils se séparent principalement des Éléates. Or, s'il en est ainsi, rien n'empêche que le monde sensible ne s'explique par le seul monde intelligible. La nature n'est plus une image des nombres et des idées, distinguée de ses modèles éternels : elle en est le mélange, ou l'apparence à laquelle il donne lieu [1].

Mais alors où est la différence entre le monde intelligible et le sensible? Composés des mêmes éléments, ces deux mondes ne sont-ils pas une seule et même chose, qui n'est que logiquement double [2] ? En passant de la diversité sensible à l'unité absolue, sans intermédiaire, la dialectique éléate les représentait à la fois immédiatement coïncidentes l'une à l'autre, et entièrement opposées. La dialectique platonicienne dégage du monde sensible tout un monde d'idées qui le séparent de l'absolue unité; mais, par cela même, elle fait entrer dans ce monde supérieur tout ce que renferme l'autre. C'est le

[1] Voy. 1er vol., part. III, l. II, c. 2.

[2] Aristote dit : « En recourant aux idées pour expliquer les choses, on fait comme si, pour compter, on commençait par doubler. » Et ailleurs : « L'idée n'est que la chose même, que l'on fait précéder d'αὐτὸ : ἄνθρωπος, « αὐτὸ-ἄνθρωπος. C'est ainsi qu'on a conçu les dieux comme des hommes « éternels. »

même monde réduit à la condition de la généralité abstraite, et par conséquent dépouillé de l'existence réelle. Le progrès de la dialectique ne sert qu'à faire mieux voir qu'elle ne peut donner, par sa méthode superficielle de généralisation et d'abstraction, des principes et des causes efficaces, mais seulement les conditions logiques, et pour ainsi dire les cadres vides de l'existence ; formes sans substance, fantômes de l'entendement, doués par l'imagination d'une réalité indépendante qui ne leur appartient pas.

Tel est l'état dans lequel Aristote avait trouvé la philosophie. Jusque-là elle n'avait fait encore que passer du monde sensible à ces généralités auxquelles l'entendement le reconnaît soumis. C'était à un Asclépiade de la Thrace, nourri dans la médecine et l'étude de la vie, c'était au fondateur de l'anatomie et de la physiologie comparées, qu'il était réservé de sortir du cercle de l'abstraction mathématique et dialectique, de remonter de cette nature, sur laquelle nul n'avait jeté encore de si profonds regards, au principe véritablement différent et supérieur qu'elle suppose, et, par là, s'élevant au-dessus de l'entendement et du raisonnement comme au-dessus des sens, pour se placer au point de vue supérieur d'une intuition tout intellectuelle, identité de l'être et de la pensée, de poser enfin les fondements de la Métaphysique.

Avant tout, Aristote a compris que la philosophie ayant pour objet les causes premières, elle est la science de l'être, absolument parlant, ou de l'être en tant qu'être; de l'être, et, par conséquent, de l'unité, qui en est inséparable. Ce qu'elle a pour objet, ce n'est point l'idée abstraite de l'être, de l'existence dans un sens vague et indéfini; c'est l'Être proprement dit, duquel dépend et auquel se rapporte tout mode d'existence. Avant tout, il distingue donc, dans la notion générale de l'être, que la dialectique n'avait pas divisée, d'un côté la qualité, la quantité, la relation, toutes les autres manières d'être, et d'être un; de l'autre, l'Être véritable, duquel on les affirme, et qui en est le support. C'est la division en catégories, préambule de la philosophie. Dans la catégorie première et fondamentale des êtres, il distingue, en second lieu, d'une part les genres et les espèces, de l'autre les individus, en qui seuls les genres et les espèces subsistent. Seuls les individus sont donc véritablement et proprement des êtres, puisque seuls ils sont, ils existent en eux-mêmes; seuls ils sont des substances; seuls, aussi, des unités véritables.

En troisième lieu, dans l'être individuel lui-même il y a encore une distinction à faire, une dernière équivoque à lever : discerner ce qui n'est que possible et ce qui est actuellement, l'être en puissance et l'être en acte. Le véritable être, évidemment c'est celui-ci. Quant à l'être en puissance, on ne peut nier qu'il y en ait : le changement ou mouvement en est la preuve ; car changer, être en mouvement, c'est devenir ce que l'on pouvait être, c'est acquérir la réalité de ce dont on avait la puissance. Or l'acte par lequel une chose est ce qu'elle est, c'est sa manière d'être ou sa forme. Ce qui, dans une chose, prend la forme, ce qui devient ainsi tel ou tel et qui pouvait l'être, c'est sa matière. La matière n'est donc autre chose que l'être en puissance; l'être en puissance, c'est-à-dire aussi l'unité en puissance, ce qui, par conséquent, a pour forme première l'opposé de l'unité, la quantité, l'étendue, qui constitue le corps. C'est là ce non-être inexplicable qu'il faut reconnaître dans la nature, partout uni avec l'être; non-être relatif, non pas absolu, et qui n'existe autrement qu'en voie et en train d'être, ou en chemin vers l'acte, dans l'acte imparfait du mouvement[1].

Maintenant, l'expérience n'atteste pas seulement le mouvement; elle atteste le mouvement naturel ; naturel, c'est-à-dire spontané[2].

Tous les êtres, toutes les substances ont une manière d'être fondamentale et habituelle, une

---

[1] Ὁδὸς εἰς οὐσίαν, *Metaphys.* IV, p. 61, l. 2 ; ἐνέργεια ἀτελής.
[2] *Phys.* VIII, 6 : Ὁρῶμεν δὲ καὶ φανερῶς ὄντα τοιαῦτα ἃ κινεῖ αὐτὰ ἑαυτά. II, 1 : Ὡς δ' ἐστὶν ἡ φύσις πειρᾶσθαι δεικνύναι, γελοῖον.

forme, qui est leur essence, et à laquelle ils tendent d'eux-mêmes comme à leur fin, ou à leur bien. Cette forme essentielle, substantielle est ce qu'on nomme leur nature. La définition des êtres naturels (à la différence des agrégats formés par l'art, la violence ou le hasard), c'est d'avoir en eux-mêmes le principe de leur mouvement; mouvement dans la fin duquel consiste leur nature et leur essence même. Mais ce n'est pas tout : cette fin du mouvement naturel, c'en est aussi le principe, la cause efficiente. C'est par l'acte où il tend que l'être se meut; c'est cet acte qui, étant sa fin et son bien, fait naître en lui le désir duquel suit le mouvement, et qui, immédiatement présent aux puissances de la matière, les amène à lui et les réalise en lui incessamment.

La nature ou l'essence des êtres n'est donc pas le genre ou l'espèce, l'idée générale qu'on en affirme : c'est leur principe d'unité individuelle, cause du mouvement qui les mène à leur perfection; et ce principe, c'est l'acte même dans lequel leur perfection consiste, en tendance et en voie d'être, c'est le désir et le mouvement. Dans les êtres inférieurs, qui sont à peine des substances, on le nomme simplement la nature : dans les plantes, les animaux, dans les substances véritables, dans l'homme, enfin, on l'appelle l'âme.

Ainsi le monde des êtres n'est pas une combinaison inexplicable d'éléments généraux, abstraits, telle que l'imaginait Platon; c'est un système de substances dans chacune desquelles une organisation individuelle est la matière d'un principe individuel de mouvement, qui en est la forme propre et l'action; système disposé en séries ascendantes de termes de plus en plus individualisés, et dont chacun est un résumé et un perfectionnement de tout ce qui le précède, mis au service d'une âme et d'une activité supérieures [1].

Mais si la nature ou l'âme est par son action essentielle le principe du mouvement dans l'être où elle se trouve, il faut, pour la faire elle-même venir à l'acte, pour faire qu'elle soit, une cause qui possède avant elle l'existence, et qui la lui communique. Cette cause à son tour, si elle n'est pas par elle-même, et de toute éternité, il lui faut une cause. Et en dernier lieu, la série des causes, sinon des événements, ne pouvant être sans terme [2], il faut une cause première éternelle et immuable, un moteur immobile, par conséquent exempt de matière, et qui imprime au monde le mouvement, sans y participer lui-

---

[1] Voy. I<sup>er</sup> vol., part. III, l. III, c. 2, 3.

[2] Il ne s'agit point de la série successive des causes homogènes, qui est, suivant Aristote, éternelle, et par conséquent infinie (l'homme naît d'un homme, celui-ci d'un autre, et ainsi à l'infini); car ce ne sont que des causes instrumentales, ou occasionnelles. Il s'agit de la série des causes considérées, en quelque sorte, non dans le sens de la longueur, mais dans celui de la hauteur, en remontant, par exemple, de la force séminale au soleil, du soleil au premier mobile, de celui-ci à Dieu

même, mais par l'amour seul qu'il lui inspire ; premier moteur enfin, parce qu'il est le bien, c'est-à-dire la fin dernière de toutes choses. C'est là l'être par excellence, duquel tous les autres êtres tiennent la vie, le mouvement, l'existence.

Ainsi c'est de l'idée même de la nature, conçue comme une activité relative, et relativement passive, qu'on remonte à une cause qui est absolument et tout entière en acte. La nature consiste dans la spontanéité du mouvement, c'est-à-dire, au fond, dans le désir[1] ; le désir implique et démontre une fin dernière, un premier bien qui l'engendre et qui l'attire à soi, objet éternel d'amour, immobile dans la perfection absolue de son action.

La méthode platonicienne pour atteindre les principes, dépouille les choses, par l'abstraction, de leur caractère individuel, de leur existence particulière, et par degrés les ramène, comme à leurs prototypes et à leurs sources, aux plus indéterminées et aux plus vides des généralités, à ce qui est le plus bas degré, le *minimum*, et en quelque sorte l'absence même de toute réalité. Elle croit, elle semble monter, d'idée en idée, les degrés d'une échelle de perfections intelligibles, et elle ne fait que redescendre la série des conditions de l'existence, expression des états de moins en moins dé-

---

[1] *De Anima*, III, 10 : Κινεῖται γὰρ τὸ κινούμενον ᾗ ὀρέγεται, καὶ ἡ κίνησις ὄρεξίς τίς ἐστιν ἢ ἐνέργεια.

terminés de la matière ou de la pure possibilité, réalisés par l'entendement. Aristote reconnaît pour le véritable être, la réalité, objet individuel d'intuition, c'est-à-dire l'acte. L'essence, la substance de chaque être, c'est un acte spécial caractéristique de sa nature, forme propre à sa matière, fin à laquelle tendent ses puissances, raison et cause efficace de ses déterminations et de ses mouvements. Et alors remontant de cause en cause, de chaque fin à une fin plus haute pour laquelle celle-là n'est qu'un moyen, de chaque acte naturel à un acte plus parfait qui l'explique, de chaque réalité à une réalité plus pleine et plus achevée, objet d'une intuition plus précise et plus immédiate, éliminant ainsi, par une abstraction naturelle qui n'est que l'expression du progrès des choses mêmes, l'élément inférieur de la matière passive et de la simple possibilité, Aristote rattache enfin toutes les existences naturelles à une existence plus haute, qui en est le but; acte pur où réside le *maximum* ou plutôt le tout de l'être et de la réalité, premier principe dont tout dépend et qui ne dépend de rien. En un mot, il établit le premier, après la Physique, une *Métaphysique;* philosophie première, quoique la dernière venue dans l'ordre du développement de nos connaissances, et qui n'est autre chose que la Théologie. La dialectique avait succédé à la physique; à son tour la métaphysique lui succède, et elle établit pour principe de toutes choses, au lieu de la matière, et au lieu d'une vague généralité, qui n'exprimait aussi que la possibilité universelle, une cause immatérielle et réelle en même temps, parce qu'elle est l'acte même.

Maintenant qu'est-ce que cet acte dans lequel consiste la nature de Dieu? C'est la pensée. En effet, le premier principe étant tout en acte, et par conséquent sans matière, il ne peut être un objet de sensation; il est purement et simplement intelligible. Or, par où la forme sensible, objet de la sensation, diffère-t-elle et de cette sensation même, et de l'âme qui en est le sujet? Par la matière seule où elle réside. La sensation, ou perception sensible, consiste à appréhender les formes sensibles des choses, dépouillées, abstraites de leur matière [1]. Dégagées de la matière dans l'acte de la sensation, elles y deviennent les formes, les actes du sens même [2]. Sans la matière, tout se trouvant réduit à la forme, les objets de la connaissance, l'âme qui les connaît, et la connaissance elle-même, ne seraient donc qu'une seule chose. Pour les universaux, ce sont des formes séparées de la matière, mais seulement dans l'entendement qui les abstrait, et qui lui-même ne se sépare qu'incomplétement, relativement, de l'imagination et des sens. Ici l'intelligible

---

[1] *De Anima*, II, 12.
[2] Ibid. II, 2.

et l'intelligence, imparfaits et dépendants des choses sensibles et des sens, ne sont encore qu'imparfaitement et relativement identiques. Mais le premier principe, immatériel et séparé, objet, par conséquent, de pure intelligence, comment ne serait-il pas l'intelligence même, tout intelligence et par conséquent tout pensée? L'âme humaine est une chose qui pense, en qui l'acte et la faculté de penser sont distincts, parce qu'elle est jusqu'à un certain point en un sujet matériel, où il y a toujours de la puissance qui n'est pas encore venue à l'acte : Dieu est une intelligence qui se contemple éternellement elle-même, et qui ne diffère en rien de l'acte de sa contemplation. Dieu n'est pas une chose qui pense, mais un acte simple de pensée, qui est à lui seul son propre objet : sa pensée est la pensée d'une pensée [1].

Ainsi cet acte simple duquel dépend, auquel remonte toute la nature, c'est l'acte de la pensée, réfléchie, concentrée en elle-même. Et c'est en effet à la pensée que la nature entière aspire et marche comme à la fin et au bien, par conséquent au principe suprême [2]. Par l'amour qu'elle excite, l'intelligence divine produit d'abord dans le ciel ce mouvement rapide, duquel naît la chaleur, cause

---

[1] Voy. I$^{er}$ vol., P III, l. III, c. 3.
[2] *Metaphys.* IX, p. 186, l. 17 : Ἄπαν ἐπ' ἀρχὴν βαδίζει τὸ γιγνόμενον καὶ τέλος. Ἀρχὴ γὰρ τὸ οὗ ἕνεκα· τοῦ τέλους δ' ἕνεκα ἡ γένεσις. *Phys.* VIII, 1. *Eth. Nicom.* III, 5.

seconde de toute vie. A tous les degrés successifs de la vie, dans le progrès continu de l'activité, de la simple mixtion à la végétation, de la végétation à la sensibilité, de la sensibilité à la raison, la nature ne fait autre chose que s'élever de la matière informe à la forme achevée de la pensée. A chaque pas qu'elle fait, à chaque degré qu'elle monte, elle s'explique mieux, elle se fait mieux entendre, elle montre mieux le sens de son être ; de plus en plus intelligible à mesure qu'elle est davantage intelligence et pensée. Le terme de ce progrès est l'homme ; l'homme, en qui l'intelligence vient s'ajouter aux sens, comme du dehors [1], et, se dégageant peu à peu de l'imagination, s'exerçant toute seule sans organe matériel, et indépendante du corps, se comprendre et se posséder elle-même. Mais comme l'œil a besoin de la lumière pour voir, de même, pour passer de la puissance à l'acte, l'intelligence humaine a besoin de l'action supérieure d'une pensée constamment agissante, qui lui fournisse la première lumière de la vérité ; pour se déterminer, la volonté humaine a besoin d'une détermination initiale, indéfectible, qui lui donne la première inclination au bien. Or, cette première pensée, ce premier acte, antérieurs, supérieurs à nous, que serait-ce sinon l'acte de la pensée di-

---

[1] Θύραθεν. *De Gener. anim.* II, 3.

vine[1]? Enfin cet acte immuable d'où l'âme humaine reçoit le mouvement, c'est encore la fin à laquelle elle tend. Le seul terme où elle puisse se reposer du travail et de l'agitation, le point extrême de sa perfection et de sa félicité, son souverain bien, est la contemplation, l'acte immobile dans lequel la pensée se touche[2], pour ainsi dire, se saisit et se possède elle-même; c'est l'état où elle aspire, qu'elle atteint quelquefois dans de trop courts instants, et duquel jouit éternellement l'intelligence supérieure qui anime et qui meut le ciel. Non-seulement donc c'est une intelligence, c'est une pensée actuelle qui imprime au ciel, par le désir dont elle le remplit, le premier mouvement d'où suivent tout le mouvement et la vie de la nature; non-seulement elle élève ainsi à elle les puissances physiques, dans une progression de formes toujours plus rapprochées de la pensée; mais au plus haut degré et comme à la dernière cime de la nature, dans l'âme raisonnable de l'homme et dans l'intelligence céleste, ce n'est plus comme objet intelligible de l'amour, c'est par sa pensée même, c'est en tant qu'elle pense, qu'elle se montre enfin et la cause première dont tout part, et le but final où tout se termine.

Bien plus : premier moteur et cause finale, le

---

[1] *Eth. Eud.* VII, 14.
[2] *Metaphys.* IX, p. 191, l. 5 : Θίγειν καὶ φάναι. XII, p. 249, l. 8: Νοητὸς γὰρ γίγνεται θιγγάνων καὶ νοῶν.

premier principe n'est-il pas aussi la forme, l'essence de tout ce qui pense? Si l'intelligence humaine est unie à l'âme et par l'âme au corps, elle n'en est pas moins en elle-même immatérielle. Quant à l'intelligence active, qui est la cause première de nos pensées, c'est l'immatérialité absolue. Or, où il n'y a pas de matière, point de pluralité. L'âme humaine ne fait donc qu'un, dans son intelligence pure, avec l'intelligence divine; elle vit avec elle, en elle, au-dessus de la nature; elle y vit immobile, impassible, immortelle [1]. — Maintenant, le principe sensitif dans l'homme n'est-il pas au fond le même être que le principe intelligent et raisonnable? L'intelligence compare la forme abstraite et générale des choses, qui est son objet propre, et la forme sensible. Elle juge le sens en le comparant à elle-même, et par conséquent elle le contient dans une même conscience. Elle n'en diffère donc point si ce n'est par la manière d'être, comme une ligne courbe diffère d'elle-même après qu'elle a été rectifiée, comme dans une même courbe diffèrent le convexe et le concave [2]. C'est une même chose dans deux différentes conditions d'existence. — Enfin la végétation n'implique-t-elle pas une tendance perpétuelle à un but, une

---

[1] Voy. I$^{er}$ vol., P. III, l. III, c. 3.

[2] *De An.* III, 2. *Eth. Nicom.* I, 13. Voy. Averroës, *in libr. de An.*, Opp. t. VI, f° 167 b, et Cesalpini, *Quæst. peripatet.*, f° 44 b (Venet. 1593, in-4°).

sorte d'appétit? et l'appétit n'est-il pas inséparable de quelque sens du bien et du mal [1], si obscur et si faible qu'il puisse être? Bien plus, l'appétit et le sens ne sont qu'un même principe, considéré dans deux conditions différentes, comme l'entendement et la volonté [2]. Intelligence, sensibilité, vie végétative, puissances de divers ordres d'une seule et même âme, ce n'est donc qu'un même principe, le principe immortel, immatériel et divin de la Pensée, plus ou moins différent et distingué de lui-même selon le degré auquel est parvenue la réceptivité de l'organisme. Essence de toutes les intelligences, dans lesquelles elle se multiplie sans rien perdre de son unité, l'intelligence suprême est par cela même l'essence, la forme supérieure, l'être absolu des âmes humaines tout entières, dans toutes les puissances différentes qu'elles contiennent. Or, ce qu'elle est à la nature humaine, comment ne le serait-elle pas à toute la nature, dont l'humanité est à la fois le résumé et le but? Et qu'est-ce alors que le monde, selon la métaphysique d'Aristote, si ce n'est la manifestation de la pensée divine, particularisée, multipliée, diversifiée dans les puissances de la matière, plus ou moins transformées en son action; en acte dans soi seule, et dans les pures intelligences où elle se réflé-

---

[1] *De An.* III, 4, 7, 10.
[2] *Ibid.* III, 7.

chit, en puissance plus ou moins proche de l'acte dans tout le reste; réunissant enfin, avec la simplicité indivisible dans l'acte, la multiplicité indéfinie dans les puissances qui tendent de toutes parts à arriver en elle à l'acte et à la réalité? Ainsi naît la variété infinie des couleurs de l'alliance de la lumière, simple et une, avec tous les degrés de l'obscurité [1]. D'un côté, l'acte, être absolu; de l'autre, la puissance, être et non-être relatif, qui n'existe que dans l'acte commençant du mouvement; et dans le mouvement la multitude et la diversité infinie des intermédiaires. Ce n'est plus, comme dans la dialectique platonicienne, une idée générale, commune à tous les êtres, mais qui n'a de réalité qu'en eux; c'est la Pensée substantielle, dans toute la réalité de l'action la plus parfaite, indépendante de tout et se suffisant à elle-même, mais de laquelle tout dépend, à laquelle tout se rapporte, présente à tout comme chaque âme l'est à tout son corps, inégalement, diversement, et selon que chaque chose la peut porter; pour mieux dire encore, la pensée absolument active et pensante en elle-même, diversement et inégalement dans les choses, selon toutes les différences du possible.

Cependant, si c'est là l'idée qui fait le fond de

---

[1] *De An.* II, 7; *De Sensu*, 3; théorie remise en honneur dans ce siècle par Goethe.

l'Aristotélisme, elle y est encore obscure, confuse, enveloppée; impuissante peut-être à se faire jour, parce qu'il y manque encore quelque élément essentiel de vérité et de vie. Dans les termes qu'elle doit réunir, bien plus rapprochés de la réalité que ceux qui formaient la base des systèmes précédents, ne semble-t-il pas pourtant qu'on ne trouve encore que des abstractions, insuffisantes pour expliquer la nature, l'homme et Dieu; incapables et de subsister séparément, et, une fois conçues comme séparées, de se réunir et de se combiner?

Aristote explique tout par l'acte et la puissance, dans leur opposition et leur rapport: l'acte, qui est la forme des choses, leur cause motrice et leur fin; la puissance, qui en est la matière. Mais qu'entendre par ces actes exempts en eux-mêmes de toute virtualité et de tout mouvement, dans lesquels on fait consister les formes substantielles d'où les phénomènes suivent, les natures, les âmes? Dépourvus de puissance, comment y voir des causes motrices? les réduire à des fins qui ne meuvent qu'en attirant, n'est-ce pas transporter à la matière passive l'énergie motrice et la causalité effective? Enfin, si les formes des choses sont de purs actes, inhérents à la matière, à quoi les reconnaître pour des formes véritablement substantielles, distinguées des simples accidents, qui ne sont que des effets et non des causes?—Que si des âmes, de la nature, on passe à Dieu, quelle idée se faire de cet acte absolument simple dans lequel on le fait consister? cet acte qui n'est pas seulement sans puissance en lui-même, mais qui ne réside même pas en une puissance, et qui n'a pas de sujet? Comment entendre cette pensée absolument indivisible, et qui n'admet pas même la distinction nécessaire, ce semble, de l'intelligent et de l'intelligible?

Entre un principe semblable et la nature, quel rapport concevoir? Objet immobile du désir du Ciel, tout le reste du monde ne semble-t-il pas en dehors de son influence, livré au hasard ou à la fatalité des causes particulières? Renfermé dans une éternelle contemplation de lui-même, Dieu ne laisse-t-il pas l'univers, ou au moins tout le monde sublunaire, en dehors même de sa pensée? Et cependant si l'unique principe de toutes choses est l'acte de la pensée divine, comment se peut-il que rien lui échappe, et se soutienne hors d'elle et loin d'elle? L'âme humaine, du moins, est par sa partie supérieure en communication immédiate avec l'intelligence divine, de qui elle reçoit l'action. Mais n'est-ce pas une communication extérieure et superficielle, qui laisse l'âme essentiellement, intimement unie au corps, incapable d'une félicité qui en soit indépendante, sujette enfin à périr avec lui? Point de providence qui descende au-dessous du ciel, point d'immortalité pour l'homme ni de félicité indépendante des circonstances extérieures : ce sont là les traits principaux sous lesquels apparut à l'antiquité en général le système péripatéticien. Comment concevoir, en effet, que l'acte pur de la pensée divine entre de quelque manière en rapport avec la nature, la matière, la puissance, et que les choses naturelles, sans en excepter les âmes humaines, participent à l'immutabilité dont elle a le privilége? C'est à quoi reviennent en définitive toutes les difficultés. Le premier principe est-il, par son essence, séparé de la nature, n'est-il qu'une fin à laquelle tendent, vers laquelle se meuvent les puissances naturelles, la nature entière est hors de lui, dans l'instabilité du mouvement. Mais alors d'où vient aux puissances le désir qui les meut? Comment leur attribuer, en dehors du seul véritable être, cette sorte d'être et de réalité? D'un autre côté, comment imaginer que l'être absolu, acte pur, se communique en substance aux choses, sans les absorber en lui ou se perdre en elles? N'est-ce pas le premier principe de la métaphysique que l'essence, consistant dans l'acte, est individuelle, exclusivement propre à ce dont elle est l'essence; d'où il suit que Dieu, qui est l'acte pur, est l'individualité même? A moins de le réduire de nouveau à une simple idée générale, comme fait le Platonisme, comment entendre de quelle manière il serait tout en tout et tout serait en lui?

En résumé, Aristote est venu substituer aux formules vagues du rapport logique de l'être et du non-être, ou de l'unité et de la pluralité, celle du rapport réel des deux éléments que le mouvement enveloppe, l'être actuel et l'être possible, l'acte et la puissance. Il avoue que le possible n'a pas de réalité hors du mouvement, où il est contenu dans l'acte. Mais il élève au-dessus du mouvement l'acte pur séparé de toute puissance : c'est la pensée absolue, c'est Dieu, objet propre de la métaphysique. La réalisation, l'*actuation* du possible par cet acte suprême, c'est la nature. Or, la puissance et l'acte une fois séparés, il semble qu'on ne peut les concevoir ni en eux-mêmes, ni dans leur réunion. Faut-il donc ou en rejeter la distinction comme une abstraction sans fondement, ou bien, sans les confondre, les réunissant de quelque manière nouvelle, en chercher dans un principe antérieur la source et la raison communes?

Tel est le grand problème dont les systèmes qui succèdent à l'Aristotélisme tentent l'un après l'autre des solutions différentes, qui en préparent lentement le dernier dénoûment. L'école même d'Aristote abandonne peu à peu l'idée caractéristique de sa métaphysique, l'acte pur de la pensée absolue. L'Épicurisme retranche toute idée d'action et de puissance, et réduit tout à une matière inerte. Le Stoïcisme fait redescendre dans la matière la pensée, dans la puissance l'action, et la métaphysique dans une physique nouvelle. Enfin, on cherche à une hauteur supérieure à celle même de la métaphysique péripatéticienne, et dans l'idée de l'absolue unité, l'origine commune de la puissance et de l'acte, de la nature et de la pensée : c'est le Néoplatonisme, dernier et insuffisant effort de la philosophie grecque.

Cependant, par ces mouvements successifs, en apparence contradictoires, la pensée pénétrait par degrés dans le monde intérieur, où les principes péripatéticiens avaient leur source. Peu à peu elle s'avançait ainsi à la rencontre d'un principe plus profond, étranger au monde où l'Aristotélisme était né, principe qui sert de fondement au christianisme, et où elle devait trouver à la fois, après de longues vicissitudes, sa justification et son complément.

Tels sont les traits les plus généraux de l'histoire dont nous commençons le récit.

Platon avait voulu s'élever à la science suprême, à la philosophie première, par les mathématiques; Aristote par la physique; or, la philosophie première du Platonisme, la dialectique, avait fini par retourner se perdre dans les mathématiques : dans l'enseignement de Platon lui-même et chez ses successeurs immédiats, elles étaient devenues, dit Aristote, toute la philosophie[1]. De même, dans l'école péripatéticienne, la métaphysique se rapprocha peu à peu de la physique, quoique par une lente dégradation. Peu à peu, l'idée d'un principe suprême consistant tout entier dans l'acte de la pensée s'éloigne et s'amoindrit, laissant le monde naturel subsister et se soutenir de plus en plus par lui-même. En même temps l'idée de la nature gagne peu à peu en force et en profondeur; la physique s'enrichit insensiblement de la substance de la métaphysique.

C'est ce qu'on vit déjà chez le successeur d'Aristote dans la direction du Lycée, l'illustre Théophraste. Il ne semble pas qu'il ait rien changé aux principes de la philosophie péripatéticienne. Il ne rejeta point, comme on l'a dit[2], l'idée de l'acte immobile de la pensée spéculative[3] : il en fit, comme son maître, la clef de voûte de la Métaphysique. Mais peut-être il insista plus encore qu'Aristote pour comprendre parmi les mouvements

---

[1] Voy. I$^{er}$ vol., P. III, l. II, c. 2.

[2] Ritter, *Hist. de la philos.*, trad. franç., t. III, p. 336. La définition du mouvement (ap. Simplic. *in Phys.* f° 94) que M. Ritter donne en preuve comme particulière à Théophraste, est celle même d'Aristote. Voy. *Metaphys.* XI, p. 230, l. 4 Br.

[3] Il est entièrement conforme à Aristote en disant qu'il peut y avoir acte sans mouvement, mais non mouvement sans acte (Simplic. *in Categ.* f° 77 b). Il dit comme Aristote : Εἰ δὲ δὴ καὶ ὁ νοῦς, κρεῖττόν τι μέρος καὶ θειότερον, ἅτε δὴ ἔξωθεν ἐπεισιὼν καὶ παντέλειος. Simplic. *in Phys.* f° 225 a.

tous les actes de l'entendement humain [1]. Dans la morale, on le voit également soutenir avec Aristote que la vie la plus parfaite est la contemplative [2], c'est-à-dire sans doute, comme Aristote l'avait définie, la vie de l'intelligence pure dans l'acte simple et immuable par lequel elle se contemple elle-même. Mais il fait dépendre de la matière et du corps, bien plus que ne l'avait fait Aristote, la perfection et la félicité. Tout en faisant consister dans la contemplation pure la fin suprême de l'homme, Aristote avait reconnu que l'âme humaine étant inséparable d'un corps, et en partie dans sa dépendance, les biens du corps et ceux là même qui nous sont tout à fait extérieurs étaient pour nous, jusqu'à un certain point, une condition *sine quâ non* de perfection et de félicité absolues. Nuisi-

---

[1] Themist. *de An.* f° 68 a. Mais, comme le remarque très-bien Simplicius, *in Phys.* f. 225 b, Aristote avait dit aussi : Ἡ γὰρ φαντασία καὶ ἡ δόξα κινήσεις εἶναι δοκοῦσι. Et de plus, Théophraste reconnaissait comme Aristote que les mouvements de l'âme, comparés aux mouvements corporels, sont des actes, ἐνέργειαι ; ap. Simplic. *loc laud.*, et f. 202 a. — Simplicius (ibid. f° 187 a) dit de Theophraste qu'il suivit Aristote en tout. Cette assertion doit être entendue surtout de la Physique et de la Métaphysique. Cependant Théophraste admit l'existence des démons, qu'Aristote avait niée. Il s'écartait souvent d'Aristote dans la Rhétorique; Quintil. *Instit. orat.* III, 8 : Dissentire ab hoc (sc. Aristotele) solet. — Il avait écrit sur les mêmes matières qu'Aristote et de la même manière, mais en développant surtout les points sur lesquels celui-ci avait moins insisté. Boeth. *in libr. de Interpret.*, ed. 2ª, p. 292 (*Opp.*, Basil 1570, in-f°). Cf. Themist. *de An.*, ff. 68 a, 89 b.

[2] Cicer. *ad Attic.*

bles à la vie purement contemplative, ils étaient nécessaires à la vie proprement humaine [1]. Et toutefois en cette vie même il n'en fallait à l'homme que ce qui est indispensable pour l'affranchir des nécessités corporelles. Cette condition remplie, les perfections de l'âme, les vertus, suffisaient à la félicité. De grands biens extérieurs pouvaient seuls y ajouter : mais elle s'en passait [2]; de grands maux physiques pouvaient seuls la troubler [3] : mais encore, de même que Dieu et la nature font toujours de tout ce qui est possible ce qui est le mieux, de même la sagesse sachant toujours tirer de la plus mauvaise fortune le meilleur parti possible, c'était elle, en général, qui était la maîtresse de la vie [4]. — Théophraste affirma sans restriction, au moins expresse, que la félicité était incompatible avec les maux physiques, et que la vertu ne suffisait pas pour la donner [5]. Il loua dans un de ses dialogues cette sentence d'un poëte : « C'est la fortune et non la sagesse qui est la maîtresse de la vie [6]. » Enfin lorsqu'il allait mourir, ses disciples lui demandant

---

[1] Aristot. *Eth. Nicom.* X, 8, (Τὰ ἐκτὸς) ἐμπόδιά ἐστι πρός γε τὴν θεωρίαν. — Δεήσει δὲ καὶ τῆς ἐκτὸς εὐημερίας ἀνθρώπῳ ὄντι· οὐ γὰρ αὐτάρκης ἡ φύσις πρὸς τὸ θεωρεῖν. I, 8.

[2] Ibid. X, 7 : Ἀλλ' ὅμως αὐταρκέστατος (ὁ σοφός).

[3] Ibid. I, 11. Cf. Senec. *epist.* 95.

[4] Ibid. I, 10 : Αἱ ἐνέργειαι κύριαι τῆς ζωῆς.

[5] Cicer. *Acad.* I, 9; *de Fin.* V, 5.

[6] Cicer. *Tusc.* V, 9 : Vitam regit fortuna, non sapientia.

s'il ne lui restait rien à leur recommander, il leur dit « qu'il avait seulement un avis à leur donner; c'était de réfléchir : que la vie nous promettait, dans l'acquisition de la gloire, bien des plaisirs qu'elle ne donnait pas, et que rien n'était plus stérile que cet amour de gloire; que, s'il nous était accordé de plus longs jours, tous les arts pourraient être portés à leur perfection, et la vie humaine réglée et ornée par toutes les sciences; mais qu'il fallait mourir au moment où on commençait de savoir, où on commençait de vivre. En sorte qu'il y avait dans la vie plus de vide que de réalité.[1] » Ainsi, de même que, dans sa philosophie, tout en donnant pour fin suprême à l'homme la vie divine de la contemplation, il a été préoccupé surtout des obstacles qui s'opposent à la félicité humaine; de même, à la fin de sa carrière, chargé d'années et d'une gloire acquise par d'immenses travaux, la dernière pensée qui l'occupe et qu'il recommande à la méditation de ses disciples, c'est celle de la vanité de la vie, et de l'inutilité des efforts qu'une stérile ambition nous fait faire pour obtenir des connaissances où la fragilité de notre nature ne nous permet pas d'atteindre. Cette sagesse, plus haute à la fois et plus proche de nous, que lui-même, après son maître, il a fait résider dans l'intelligence pure paisiblement livrée à

---

[1] Diog. Laert. V, 40, 41; Cicer. *Tusc.* III, 28.

la contemplation, il l'oublie; il ne pense qu'aux seules sciences humaines, à la poursuite desquelles l'amour de la gloire lui a fait consumer presque toute sa vie ; son savoir ne lui sert qu'à mieux comprendre combien est peu de chose encore ce qu'il sait, et il meurt découragé. — Cependant, en même temps qu'il mit l'humanité, plus encore que n'avait fait Aristote, dans la servitude des choses sensibles et de la nature, il semble que Théophraste s'éleva à un sentiment nouveau de la perfection spéciale de la nature intellectuelle et de sa supériorité sur tout ce qui appartient au corps. Dans le fragment qui nous reste de sa Métaphysique [1], et qui ne consiste qu'en des prolégomènes où il discute, selon la méthode ordinaire aux Péripatéticiens, les principales questions que la science doit résoudre, on ne trouve aucune doctrine qui soit en désaccord avec l'enseignement d'Aristote. Mais un doute y apparaît, qui semble la première lueur d'un jour nouveau. Tandis que le philosophe qui a reconnu dans la pensée le principe de tout le reste, préoccupé cependant d'une vénération superstitieuse pour le monde physique, voit encore dans le mouvement régulier des sphères célestes la plus haute forme de la vie, et n'hésite pas à mettre la condition des astres fort au-

---

[1] Sur l'authenticité de ce fragment, voy. Fabricius, *Bibl. græca*, l. III, c. 9, § 14.

dessus de celle des humains, Théophraste se demande si le mouvement circulaire n'est pas au contraire d'une nature inférieure à celui de l'âme, surtout au mouvement de la pensée, duquel naît ce désir où Aristote lui-même a cherché la source du mouvement du ciel [1]

On rapporte de trois autres disciples d'Aristote, Cléarque de Soli [2], Aristoxène et Dicéarque [3], qu'ils réduisirent l'âme à l'harmonie des éléments dont le corps est composé. C'est une opinion pythagoricienne que Platon et Aristote avaient également repoussée. Comment venait-elle à renaître dans l'école du second? Nous ne savons rien de plus de la doctrine de Cléarque. Mais nous voyons qu'Aristoxène ne se bornait pas à renouveler purement et simplement la théorie des Pythagoriciens : il y ajoutait un élément nouveau, modification de l'idée péripatéticienne de l'action, et qui devait bientôt jouer un grand rôle dans la philosophie. — Aristote avait remarqué que l'harmonie ne consistant que dans la proportion des éléments du corps, on n'y

---

[1] *Metaphys.*, ed. Brandis, p. 311, l. 3 : Εἰ δ'οὖν τῆς κυκλικῆς αἴτιον τὸ πρῶτον, οὐ τῆς ἀρίστης ἂν εἴη· κρείττων γὰρ ἡ τῆς ψυχῆς, καὶ πρώτη δὴ καὶ μάλιστα ἡ τῆς διανοίας, ἀφ' ἧς καὶ ἡ ὄρεξις.

[2] Theodoret. *Therapeut.* V. Sur Cléarque, voy. Jonsius, *de Scriptor. hist. philos.*, I, xviii. Cf. Plutarch. *de Fac. in orbe lunæ*, c. 2.

[3] Plutarch. *de Plac. philos.* IV, 2 : Δικαίαρχος (sc. ἀπεφήνατο τὴν ψυχὴν) ἁρμονίαν τῶν τεσσάρων στοιχείων Stob. *Eclog.* t. I, p. 52. Nemes. *de Nat. hom.* pp. 28, 35.

pouvait trouver le caractère d'une cause de mouvement, caractère essentiel de l'âme [1]. Aristoxène, musicien consommé, essaya, dit Cicéron [2], de transporter à la philosophie les principes de la musique. Il comparait littéralement le corps humain à un instrument, où la diversité des sons résulte de la tension inégale des différentes cordes; le rapport de ces sons est l'harmonie; de même, à ce qu'il semble, d'après les termes qu'emploie Cicéron, Aristoxène pensait que de la tension des éléments dont le corps est composé, il résulte des mouvements, des fonctions dont l'harmonie est ce que l'on appelle l'âme [3]. Il ne voyait donc plus dans l'âme, comme avait fait son maître, l'acte simple par lequel se réalise la vie, acte inséparable du corps, mais pourtant incorporel en soi, et la cause immobile des mouvements du corps : il y voyait le rapport des différentes tensions des éléments de l'organisation, rapport qui, par conséquent, n'en saurait être réellement et substantiellement distingué. On verra comment les Stoïciens firent de l'âme, non plus la tension ou le rapport des tensions diverses du corps même, mais un principe spécial,

---

[1] *De An.* I, 4.
[2] *De Fin.* V, 19.
[3] *Tuscul.* I, 10, 18 : Ipsius corporis intentionem quamdam, velut in cantu et fidibus quæ harmonia dicitur, sic ex corporis totius natura et figura varios motus fieri, tanquam in cantu sonos.

l'éther, tendu dans le corps, et dont l'essence consiste dans la tension.

Dicéarque alla plus loin qu'Aristoxène dans la même voie, ou du moins il osa exprimer avec plus de force et de précision les conséquences de la même doctrine [1]. Il soutint que l'âme n'était rien, c'est-à-dire qu'elle n'était qu'un corps disposé d'une certaine manière. Reconnaître dans les hommes et dans les animaux un principe distinct, auquel on donnait le nom d'âme, c'était, disait-il, prendre pour une réalité un mot vide de sens. Ce par quoi nous agissons et nous sentons n'était autre chose qu'une propriété répandue dans tous les êtres vivants, sans exception, dans les plantes aussi bien que dans les animaux et les hommes; et ce qu'on appelle âme, dans ces deux dernières classes des êtres, n'était rien qu'un corps un et simple, fait de telle sorte que, par la constitution de sa nature, il agit et il sent [2]. Par ce corps simple, il est pro-

---

[1] Cependant Cicéron dit aussi d'Aristoxène qu'il nia l'existence de l'âme. *Tuscul.* I, 18 : Dicæarchus quidem et Aristoxenus .. nullum omnino animum esse dixerunt. — Mais ailleurs (ibid. 11,) il le distingue à cet égard de Dicéarque.

[2] Ibid. Nihil esse omnino animum, et hoc esse nomen totum inane, frustraque animalia et animantes appellari; neque in homine inesse animum nec in bestia; vimque omnem eam qua vel agamus quid vel sentiamus in omnibus corporibus vivis æquabiliter esse fusam, nec separabilem a corpore esse, quippe quæ nulla sit, nec sit quidquam nisi corpus unum et simplex ita figuratum ut temperatione naturæ vigeat et sentiat. Sext. Empir. *Pyrrh. hypotyp.* II, 31 : Οἱ μὲν μὴ εἶναι τὴν ψυχὴν ἔφασαν, ὡς οἱ περὶ Μεσσήνιον

bable qu'il faut entendre l'éther, dont Aristote faisait le premier organe de l'âme, et avec lequel les Stoïciens allaient la confondre entièrement.

Jusqu'à quel point, en quel sens, était-ce s'éloigner de la doctrine d'Aristote? c'est ce qu'il importe

Δικαίαρχον. *Adv. Mathem.* VII, 349 : Οἱ μὲν μηδέν φασιν εἶναι αὐτὴν παρὰ τὸ πῶς ἔχον σῶμα, καθάπερ ὁ Δικαίαρχος. Jamblich. ap. Stob. *Ecl.* t. I, p. 870 : Ἢ (sc. τὴν ψυχὴν) τὸ τοῦ σώματος ὄν, ὥσπερ τὸ ἐμψυχῶσθαι, αὐτῇ δὲ μὴ παρὸν τῇ ψυχῇ ὥσπερ ὑπάρχον. Cf. Atticus ap. Euseb. *Præpar. evang.* XV, 9; Septim. *de An.* c. 15, ap. Menag *ad Diog. Laert.* II, 329. — Dans le passage de Cicéron, *animalia* et *animantes* sont opposés à *corporibus vivis*, comme ζῶα l'est en grec à ζῶντα qui comprend les plantes. *Animus*, opposé à *anima*, signifie spécialement le principe intellectuel, et *anima* le principe sensitif et vital Cf. Lucret. l V). *Agamus, sentiamus*, désignent la faculté pratique d'un côté, de l'autre la spéculative. *Æquabiliter fusam*, répandue partout non en quantité égale, mais d'une manière continue, sans lacunes ; ainsi *de Orat.* III : Id non debet esse fusum æquabiliter per omnem orationem, sed ita distinctum, ut etc. ; et II, 15 : Genus orationis fusum atque tractum, et eum lenitate quadam æquabili profluens. II, 13 : Tractu orationis leni et æquabili. — Le passage suivant servira encore mieux à l'intelligence de celui qui nous occupe. *Orat.* 36 : Quæ (sc. αὔξησις) etsi æquabiliter toto corpore orationis fusa esse debet, tamen in communibus locis maxime excellet, etc. *Temperatio* ne signifie peut-être pas simplement manière d'être, constitution, mais mélange, κρᾶσις, ce qui est le sens propre du mot. Ainsi, à ce passage de Cicéron correspondraient très-bien ces expressions de Plutarque, qui renferment peut-être aussi une allusion à Dicéarque, *adv. Colot.* 21 : Ἢ τοπαράπαν οὐκ ἔστιν οὐσία ψυχῆς, ἀλλ' αὐτὸ τὸ σῶμα κεκραμένον τὴν τοῦ φρονεῖν καὶ ζῆν ἔσχηκε δύναμιν. Mais, si le sujet de l'âme est *corpus unum et simplex*, comment lui appliquer une idée de mélange? Cette contradiction apparente disparaîtrait si on entendait par le corps simple l'éther, et par le mélange les quatre autres éléments dont le corps organisé se compose. Dicéarque aurait donc fait consister l'âme non pas proprement dans une harmonie des quatre éléments, comme on le lui a attribué, mais dans le cinquième élément, déterminant et dominant cette harmonie. **Et peut-être était-ce l'opinion d'Aristoxène lui-même.**

de déterminer. Aristote avait combattu la théorie imparfaite de Platon, qui, considérant l'âme de son point de vue ordinaire d'abstraction, la représentait placée dans le corps comme un pilote en un navire, comme une substance en une autre substance, qui s'y ajoute et qui s'en sépare, qui s'y meut par elle-même, et qui ne lui est unie que d'une manière accidentelle et extérieure [1]. Au contraire, suivant Aristote, l'âme, distinguée de la pure intelligence, qui est seule absolument séparée et immortelle, l'âme n'est pas un sujet subsistant en soi seul, mais la forme d'un sujet, du corps organisé, forme essentielle, ou substantielle, qui est la fin à laquelle tendent et par conséquent la cause de laquelle dépendent tous les mouvements de l'être animé; ou, pour mieux dire encore, l'âme est substance, être existant en soi, dans l'intelligence pure, et elle n'est dans la sensation et la végétation que la forme inséparable en même temps que la cause de l'organisation. Le point de départ de Dicéarque dut être le même : l'opposition à la théorie de Platon, qu'il combattit dans ses livres sur l'âme, au rapport de Plutarque [2], sur les questions les plus importantes de la physique, comme l'avaient fait Aristote, Théophraste, Héraclide [3]. Mais au lieu de recon-

---

[1] Aristot. *de An.* I, 3, 4.
[2] Ibid. II, 2.
[3] *Advers. Colot.* 14.

naître, avec Aristote, des formes substantielles, résidant dans le corps sans en être de simples modifications, mais qui en seraient au contraire les causes, incapable sans doute de leur trouver un fondement suffisant d'existence dans leur rapport à la cause première, rapport indiqué à peine par Aristote, il les réduisit toutes, natures ou âmes, de quelque degré qu'elles fussent, à de purs modes, dont le corps était toute la réalité [1]. C'est entre ces deux extrêmes que le Stoïcisme viendra chercher un moyen terme.

Dicéarque avait consacré un dialogue à l'exposition de sa théorie sur la nature de l'âme : dans un second dialogue, il en avait développé la conséquence, à savoir : que l'âme ne survivait pas au corps [2]. Dans le système d'Aristote, l'âme proprement dite, et en tant que distinguée de la simple intelligence, étant une forme du corps, ne pouvait lui survivre, et périssait avec lui. Mais elle participait dans ce qu'elle avait de plus élevé et de meilleur à l'immortalité; et Aristote ayant composé un

---

[1] Les Érétriens, dit Simplicius (*in Categ.* ά f° 8 b), pensaient que les qualités n'existaient qu'individuellement dans les corps; Dicéarque partait de la même idée : Καὶ Δικαίαρχος δὲ ἀπὸ τῆς αὐτῆς αἰτίας τὸ μὲν ζῷον συνεχώρει εἶναι, τὴν δὲ αἰτίαν αὐτοῦ ψυχὴν ἀνῄρει. Nemesius impute à tort à Aristote, comme à Dicéarque, d'avoir nié l'existence substantielle de l'âme, *de Nat. hom.* c. 2, p. 29.

[2] Cicer. *Tuscul.* I, 31. — Cf. Lactant. *Divin. instit.* VII, 7, 8, 13; *Epist.* 10.

dialogue sur l'âme, l'Eudème, et ne pouvant apporter dans un ouvrage de ce genre, exotérique et populaire, les distinctions exactes de la Métaphysique, il avait considéré l'âme par sa partie divine; il l'avait représentée immortelle, et il avait parlé comme Platon des récompenses et des peines d'une vie à venir[1]. Au contraire, Dicéarque, dans son dialogue, combattait sans distinction et sans restriction, comme Épicure son contemporain, le dogme, consacré par la religion publique, de l'immortalité des âmes.

En résulte-t-il que Dicéarque prétendît tout réduire au corps et à des modifications périssables? Au rapport de Plutarque, il admettait avec Aristote deux espèces de divination, celle qui se tire des songes et celle qui vient d'une inspiration divine; car s'il ne croyait pas que l'âme fût immortelle, il lui reconnaissait une participation à quelque chose de divin[2]. Avec Aristote et Théophraste, Dicéarque reconnaissait donc un principe divin placé au-dessus de la nature, et auquel il était donné à l'homme de participer. Mais ce n'était à ses yeux qu'une com-

---

[1] Cicer. *de Divin.* I, 25; Plutarch. *Consol. ad Apollon.* 27; Themist., Philopon. et Simplic *in libr. de An.* I, 3. Cependant les arguments de l'Eudème ne prouvaient (comme ceux du Phédon de Platon) que l'immortalité de la pure intelligence. Themist. *de An.* f° 90 b.

[2] *De Plac. philos.* V, 1 : Ἀριστοτέλης καὶ Δικαίαρχος τὸ κατ' ἐνθουσιασμὸν μόνον παρεισάγουσι καὶ τοὺς ὀνείρους, ἀθάνατον μὲν εἶναι οὐ νομίζοντες τὴν ψυχήν, θείου δέ τινος μετέχειν αὐτήν. Cicer. *de Divin.* I, 3.

munication extérieure en quelque sorte et passagère, qui laissait les âmes tout entières sujettes avec les corps à la corruption et à la mort. Aussi, il soutint contre Théophraste que la vie pratique valait mieux que la contemplation [1]. En d'autres termes, il croyait que ce que l'homme avait de mieux à faire, c'était selon la maxime d'une prétendue sagesse qu'Aristote avait dédaignée, de ne point songer à s'élever au-dessus de la condition mortelle [2], de se borner à la pratique, et de ne pas prétendre à ce haut point de perfection et de félicité qu'Aristote avait placé dans l'union substantielle, par la contemplation, avec l'éternelle pensée de Dieu.

Le successeur de Théophraste, Straton de Lampsaque, reçut le surnom de Physicien; il s'illustra dans la physique, s'y renferma presque entièrement [3], et s'il n'y réduisit pas, comme on l'a cru, toute la métaphysique, du moins inclina-t-il, plus encore que ses prédécesseurs, à diminuer, au profit de ce qu'Aristote appelait la seconde philosophie, l'importance et l'étendue de la philosophie première.

Cicéron fait dire à l'épicurien Velléius : « Straton le physicien pense que la force divine réside dans la nature, qui contient les causes de la génération,

---

[1] Cicer. *ad Attic.* II, 16.
[2] *Eth. Nicom.* X, 7.
[3] Cicer. *Acad.* I, 9; *de Fin.* V, 5. Senec. *Quæst. natur.* VI, 13.

de l'augmentation et de la diminution, et de l'altération (c'est-à-dire des trois genres de mouvement interne énumérés par Aristote), mais qui est dépourvue de tout sens et de toute figure [1]. » Cela signifie-t-il que Straton ne reconnut d'autre Dieu qu'une nature aveugle et informe? C'est ainsi que tous les historiens et critiques ont entendu ces expressions; c'est ainsi que les entendait Lactance [2]; et enfin, c'est sans doute sur le même passage interprété de la même manière, que Sénèque lui-même se fondait pour affirmer que, comme Platon avait fait Dieu sans corps (ce que Velléius vient de dire un peu auparavant), Straton l'avait fait sans âme [3]. Cependant, par les derniers mots dont Velléius se sert, il ne faut pas entendre qu'il impute à Straton d'avoir

---

[1] *De Nat. Deor.* I, 13 : Omnem vim divinam in natura sitam esse censet, quæ causas gignendi, augendi minuendi immutandique habeat, sed careat omni sensu et figura. — Cicéron désigne ici les trois genres de mouvement qu'Aristote ajoute au mouvement local, c'est-à-dire les mouvements selon les trois catégories de l'être, de la quantité et de la qualité : γένεσι (καὶ φθορά), αὔξησις καὶ μείωσις, ἀλλοίωσις.

[2] *De Ira Dei*, 10 : Naturam vero, ut ait Strato, habere in se vim gignendi et minuendi; sed eam nec sensum habere ullum nec figuram; ut intelligamus omnia quasi sua sponte esse generata, nullo artifice nec auctore. — (Il semble prendre ici *minuendi* pour l'opposé de *gignendi*, ce qui prouverait, s'il en était besoin, combien peu il connaissait la philosophie péripatéticienne). Natura... quæ sensu et figura caret... Si natura mundum fecit, consilio et ratione fecerit necesse est. — Natura vero, quam veluti matrem esse rerum putant, si mentem non habet, nihil efficiet unquam. — Carens mente natura, etc.

[3] Ap. Augustin *de Civ. Dei*, VI, 10 : Ego feram Platonem aut peripateticum Stratonem? Alter fecit Deum sine corpore, alter sine animo.

sciemment et volontairement fait de la nature quelque chose de brut et d'aveugle. Ce qu'il trouve à dire à la nature, chez Straton, c'est ce qu'il reproche en des termes identiques au Dieu de Platon et de ses disciples Xénocrate et Héraclide, au Dieu d'Aristote; c'est d'être, à cause de leur immatérialité même, dépourvus des sens et de la figure corporelle qu'Épicure attribuait à ses dieux; c'est enfin ce que Velléius reproche au Dieu même des Stoïciens, corporel il est vrai, mais animé, intelligent, actif, sans figure ni sens [1]. Il n'y a donc rien ici dont on puisse inférer que Straton n'avait pas reconnu dans la nature la présence de l'intelligence : ce serait plutôt le contraire. Maintenant résulte-t-il des premiers mots, que Straton ne reconnut d'autre dieu que la nature? Velléius le dit-il formellement, on ne serait pas tenu de l'en croire. N'impute-t-il pas faussement à Aristote, à Théophraste, à Xénocrate et à Héraclide d'avoir confondu Dieu avec le monde, le ciel ou l'éther? Mais pourquoi le sens même de ses paroles ne serait-il pas ici simplement que Straton mit dans la nature la puissance que d'ordinaire on attribue aux dieux, la puissance de pro-

---

[1] *De Nat. Deor.* I. 12 : Quod vero ( Plato ) sine corpore ullo Deum vult esse... careat enim sensu necesse est. — Ibid. 13 : Xenocrates... cujus libris qui sunt de natura Deorum, nulla species divina describitur. — Heraclides ...sensuque Deum privat etc. — Ibid. 13 : Cum autem sine corpore idem vult esse Deum, omni illum sensu privat et prudentia. — Ibid. Zeno ... æthera Deum dicit esse, si intelligi potest nihil sentiens Deus.

duire, de conserver, de changer les choses? Cicéron lui-même dit ailleurs : « Niez-vous que la nature puisse quelque chose sans Dieu? Straton vient à la traverse, qui exempte Dieu de ce grand ouvrage du monde. S'il est permis aux prêtres des Dieux de ne rien faire, combien cela ne l'est-il pas plus justement aux Dieux mêmes? Il dit donc qu'il n'a pas besoin pour faire le monde du secours des dieux; il enseigne que tout ce qui existe a été formé par la nature; non que tout soit, comme le dit Épicure, le résultat du concours de corps rudes, polis, ou crochus, séparés par le vide : ce sont là, selon lui, des rêveries de Démocrite, qui imagine au lieu de démontrer; mais poursuivant dans le détail les diverses parties du monde, il montre que tout ce qui est ou qui vient à être, a été formé ou se forme par des poids et des mouvements naturels. De la sorte, il délivre Dieu d'un grand labeur, et moi d'une grande crainte. Car qui pourrait, s'il pense que Dieu s'occupe de lui, ne pas trembler jour et nuit devant la puissance divine [1]? » En rapportant

---

[1] *Acad.* II, 38 : Negas sine Deo posse quidquam? Ecce tibi e transverso Lampsacenus Strato, qui det isti Deo immunitatem magni quidem muneris. Sed (*leg.* scilicet?) cum sacerdotes Deorum vacationem habeant, quanto est æquius habere ipsos Deos? Negat opera Deorum se uti ad fabricandum mundum. Quæcumque sint, docet omnia effecta esse natura; nec ut ille, qui asperis et lævibus et hamatis uncinatisque corporibus concreta hæc esse dicat, interjecto inani. Somnia censet hæc esse Democriti, non docentis, sed optantis. Ipse autem singulas mundi partes persequens, quidquid aut

ce passage, on en omet ordinairement le commencement et la fin, et l'on conclut du reste, rapproché des expressions citées tout à l'heure, que pour Straton la nature était Dieu[1]. Mais de ce commencement et de cette fin ne ressort-il pas précisément avec une entière évidence que, bien loin de confondre Dieu avec la nature, Straton l'en aurait plutôt séparé à l'excès, en le réduisant à la condition des dieux inutiles et insouciants d'Épicure? D'un autre côté, Plutarque nous dit : « Straton soutint des opinions contraires à Platon sur le mouvement, sur l'intelligence, sur l'âme, sur la génération. Enfin, il dit que le monde lui-même n'est pas un animal, mais que le naturel ne vient qu'à la suite du fortuit; qu'en effet, c'est la spontanéité qui donne le

---

sit, aut fiat, naturalibus fieri aut factum esse docet ponderibus et motibus. Sic ille et Deum opere magno liberat, et me timore. Quis enim potest, cum existimet a Deo se curari, non et dies et noctes divinum numen horrere ? — Pour le sens d'*optare* et *docere*, cf. *Tuscul.* II, 13 ; *de Nat. Deor.* I, 8; *de Fato*, 20.

[1] Cudworth, *Syst. intell.* c. III, § 6, p. 102 ; Bayle, *Dictionn. hist. et crit.* art. *Spinoza*, rem. A; *Rép. aux quest. d'un provinc.* III, 1237; *Contin. des pens. sur les com.* II, 520 ; Buddeus, in *Analect. hist. phil.* p. 316; Tennemann, *Gesch. der Philos.* III, 338 ; Rixner, *Handb. der Gesch. der Philos.* I, 261: Ritter, *Hist. de la philos.*, trad. fr., III, 341. Leibnitz suit Bayle en rapprochant Straton de Spinoza ; *Théod.* 187, 351; *Réflex. sur le livre de M. Hobbes*, 3. — Au contraire, Reimmann, *Hist. univ. atheismi*, c. XXVII, § 3, et Brucker, *de Strat. ath.*, in *Miscell. hist. philos.* p. 154, et *Hist. crit. philos.* I, 347, remarquent qu'on ne peut prouver que Straton eût nié l'existence de Dieu, ni même qu'il l'eût identifié avec la nature. Enfin Fr. Schlosser prend sa défense, *de Hyloz. Strat. Lamps.*, Witteb. 1728.

commencement, et qu'à la suite se développe chacune des qualités naturelles[1]. » Straton rejetait donc, comme l'avait fait Aristote, cette âme du monde, qui jouait un rôle secondaire dans la philosophie de Platon, et que les Stoïciens allaient identifier avec Dieu même. De même qu'Aristote, il se refusait à voir dans la nature un principe unique et individuel, source commune des âmes et des natures particulières. Comment donc aurait-il identifié la nature avec Dieu?

Maintenant faut-il supposer qu'il admit d'un côté un Dieu aussi inutile que les dieux d'Épicure, et de l'autre un monde né du hasard? S'il se fût écarté à ce point et dans un pareil sens de la doctrine d'Aristote, comment Alexandre d'Aphrodisiade, Simplicius, Plutarque, si savants dans l'histoire de la philosophie, ne nous en eussent-ils pas une seule fois avertis? Comment le pieux Simplicius, zélé néoplatonicien, ennemi déclaré de tout ce qui ressemble à l'Épicurisme, donnerait-il à Straton les épithètes les plus louangeuses[2]? Comment Plutarque appellerait-il celui-ci, dans le passage même qui

---

[1] *Adv. Col.* 14 : Τελευτῶν τὸν κόσμον αὐτὸν οὐ ζῷον εἶναι φησί, τὸ δὲ κατὰ φύσιν ἕπεσθαι τῷ κατὰ τύχην· ἀρχὴν γὰρ ἐνδιδόναι τὸ αὐτόματον, εἶτα οὕτω περαίνεσθαι τῶν φυσικῶν παθῶν ἕκαστον. Πάθη a sans doute ici le sens de ποιότητες dans ce passage de Sextus, *Pyrrh. hypot.* III, 32 : Στράτων δὲ ὁ φυσικὸς (sc. ἀρχὴν εἶναι εἶπε) τὰς ποιότητας.

[2] *In Phys.* f° 168 a : Ὁ δὲ Στράτων φιλοκαλῶς. F. 225 a : Τοῖς ἀρίστοις Περιπατητικοῖς ἀριθμούμενος.

nous occupe, le plus éminent des Péripatéticiens[1]? Aussi, rien ne s'oppose-t-il à ce que ce passage reçoive une interprétation parfaitement conforme à l'esprit de la philosophie péripatéticienne. Suivant Aristote, si nos déterminations particulières s'expliquent par notre volonté, nous ne pouvons assigner au commencement de notre volonté elle-même aucune cause déterminée : le commencement revient donc à la fortune, au hasard; mais, sous ce mot vulgaire, ce qu'il faut entendre, c'est Dieu[2]. Or il en est de même en toute chose. En tout il y a un commencement dont il nous est impossible de déterminer la cause, et qui est le point de départ de la nature : c'est le hasard pour le physicien; pour le métaphysicien c'est Dieu. Telle fut la pensée d'Aristote; telle fut aussi, sans doute, celle de Straton, et c'est également celle qu'exprime, dans des vers qui nous ont été conservés, le grand poëte Ménandre[3], disciple de Théophraste, et par conséquent condisciple de Straton.

En résumé, c'est au Platonisme seul que s'opposait, selon toute apparence, la théorie de la nature

---

[1] Τῶν ἄλλων Περιπατητικῶν ὁ κορυφαιότατος.
[2] *Eth. Eud.* VII, 14; *Magn. mor.* II, 8.
[3] Ap Stob. *Ecl.* t. I, p. 192 :

Παύσασθε νοῦν ἔχοντες· οὐδὲν γὰρ πλέον
Ἀνθρώπινος νοῦς ἐστιν, ἀλλ' ὁ τῆς τύχης,
Εἴτ' ἐστι τοῦτο πνεῦμα θεῖον, εἴτε νοῦς,
Τοῦτ' ἐστι πάντα καὶ κυβερνῶν καὶ στρέφον.

développée par Straton, et cette théorie n'était autre, dans le fond, que celle de toute l'école péripatéticienne. Platon, dans le Timée, avait représenté les dieux fabriquant les animaux et les hommes avec une matière préexistante. C'est à cette conception, ou plutôt à cette représentation figurée et populaire, qui recouvre une physique généralement atomistique et mécanique, que Straton avait opposé l'idée plus philosophique que tout dans la nature s'effectue par des voies naturelles, non pas par la rencontre et l'arrangement des atomes dans le vide, mais par les divers mouvements spécifiquement différents énumérés par Aristote, et par la pesanteur[1]. — Platon donnait au monde une âme qui du centre rayonnait dans toutes les parties, et qui en était comme le Dieu intérieur. A cette idée Straton avait encore opposé la théorie péripatéticienne : la théorie selon laquelle il n'y a, au lieu d'une âme commune, que des âmes ou des natures individuelles, et chaque nature a son origine dans un commencement inexplicable qui vient de la fortune, ou d'une cause transcendante, placée au-delà, au-dessus, en dehors de toute âme. Au lieu d'un seul principe, qui porte

---

[1] Straton soutint, ainsi qu'Épicure et les anciens atomistes, et contrairement à l'opinion d'Aristote, que tous les corps étaient graves, c'est-à-dire tendaient au centre du monde. Simplic. *in libr. de Cœl.* f. 62 b. Y comprenait-il l'éther, qui selon Aristote n'était ni grave ni léger ?

tout d'avance dans son sein, et l'en fait sortir, un ensemble d'êtres différents suscités de l'indétermination du possible par l'action initiale d'une cause supérieure.

Mais après avoir repoussé l'idée d'une âme universelle, et éloigné de la nature la présence divine, se renfermant presque entièrement dans la physique, Straton laissait comme en dehors de la science, dans une région inaccessible et bientôt, peut-être, problématique, cette cause première à laquelle Aristote avait dit que la nature et le monde étaient suspendus.

Maintenant il établissait avec Théophraste, et peut-être plus fortement encore, que tous les actes de l'entendement humain étaient des mouvements [1]. Et réciproquement, tandis qu'Aristote n'avait guère montré que la dépendance de l'entendement à l'égard des sens, Straton faisait ressortir la dépendance des sens à l'égard de l'entendement : point de sensation sans l'attention que l'intelligence y donne [2]; bien plus, nous n'avons pas une âme pour sentir, et une autre pour comprendre et penser : l'entendement et le sens sont un. Les divers sens ne sont que comme autant d'ouvertures par lesquelles sort et se montre une seule et même âme,

---

[1] Simplic. *in Phys.* f° 225 a.
[2] Plutarch. *de Solert. anim.* 3.

répandue sans division dans tout le corps; pensée empruntée à Héraclite, et que le Stoïcisme allait reproduire [1]. Et c'est dans la partie principale de l'âme, dans le principe dirigeant, que Straton de Lampsaque plaçait, comme les Stoïciens, les sensations, et de plus les affections elles-mêmes [2]. Ainsi l'entendement et la sensibilité devaient être à ses yeux une même chose, que l'abstraction seule séparait en deux facultés différentes.

C'est sans doute d'après le même principe qu'il disait avec Épicure, son adversaire dans toute la physique, que les idées, prétendues intermédiaires entre les choses et les mots, n'étaient rien; en sorte que les mots désignaient immédiatement les choses mêmes, non les idées de ces choses, et qu'il n'y avait rien de plus que les choses particulières et les

---

[1] Sext. Empir. adv. Math. VII, 350 : Οἱ δὲ αὐτὴν (sc. τὴν διάνοιαν) εἶναι τὰς αἰσθήσεις, καθάπερ διά τινων ὀπῶν τῶν αἰσθητηρίων προκύπτουσαν· ἧς στάσεως ἦρξε Στράτων, καὶ ὁ Αἰνησίδημος. Tertull. de An. ap. Salmas. ad Epictet. p. 188 : Non longe hoc exemplum (l'orgue hydraulique d'Archimède) a Stratone et Ænesidemo et Heraclito. Nam et ipsi unitatem animæ tuentur, quæ in totum corpus diffusa ubique, ut flatus in calamos per cavernas, ita per sensualia variis modis emicet, non tam concisa quam dispensata. — *Emicare* rend élégamment le προκύπτειν grec. — Sur l'opinion d'Héraclite, cf. Chalcid. in Tim. (Lugd. Batav. 1607, in-4°), p. 330.

[2] Plutarch. de Plac. phil. IV, 23 : Στράτων καὶ τὰ πάθη τῆς ψυχῆς καὶ τὰς αἰσθήσεις ἐν τῷ ἡγεμονικῷ, οὐκ ἐν τοῖς πεπονθόσι τόποις, συνίστασθαι κ. τ. λ. Les Stoïciens plaçaient les affections dans les endroits du corps affectés (parce qu'ils éloignaient de l'ἡγεμονικὸν toute passion); Épicure y plaçait et les affections et les sensations; ibid.

mots[1]; première formule de ce nominalisme qui devait jouer un si grand rôle au moyen âge. Aristote aussi avait nié la réalité absolue des idées, et les avait réduites à des possibilités qui n'existent en acte que dans les individus. Mais il leur reconnaissait un principe supérieur dans le premier intelligible, la pensée absolue, objet de l'intuition intellectuelle, dont elles expriment les différents rapports possibles avec le monde sensible. En les détachant de ce principe, Straton devait ne plus rien y trouver de réel qui n'appartînt aux individus, et après les individus ne reconnaître pour existant rien autre chose que des mots.

D'un autre côté, tandis qu'Aristote avait vu dans la force génératrice de la semence quelque chose d'incorporel, inhérent, comme à son sujet, à une particule de l'éther, mais qui lui imprimait le mouvement sans se mouvoir, ainsi que l'âme l'imprime au corps, et la pensée divine au ciel, Straton, comme après lui les Stoïciens, réduisait cette force à la substance même dans laquelle elle réside, et

---

[1] Sext. Empir. *adv. Math.* VIII, 13. Les Stoïciens reconnaissaient ces trois éléments : Τὸ τυγχάνον, l'objet extérieur ; τὸ σημαινόμενον, ou λεκτόν, l'idée qui le représente et que le mot exprime ; et τὸ σημαῖνον, le mot. Et l'opinion des Péripatéticiens en général passait pour être la même. Ibid. 21, et Ammon. *in libr. de Interpret.* p. 7, seq. Cf. Boeth. *in libr. de Interpret.*, ed. 2ª, p. 293 (Opp., Basileæ, 1570, in-f°). Mais les Stoïciens appelaient le λεκτόν incorporel, c'est-à-dire, dans leur langage, non réel, et ainsi, dans le fond, s'éloignaient peu de l'opinion de Straton et d'Épicure.

en faisait ainsi un corps [1]. En général, il devait donc, au lieu de considérer avec Aristote l'élément éthéré comme le premier organe du principe vital, en faire ce principe même.

Or, on a vu que suivant la philosophie péripatéticienne, le principe de la vie ne différant pas en substance du principe sensitif, ou l'âme végétative de l'âme sensitive, ni celle-ci de l'entendement ou de l'âme raisonnable, et dans la doctrine de Straton principalement la partie inférieure de l'âme ne faisant qu'un avec la plus élevée, la pensée de ce philosophe devait être, comme celle de Dicéarque (quoiqu'il l'ait sans doute moins ouvertement exprimée), que toutes les âmes n'étaient que des modes inséparables du corps en général, du cinquième et plus subtil élément en particulier; et ce n'est probablement pas sans raison qu'on lui attribue l'opinion que la cause de tout, du moins dans les limites de la nature, était la substance chaude [2], c'est-à-dire l'éther.

Ainsi, en résumé, dans Théophraste, dans ses contemporains Cléarque, Aristoxène et Dicéarque, dans Straton, une double tendance se manifeste

---

[1] Plutarch. *de Plac. philos.* V, 411.

[2] Epiphan. *in Syntomo*: Στρατωνίων ἐκλάμψαν (*leg.* Στράτων ἐκ Λαμψακῆς) τὴν θερμὴν οὐσίαν ἔλεγεν αἰτίαν πάντων ὑπάρχειν. — Pour les points sur lesquels Straton s'écartait d'Aristote dans la physique, voy. Plutarch. *adv. Col.* 14; Simplic. *in Phys.* ff. 140, 168, 187; *in libr. de Cœl.* f. 62; Sext. Empir. *adv. Math.* X, 155, 177.

de plus en plus, d'une part à délaisser dans sa solitude le principe hyperphysique de l'acte et de la pensée pure, unique objet de la philosophie première ; de l'autre, dans la physique, à unir intimement la pensée, l'âme, la forme intelligible avec le mouvement, la matière, la puissance. En s'éloignant de la sorte du véritable esprit de la Métaphysique, l'école péripatéticienne fraie à la fois le chemin à l'Épicurisme et au Stoïcisme.

Suivant Strabon, depuis Théophraste les Péripatéticiens ne firent plus rien de considérable en philosophie ; et la raison qu'il en donne c'est, comme on l'a vu, que les principaux ouvrages d'Aristote et de Théophraste étant restés enfouis dans le souterrain de Nélée, héritier du dernier, leurs successeurs se trouvèrent dépourvus de matériaux, et réduits à développer en rhéteurs des thèses sur des lieux communs [1]. Mais on a vu également que plusieurs des plus grands ouvrages d'Aristote et de Théophraste faisaient partie de cette bibliothèque d'Alexandrie fondée par Ptolémée Lagus avec le concours d'un Péripatéticien, d'un ami de Théophraste, le célèbre Démétrius de Phalère ; tous les philosophes pouvaient les y consulter [2]. Il est impossible de supposer que ces écrits ne se trouvassent pas aussi

---

[1] Strab. XIII, p. 608 : Μηδὲν ἔχειν φιλοσοφεῖν πραγματικῶς, ἀλλὰ θέσεις ληκυθίζειν.

[2] Voy. Ier vol. P. I, l. I, c. I.

entre les mains d'Eudème, de Dicéarque, d'Héraclide du Pont, de Nicomaque, fils et disciple d'Aristote, par les mains desquels ils durent se conserver et se répandre. Des deux mille auditeurs qui entouraient Théophraste[1], pendant les trente-cinq années que dura son enseignement, ne s'en trouva-t-il donc point qui, selon la coutume générale[2], recueillissent par écrit ses leçons?

Loin que la dégénération du Lycée, qui nous est aussi attestée par Cicéron, s'explique par la perte des livres d'Aristote et de Théophraste, c'est plutôt, au contraire, la dégénération de l'école qui explique l'oubli où on laissa tomber les ouvrages des maîtres.

Quoi qu'il en soit, si ce n'est après Théophraste, après Straton du moins, l'école péripatéticienne brilla principalement par la rhétorique. Elle avait toujours fait à cet art une grande place. Platon avait proscrit et la rhétorique[3] et la poésie, comme des arts frivoles et menteurs; et son école ne revint pas de longtemps sur cet arrêt[4]. Pour Aristote, de même qu'il avait reconnu dans la poésie l'art de l'idéal, plus vrai que la réalité, et qu'il l'avait proclamée, à ce titre, chose plus sérieuse et plus phi-

---

[1] Diog. Laert. V, 37.

[2] Voy. Stahr, *Aristotelia*, II, 294.

[3] Cicer. *de Orat.* I, 11; Aristid. *in Orat. plat.* I, t. III, p. 8, seq. ed. Canteri. Sur le Gorgias, voy. Quintil. *Instit. orat.* II, 15.

[4] Sext. Empir. *adv. Math.* II, 20.

losophique que l'histoire [1]; de même il avait vu dans la rhétorique l'instrument légitime, l'organe de la politique, de la philosophie pratique tout entière [2]. L'homme d'état et l'orateur ne sont-ils pas dans la société libre, dans la république véritable, une seule et même personne? Seul, en effet, entre tous les philosophes, superbes contempteurs de l'opinion et des sentiments vulgaires, Aristote avait reconnu dans la sphère de la pratique, comme dans la nature, l'élément indéterminé de la possibilité qui, échappant à la science, laisse le champ ouvert à l'opinion et à la conjecture. Seul, il avait reconnu que la région même de la pratique c'était le contingent, et fait une large part, à côté, au-dessous de la certitude et de la science absolue, que poursuit la pure spéculation, à la probabilité et à l'opinion, parmi lesquelles s'exercent les actions humaines. Seul par conséquent, si l'on excepte les Sophistes, il avait assigné, à côté de la dialectique, un rang considérable à l'art de diriger par la persuasion, les opinions et par suite les actions des hommes. Le premier de tous les philosophes, il avait donc toujours instruit ses disciples à discuter en orateurs, non moins qu'en dialecticiens, et à joindre, comme lui, avec la subtilité du raisonne-

---

[1] *Poet.* init.
[2] *Rhet.* I, 2.

ment, la force et l'abondance de l'élocution [1]. « Aristote, dit Strabon, rendit éloquents tous ses disciples, mais Théophraste par-dessus tous [2]. » On trouva que celui-ci parlait divinement, et c'est pourquoi on ajouta le nom de *Théophraste* à celui de Tyrtame, qui était le sien [3].

L'illustre ami de Théophraste, Démétrius de

---

[1] Cicer. *de Fin.* V, 4 : Disserendique ab iisdem (sc. Arist. et Theophr.) non dialectice solum sed etiam oratorie præcepta sunt tradita; ab Aristoteleque principe de singulis rebus in utramque partem dicendi exercitatio est instituta, ut non contra omnia semper, sicut Arcesilas, diceret, et tamen ut in omnibus rebus quidquid ex utraque parte dici posset expromeret. *Orat.* 14 : Adolescentes non ad philosophorum morem tenuiter disserendi, sed ad copiam rhetorum in utramque partem, ut ornatius et uberius dici posset, exercuit. *De Orat.* III, 18. « Tenuiter, subtiliter, acute : » c'est le caractère assigné par Cicéron à l'élocution philosophique (*de Inv.* II, 16; *Orat.* I, 13, 21; *de Fin.* III, 12; *de Orat.* I, 15; II, 29, 38; *Tuscul.* V, 33, etc.), et qu'il trouve excessif et exclusif chez les Stoïciens (*de Orat.* III, 18 ; *Top.* 2; *Brut.* 31; *Acad.* II, 38). « Copia » et « gravitas, » caractères de l'élocution oratoire, constituent le « ornate dicere » (*de Orat.* I, 13 et *passim; Orat.* et *de Clar. orat., passim*). Au premier genre appartiennent les qualités suivantes : « acre, versutum, callidum, argutum, acutum, subtile, subdolum; elegans, exile, gracile, jejunum, concisum, enucleatum; accuratum, politum, limatum, etc.; » le « venustum et facetum, » y tient de près; au second genre appartiennent ces qualités : « grande, elatum, amplum, varium, locuples. » La fin du premier est « docere, » du second « commovere. » — Entre les deux le genre tempéré, ou mélangé « temperatum, » dont le caractère principal est d'être « suave, dulce, lene » non pas coupé, « concisum » comme le premier, ni tel qu'un fleuve ample et rapide (*Acad.* II, 38), comme le second, mais coulant avec une égalité et continuité (*de Orat.* II, 13, 15, 54), dont résulte la douceur, « suavitas, etc. »

[2] *Strab.* XIII, p. 618 : Ἅπαντας μὲν γὰρ λογίους ἐποίησε τοὺς μαθητὰς Ἀριστοτέλης, λογιώτατον δὲ Θεόφραστον.

[3] Diog. Laert. V, 38.

Phalère, fut le premier orateur de son siècle; seulement il ne posséda pas cette véhémence entraînante qu'avaient eue Périclès, Démosthène, et Aristote lui-même, quoiqu'à un moindre degré [1]. Déjà chez Aristote, plus encore chez Théophraste, l'exactitude philosophique mettait des bornes à l'abondance oratoire [2]. L'éloquence de Démétrius fut d'un genre mixte, dont l'égalité et la douceur formaient le principal caractère, et qui se rapprochait de la précision élégante, propre à la discussion dialectique; et il se signala moins par la force et la plénitude du discours, que par la subtilité de l'argumentation [3].

[1] *Orat.* 36 : Dicetur autem non Peripateticorum more (est enim illorum exercitatio elegans jam inde ab Aristotele constituta), sed aliquanto nervosius (Cf. *Orat.* 19). — Cependant, *Brut.* 31 : Quis est Aristotele nervosior?

[2] Aussi Cicéron appelle Théophraste « elegans et suavis. » *Tuscul.* V. 9. (Voy. la note ci-dessous.) D'un autre côté, Cicéron trouve l'éloquence des Péripatéticiens et Académiciens plus diffuse qu'il ne convient aux tribunaux et au forum, et péchant par là comme les Stoïciens péchaient par l'excès opposé. *Brut.* 31 : Nam, ut Stoicorum adstrictior est oratio, aliquantoque contractior quam aures populi requirunt, sic illorum liberior et latior quam patitur consuetudo judiciorum et fori. — Pour concilier ces passages, peut-être faut-il entendre qu'il trouvait l'éloquence péripatéticienne, comparée à celle du véritable orateur, à la fois un peu trop précise dans la discussion et l'élocution, et un peu trop étendue dans le nombre des arguments, pour lesquels elle mettait à contribution toute la Topique (Cf. *Dial. de Orat.*).

[3] *Orat.* 27; *de Off.* I, 1 : Disputator subtilis, orator parum vehemens, dulcis tamen, ut Theophrasti discipulum possis agnoscere. *Brut.* 9 : ...Ut e Theophrasti, doctissimi hominis, umbraculis (Cf. *Orat.* 19)... Et suavis, sicut fuit, videri maluit quam gravis. Ibid. 31 : (Quis) Theophrasto dulcior? *De Orat.* II, 23 : Omnium oratorum politissimus. Sur le sens de ces épithètes, voy. ci-dessus, p. 54, n. 1.

Straton ne fut pas seulement célèbre par sa doctrine, il le fut également par son éloquence, et la douceur en était aussi le caractère le plus remarquable [1]. Lycon, son successeur, fut encore, dit Cicéron, riche dans le discours, quoique plus pauvre de fonds [2]; et c'est encore par la douceur que son élocution se distingua; il en fut surnommé *Glycon* (de γλυκύς) [3]. Le successeur de Lycon, Ariston, manqua, au jugement de Cicéron, de la gravité et de l'autorité qui sied aux philosophes; mais il fut encore écrivain fertile, élégant et poli [4]. Après lui, Critolaüs retrouva en partie la force et l'abondance des anciens [5].

Pour former ses disciples à l'éloquence, Aristote employait une méthode qui se conserva chez ses successeurs: c'était de proposer des *thèses*, ou questions générales [6], sur lesquelles on plaidait le pour

---

[1] Diog. Laert. V, 58.

[2] *De Fin.* V, 5 : Oratione locuples, rebus ipsis jejunior.

[3] Voy. Ruhnken, *ad Rutil. Lup.*, p. 94.

[4] *De Fin.* V, 5 : Concinnus deinde et elegans hujus ( sc. Lyconis discipulus) Aristo ; sed ea quæ desideratur a magno philosopho gravitas in eo non fuit. Scripta sane et multa et polita, sed nescio quo pacto auctoritatem oratio non habet. — Cicéron attribue aussi la « concinnitas » à Démétrius de Phalère (*Brut.* 9).

[5] Ibid.

[6] Diog. Laert. IV, 3 : Πρὸς θέσιν συνεγύμναζε τοὺς μαθητὰς ἅμα καὶ ῥητορικῶς ἐπασκῶν. Theon. Smyrn. *Progymn.*: Παραδείγματα δὲ τῶν θέσεων γυμνασίας ἐστι λαβεῖν παρά τε Ἀριστοτέλους καὶ Θεοφράστου· πολλὰ γάρ ἐστιν αὐτοῦ βιβλία, θέσεις ἐπιγραφόμενα. Athen. *Deipnosoph.* IV : Σὺ δὲ μόνον ἐν Ἀθήναις μένων εὐδαιμονίζεις, τὰς Θεοφράστου θέσεις ἀκούων.

et le contre, s'exerçant à trouver, à l'aide de la topique, tous les arguments convenables au sujet, puis à les développer par tous les moyens que la rhétorique fournit [1]. D'autres thèses étaient le sujet d'un semblable exercice dialectique. Dialectique et rhétorique, c'étaient les deux parties d'une gymnastique [2] générale, qui ne formait pas moins de la moitié de l'enseignement péripatéticien [3]. C'en était la partie proprement *exotérique*, ou populaire : le reste était l'enseignement scientifique, philosophique, *acroamatique*, dont la métaphysique était le couronnement [4]. C'est donc dans les exercices exotériques que se seraient renfermés les successeurs d'Aristote et de Théophraste, s'il fallait en croire Strabon. Du moins est-il certain qu'au milieu de la dégénération des dogmes qui faisaient la partie intérieure et acroamatique de la philosophie péripatéticienne [5], la rhétorique conserva tout son lustre, et dut acquérir une importance relativement plus grande encore. Mais ce n'était pas la rhétorique

---

Cicer. *Orat.* 14, 36; Quintil. XII, 2 : Peripatetici studio se quodam oratorio jactant. Nam theses dicere exercitationis gratia fere est ab iis institutum. *Dial. de Orat.* c. 31 : Hi (Peripatetici) aptos et in omnem disputationem paratos jam locos dabunt.

[1] *De Orat.* III, 18; *de Fin.* V, 4; *Orat.* 14.

[2] Arist. *Top.* I, 2; VIII, 4, 11. Cf. Cicer. Theon. et Quintil. locc. laudd.

[3] Gell. *Noct. att.* XX, 5; Quintil. III, 1.

[4] Voy. I<sup>er</sup> vol., P. III, l. I, c. 1.

[5] Cicer. *de Fin.* V, 5.

vide et frivole des anciens sophistes. Aristote avait uni étroitement l'éloquence avec la politique ; elle y demeura toujours plus ou moins associée chez ses successeurs. Théophraste, Dicéarque, Démétrius de Phalère, laissèrent de nombreux et beaux ouvrages sur la politique et les lois [1]. Le dernier excella de plus dans l'art de gouverner [2], non moins que dans l'éloquence et la philosophie [3]. Lycon donna souvent d'utiles conseils aux Athéniens [4]. Plus tard, les Péripatéticiens se firent toujours distinguer entre tous les philosophes, et plus que les Stoïciens [5] eux-

---

[1] Diog. Laert. V, 45 ; Cicer. *de Fin.* IV, 3 ; V, 4 ; *de Leg.* III, 6. Dicéarque avait écrit sur le gouvernement de Sparte un livre qui fut si estimé à Lacédémone, qu'on y ordonna par une loi de le lire dans l'assemblée des Éphores en présence de la jeunesse. Suidas, Bayle, art. *Dicéarque*, rem. E.

[2] Cicer. *de Rep.* II, 1 ; *de Leg.* III, 6 ; Ælian. III, 17.

[3] Laert. V, 80.

[4] Ibid. V, 67.

[5] Ils eurent probablement une grande influence sur l'organisation scientifique du droit romain ; mais cette influence n'a pas encore été suffisamment étudiée. — Il est évident que le grand jurisconsulte Servius Sulpicius, que Cicéron met au-dessus même de Scévola, parce qu'il joignait à la connaissance du droit et la dialectique et l'éloquence ( *Brut.* 41, 42 ), n'avait pas étudié chez les Stoïciens, de l'école desquels Cicéron dit qu'il ne sortit qu'un seul homme véritablement éloquent, Caton (Ibid. 31. Cf. 56). Il avait probablement suivi les Péripatéticiens, auxquels Cicéron attribue partout, et spécialement dans le Brutus, c. 31, le privilége de former des orateurs : Quod si omnia a philosophis essent petenda, Peripateticorum institutis commodius fingeretur oratio. — Rien ne prouve que le fondateur de la grande secte philosophique des jurisconsultes proculéiens, Labéon, fût stoïcien, comme on le dit ordinairement, et c'est pour son maître Trébatius (d'ailleurs très-éloigné des Stoïciens, puisqu'on le représenta comme épicurien, Cicer. *ad divers.* VII, 12 ), que Cicéron écrivit ses Topiques d'après ceux d'Aristote etc. (*Top.* init. ; *ad divers.* VII, 19).

mêmes, par leurs connaissances dans la politique et la législation[1].

Nulle philosophie n'était, par sa nature, plus convenable aux affaires publiques et à la société civile. Le rigorisme, au moins apparent, des Stoïciens, l'égoïsme des Epicuriens, étaient également impropres à la vie publique : les uns et les autres enseignaient une morale de solitaires[2]. Les Pythagoriciens et les Platoniciens s'égaraient à la poursuite d'un idéal chimérique et stérile[3]. Aristote avait donné à la philosophie pratique tout entière le nom de politique[4]. Et, en effet, dans la morale péripatéticienne, tout ce qui appartient à la pratique est enveloppé et compris dans la vie sociale; toutes les vertus reviennent à la justice, dont cette vie est l'exercice. La vie contemplative seule dépasse la politique, parce qu'elle dépasse la pratique elle-même, et va se rejoindre à la théologie[5]. En abandonnant ces hauteurs, la morale péripatéticienne ne pouvait que s'attacher plus étroitement encore à la politique.

---

[1] Cicer. *de Orat.* III, 28 : A Græcis politici philosophi appellati. — Il est vrai qu'il le dit des Péripatéticiens et des Académiciens, qu'en général il se refuse à distinguer (Cf. *de Fin.* IV, 3); mais cela est bien plus vrai des premiers, d'après lui même. Cf. *Acad.* II, 36.

[2] Vico, *Science nouvelle*, trad. par l'Auteur de l'*Essai sur la format. du dogme cathol.*, 1844, in-12, p. 40.

[3] Plotin, au III<sup>e</sup> siècle, voulait encore réaliser la république de Platon.

[4] *Magn. Mor.* I, 1; *Eth. Nicom.* VI, 9; *Rhet.* I, 2; *Polit.* I, 2.

[5] Voy. I<sup>er</sup> vol. P. III, l. III, c. 2.

Enfin, c'était le caractère le plus apparent de la philosophie pratique des Péripatéticiens de ne pas rester étrangère par un dédain systématique, aux intérêts du monde matériel et à ses nécessités. Aristote avait reconnu dans l'expérience des sens la condition du développement de l'intelligence humaine; de même il avait reconnu pour nécessaire à la perfection et à la félicité de l'homme, en tant qu'il est homme et non encore parvenu à la vie divine de la contemplation, les biens du corps et de la fortune. Ce fut toujours le trait caractéristique par lequel la morale péripatéticienne se distingua, dans l'opinion commune, de tous les autres systèmes [1], et les Péripatéticiens l'exprimèrent toujours dans les habitudes de leur vie. Tandis que presque tous les autres philosophes, surtout les Stoïciens, aimaient à se séparer de la foule par un costume particulier, d'une simplicité affectée, les Péripatéticiens ne se faisaient remarquer que par l'élégance et même la somptuosité de leur manière de vivre : tel était Aristote [2]; tels furent, à son exemple, Théophraste [3], Démétrius

---

[1] Voy. principalement le *de Finibus bonorum et malorum* de Cicéron.

[2] Laert. V, 16, Censorin. *de Die nat.* 14; Ælian. III, 19; Plin. XXV, 46. Il porta la barbe et les cheveux courts, contrairement à la coutume des philosophes. — Conring. ap. Magir. *Eponymol. crit.* p. 75 :

> Nulla tamen morum asperitas; non fœda lucerna,
>   Non caput intonsum aut barba caprina fuit.
> Annulus ornavit sapientem, et splendida vestis,
>   Congressusque frequens horriditate procul, etc.

[3] Hermipp. ap. Athen. I, p. 21.

de Phalère[1], Lycon[2], Héraclide du Pont[3]. En même temps, il est très-vraisemblable qu'à la magnificence ils surent joindre la libéralité. Aristote n'avait-il pas dit que la pauvreté est un mal, parce qu'elle ne permet pas de donner? et ailleurs, devançant le Christianisme[4], qu'il est meilleur de donner que de recevoir[5]? maxime que lui emprunta Epicure. Seuls aussi de tous les philosophes, les Péripatéticiens ne prétendaient pas proscrire les passions[6], interdire au sage la pitié, réduire les affections du cœur à de simples égarements de la raison[7]. Seuls, au contraire, de même qu'ils voyaient dans les sens la condition du développement intellectuel, ils plaçaient dans la partie de l'âme sujette à la passion et dans la passion même la source de la vie morale[8]; seuls, ils embrassaient ainsi dans leur large pensée toutes les parties et tous les éléments de la constitution humaine. Seuls peut-être ils pouvaient dire sans aucune restriction ce mot célèbre, si impar-

[1] Athen. l. XII.
[2] Laert. V, 67; Athen. XII, p. 546.
[3] Laert. V, 86. Héraclide entendit d'abord Platon, et ensuite Aristote.
[4] *Act. Apost.* XX, 25.
[5] *Eth. Nic.* VIII, 9; IX, 7; *Magn. Mor.* II, 11, 12; *Eth. Eud.* VII, 8.
[6] Les Platoniciens, Stoïciens, Épicuriens et Sceptiques s'accordaient tous à prescrire l'*apathie*, ἀπάθεια; doctrine que combattit, après l'Aristotélisme, la religion chrétienne. (August. *de Civ Dei*, IX, 5; XIV, 9; Theodoret. *Therap.* V).
[7] Voy. plus bas l'exposition du Stoïcisme, et, pour le Platonisme, I<sup>er</sup> vol. P. III, l. III, c. 2.
[8] Arist. *Magn. Mor.* I, 1.

faitement compris et encore plus imparfaitement appliqué par ceux qui l'applaudirent : « Je suis « homme, il n'est rien d'humain que je croie m'être « étranger. »

Enfin, et toujours, dans le fond, en vertu du principe même de l'Aristotélisme, l'école péripatéticienne resta constamment fidèle à l'exemple que lui avait donné son auteur, d'embrasser autant que possible, toute l'étendue des connaissances humaines. Un des caractères par lesquels elle se distingua fut toujours ce qu'on appelait la polymathie [1]. Féconde en orateurs, en politiques, en généraux, elle ne produisit pas avec moins d'abondance des historiens [2], des géographes [3], des mathématiciens, des poètes, des musiciens [4], des médecins [5]. Ce fut,

---

[1] Voy. Wower. *de Polymath.*, et Luzac, *Lect. att.* s. II, § 8 ( Lugd. Bat. 1809, in-4°).

[2] Cicéron (*ad Att.* VI, 2,) appelle Dicéarque ἱστορικώτατος. — On attribue à Démétrius de Phalère d'avoir le premier essayé de faire de la chronologie une science dans son Ἀρχόντων ἀναγραφή. — Il est probable qu'il faut compter parmi les péripatéticiens le célèbre historien Théopompe, comme Grotius l'avait avancé sans en donner la preuve ( Bayle, art. *Théopompe* ). Car Simplicius le mentionne à côté de Dicéarque, dans le passage cité plus haut, p. 37, note 1. Cicer. *ad Att.* XII, 39 : Mecum habeo et Ἀριστοτέλους et Θεοπόμπου πρὸς Ἀλέξανδρον. — Parmi les autres Péripatéticiens qui se firent un nom illustre dans l'histoire, Hermippe, Denys de Samos, Satyrus ( voy. Jonsius, *de Script. hist. philos.* II, 9; II, 2; II, 11 ). Voy. Vossius, *de Hist. græc.* et Fabricius, *Biblioth. græca*.

[3] Le plus célèbre fut encore Dicéarque. Voy. Bayle, art. *Dicéarque*.

[4] Aristoxène, Dicéarque, Hiéronyme de Rhodes, etc.

[5] Entre autres Érasistrate, qui était élève de Théophraste.

comme Cicéron le fait dire par Pison, un atelier de tous les arts[1].

Si donc la philosophie péripatéticienne ne se maintint pas, après Aristote, à la hauteur où il l'avait portée; si, négligeant le premier principe auquel il avait suspendu tout le reste, elle se réduisit de plus en plus à un monde inférieur, celui de la nature, incapable pourtant de se suffire et de s'expliquer par lui-même, du moins elle y conserva la même étendue de vue, la même libéralité d'esprit. Au milieu des systèmes qui lui avaient enlevé la domination des intelligences, étrangère à tout esprit de secte et de partialité, en attendant que le cours du temps et le progrès de la pensée la rétablissent dans la possession de ses propres principes, approfondis et complétés, elle resta toujours la plus fidèle dépositaire et de la science et du sens commun de l'humanité.

---

[1] *De Fin*. **V**, 3 : Ex eorum enim scriptis et institutis cum omnis doctrina liberalis, omnis historia, omnis sermo elegans sumi potest, tum varietas est tanta artium, ut nemo sine eo instrumento ad ullam rem illustriorem satis ornatus possit accedere. Ab his oratores, ab his imperatores ac rerum publicarum principes exstiterunt. Ut ad minora veniam, mathematici, poetæ, musici, medici denique, ex hac tanquam [ex] omnium artium officina profecti sunt.

## CHAPITRE II.

Pyrrhoniens, Stoïciens, Académiciens, Sceptiques, derniers Stoïciens.

Tandis que l'école d'Aristote redescend peu à peu de sa métaphysique aux régions inférieures de la philosophie, où elle s'étend et se disperse en tous sens, d'autres écoles s'élèvent qui toutes, abandonnant ouvertement la philosophie première du Péripatétisme, la laissant comme un temple en ruines, sur une cime lointaine et environnée de nuages, essaient tour à tour de construire sur le fondement seul de la nature, un nouvel et plus solide édifice, mieux approprié aux besoins et aux désirs nouveaux. Dans la longue période qui s'étend des premiers successeurs d'Aristote au premier siècle de l'ère chrétienne, c'est un caractère commun à toutes les sectes qui se disputent l'empire de la philosophie, de ne rien chercher, de ne rien supposer par delà la nature, en y comprenant l'homme; plus de science qui prétende dépasser la physique. Un second caractère également commun à toutes les sectes, c'est de tendre sur toute chose à la pratique, à la morale, et de faire consister dans la découverte du souverain bien de l'homme ou l'unique ou la principale fin de la philosophie. Un troisième caractère dont elles sont toutes marquées, c'est de considérer comme le principe ou au moins comme la condition indispensable du souverain bien et de la félicité, l'entière exemption de trouble, l'*ataraxie*, (ἀταραξία). Or, ce qui trouble l'homme, c'est ou la passion ou l'opinion, celle-ci dans l'entendement, celle-là dans la volonté ; l'une dans l'ordre de la pratique, l'autre dans celui de la spéculation. En conséquence, suivant toutes les sectes que cette période voit naître, le souverain bien est à deux conditions, l'absence de passions (ἀπάθεια) et l'absence d'opinions. Trouver une règle immuable de vie, et une mesure assurée de certitude et de savoir, ce sont deux problèmes qu'elles se proposent toutes. Toutes enfin, elles prétendent, en fondant sur la double base de l'absence d'opinions et de l'absence de passions l'ataraxie absolue, réaliser dans la condition humaine la sagesse, réservée par Pythagore, Platon et Aristote, à Dieu seul. Toutes poursuivent l'idéal du *Sage*.

Depuis que Socrate avait rappelé la pensée humaine du monde extérieur à l'homme même, et fait prédominer sur la physique la recherche des mobiles de la vie et du bien qui en est le but, l'élément pratique avait pris dans la philosophie une importance toujours plus grande. Deux sectes issues de l'enseignement de Socrate, la secte des Cyniques et celle des Cyrénaïques, s'étaient entièrement renfermées dans la morale. Platon avait placé au faîte de sa dialectique l'idée du bien. Aristote enfin avait défini le bien, la cause finale, principe de tout mouvement, et réuni ainsi plus intimement encore dans une même idée celles de la cause première et de la fin dernière, de l'objet de la métaphysique et de celui de la morale.

Dans les écoles qui s'élèvent en face de l'école péripatéticienne, la métaphysique étant mise à l'écart ou abaissée à la physique, d'un autre côté, l'âme humaine devenant par degrés plus intérieure à elle-même, la pratique, la morale, devaient être plus que jamais le principal objet, le but éminent de la philosophie.

De plus, en toutes choses, les mouvements variés de la sensibilité, les passions avaient pris dans la conscience humaine une place toujours plus considérable, et joué dans toutes les œuvres de l'esprit un plus grand rôle. Dans la politique, le progrès continuel de la démocratie avait de plus en plus fait passer le pouvoir des mains de la caste héroïque, de l'aristocratie gardienne des traditions, aux orateurs, habiles à remuer les sentiments populaires : Aristote atteste que, de son temps, la rhétorique consistait presque tout entière dans l'art d'émouvoir les passions [1]. Au théâtre, image de plus en plus fidèle de la vie, on avait d'abord représenté à peu près

---

[1] *Rhet.* I, 1.

exclusivement, ces caractères fixes et immuables que figurèrent les masques scéniques [1]; aux caractères, aux *mœurs*, avait de plus en plus succédé la diversité infinie des passions. Le dernier venu des grands poëtes tragiques, Euripide est celui qui avait su le mieux, par la représentation du malheur, inspirer la crainte et la pitié, et qui par là avait été, au jugement d'Aristote, le plus tragique de tous [2]. Dans la comédie, un poëte formé à l'école péripatéticienne, disciple de Théophraste, et ami de Démétrius de Phalère, Ménandre [3], abandonnant ces peintures outrées des caractères de la fable ou de l'histoire, par lesquelles s'était illustré Aristophane, avait su par l'analyse seule des mouvements du cœur, chez des personnages tout imaginaires, porter l'art au point le plus haut de perfection où il lui ait peut-être jamais été donné d'atteindre [4].

---

[1] C'est là sans doute qu'il faut chercher l'origine des masques et des costumes tragiques, comme Vico l'a fait le premier, et non dans des circonstances extérieures, telles que la grandeur du théâtre, etc.

[2] *Poet.* 13 : Τραγικώτατος δὲ τῶν ποιητῶν φαίνεται.

[3] Il paraphrase la célèbre sentence de Théophraste, que c'est la fortune et non la sagesse qui régit la vie, dans ces vers rapportés par Stobée, *Ecl.* t. I, p. 192 :

Παύσασθε νοῦν ἔχοντες, οὐδὲν γὰρ πλέον
Ἀνθρώπινος νοῦς ἐστιν, ἀλλ' ὁ τῆς τύχης, etc.

Voy. plus haut, p. 45. Il dit ailleurs que le pouvoir de la fortune s'étend jusqu'à rendre méchant. Voy. Stob. *Serm.* tit. 107. Sur les misères de la vie humaine, voy. ibid., tit. 98.

[4] On sait que César appelle Térence, qui du reste n'a guère fait que tra-

L'un et l'autre, Euripide et Ménandre [1] avaient les premiers cherché souvent le ressort du drame dans l'amour [2], dans la plus profonde et la plus touchante des passions.

La musique avait aussi passé graduellement d'un style simple et grave, propre à rendre ces dispositions constantes dans lesquelles consistaient les caractères et les *mœurs* [3], à l'expression variée et tumultueuse des passions les plus différentes, qui jetait le trouble dans les âmes [4].

La sculpture et la peinture enfin, avaient commencé, comme la poésie et la musique, par représenter dans leur grandeur imposante les types héroïques. Les *mœurs*, selon le terme grec, ou les caractères avaient été leur premier objet; peu à peu elles en étaient venues à exprimer les actions parti-

---

duire ou imiter Ménandre : *dimidiate Menander.* — Voy. les jugements de Plutarque, Denys d'Halicarnasse, Dion Chrysostôme, Quintilien.

[1] Ménandre admirait Euripide, et l'imita souvent. Quintil. *Institut. orat.* X, 1.

[2] Ovide remarque qu'il n'y a point de comédie de Ménandre sans amour ( *Trist.* l. II, el. I; v. 369 ). — Eschyle ne représenta jamais cette passion. Elle ne joue encore qu'un rôle secondaire dans Sophocle.

[3] Dans les antiques *nomes* on devait reconnaître le caractère immuable de la divinité à laquelle ils étaient adressés. Plutarch. *de Mus.* c. 6 ; Plat. *de Leg.* III, t. II, p. 700.

[4] Timothée, ami d'Euripide, fut le principal auteur de ce changement. On sait quel accueil il reçut à Sparte, où se conservait la sévérité de la musique dorienne. la plus *morale*, au jugement d'Aristote *Polit.* VIII, 7. Voy. Boet. *Mus.* I, 1, et sur l'histoire générale de la musique, Barthélemy, *Voy. d'Anach.* c. 27.

# LIVRE I, CHAPITRE II. 69

culières : par là surtout se distinguait de l'antique Polygnote[1], le grand peintre Zeuxis[2] ; par là durent se distinguer également des Calon et des Hégésias,

---

[1] Il représentait les hommes κρείττους, dit Aristote (*Poet.* 2), c'est-à-dire tels qu'on se figurait les héros. Pauson, au contraire, les représentait χείρους (ibid.); aussi Aristote oppose-t-il les peintures de Pauson à celles de Polygnote, comme entièrement dépourvues du caractère *moral* qui distinguait celles-ci. *Polit.* VIII, 5.

[2] Aristot. *Polit.* VIII, 5 : ...Πολυγνώτου καὶ εἴ τις ἄλλος τῶν γραφέων ἢ τῶν ἀγαλματοποιῶν ἐστιν ἠθικός. *Poet.* 6 : Ὁ μὲν γὰρ Πολυγνώτος ἀγαθὸς ἠθογράφος, ἡ δὲ Ζεύξιδος γραφὴ οὐδὲν ἔχει ἦθος. Dans ce dernier passage, Aristote explique par un exemple tiré de l'histoire de la peinture ce qu'il vient de dire, que les tragédies modernes, comparées aux anciennes, sont pour la plupart *sans mœurs*, ἀήθεις ; ce qui ne les empêche pas de subsister, parce que l'action, πρᾶξις, est seule indispensable. Mais il ne veut pas dire que ces tragédies, ni par conséquent que les peintures de Zeuxis fussent *sans passions* ; c'est tout le contraire : l'ἦθος et le πάθος sont en raison inverse l'un de l'autre ; *Eth. Nicom.* II, 4, 5 ; *Magn. Mor.* I, 7 ; *Polit.* VIII, 5 ; *Rhet.* III, 7. Pline méconnaît cette distinction essentielle, *Hist. nat.* XXV, 10 : « Aristides Thebanus omnium primus animum pinxit et sensus omnes expressit, quos vocant Græci ἤθη ; item perturbationes. » — C'est probablement pour cela qu'il dit de Zeuxis (ibid. 9) : « Fecit Penelopen in qua pinxisse *mores* videtur. » Et Junius, le savant auteur du *de Pictura veterum*, ne pouvant concilier ce passage avec celui d'Aristote, s'écrie (*Catalog.* etc. p. 231, Roterod. 1694, in-f°) : « Ego interim in hoc loco, ut ingenue quod res est fatear, tam contraria maximorum auctorum judicia satis mirari nequeo ; animus mihi pendet, neque satis expedio quidnam sit illud quod Plinius huic Zeuxidi eximiam in moribus exprimendis facultatem tribuat, cum Aristoteles (cui tamen dabatur artificem penitus inspicere) nihil omnino in pictura morum valuisse tradat. » Bayle (art. *Zeuxis*) ne voit pas non plus d'issue à cette contradiction, et il tombe dans la même faute que Pline : « Aristote trouvait ce défaut dans les peintures de Zeuxis, que les mœurs ou les passions n'y étaient pas exprimées. » Winckelmann (*Hist. de l'art*, trad. franç., III, 65) croit aussi qu'Aristote veut dire que Zeuxis « sacrifiait à la beauté une partie de l'expression, » et qu'il lui reproche « de manquer d'action. » C'est, à ce qu'il me semble, le contraire du véritable sens. — Quant à Castelvetro (*in Arist. Poet.*) il entend par ἤθη, la *couleur*.

les Phidias, les Myron, les Polyclète [1]. Enfin, Lysippe et Praxitèle [2], Apelle, Protogène, Euphranor [3], étaient venus, au temps d'Aristote, tempérer par la grâce de mouvements plus souples, par le naturel, et par l'expression des passions, les caractères sévères des vieux maîtres. Dans les arts, dans la poésie, dans la rhétorique et la politique, et enfin dans la vie même, la rigidité des anciennes mœurs ( ἦθος ) avait donc cédé de plus en plus à la passion ( πάθος ), à la nature.

Ce mouvement général, la philosophie d'Aristote était venue en donner la formule : l'activité de la volonté humaine a dans la passivité de la nature sa condition, sa matière; la source de nos actions, le foyer de la vie morale se trouvent dans cette partie de notre être qui est capable de passion; elle est la matière à laquelle la fonction de l'immatérielle intelligence est de donner la forme. L'intelligence avec la raison qui en dérive, mesure et règle la partie passive de notre âme; selon la belle expression d'Aristote, elle philosophe avec les passions [4].

Or, s'il en était ainsi, la métaphysique péripaté-

---

[1] Quintil. *Instit. orat.* XII, 10.

[2] L'un et l'autre s'attachèrent singulièrement à l'imitation de la nature. Quintil. *loc. cit.*; Plin. XXXIV, 8. Praxitèle se signala par l'expression des passions. Diod. Sic. *Ecl. ex hist.* XXVI : Ὁ καταμίξας ἀκρῶς τοῖς λιθίνοις ἔργοις τὰ τῆς ψυχῆς πάθη.

[3] Quintil. *loc. cit.*; Plin. XXV, 10.

[4] Συμφιλοσοφεῖ ταῖς πάθεσι. Winckelmann, qui rapporte cette expression

ticienne tombant dans l'oubli, l'idée de ce principe immatériel auquel elle avait tout suspendu, s'éloignant ou se dissipant peu à peu comme un vain fantôme, le sort de l'homme, sa perfection et sa félicité demeuraient dans la dépendance entière des opinions et des passions, en proie à l'agitation, au trouble auxquels la nature est livrée. Aussi vit-on bientôt Théophraste considérer la vie comme régie par la fortune, et non par la sagesse, et faire dépendre entièrement du hasard des circonstances extérieures la perfection et la félicité. Toutes les doctrines qui naquirent de son temps peuvent être regardées comme autant de tentatives pour échapper à une si décourageante conclusion. Toutes se proposent pour principal but le souverain bien, la félicité de l'homme : toutes lui donnent pour base l'absence de trouble, l'imperturbabilité, l'*ataraxie*. Toutes sont unies contre Théophraste [1] ; toutes aspirent à mettre l'âme à l'abri des chances de la fortune et de l'atteinte des passions. Toutes, enfin, se proposent, toutes espèrent réaliser le type sublime du sage, inébranlable, imperturbable, impassible. Recouvrer ce calme, cette sérénité immuable empreinte dans les anciens ou-

---

sans indiquer l'ouvrage dont il l'a tirée, en fait une heureuse application à cette époque de l'art grec où l'expression des passions est encore subordonnée à la sérénité antique. *Hist. de l'art*, II, 33.

[1] Cicer. *Tuscul.* V, 9 : « Vexatur idem Theophrastus et libris et scholis omnium philosophorum, quod in Callisthene suo laudarit illam sententiam : Vitam regit fortuna, non sapientia. »

vrages de l'art, sur les traits majestueux des dieux et des héros, c'est la pensée commune qui les réunit toutes. D'accord sur le but, elles diffèrent seulement sur les chemins qui y conduisent.

Ainsi, toutes les doctrines se renferment alors entièrement dans l'horizon de la nature; toutes, en même temps, elles cherchent sur cette mer agitée, dans ce monde de changement et de tumulte, un point fixe, un principe de stabilité, qui se soutienne, qui se suffise seul, et sur lequel repose une félicité inébranlable. Toutes, elles cherchent dans la nature ce qui ne saurait s'y trouver, ce qui ne peut être qu'au delà et au-dessus des conditions de l'existence physique. Telle est la contradiction inextricable dont elles cherchent toutes, par des voies diverses, l'impossible solution.

Mais si elles succombent dans leur entreprise, du moins elles pénètrent, à des profondeurs inconnues, dans le monde où elles se sont renfermées. Dans cet ordre inférieur d'existence au-dessus duquel elles ne reconnaissent rien, elles découvrent des puissances, elles manifestent des attributs dont s'enrichira un jour le principe supérieur qu'elles méconnaissent; et des débris de leur physique, de leur logique ou de leur morale, la métaphysique renaîtra accrue et fortifiée.

Dès le temps d'Aristote, une secte s'était élevée

qui essayait d'obtenir, par le renoncement à toute recherche d'une véritable science, l'imperturbabilité, *l'ataraxie*. C'était la secte pyrrhonienne. Elle sortait à la fois de la philosophie de Démocrite et de la dialectique.

Démocrite avait distingué, comme les Éléates, les phénomènes qui affectent les sens, d'avec les principes que les sens n'aperçoivent pas, et auxquels la raison nous conduit. Seulement ces principes n'étaient pas pour lui l'être unique des Éléates; c'étaient l'être et le non-être limités et divisés à l'infini l'un par l'autre, ou les atomes et le vide [1]. Selon lui, la connaissance de ces principes constituait seule la science digne de ce nom; la connaissance des phénomènes, des apparences, n'était qu'opinion incertaine et variable [2]. Or, ces apparences, c'était pourtant la seule chose qu'il nous fût possible de saisir. De tout le reste, la raison ne nous enseignait que l'existence, et non la nature. Les phénomènes étaient le visible, leurs causes l'invisible, l'obscur [3]. Toute véritable science était donc hors de la portée de l'homme [4].

Quant à la dialectique, si elle était venue mon-

---

[1] Arist. *Metaph.* I, 4; *de Gener. et corr.* I, 8.
[2] Sext. Emp. *adv. Mathem.* VII, 139; VIII, 6; *Pyrrh. hypot.* I, 213; Arist. *Metaph.* III, 5.
[3] Ἄδηλον, Arist. *Metaph.* III, 5.
[4] Ibid.; Sext. Emp. *adv. Math.* VII, 137; Diog. Laert. IX, 72; Cicer. *Acad.* II, 10.

trer les principes intelligibles des choses, non plus dans des éléments matériels, tels que les atomes, mais dans les formes auxquelles la matière est soumise, elle cherchait ces formes dans les qualités, par lesquelles les choses se classent en espèces et en genres. Or, les qualités sont partout mêlées et unies à leurs contraires. C'était donc un résultat naturel de la dialectique de présenter chaque chose sous deux aspects opposés qui n'en laissaient pas non plus discerner l'essence et la nature. Aussi, tandis que Platon essayait d'élever cette méthode au-dessus de son domaine propre jusqu'à la science absolue, jusqu'à la connaissance des essences, dans les autres écoles sorties des enseignements de Socrate et de Zénon d'Élée, elle était revenue presque entièrement à la sophistique [1]. Ces écoles étaient celles de Mégare, d'Élis et d'Érétrie.

Pyrrhon naquit à Élis; il y reçut les leçons du mégarique Bryson, fils de Stilpon [2], et sans doute le même qu'Aristote cite comme un sophiste [3]; il fut l'ami d'un Philon [4], probablement celui qui fut disciple de Diodore et l'un des maîtres les plus célèbres de l'école de Mégare; et, enfin, c'est par les ouvrages de Démocrite qu'il commença l'étude de la

---

[1] Chrysipp. ap. Plutarch. de Stoic. repugn. 10 : Τῶν μὲν παχυτέρων, τῶν δ' ἐκφανῶς σοφιζομένων, en parlant des Mégariques.

[2] Diog. Laert. IX, 61.

[3] Arist. Rhet. III, 2 ; Anal. post. I, 9 ; Soph. el. 11.

[4] Voy. Jonsius, de Script. hist. phil. II, 1, 7.

philosophie [1]. Auprès des dialecticiens, il apprit à tout envisager sous deux points de vue contraires, à trouver pour toute question deux réponses contradictoires et, au moins en apparence, d'une valeur égale. Dans les ouvrages de Démocrite, il apprit à considérer tout ce qui dépasse les sens comme enveloppé d'une obscurité impénétrable, à croire que l'homme n'avait de prise que sur des phénomènes dépourvus de réalité extérieure ; par conséquent, à ne reconnaître d'autre règle, d'autre *criterium* que l'apparence [2]. Enfin, c'est de Démocrite qu'il apprit à chercher le souverain bien dans l'*ataraxie*. Le premier, en effet, voyant dans le monde physique une agitation éternelle et sans but d'éléments aveugles, Démocrite avait réduit toute la félicité humaine à la tranquillité, au calme, tel que celui d'une mer qu'aucun souffle n'agite [3].

Mais comment faire pour rester, au milieu de tant d'incertitudes, exempt de toute espèce d'agitation et de trouble ? Suspendre son jugement. C'est la conclusion nouvelle que Pyrrhon tire de ces prémisses. Il n'affirme rien, il ne dit rien [4]. « Pas plus

---

[1] Aristocl. ap. Euseb. *Præp. ev.* XIV, 18 ; Diog. Laert. IX, 67.

[2] Sext. Emp. *adv. Math.* VII, 30. Aristote, *de An.* I, 2, en parlant de Démocrite : Τὸ γὰρ ἀληθὲς εἶναι τὸ φαινόμενον.

[3] Ἀταραξία, ἀθαμβία, εὐθυμία, εὐεστώ, γαλήνη. Diog. Laert. IX, 45, 46 ; Cicer. *de Fin.* V, 29 ; Senec. *de Tranq. an.* 2, 3 ; Stob. *Eccl.* t. II, p. 76 ; *Serm.* I, 40 ; III, 34.

[4] Ἀφασία. Aristocl. ap. Euseb. *Præp. ev.* XIV, 18.

l'un que l'autre ¹, » c'est la formule dans laquelle il se renferme. De l'équipollence des raisons pour et contre doit suivre la suspension du jugement ². Et l'ataraxie suit la suspension du jugement comme l'ombre suit le corps ³.

En effet, qu'est-ce qui trouble les hommes? Les opinions qu'ils ont sur les biens et les maux, et par suite leur désir des uns et leur crainte des autres. Or, sur le bien et sur le mal, comme sur tout le reste, le Pyrrhonien s'abstient de juger. Il est vrai que de même qu'il aperçoit des phénomènes, il reçoit aussi des impressions, et ne peut s'y soustraire. C'est ce qu'il y a en nous de forcé, de nécessaire ⁴. Il reçoit des impressions, et il y conforme sa conduite, comme il la conforme aux apparences que les sens lui présentent. Bien plus, il reconnaît parmi les apparences celle d'une nature divine et d'un bien suprême propre à établir dans la vie humaine l'égalité à laquelle il aspire ⁵ ; il s'y conforme donc comme à une règle inflexible. Les yeux fixés sur cet idéal, tout le reste lui semble indifférent. La richesse ou la pauvreté, la santé ou la maladie, la vie ou la mort lui sont égales. Rien de bon que la vertu, rien

---

¹ Οὐδὲν μᾶλλον. Diog. Laert. IX, 61 ; Gell. *Noct. att.* XI, 5, 4.

² Ἰσοσθένεια τῶν λόγων. Diog. Laert. IX, 76, 101.

³ Diog. Laert. IX, 107 : Τέλος δὲ οἱ σκεπτικοί φασι τὴν ἐποχὴν, ᾗ σκιᾶς τρόπον ἐπακολουθεῖ ἡ ἀταραξία. Sext. Emp. *Pyrrh. hypot.* I, 29, 232.

⁴ Timon, ap. Diog. Laert. IX, 105, et ap. Sext. Emp. *adv. Math.* VII, 130. Sext. Emp. *Pyrrh. hypot.* I, 191, 197, 203.

⁵ Timon, ap. Sext. Emp. *adv. Mathem.* XI, 20.

de mauvais que le vice [1]. Mais il se garde bien d'affirmer pour cela qu'il y ait rien de bon ou de mauvais, de juste ou d'injuste en soi et par nature [2]. Pour le bien et le mal, non moins que pour le vrai et le faux, il suit les apparences et ne prononce rien sur l'essence.

Le Pyrrhonien est donc sujet, comme tout le monde, à des impressions ou passions qui l'obligent d'agir. Il cède en cela à la nécessité. Mais ce qui est en son pouvoir, c'est de ne pas conclure de ces passions à des êtres réels et à des biens ou des maux absolus ; c'est par où il se sépare du vulgaire. Il souffre et agit comme homme ; mais comme philosophe il se renferme dans une entière inaction [3]. Par là, il modère les passions elles-mêmes, que le commun des mortels aggrave par ses opinions ; et il maintient son âme dans l'imperturbabilité [4], dans l'impassibilité [5] absolue.

---

[1] Cicer. *de Fin.* II, 13 ; Stob. *Serm.* cxxi, 28 ; Epictet. *Fragm.* 93, ed. Schweigh.

[2] Sext. Emp. *Pyrrh. hypot.* III, 235 : Ἐπέχει μὲν περὶ τοῦ φύσει τί ἀγαθὸν ἢ κακὸν, etc. Diog. Laert. IX, 61.

[3] Sext. Emp. *adv. Math.* XI, 165 : Κατὰ μὲν τὸν φιλόσοφον λόγον οὐ βιᾶ ὁ σκεπτικός· ἀνενέργητος γάρ ἐστιν ὅσον ἐπὶ τούτῳ· κατὰ δὲ τὴν ἀφιλόσοφον τήρησιν δύναται τὰ μὲν αἱρεῖσθαι, τὰ δὲ φεύγειν. VII, 30 : Μὴ εἰς τὸ παντελὲς ἀνενέργητον ὄντα, καὶ ἐν ταῖς κατὰ τὸν βίον πράξεσιν ἄπρακτον.

[4] Sext. Emp. *Pyrrh. hypot.* I, 29 : Ἐν ταῖς δοξαστοῖς ἀταραξίαν..., ἐν δὲ ταῖς κατηναγκασμέναις μετριοπάθειαν. Cf. ibid. 25, et *adv. Math.* VII, 30. — Cicéron attribue à Pyrrhon le dogme de l'impassibilité absolue : *Acad.* II, 42 : « Pyrrho autem ea ne sentire quidem sapientem : quæ ἀπάθεια nominatur. »

[5] Sext. Emp. *Pyrrh. hypot.* III, 235 : Ἐν μὲν ταῖς δοξαστοῖς ἀπαθὲς

Le Pyrrhonisme, c'est donc la suspension de tout jugement sur ce qui est précisément l'objet de la métaphysique, sur l'être absolu, l'essence, le principe intelligible des phénomènes sensibles, principe placé, suivant Pyrrhon, hors de notre portée, et dont la vaine poursuite est le tourment de notre vie..

Cependant, Platon avait commencé à faire voir que, bien loin de nous être inaccessible, l'intelligible est identique avec les formes mêmes de notre intelligence. Seulement, il ne l'avait reconnu que dans les universaux, les généralités abstraites, qui ne sont que les attributs, non les essences et les principes des choses. Le premier, Aristote avait montré que le principe, l'essence intelligible de toute chose, étant l'acte individuel qui en constitue la nature ou l'âme, c'est l'objet, non d'une incertaine opinion, mais d'une vue ou d'un contact immédiat de l'intelligence; il avait montré, enfin, que cet objet n'est, dans le fond, rien autre chose que l'intelligence qui le saisit; bien plus, rien autre chose que l'acte même de cette intelligence. Dans ce *noumène* si obscur au point de vue des sens, il avait montré la vraie, l'unique lumière, qui éclaire seule

---

μένει· ἐν δὲ ταῖς κατηναγκασμέναις μετριοπαθεῖ. — Quelques sceptiques disaient, au lieu de l'impassibilité ou de l'ataraxie, la *douceur*, πραότης (Diog. Laert. IX, 128); variante qui semble avoir son origine dans cette pensée d'Aristote : Βούλεται γὰρ ὁ πρᾶος ἀτάραχος εἶναι, καὶ μὴ ἄγεσθαι ὑπὸ τοῦ πάθους. *Eth. Nic.* IV, 5.

tout le reste; et, dans cet inconnu, le principe de toute connaissance, et la connaissance même.

Mais ce premier principe par lequel tout devait s'expliquer, Aristote l'avait laissé comme en dehors de la conscience humaine, enveloppé dans l'idée abstraite et imparfaitement déterminée de l'acte pur. Ce ne fut sans doute encore aux yeux de Pyrrhon qu'une chose douteuse de plus, impossible à connaître, nouveau et inutile sujet d'incertitude et de trouble.

En écartant l'idée, en interdisant la poursuite de principes invisibles, c'est-à-dire placés hors de toute expérience, d'intelligibles extérieurs en quelque sorte à l'intelligence, le Pyrrhonisme marche donc dans la même voie que l'Aristotélisme. Mais d'accord avec lui dans la négation, il ne le suit point dans l'affirmation. Il oublie ou il rejette l'expérience supérieure qui est le fondement de la métaphysique, l'intuition, la vue immédiate de l'intelligible dans la conscience que l'intelligence a d'elle-même. Suivant Aristote, la vraie philosophie consiste à s'élever au-dessus des agitations de la nature et de l'opinion, à ce faîte sublime de l'intelligence pure où, ne faisant plus qu'un avec le principe immobile de tout mouvement, et réuni au bien suprême, on trouve dans la perfection de l'acte le repos et la paix inaltérable [1]. Suivant Pyrrhon, le philosophe, en tant

---

[1] *Eth. Nic.* X, 7, 8.

que philosophe, n'agira pas, et ce n'est qu'en demeurant, par la suspension de son jugement, dans une complète inaction, qu'il obtiendra l'*ataraxie* et la paix de l'âme.

Mais qu'est-ce qu'une félicité qui se réduit à une négation telle que l'absence de trouble ? Et cette imperturbabilité même, comment la trouver dans la suspension du jugement ? Pyrrhon ne prétend pas, comme plus tard Épicure et Zénon, se soustraire entièrement aux passions : il n'aspire, comme Aristote, qu'à les modérer. Mais ce n'est plus, comme lui, en y faisant intervenir un principe supérieur qui les mesure, et qui, en les réglant, les transforme : c'est en s'en séparant. Dépouiller l'homme, tel est, selon lui, le problème que le philosophe doit résoudre [1]. Mais par là, le philosophe laisse l'homme tout entier en proie à ses passions, tempérées peut-être, mais ni détruites ni réformées dans leur principe ; et c'est pour se réduire à une impossible inaction, fiction contradictoire, où il cherche vainement un repos qui le fuira toujours. Le Pyrrhonien prétend ne se prononcer sur rien ; au moins se prononce-t-il sur cela même ; au moins dit-il qu'il ne dit rien. Il prétend s'abstenir de toute recherche du bien. Et qui le porte à s'en abstenir, si ce n'est le désir même du bien véritable ? Sur une base qui

---

[1] Aristocl. ap. Euseb. *Præp. ev.* xiv.

se dérobe dans le vide, comment établir surtout cette morale rigoureuse selon laquelle tout est indifférent, à l'exception de la vertu et du vice? Pour sortir de ce labyrinthe de contradictions, c'est inutilement qu'il s'épuise en subtilités sophistiques. Quoi qu'il dise, quoi qu'il fasse, il se dément, se réfute et se décrédite lui-même aux yeux des autres et aux siens propres. Aussi le Pyrrhonisme eut peu de sectateurs et s'éteignit bientôt [1].

Mais tandis que la dialectique de Socrate se propageait dans les écoles sophistiques d'où sortit le Pyrrhonisme, ses doctrines morales avaient donné naissance à deux écoles plus fécondes, celle des Cyrénaïques et celle des Cyniques. Contraires l'une à l'autre, faisant consister le souverain bien et la fin de la vie humaine, l'une dans le plaisir, l'autre dans la peine [2] et la vertu, ces deux écoles formaient une opposition commune à l'entreprise accomplie par Platon, de faire de la doctrine de Socrate, alliée au Pythagorisme, un système de philosophie spéculative qui rattachât les choses humaines aux choses divines comme à leurs principes, et qui fît converger la dialectique et la morale vers la théologie. Au Platonisme succède l'Aristotélisme : les écoles cyrénaïque et cy-

---

[1] Cicer. *de Orat.* III, 17; *de Fin.* II, 11, 13. Senec. *Quæst. nat.* VII, 32.

[2] Πόνος. Diog. Laert. VI, 2, 71; Stob. *Serm.* xxix, 65.

nique renaissent dans l'Épicurisme et le Stoïcisme, et cette lutte engagée par les Aristippe et les Antisthène contre la dialectique platonicienne, les Épicure et les Zénon la renouvellent contre la métaphysique d'Aristote. Mais comme la philosophie péripatéticienne dépasse le Platonisme, de même aussi les deux systèmes qui succèdent aux doctrines cyrénaïque et cynique ne les remplacent qu'en les surpassant. L'un et l'autre, ils donnent pour base à leur morale une doctrine spéculative, théorie complète de la nature, dont ils empruntent chacun le principe à l'un des deux grands systèmes qui s'étaient jadis partagé la physique : le Cyrénaïsme et le Cynisme ne renaissent qu'entés sur la physique de Démocrite et sur celle d'Héraclite. Et c'est sous l'influence puissante de la philosophie d'Aristote que les nouveaux systèmes qu'on élève contre elle se développent, se transforment et portent enfin des fruits entièrement nouveaux.

Pour Épicure, nous l'avons déjà dit, il n'y a rien hors de la nature ; le but de sa philosophie est de chercher dans ces limites le souverain bien ; et le bien, il le place, ainsi qu'Aristippe, dans le plaisir. Mais, ce qu'il cherche avant tout, comme Pyrrhon, dont il admirait la force d'âme [1], et comme, en gé-

---

[1] Diog. Laert. IX, 64.

néral, tous les philosophes de son temps, c'est l'exemption de trouble, c'est l'ataraxie [1]. Or, à ses yeux, la plus grande cause de trouble, et par conséquent le plus grand obstacle à la félicité de l'homme, est la crainte d'un monde surnaturel. Pour chasser cette crainte, il faut la physique [2]. A son tour, la physique exige la connaissance des règles qui servent à discerner le vrai d'avec le faux. C'est ce qu'Épicure appelle, d'un mot probablement emprunté à Démocrite [3], la *canonique*. La morale pour conduire l'homme à la félicité, la physique dans la mesure où elle est nécessaire pour le défendre contre la crainte chimérique des choses surnaturelles, la canonique pour fournir à la physique le *criterium* du vrai et du faux, voilà à quoi se réduit toute la philosophie. Pourquoi Épicure en retranche-t-il toutes les sciences, tous les arts [4], que la plupart des autres écoles, et l'école péripatéticienne surtout, cultivaient avec tant de zèle et de succès? C'est ce qu'il sera facile de comprendre tout à l'heure.

---

[1] Diog. Laert. X, 136.

[2] Diog. Laert. X, 80-2, 142-3; Cicer. *de Fin.* IV, 5; Lucret. I, v. 57 sqq.

[3] Sext. Emp. *adv. Math.* VII, 138 : (Δημόκριτος) ἐν ταῖς κάνοσι. Cf. VIII, 328. Diog. Laert. IX, 17. Aristote dit aussi : Κανονίζομεν καὶ τὰς πράξεις... ἡδονῇ καὶ λύπῃ. *Eth. Nic.* I, 2.

[4] Sext. Emp. *adv. Math.* I, 1 ; Diog. Laert. X, 85 ; Cicer. *de Nat. Deor.* I, 26 ; Quintil. *Instit. orat.* II, 18, etc. Voy. Gassendi, *de Vit. et mor. Epic.* l. VIII.

Le principe de la canonique, la règle du vrai, la base et le fondement de tout, est l'évidence [1] ; l'évidence, c'est-à-dire l'intuition immédiate. C'était la pensée des Cyrénaïques [2]. C'était bien aussi la pensée des Péripatéticiens, et tandis que les Platoniciens ajoutaient à l'évidence la raison [3], Théophraste venait de dire, dans les mêmes termes qu'Épicure, que l'évidence seule était le critérium du vrai [4]. Mais la différence est qu'Épicure ne reconnaît pas plus que Pyrrhon cette intuition supérieure de l'intelligence spéculative dans laquelle l'Aristotélisme plaçait la source la plus haute et la plus pure de la vérité. Et par conséquent pour lui comme pour Pyrrhon, pour Démocrite, pour les Cyrénaïques, le critérium du vrai se réduit uniquement au phénomène [5].

Suivant Épicure, en effet, il y a trois sources particulières de vérité, ou trois critériums, dans lesquels se divise le critérium universel de l'évidence. Ce sont les sensations, (αἰσθήσεις) ou perceptions des objets par les sens, les *anticipations* (προλήψεις), et les affections (πάθη) ou impressions passives que

---

[1] Sext. Emp. adv. Math. VII, 216 : Πάντων δὲ κρηπὶς καὶ θεμέλιον ἡ ἐνάργεια.

[2] Id. ibid. 200.

[3] Id. ibid. Ἐκεῖνοι μὲν γὰρ σύνθετον αὐτὸ (sc. τὸ κριτήριον) ἐποιοῦν ἔκ τε ἐναργείας καὶ τοῦ λόγου.

[4] Id. ibid. 218 : Κοινὸν δὲ (sc. τὸ κριτήριον) ἀμφοτέρων (sc. τῶν αἰσθητῶν καὶ τῶν νοητῶν) τὸ ἐναργές.

[5] Aussi Sextus dit qu'Épicure identifiait φαντασία et ἐνάργεια; adv. Math. VII, 203.

les sensations font sur nous¹. Quant aux affections, elles nous font connaître uniquement le plaisir ou la douleur que les choses nous causent, et par où nous les jugeons bonnes ou mauvaises pour nous; elles ne nous font pas connaître ce que sont les choses elles-mêmes. C'est donc par les sensations et les anticipations seules qu'il nous est donné de juger des existences. Sur les affections repose la philosophie pratique; sur les deux premiers critériums, la philosophie spéculative, c'est-à-dire la physique.

Maintenant le second de ces deux critériums, l'anticipation, est, comme le mot l'indique, ce par quoi on anticipe, on devance la sensation; c'est l'idée générale, l'universel, souvenir de plusieurs sensations semblables ², par lequel seul on les prévoit et les prédit; c'est donc la condition de toute recherche, de toute question, de toute opinion, de toute argumentation, la base de la science et du raisonnement ³.

Les Cyrénaïques n'avaient admis aucun autre critérium que la sensation et l'affection ⁴. Démocrite avait opposé aux sens la raison, à qui seule il était

---

¹ Diog. Laert. X, 31 : Κριτήρια τῆς ἀληθείας εἶναι τὰς αἰσθήσεις καὶ τὰς προλήψεις καὶ τὰ πάθη.
² Diog. Laert. X, 33 : Καθολικὴν νόησιν ἐναποκειμένην, τουτέστι μνήμην τοῦ πολλάκις ἔξωθεν φανέντος.
³ Ibid. Sext. Emp. adv. Math. I, 57 ; XI, 21 ; Cic. de Nat. Deor. I, 16.
⁴ Sext. Emp. adv. Math. VII, 200. Aristot. Metaph. IV, 5: de An. I, 2.

donné de connaître les principes, c'est-à-dire les atomes et le vide. Mais ce n'était là encore que la connaissance sensible, étendue du visible à l'invisible, et non un critérium distinct, principe spécial du raisonnement et de la science. Aristote, en plaçant dans la sensation le point de départ de toutes nos connaissances, avait admis, en outre, les notions, qui résultent du souvenir de plusieurs sensations, et qui forment les éléments de la science. C'est de cette théorie que sortit celle d'Épicure. Mais, au fond, Aristote n'avait pas réduit les notions au simple souvenir des sensations : il y avait vu les différents rapports possibles de la matière au principe supérieur dont la connaissance intime est le fond de notre intelligence ; par conséquent, il y avait reconnu des possibilités qui reposent dans l'entendement avant que les phénomènes sensibles viennent en déterminer la réalisation.

L'*anticipation* d'Épicure est uniquement l'empreinte [1] que laisse de soi la sensation plusieurs fois répétée. C'est une image, une copie exacte ; et c'est pourquoi elle a l'évidence intuitive et la certitude infaillible de la sensation [2]. Où subsiste-t-elle cette image, cette empreinte? Dans quelle faculté différente de la sensation même, qui n'est pas capable

---

[1] Τύπος. Diog. Laert. X, 33.
[2] Sext. Emp. adv. Math. VII, 203. Diog. Laert. X, 33 : Ἐναργεῖς οὖν εἰσιν αἱ προλήψεις.

de mémoire [1] ? C'est ce qu'Épicure se fût vainement efforcé de déterminer.

Toute connaissance a donc dans les sens seuls sa première source. L'anticipation n'est pas un élément original de savoir : elle n'est que la sensation continuée, prolongée en un souvenir. — C'est la théorie péripatéticienne diminuée de la partie supérieure qui en est le lien et la clef de voûte.

Enfin, l'anticipation n'est encore en elle-même que l'empreinte individuelle de sensations particulières [2]. Pour qu'elle devienne le signe et, par suite, l'*anticipation* véritable de toutes les sensations auxquelles elle ressemble, il faut la représenter par le mot. C'est du mot qu'elle reçoit la généralité qui la rend l'élément de la science. C'est sur les mots que portent le jugement, le raisonnement, la démonstration ; c'est dans les mots enfin que consiste le vrai et le faux [3]. Corollaire inévitable d'une doctrine qui, n'admettant d'autre source primitive du savoir que les sens, ne saurait expliquer que par le langage tout ce que l'entendement ajoute aux sensations.

Déjà, par cela seul qu'il négligeait ou qu'il rabais-

---

[1] Diog. Laert. X, 31.

[2] Voy. Gassendi, *Animadv. in dec. libr. Diog. Laert.*, p. 137 (Lugd., 1649, 3 vol. in-f°), t. I, p. 137.

[3] Sext. Emp. *adv. Math.* VIII, 13, 258 ; *Pyrrh. Hypot.* II, 107. Plutarch. *adv. Col.* 15, 22.

sait le principe supérieur posé par Aristote au faîte de la connaissance, Straton inclinait vers la théorie nominaliste, qui ne fait consister la généralité, et par suite la vérité et la fausseté du jugement que dans les mots. Ce principe supérieur, Épicure le rejette, et dès lors il se réduit à un nominalisme absolu. Seulement, tandis qu'Aristote avait paru rapporter uniquement les mots à l'institution humaine [1], suivant Épicure c'est la nature qui nous les a d'abord suggérés [2] : opinions qu'il est facile de concilier ensemble.

Ainsi, selon la canonique épicurienne, nulle connaissance qui ne dérive des sens; et dans la sensation, dans l'anticipation qui en est le souvenir, dans le mot qui l'exprime, nulle erreur. L'erreur n'a lieu, comme la vérité proprement dite, que dans le jugement, dans l'opinion qui rapporte les mots aux anticipations, les anticipations aux sensations [3].

A la canonique d'Épicure répond parfaitement sa physique ou physiologie [4]. D'abord, il n'y a que des corps. Ensuite, d'après le vieil axiôme dont la distinction péripatéticienne de la puissance et de l'acte semblait avoir dissipé pour toujours le prestige, d'après cet axiôme abstrait et vague selon lequel rien ne vient

---

[1] *De Interpr.* 2.
[2] Diog. Laert. X, 75.
[3] Sext. Emp. *adv. Math.* VII, 210 sqq.
[4] Φυσιολογία. Voy. Gassendi, *Animadv.* t. I, p. 159.

de rien et rien ne se réduit à rien [1], tous les corps sont formés, en dernière analyse, d'éléments primitifs, immuables dans leur constitution, dans leurs figures et leurs grandeurs [2], parfaitement solides et indivisibles, les atomes. Enfin, le mouvement exige le vide [3]. Dans le vide absolu se meuvent donc des corpuscules inaltérables, sans aucune action les uns sur les autres [4], unis seulement par des rapports tout extérieurs de distance; autant d'absolus isolés et indépendants. C'est à quoi se réduit tout ce qui est et tout ce qui peut être. Et appuyé sur les notions et les argumentations abstraites vainement détruites par la physique et la métaphysique d'Aristote, Épicure relève et reconstruit à peu près en entier le système mécanique et atomistique de Démocrite.

Seulement, tandis que Démocrite paraît avoir con-

---

[1] Diog. Laert. X, 40; Lucret. l. I, v. 151.

[2] Diog. Laert. X, 41, 54; Lucret. l. I, v. 530-2. Le caractère essentiel des atomes est en effet, comme le mot l'indique, l'indivisibilité, et en général l'immutabilité, et non, comme on le dit souvent l'extrême petitesse. Plutarch. *de Plac. phil.* I, 3 : Καὶ εἴρηται ἄτομος, οὐχ ὅτι ἐλαχίστη, ἀλλ' ὅτι οὐ δύναται τμηθῆναι, ἀπαθὴς οὖσα καὶ ἀμέτοχος οὖσα. Voy sur ce point Gassendi, *Animadv.* t. I, p. 178-9.

[3] Diog. Laert. X, 40; Lucret. l. I, v. 335, sqq.; Sext. Emp. *adv. Math.* VII, 213.

[4] Plutarch. *adv. Col.* 8 : Ἀπαθεῖς ; ibid. 10 : Ἀτρέπτους καὶ ἀσυμπαθεῖς... ὧν οὔτε καθ' ἑαυτὰ πάθησίς ἐστιν, οὔτε πάθος ἢ μεταβολὴ συνελθόντων. Theodoret. *Therap.* IV. On verra plus bas que le Stoïcisme prend le contrepied de ce système, et définit l'univers comme un tout continu et *sympathique*, συνεχές, συμπαθές.

sidéré tout mouvement comme le résultat du choc[1], en remontant d'un mouvement à un choc et d'un choc à un mouvement, à l'infini, Épicure se rend, ce semble, au principe d'Aristote, qu'on ne peut reculer à l'infini dans la série des causes[2]. C'est pourquoi il attribue aux atomes, outre la grandeur et la figure, une pesanteur naturelle qui les ferait tomber éternellement dans la même direction, avec la même vitesse[3]. Avant la fatalité de l'impulsion, la spontanéité de la nature. Ce n'est pas tout. Livrés à la seule pesanteur, les atomes descendraient toujours dans l'infinité du vide, les uns à côté des autres, sans jamais se rencontrer, comme les gouttes

---

[1] Stobée, *Ecl. phys.* I, p. 348, dit positivement : Κινεῖσθαι δὲ κατ' ἀλλη- λοτυπίαν ἐν τῷ ἀπείρῳ, et c'est aussi le seul sens que puisse avoir ce passage de Simplicius, *in Phys.* f° 96 : Δημόκριτος φύσει ἀκίνητα λέγων τὰ ἄτομα, πληγῇ κινεῖσθαί φησιν. Ἀκίνητα exclut l'idée d'un mouvement *naturel*, et ne laisse subsister que celle d'un mouvement *forcé* (Cf. Arist. *de Cœlo*, III, 2). Πληγή signifie donc le choc des atomes les uns par les autres; de même *plaga* dans Lucrèce, l. II, v. 285, et Cicéron, *de Fato*, c. 12; et c'est contre toute apparence que Gassendi (*Animadv.* t. I, p. 215) dit : « Constat Democritum accepisse τὴν πληγὴν pro interna impulsione, qua atomus seipsam agit, et quasi verbere cæco concitat, cum Epicurus eam vocem usurpaverit pro impulsione externa, qua atomus una in aliam incurrens ab ipsa retunditur. » — Par le παλμός, Démocrite désignait sans doute, comme Epicure par ἀποπαλμός (Diog. Laert. X, 44), l'oscillation ou palpitation résultant pour les atomes du choc et de la réflexion. De là, Plutarch. *de Plac. phil.* I, 23 : Δημόκριτος ἓν γένος τῆς κινήσεως, τὸ κατὰ παλμόν. Cf. ibid. 12, et Stob. *Ecl. phys.* I, p. 40.

[2] En effet, Aristote réfute expressément par ce principe l'hypothèse de Démocrite. *De Cœlo*, III, 2.

[3] Diog. Laert. X, 43, 61, 73.

d'une pluie éternelle [1]. Pour expliquer les rencontres desquelles est résulté l'univers, il faut donc supposer encore dans les atomes, dans quelques-uns au moins [2], le pouvoir de s'écarter de la ligne naturelle de leur chute : de s'en écarter, par conséquent, non partout et toujours, non dans un temps et dans un lieu certains, mais en un moment, en un point de l'espace absolument indéterminables et incertains [3]. Enfin, les sens n'attestant nulle déviation semblable, il faut qu'elle soit petite jusqu'à en être insensible [4]. Une déclinaison si faible qu'elle soit, dans un lieu et dans un temps quelconques, c'est assez pour qu'un jour, quelque part, les atomes se

[1] Diog. Laert. X, 59. Lucret. l. II, v. 221.

[2] « Quibusdam. » Cicer. *de Fato*, 12.

[3] Lucret. l. II, v. 221 :

>            Incerto tempore ferme
>    Incertisque locis.

V. 292 :

>    Nec regione loci certa nec tempore certo.

Cf. v. 260.

[4] Diog. Laert. X, 59 : Ἐλάχιστον. Plutarch. *de Solert. anim.* 7 : Ἐλάχιστον; *de An. procr.* 6 : Ἀχαρές. Lucret. l. II, v. 243 :

>    Quare etiam atque etiam paulum clinare necesse est
>    Corpora, nec plus quam minimum, ne fingere motus
>    Obliquos videamur, et id res vera refutet, etc.

V. 220 :

>    Tantum quod nomen mutatum dicere possis.

Tanneguy Lefèvre lit, au lieu de *nomen*, *momen* pour *momentum*. Cicer. *de Fato*, 12 : Perpaullum, quo nihil possit esse minus.

rencontrent, s'accrochent, s'engrènent; c'est assez pour la formation de l'univers. Et une fois formé, tout s'y accomplit avec une régularité, une uniformité qui ne se démentent jamais. Tout s'y enchaîne dans un ordre certain : tout y naît avec constance de semences certaines, d'éléments invariables [1]. A l'indétermination de la cause première succède la détermination immuable des effets.

Ici, le commencement des choses n'est plus, comme il l'était probablement dans le système de Straton, l'effet d'un hasard apparent, sous lequel se cache l'initiative de Dieu. Il est l'effet d'un hasard [2] absolu, sans aucune sorte de principe et de raison. Tout ce vaste univers, composé d'une infinité de mondes, obéit maintenant et obéira éternellement, dans son ensemble, aux lois de la nécessité; et il a pour origine un premier coup du sort, une exception fortuite au cours de la nature, un mou-

---

[1] Lucret. l. I, v. 170 :

  Seminibus quia certis quidque creatur.

V. 174 :

  Quod certis in rebus inest secreta facultas, etc.

V. 189 :

       Omnia quando
 Paulatim crescunt, ut par est, semine certo.

V. 204 :

  Materies quia rebus reddita certa est.

[2] Diog. Laert. X, 133

vement, insensible il est vrai et pour ainsi dire nul, mais enfin sans aucune sorte de raison et d'explication possible.

Ainsi, tout dans le monde résulte de causes physiques, matérielles, corporelles; et ce que Straton n'avait dit, après Aristote, qu'en un sens relatif et restreint à la sphère de la physique, sans préjudice des vérités supérieures de la métaphysique, Épicure l'affirme, comme Démocrite, dans un sens absolu, et sans aucune réserve : l'univers s'est formé et se conserve sans l'aide des dieux [1]. Cependant, comme Démocrite aussi, Epicure ne nie point qu'il y ait des dieux. Chez tous les hommes il s'en trouve des idées préconçues, des anticipations, qui ne peuvent être que les copies de types véritables. Tels sont surtout, comme l'a dit Démocrite, les fantômes qui se présentent si souvent dans le sommeil [2]. Mais les dieux ne sont pas autres qu'ils ne paraissent en songe, des êtres à forme humaine, pourvus seulement de corps et de sens plus subtils, indestructibles, et jouissant, dans les interstices vides qui séparent les mondes [3], d'un éternel loisir. Quant

---

[1] Diog. Laert. 121-4, 139. Sext. Emp. *Pyrrh. hypot.* III, 219; Lucret. l. I, v. 160; l. V, v. 158, sqq.; Cicer. *de Nat. Deor.* I, 20.

[2] Epic. ap. Diog. Laert. X, 123; Cicer. *de nat. Deor.* I, 17; Sext. Emp. *adv. Math.* IX, 25, 43. — Tertullien dit encore, *de An.* 47 : « Major pene vis hominum ex visionibus Deum discunt. »

[3] Intermundia. Cicer. *de Fin.* II, 23. Senec. *de Benef.* IV, 4.

à l'âme, elle n'est qu'un corps comme tous les autres, composé seulement des atomes les plus petits et les plus mobiles, mais qui se dissoudra avec le corps proprement dit[1], avec la chair[2] où elle habite.

C'est donc vainement que le vulgaire se laisse troubler par la pensée que des puissances supérieures à la nature y interviennent à leur gré[3], ou qu'après cette vie une autre vie nous attend, une vie inconnue et remplie de terreurs. Le résultat de la saine physique est d'établir que rien ne pouvant venir de rien (sauf la déclinaison, insensible dans le principe, et dorénavant incapable de rompre l'enchaînement des causes), rien d'extraordinaire ne saurait arriver, rien qui ne puisse être prévu et expliqué, rien qui ne dérive d'une manière nécessaire de la constitution ou du mouvement de particules corporelles. Ainsi s'évanouissent les ténèbres et l'effroi de la superstition.

On sait à quel point dans l'antiquité la religion entourait, remplissait de frayeurs la vie humaine.

---

[1] Diog. Laert. X, 63, 66-7 ; Lucret. l. III.

[2] Σάρξ. Diog. Laert. X, 137 ; Clem. Alex. *Strom.* II, p. 417. — Je ne trouve pas de trace de l'emploi de ce mot dans ce sens avant Épicure. Plus tard les Stoïciens Épictète et Marc-Aurèle s'en servent, ainsi que du diminutif σαρκίδιον. Sénèque prend *caro* dans le même sens.

[3] Lucret. l. I, v. 151 :

> Nullam rem e nihilo gigni divinitus unquam.
> Quippe ita formido mortales continet omnes, etc.

Tout était signe, présage redoutable. Tous les mouvements, tous les bruits de la nature semblaient le langage ou le geste mystérieux de divinités terribles : partout, à tout instant, en toute circonstance, mille sujets d'appréhensions [1], de précautions, d'expiations. Au-dessus des dieux eux-mêmes, le Destin aveugle et inflexible. Au-delà de cette vie, enfin, un monde inconnu et redoutable, un empire ténébreux où régnait un éternel silence, des abîmes ceints de fleuves stagnants ou enflammés, peuplés d'ombres et de fantômes, et où les plus heureux regrettaient encore les maux et les ennuis de la terre. Telles étaient les images funestes dont la religion accablait les esprits [2], et que la philosophie essayait de dissiper.

Déjà l'école cyrénaïque avait attaqué la croyance aux dieux : Théodore de Cyrène en avait reçu le nom d'athée [3]. Évhémère, son disciple, et contemporain d'Épicure, cherchait à prouver que les dieux prétendus de la Grèce n'étaient que des héros ou des rois divinisés par l'admiration des peuples [4]. D'un autre côté, la philosophie péripatéticienne

---

[1] Voy. Menandr. ap. Stob. *Serm.* xcviii.

[2] Lucret. l. I, v. 63.

[3] Diog. Laert. II, 86, 97; Plut. *adv. Stoic.* 31; Cic. *de Nat. Deor.* I, 1, 23.

[4] Plut. *de Is. et Os* 23. Vid. Davis. et Boher. ad Cic. *de Nat. Deor.* I, 12.

avait banni de la nature toute intervention extraordinaire et miraculeuse de la divinité : elle niait, en général, les démons, divinités inférieures que l'on croyait préposées au gouvernement de l'univers; elle rejetait toutes les fables, et jusqu'au langage mythique dont la philosophie de Platon avait retenu l'usage. Peut-être même l'école de Cyrène et l'école péripatéticienne se rapprochaient-elles jusqu'à un certain point par leur antipathie commune pour la mythologie. Du moins, Évhémère vivait auprès de Cassandre [1], qui avait été probablement, comme son père Antipater [2], élève d'Aristote [3], et qui fut toujours l'ami de Théophraste [4] et de Démétrius de Phalère [5].

Mais nulle autre secte ne déclara si hautement la guerre à la religion commune, que la secte d'Épicure. On dit que la mère de celui-ci faisait métier d'aller lire des formules lustrales dans les maisons des pauvres, et que tout enfant il l'y accompagnait et l'assistait [6]. Peut-être fut-ce de là que lui vint ce

---

[1] Diod. Sic. l. VI, ap. Euseb. *Præp ev.* II, p. 59.

[2] Voy. Plut. *in Alex.*

[3] Aristote lui avait écrit neuf lettres, et le fit son principal exécuteur testamentaire (Diog Laert. V, 11). Il laissa aussi des lettres, dont une sur la mort d'Aristote. Plut. *in Coriol.* et *in Cat. maj.*

[4] Diog. Laert. V, 37.

[5] C'est au nom de Cassandre que Démétrius de Phalère commandait à Athènes. — Antipater et Cassandre paraissent avoir toujours favorisé les Péripatéticiens; Antigone protégeait les Stoïciens.

[6] Diog. Laert. X, 4 Voy. Bayle, *Dict. hist.*, art. *Épicure*, rem. C.

mépris et cette horreur de la superstition. La combattre, l'extirper entièrement des esprits, ce fut, à ce qu'il semble, la pensée qui le domina le plus. C'est celle qui respire dans tout le poëme de Lucrèce [1].

Aussi apparut-il au vulgaire et à lui-même non comme un maître seulement, mais comme un véritable libérateur, et presque comme un rédempteur divin. Non-seulement sa doctrine se conserva chez ses successeurs comme une chose sacrée, et à laquelle c'eût été un sacrilége de rien changer [2], mais encore les Épicuriens lui rendaient une sorte de culte religieux. Ils se réunissaient chaque mois dans des repas communs, et tous les ans le jour de sa naissance, comme il avait lui-même pris soin de le prescrire par son testament. Ils avaient partout son portrait, soit en peinture, soit gravé sur des coupes ou sur des anneaux [3]. Colotès s'était jeté à ses genoux comme pour l'adorer, et Lucrèce semble douter sérieusement si le sage qui a renversé les anciennes idoles n'était pas lui-même un être supérieur à l'humanité [4].

---

[1] Lucret. I, v. 930 :

. . . . . . . . . . . . . . . . . . . Arctis
    Relligionum animos nodis exsolvere pergo.
L. V, init. ; et passim.

[2] Voy. Gassendi, *de Vit. et mor. Epic.* II, 5.

[3] Ibid. 4.

[4] Ibid. IV, 1-6.

Maintenant, l'homme délivré par la physique de l'appréhension d'un monde surnaturel, assuré qu'au-delà de la nature il n'a rien à craindre non plus qu'à espérer, quel est, dans la nature, le but, le bien suprême qu'il doit se proposer? Épicure répond avec Aristippe : c'est le plaisir; et il en donne les mêmes preuves. D'abord : nous ne jugeons du bien et du mal, de ce qui est à désirer ou à craindre, à poursuivre ou à éviter, que par les impressions du plaisir et de la douleur, en sorte que le plaisir et la douleur sont pour nous la seule règle du bien et du mal. Quel autre critérium aurait pu trouver place dans un système où l'on ne reconnaît rien au-delà des sens? En second lieu, tous les animaux, dès leur naissance, cherchent le plaisir et fuient la peine[1]. Pour Épicure comme pour Aristippe, toute la morale consiste donc dans la théorie du plaisir et des moyens de se l'assurer. Mais si la doctrine cyrénaïque renaît dans l'Épicurisme, ce n'est, encore une fois, que modifiée, transformée par l'influence de la philosophie d'Aristote.

Suivant Aristippe, et probablement suivant toute l'école de Socrate, en y comprenant Platon[2], tout plaisir était un mouvement. Aristippe définissait la peine un mouvement rude, le plaisir un mouve-

---

[1] Diog. Laert. 129, 137. Cic. *de Fin.* I, 9; II, 10. — Pour Aristippe, voy. Diog. Laert. II, 88.
[2] *Phileb.* p. 53.

ment doux[1]. Aristote avait renversé cette théorie.

Selon Aristote, le plaisir est attaché naturellement à l'exercice de toute fonction; chacune a son plaisir qui lui est propre[2]. Or parmi les fonctions naturelles, il en est à la vérité qui consistent soit à s'accroître de ce dont on manquait, soit à se diminuer de ce qu'on avait de trop, et qui par conséquent s'accomplissent par un changement, un mouvement, et dans un certain temps. Ce sont celles de la vie végétative, les plus nécessaires et aussi les plus basses[3]. Mais il en est d'autres qui ne sont pas la satisfaction d'un besoin préalable, et qui, en conséquence, n'impliquent par elles-mêmes aucun mouvement. Telles sont celles de l'ouïe, de la vue, de l'intelligence. Dès le premier moment complètes et égales à ce qu'elles seront dans les moments suivants, elles ne s'accomplissent pas proprement dans un temps, mais dans un présent indivisible[4]. C'est que, si dans les fonctions de la vie végétative, on passe par degrés d'un état à un état contraire qui est l'état naturel, dans les fonctions de la vie supérieure on ne fait qu'entrer en jouissance d'une disposition toute acquise, et passer sans changement de la

---

[1] Diog. Laert. II, 88.
[2] Voy. I<sup>er</sup> vol., l. III, c. 2.
[3] *Eth. Nic.* VII, 12; *Magna Mor.* II, 7.
[4] Ibid.

possession, de l'*habitude* (ἕξις) à l'acte [1]. Par celles-là, dit Aristote, la nature se constitue telle qu'elle doit être ; par celles-ci, déjà toute constituée [2], elle use et jouit seulement de ce qu'elle est déjà. Ces dernières ne sont donc en aucune façon des mouvements, mais de purs actes [3]. Ainsi déjà le mouvement n'est pour rien dans les fonctions de la partie supérieure de notre nature, et par conséquent dans les plaisirs attachés à ces fonctions, c'est-à-dire dans les plus nobles et les plus vrais.

Ce n'est pas tout ; même dans les fonctions qui sont des mouvements, des changements de notre constitution corporelle, c'est l'âme qui ressent le plaisir. C'est qu'en effet c'est l'action de l'homme qui produit ces changements, et c'est dans cette action, non dans le mouvement de particules corporelles, que consiste le plaisir.

Ainsi, à vrai dire, point de plaisir qui soit par lui-même un mouvement [4]. Seulement parmi les plaisirs les uns sont attachés à des fonctions qui impliquent essentiellement un mouvement du corps,

---

[1] *Eth. Nic.* VII, 12 : Οὐδὲ γινομένων συμβαίνουσιν, ἀλλὰ χρωμένων... διὸ καὶ οὐ καλῶς ἔχει τὸ αἰσθητὴν γένεσιν φάναι εἶναι τὴν ἡδονὴν, ἀλλὰ μᾶλλον λεκτέον ἐνέργειαν τῆς κατὰ φύσιν ἕξεως.

[2] *Magna Mor.* II, 7 : Ἐστὶν ἡ ἡδονὴ καὶ καθισταμένης τῆς φύσεως καὶ καθεστηκυίας, οἷον καθισταμένης μὲν αἱ ἐξ ἐνδείας ἀναπληρώσεις, καθεστηκυίας δὲ αἱ ἀπὸ τῆς ὄψεως καὶ τῆς ἀκοῆς καὶ τῶν τοιούτων οὖσαι. Cf. *Eth. Nic.* loc. cit. — *Polit.* VIII, 5 : Μέσως καὶ καθεστηκότως.

[3] *Magna Mor.* loc. cit : Ὥστ' εἴη ἂν τις ἡδονὴ ἣ οὐκ ἔστι γένεσις.

[4] Ibid. Διὸ οὐκ ἔστιν οὐδεμία ἡδονὴ γένεσις.

les autres sont attachés à des actes par eux-mêmes sans mouvement, et en partie ou entièrement indépendants du corps. Or, les premiers, n'étant que le remède d'un mal, ne sont par conséquent des plaisirs que d'une manière accidentelle et relative [1]; les seconds seuls sont par nature et par essence des plaisirs. Ceux-là sont bornés comme les besoins et les forces du corps : ceux-ci peuvent toujours croître; ceux-là sont passagers, et cessent avec les nécessités corporelles : ceux-ci sont par eux-mêmes susceptibles d'une durée indéfinie. Le plus grand de tous les plaisirs, le seul absolument vrai, la source première de tous les autres, c'est celui qui est attaché à l'exercice du seul acte entièrement indépendant du corps et exempt de mouvement, l'acte de la pensée spéculative, immobile dans la contemplation d'elle-même ; tel est le plaisir qui forme l'éternelle félicité de Dieu [2]. En résumé, le plaisir consiste moins dans le mouvement que dans le repos [3], et la raison en est qu'il est essentiellement attaché à l'acte, et que l'acte est supérieur au mouvement.

Or, comme Aristote, Épicure reconnaît dans les plaisirs de la chair un remède d'une douleur, et à ce plaisir de mouvement il préfère celui qu'il appelle, d'un mot dérivé des formules péripatéticiennes, plai-

---

[1] *Eth. Nic.* VII, 14 : Λέγω δὲ κατὰ συμβεβηκὸς ἡδέα τὰ ἰατρεύοντα.
[2] Ibid. Διὸ ὁ θεὸς ἀεὶ μίαν καὶ ἁπλῆν χαίρει ἡδονήν. *Metaph.* XII, 7.
[3] *Eth. Nic.* loc. cit. Καὶ ἡδονὴ μᾶλλον ἐν ἠρεμίᾳ ἢ ἐν κινήσει.

sir *constitutif*[1], c'est-à-dire le plaisir paisible et durable de l'âme. C'est celui-ci qui est seul le souverain bien de l'homme et le but auquel tend le sage. Le moyen, l'unique moyen qui y conduit est la vertu. Le plaisir étant seul le véritable bien, la vertu est par elle-même sans aucune valeur; le beau sans l'agréable est un mot vide de sens[2]. Mais comme on fait cas de la médecine à cause de la santé qu'elle procure, de même il faut estimer la vertu, parce qu'elle est le chemin du plaisir[3]. La tempérance prévient les douleurs qu'amènent nos désirs; la force ou le courage, celles qui viennent de nos craintes; la justice sert à nous garantir de l'injure d'autrui. La prudence enfin, vertu spéciale de l'intelligence, discerne les vrais biens et les vrais maux, l'utile et le nuisible. C'est pourquoi elle est la source de toutes les autres vertus, et l'instrument par excellence de la félicité[4].

Mais maintenant en quoi consiste-t-il, ce plaisir de l'âme si supérieur au plaisir du corps? Les sens sont, aux yeux d'Épicure, la seule source originale de nos connaissances et de nos affections. De même donc que les idées ne sont que le souvenir des sensations, souvenir par lequel ensuite nous les an-

---

[1] Ἡδονὴ καταστηματική. Diog. Laert. X, 136.
[2] Cicer. *de Fin*. II, 15.
[3] Diog. Laert. X, 138, 140, 150, 151. Epic. ap. Stob. *Serm*. XLIII, 139.
[4] Diog. Laert. 132, 144, 145.

ticipons, de même le plaisir de l'âme ne peut être autre chose que le souvenir des plaisirs de la chair, accompagné de l'espérance qu'ils se renouvelleront[1]. Et c'est pourquoi Épicure, comme on l'a déjà vu, interdit au sage toutes les études spéculatives, tous les arts libéraux, toutes les sciences, sinon dans la faible mesure où elles sont nécessaires pour établir qu'il n'y a rien que des corps, et que nous n'avons, en bien ni en mal, rien à attendre d'ailleurs. Nul plaisir qui ait son origine dans l'intelligence pure. « Je ne saurais quelle idée me faire du bien, disait Épicure, si je supprimais les plaisirs du boire et du manger, de l'ouïe et de la vue, et ceux de Vénus[2]. » Et enfin, si c'est dans le corps que les plaisirs du corps ont leur source, c'est au plus corporel qu'ils se réduisent tous comme à leur principe; c'est à celui que comporte la fonction la plus élémentaire et la plus nécessaire en même temps de l'organisation, savoir, la nutrition, base de la vie végétative. « C'est le ventre, dit Métrodore, le disciple chéri d'Épicure. c'est le ventre qui est le véritable objet de la philosophie conforme à la nature[3]. » Et Épicure lui-

---

[1] Diog. Laert. II, 89; XX, 22, 122; Athen. *Deipnos.* XII, 63. Plutarch. *Non posse suav. vivi sec. Epic.* 4. Cf. Metrod. ap. Clem. Alex. *Strom.* II, 417. Senec. *de Vita beata*, c. 6.

[2] Diog. Laert. X, 6; Athen. VII, 8, 11; XII, 67; Cic. *Tuscul.* III, 18; *de Fin.* II, 3; Plutarch. *Non posse suav. vivi sec. Epic.* 6. — Cette sentence faisait partie du principal ouvrage d'Épicure : Περὶ τέλους.

[3] Ap. Athen. VII, 11 : Περὶ γαστέρα γάρ, ὦ φυσιολόγε Τιμόκρατες,

même : « Le plaisir du ventre est le principe et la racine de tout bien [1]. » Voilà donc les voluptés dont le souvenir et l'espoir suffisent à la félicité du sage, à celle des Dieux mêmes ?

Mais maintenant à quoi se réduit, dans le système d'Épicure, le plaisir même du corps et de la chair? C'est ici que la morale épicurienne change de face, et se présente sous un aspect entièrement nouveau et inattendu.

On a vu que dans la théorie d'Aristote, en tant que la fonction à laquelle le plaisir du corps est attaché, est la réparation, le remède d'un mal qu'elle fait disparaître par un mouvement, ce plaisir n'est que relatif et négatif. Mais il a un principe positif, une vérité absolue dans la jouissance que donne à l'âme l'acte immatériel et immobile qui est la cause et la fin du mouvement. Et, à partir des plus basses fonctions du corps, on s'élève de degré en degré à des plaisirs de plus en plus immatériels et, par cela même, de plus en plus positifs et absolus. Dans le système d'Épicure, tout ayant son origine et sa raison dans le corps, il n'y a dans le plaisir que deux éléments, le mouvement, qui en

---

περὶ γαστέρα ὁ κατὰ φύσιν βαδίζων λόγος τὴν ἅπασαν ἔχει σπουδήν. Cicer. de Nat. Deor. I, 40. Plutarch. Non posse suav. vivi sec. Epic. 3.

[1] Athen. XII, 67 : Καὶ Ἐπίκουρος δέ φησιν· ἀρχὴ καὶ ῥίζα παντὸς ἀγαθοῦ ἡ τῆς γαστρὸς ἡδονή. Gassendi dissimule les passages cités dans cette note et les deux précédentes. Brucker (favorable à l'Épicurisme) cherche inutilement à en rendre suspecte l'authenticité.

est le point de départ, le repos qui en est le terme. Tout plaisir a pour unique principe la satisfaction d'un besoin, et n'est que le remède d'une douleur. Dès lors sa fin, son point extrême, est la cessation de la douleur. Le but auquel tendent tous les êtres, ce bien suprême qu'ils poursuivent sans relâche, c'est donc uniquement de ne pas souffrir[1]. Le plaisir de l'âme, souvenir et espoir de celui du corps, c'est l'assurance d'être à l'abri de toute douleur, c'est l'*ataraxie*, le calme inaltérable qui en est le résultat ; et la parfaite félicité est toute renfermée dans ces deux conditions : pour le corps point de douleur, pour l'âme point de trouble[2].

A la même époque, un de ces Péripatéticiens qui avaient abandonné les parties élevées de l'Aristotélisme, Hiéronyme de Rhodes, avait été conduit pareillement à faire consister le souverain bien dans l'exemption de souffrance[3]. L'humanité réduite aux

---

[1] Diog. Laert. X, 139 : Cicer. *de Fin.* II, 419.

[2] Diog. Laert. X, 128 : Τούτου γὰρ χάριν ἅπαντα πράττομεν, ὅπως μήτε ἀλγῶμεν μήτε ταρβῶμεν. 131 : Μήτε ἀλγεῖν κατὰ σῶμα μήτε ταράττεσθαι κατὰ ψυχήν. 136 : Ἀταραξία καὶ ἀπονία 128 : ... ἐπὶ τὴν τοῦ σώματος ὑγίειαν, καὶ τὴν τῆς ψυχῆς ἀταραξίαν. — Ὑγίεια est employé ici comme synonyme d'ἀπονία. Il n'en faut donc pas conclure, comme le pense M. H. Ritter ( *Hist. de la phil. anc.*, trad. fr. t. III, p. 387 ), qu'Épicure admet un sentiment spécial et positif de la santé, mais au contraire que la santé n'est autre chose, selon lui, que l'absence de douleur, de peine (πόνος). — Gassendi atténue aussi cette doctrine, et en efface ainsi le caractère. *Animadv.* pp. 1383, 1679.

[3] Cicer. *de Fin.* V, 5 : Summum enim bonum exposuit vacuitatem dolo-

sens, il avait pensé, probablement avant Épicure, qu'elle n'avait à souhaiter rien de mieux que d'être toujours sans douleur. Mais il n'avait pas prétendu que ce fût là le plaisir [1]. Selon Épicure, ne souffrir ni douleur du corps, ni trouble de l'âme, c'est le plaisir le plus grand qui se puisse concevoir.

Pour être heureux, il n'est donc pas besoin de ressentir les plaisirs de la chair en mouvement. Au contraire quelque malaise y est toujours mêlé; ce qu'il faut et ce qui suffit, c'est de n'éprouver et de n'attendre pas de souffrances.

Mais, au milieu des causes infinies de douleur qui nous assiégent, comment faire pour en préserver le corps, et, par suite, pour assurer l'âme contre le trouble? Déjà, il résulte de la théorie épicurienne que le plaisir tient beaucoup plus de place dans la vie que le vulgaire ne pense [2]; car la douleur n'occupe qu'une faible partie du temps qui nous est donné, et entre l'absence de la douleur et le plaisir, il n'y a point de milieu [3]. Mais ce n'est pas assez. Ce qu'il faut au sage, c'est l'*ataraxie* assurée, inaltérable;

---

ris. *Acad.* II, 42 : Vacare omni molestia Hieronymus (sc. finem esse censuit). *De Fin.* II, 3 : Nihil dolere. Cf. *Tuscul.* V, 30.

[1] Cicer. *de Fin.* II, 3, 6.

[2] Diog. Laert. X, 34, 129, 139-141.

[3] Diog. Laert. II, 89; Plutarch. *adv. Colot.* 1. Les Cyrénaïques, au contraire, considéraient le plaisir et la douleur comme deux mouvements opposés, entre lesquels un état neutre, le repos. Aristocl. ap. Euseb. *Præp. ev.* XIV, 18 ; Plutarch. *adv. Col.* 27. Le plaisir et la douleur sont donc contraires, selon Aristippe, et simplement contradictoires selon Épicure.

et la nature ne la lui garantit pas à elle seule : comment donc pourra-t-il et l'acquérir et la conserver? Par la liberté. La liberté est le dernier ressort, la cheville ouvrière de tout le système d'Épicure. Rien ne lui est plus à cœur, non pas même la destruction de la religion. « Mieux vaudrait encore être asservi aux fables vulgaires sur les Dieux, qu'à la fatalité des physiciens. Encore peut-on espérer de fléchir les Dieux; mais la nécessité est inexorable [1]. »

On a vu que dans la théorie des principes des choses, à l'impulsion fatale, considérée par Démocrite comme la seule cause de tout mouvement, Épicure ajoute la pesanteur et la déclinaison; c'est-à-dire qu'à la nécessité il ajoute, avec Aristote, et la nature et surtout le hasard. Maintenant c'est sur le hasard qu'il prétend fonder la liberté, et toujours par la doctrine d'Aristote; mais par la doctrine d'Aristote toujours diminuée du principe métaphysique dont elle dépendait tout entière.

Aristote avait dit que de deux propositions contradictoires dont l'une affirme, l'autre nie un événement futur, on ne peut pas toujours dire que l'une en particulier et détachée de l'autre soit vraie, et l'autre fausse; qu'en effet il y a des événements contingents qui peuvent être ou ne pas être, et que, si de deux propositions contradictoires sur un événe-

---

[1] Epic. ap. Diog. Laert. X, 41.

ment futur quelconque, l'une était vraie de tout temps, cet événement ne pourrait pas ne pas arriver, et par suite tout serait nécessaire. D'où la conclusion que, pour maintenir le hasard et la liberté, il faut avouer qu'étant données deux propositions contradictoires sur un événement futur et contingent, l'alternative, la disjonctive seule est vraie, mais que des deux propositions prises séparément et déterminément, ni l'une ni l'autre n'est vraie ni fausse [1].

Après Aristote Épicure oppose, au nom du hasard, et de la liberté, une exception à l'axiome universel qui est la première loi de la raison. Après lui il soutient que de deux propositions contradictoires, il n'est pas nécessaire que l'une des deux en particulier soit vraie et l'autre fausse, parce que d'une décision du libre arbitre non encore effectuée, on ne peut rien dire et rien savoir à l'avance [2]. Mais la philosophie d'Aristote réserve, suppose une science supérieure de Dieu où tout a sa vérité et sa raison, non pas proprement à l'avance, mais dans un présent indivisible; elle suppose un premier principe placé au-dessus des conditions de temps auxquelles les actions et les connaissances humaines sont soumises, principe où l'indétermination des choses contingentes a sa détermination supérieure [3], où les actes

---

[1] *De Interpret.* 9.
[2] Cic. *de Fato*, c. 9; *de Nat. Deor.* I, 19, sqq.; *Acad.* IV, 13.
[3] Ammon. *in libr. de Interpr.* loc. cit. : Καί ἐστι τὸ αὐτὸ τῇ μὲν φύσει τῇ

libres de la volonté elle-même ont leur origine éternelle. Ce principe, Épicure le supprime. Déjà Straton avait laissé comme ensevelie sous l'idée du hasard, placé à l'origine des choses, celle de la cause première. Épicure la rejette entièrement. Il a rapporté au pur hasard la première origine des choses : sur ce pur hasard il prétend fonder la liberté. — L'âme n'est qu'un assemblage d'atomes; mais l'atome a le pouvoir de décliner de sa direction naturelle d'une quantité insensible. Le pouvoir de décliner, uni dans l'âme avec l'intelligence, c'est le libre arbitre. D'abord, sujets à mille impulsions diverses, nous avons le pouvoir, dans tel temps, dans telle circonstance arbitrairement choisis, de décliner, d'infléchir tant soit peu les mouvements que nous recevons, et de dévier ainsi à notre gré de la direction qui nous est imprimée. Ensuite nous avons le pouvoir de dévier de notre propre inclination naturelle, et d'échapper ainsi à la nécessité intérieure, comme à celle du dehors. Telle est l'idée qu'Épicure s'est faite de la liberté [1]. Par la déclinaison primitive, l'atome,

---

ἑαυτοῦ ἐνδεχόμενον, τῇ δὲ γνώσει τῶν θεῶν οὐκέτι ἀόριστον, ἀλλ' ὡρισμένον. Cependant cette explication n'a été donnée formellement que par les Néoplatoniciens. Voy. le chapitre suivant.

[1] Lucret. l. II, v. 260 :

>     Declinamus item motus nec tempore certo
>     Nec regione loci certa, sed ubi ipsa tulit mens

V. 288 :

>     Pondus enim prohibet ne plagis omnia fiant

dévié de son mouvement naturel, est allé, rencontrant dans le vide d'autres atomes, s'engager sous les lois de la nécessité. Par la liberté, interrompant la chaîne des causes, échappant aux liens du destin, l'âme marche indépendante où l'appelle le plaisir [1].

Avant tout, le sage évite donc les occasions extérieures de trouble. Délivré par la physique des terreurs de la superstition, il ne s'expose pas aux inquiétudes dont l'ambition est la source. Il ne s'immisce pas dans les affaires publiques; vivre ignoré [2] est tout son désir. Il évite jusqu'aux soucis que donnent une femme et des enfants. Surtout il se préserve soigneusement des peines dévorantes de l'amour; et loin d'y reconnaître comme Platon quelque chose qui vient des Dieux mêmes, il n'y voit qu'une maladie funeste, la plus dangereuse de toutes [3]. Enfin, tandis que le vulgaire, s'abandonnant aux impres-

> Externa quasi vi; sed ne mens ipsa necessum
> Intestinum habeat cunctis in rebus agendis,
> Id facit exiguum clinamen principiorum
> Nec regione loci certa nec tempore certo.

[1] Lucret. l. II, v. 255 :

> Principium quoddam quod fati fœdera rumpat,
> Ex infinito ne caussam caussa sequatur.
> . . . . . . . . . . . . . . . . .
> . . . . . . . . . Fatis avolsa voluntas,
> Per quam progredimur quo ducit quemque voluptas.

[2] Λάθε βιώσας.
[3] Diog. Laert. X, 140; Lucret. l. IV.

sions diverses qu'il subit, se laisse agiter sans cesse par la douleur et la crainte, par des joies et des espérances fugitives et trompeuses qui ne laissent après elles que l'ennui et le regret, le sage, par sa volonté libre, détourne son esprit de la considération du mal; il le porte et le fixe au contraire sur le souvenir et l'espoir du plaisir [1], surtout de ce plaisir qui ne change pas, le seul vrai et le seul durable, l'absence de la douleur. Ainsi retiré en lui-même, il se tient à l'abri de toute espèce de trouble, isolé, indépendant, comme un atome à l'écart dans le vide; ou plutôt il est pareil aux Dieux, tranquilles, exempts de soucis, dans les intervalles vides des mondes qui tourbillonnent autour d'eux. Tandis que reconnaissant en soi une activité intelligente engagée dans les liens des sens, le Péripatéticien n'aspire qu'à soumettre ses passions à la mesure de la raison, l'Épicurien semble vouloir s'affranchir absolument de toute passion; s'il avoue encore, avec les Péripatéticiens, que dans la félicité et la sagesse humaine, il y a des degrés, du plus et du moins [2], cependant il prétend au nom de sage, que, depuis Pythagore, on avait laissé aux Dieux, et qu'Épicure osa réclamer pour lui-même [3]. Avec ce

---

[1] Voy. Gassendi, *Animadv.*, p. 1200. Cic. *Tuscul.* III, : Levationem autem ægritudinis in duabus rebus ponit, avocatione a cogitanda molestia et revocatione ad contemplandas voluptates, etc. Diog. Laert. X, 127.

[2] Diog. Laert. VII, 121; concession à laquelle se refusent les Stoïciens.

[3] Cicer. *de Fin.* II, 3.

qui est rigoureusement nécessaire pour vivre, du pain et de l'eau, il se vante de n'être pas moins heureux que Jupiter[1]. Dans l'asile inviolable qu'il s'est fait en lui-même, il n'est plus dépendant des biens et des maux corporels et extérieurs, comme les hommes le sont toujours plus ou moins dans la philosophie d'Aristote. Les maladies les plus cruelles, les plus pénibles infirmités ne peuvent rien sur lui; il s'en rit, et, brûlé vif dans le taureau de bronze de Phalaris, il y jouit encore de la félicité divine[2].

Mais qu'est-ce qu'un plaisir négatif qui ne consiste qu'à être exempt de douleur ou de souci? « C'est, dit Plutarque, la joie d'esclaves délivrés des fers et du cachot, qui ressentent, après les coups et le fouet, la douceur de s'oindre et de se baigner, mais qui n'ont jamais connu ni goûté une joie libre, pure et sans mélange[3]. » Est-ce donc là la plus grande félicité qui soit réservée à l'homme? « Mais, dit encore Plutarque, parmi les animaux eux-mêmes, les plus nobles et les plus délicatement organisés connaissent d'autres plaisirs que d'échapper à la douleur. Rassasiés, et tous leurs besoins satisfaits, c'est alors qu'ils se plaisent à chanter, à nager, à voltiger, à se jouer entre eux. Le mal évité, ils

---

[1] Stob. *Serm.* XVIII, 30, 34 ; Clem. Alex. *Strom.* II, p. 415.
[2] Cicer. *Tuscul.* V, 26 ; Plut. *Non posse suav.* etc., 3.
[3] Plutarch. loc. cit., 8.

cherchent encore le bien ; ou plutôt s'ils ont éloigné d'eux ce qui leur était douloureux et étranger, c'est comme autant d'obstacles qui les empêchaient de poursuivre ce qui leur est le plus propre et la meilleure partie de leur nature [1]. » Aristote avait dit en d'autres termes la même chose. Faire consister le souverain bien de l'homme dans le plaisir qui remédie au mal, c'est donc le réduire à la condition des parties les plus basses de la nature animée ; c'est, par conséquent, le réduire aux éléments inférieurs de sa propre constitution. Faire consister le plus haut degré de ce plaisir même dans la pure et simple absence du mal et de la douleur, c'est placer la perfection et l'idéal de l'homme encore au-dessous de la vie animale, dans l'état de l'entière insensibilité. Le plaisir stable d'Épicure, disaient avec raison les Cyrénaïques, c'est l'état de ceux qui dorment : bien plus, c'est l'état d'un mort [2]. En effet, si le terme extrême de la félicité est de ne souffrir et de n'appréhender aucune douleur, qui ne voit que ce qu'il y a de plus désirable pour l'homme c'est de mourir, et que ce qui eût mieux valu encore eût été de n'exister jamais [3]? C'est ce que

---

[1] Ibid. 7.
[2] Diog. Laert. II, 89 : Ἐπεὶ ἡ ἀπονία ὡσανεὶ καθεύδοντός ἐστι κατάστασις. Clem. Alex. *Strom.* II, 417 : Νεκροῦ κατάστασιν ἀποκαλοῦντες.
[3] Eurip. ap. Stob. *Serm.* CXX, 17 :

Τὸ μὴ γενέσθαι κρεῖσσον ἢ φῦναι βροτοῖς.

proclama hautement Hégésias, un Cyrénaïque converti au principal dogme de l'Épicurisme, au dogme qui faisait consister le souverain bien dans l'absence de la douleur [1]. Et, persuadés par ses discours, tant de gens, dit-on, se donnèrent la mort, qu'on fut obligé de lui défendre d'enseigner [2].

Deux choses, étroitement liées, attirèrent toujours la foule dans l'école d'Épicure, et firent de cette école la plus nombreuse de l'antiquité [3] : d'abord le besoin d'échapper enfin à la superstition qui troublait surtout la vie du vulgaire, ensuite les noms attrayants d'intérêt et de plaisir. Mais à la place des terreurs religieuses, la doctrine d'Épicure ne mettait que la tristesse plus accablante encore d'un athéisme mal déguisé; sous le nom du plaisir, elle ne promettait, comme le but et la récompense de la vie la plus austère, que l'insensibilité et l'indifférence, dernières ressources du désespoir. Plus de puissances surnaturelles qui troublent la nature; mais aussi plus de providence bienfaisante qui veille sur elle, et en qui l'infortune puisse se réfugier. Au delà de cette vie, plus rien à craindre, mais aussi plus rien à espérer; plus d'espoir d'être un jour plus heureux ni meilleur; dans cette vie même,

---

[1] Diog. Laert. II, 96 : Τέλος... τὸ μὴ ἐπιπόνως ζῆν μηδὲ λυπηρῶς.
[2] Cicer. *Tuscul.* I, 3, 4; Plutarch. *de Am. prol.* 5.
[3] Diog. Laert. X, 9; Plutarch. *de Latenter viv.* 3; Cicer. *de Fin.* I, 20. Senec. *Ep.* 79; Lactant. *Instit. div.* III, 17.

nul autre bien, nulle autre joie digne de ce nom, que de se dérober à la douleur. De même que s'il n'y avait point de maladies, on n'aurait pas besoin de médecine, de même, dit Épicure, s'il n'y avait pas de douleur, on n'aurait que faire de la philosophie[1]. Et tout le secret de cette médecine morale, le mot de la sagesse, l'art de vivre, c'est d'arriver à ne plus rien sentir.

En général, d'accord avec la philosophie péripatéticienne pour ne rien admettre en dehors de l'évidence immédiate de l'expérience, l'Épicurisme refuse de s'élever avec la métaphysique à l'expérience supérieure de l'intelligence pure. En même temps, il essaie, avec le secours de la philosophie même qu'il repousse, de s'affranchir, encore mieux qu'elle n'a su le faire, des entraves des sens. L'Épicurisme refuse de s'élever avec la métaphysique péripatéticienne à l'idée de l'action immatérielle, et il cherche avec elle à se dégager du mouvement qui est le propre des choses sensibles. Entre le mouvement et l'acte immobile, il demeure donc, comme à moitié chemin, dans l'immobilité du repos.

Dans la nature, au delà du corps, le vide absolu; dans l'ordre de la science, au delà de la sensation, *l'anticipation*, qui n'en est que la copie affaiblie et comme le moule vide; dans l'ordre moral, au

---

[1] Cic. *de Fin.* I, 13.

delà des affections sensibles, l'insensibilité. Ainsi, par une contradiction, inexplicable en apparence, et pourtant inévitable, l'Épicurisme ne reconnaît d'autre critérium, d'autre règle du bien et du mal que la passion, et il met le souverain bien dans l'absolue impassibilité, une abstraction, une négation, un rien, qu'il décore du vain nom de plaisir.

Enfin, pour expliquer le passage de l'indépendance originelle des éléments à l'égard les uns des autres, à la constitution du monde, pour expliquer ensuite le retour final de l'âme humaine à l'indépendance intérieure, condition de l'ataraxie et de la félicité, l'Épicurisme invoque un principe placé comme en dehors de la nature et supérieur à ses lois, la spontanéité, sous la forme de la déclinaison dans l'atome, de la libre volonté dans l'âme; élément encore emprunté à la philosophie péripatéticienne. Mais, tandis qu'Aristote donne à la spontanéité par laquelle commencent et la nature et la vie morale, un principe antérieur encore et plus profond, qui est l'action même de Dieu, au contraire, fidèle à sa méthode constante de toujours déduire le supérieur de l'inférieur, l'intelligible de la matière, c'est dans l'aberration inexplicable de corpuscules inanimés qu'Épicure cherche l'origine et du monde physique et de la liberté. Un mouvement qui commence, et pourtant sans cause, tel est le postulat arbitraire de la physique, de la canonique et de la morale épicuriennes. Pour sortir du mouvement naturel, éternel et uniforme, pour passer ensuite de l'enchaînement fatal de mouvements forcés qui lui succèdent à l'immobilité de l'âme, un mouvement extraordinaire, exempt des conditions même du mouvement, un événement sans cause, tel est le dernier ressort de tout l'Épicurisme.

En un mot, la philosophie épicurienne écarte, rejette ce qui est le sujet propre de la métaphysique : l'acte immatériel de l'intelligence pure. Et en même temps, avec ce qu'elle en emprunte, elle tente pour la première fois, dans les limites même du plus étroit matérialisme, de se soustraire mieux encore que l'Aristotélisme ne l'avait fait, à l'empire des sens et des passions, et, selon l'expression qu'elle employa la première peut-être, à la chair. Mais c'est pour s'arrêter dans une vaine négation, appuyée sur une fiction insoutenable; c'est pour s'arrêter dans le repos de l'absolue inertie, édifiée sur le hasard.

D'une conception diamétralement opposée à celle-là sortait, dans le même temps, le Stoïcisme.

Un des premiers Stoïciens, contemporain d'Épicure, Cléanthe, enveloppe dans un blâme commun, avec ceux qui prennent le gain ou la vaine gloire pour le but de leur vie, ceux qui le placent dans le *relâchement* (ἄνεσις) et les plaisirs du corps [1]. La première de ces deux expressions est à elle seule la formule complète de la philosophie d'Épicure. Relâchement [2], atonie, inertie, c'est tout l'Épicurisme [3]. Au contraire, le Stoïcisme se résume tout entier dans l'idée de la *tension* (τόνος, ἐπιτάσις). [4]

Les Cyniques avaient opposé aux molles doctrines des Cyrénaïques une morale uniquement fondée sur la force et l'effort. Tandis qu'Aristippe prenait pour le mal la peine ou le labeur [5], c'est dans la peine, identifiée avec la vertu, que les Cyniques, à l'exemple peut-être des Pythagoriciens, avaient fait consister le souverain bien [6].

---

[1] Cleanth. *Hymn.*, ap. Stob. *Ecl.* t. I, p. 32 :

Οἱ μὲν ὑπὲρ δόξης σπουδὴν δυσέριστον ἔχοντες,
Ἄλλοι δ' εἰ ἄνεσιν καὶ σώματος ἡδέα ἔργα,
Οἱ δ' ἐπὶ κερδοσύνας τετραμμένοι οὐδενὶ κόσμῳ.

[2] En latin *remissio*. Cicéron (*de Off.* III, 29), eu parlant des Épicuriens : Qui ista *remissius* disputant. — La *remissio* portée à l'excès devient *solutio*, ou *resolutio* Senec. *de Tranquill. an.* c. 15 : Multum interest, remittas aliquid, an solvas. Gregor. Naz. ap. Gatak. *ad M. Antonin.* IV, 26 : Τὴν ἄνεσιν ἔκλυσιν μὴ ποιήσασθαι.

[3] C'est ce qu'exprime parfaitement, pour la physique, ce passage de Tertullien, *de An.* 46 : Epicurus... liberans a negotiis divinitatem, et in passivitate omnia spargens, ut eventui exposita et fortuita.

[4] En latin *intensio*, ou même *tenor*; Anonym. ad calc. Censorini, *de Die nat.* c. 1 : Initia rerum Stoici credunt tenorem atque materiam.

[5] Πόνος. Diog. Laert. II, 66, 86, 90.

[6] Ὅτι ὁ τόνος ἀγαθόν. Diog Laert. VI, 2; cf. 71, 104; Stob. *Serm.* XXIX, 65. Voy aussi Crat. *Epist.* 2 (1601, in-8°, f. 88). Les prétendues lettres de Cratès sont apocryphes ainsi que celles de Diogène ; mais les éléments en sont en partie tirés de bonnes sources. Voy. Boissonnade, *Not.* et

Le souverain bien et le seul vrai Dieu, c'était, suivant eux, la nature. De là rien de mal dans le monde, sinon la vaine fumée [1] des opinions humaines. Tout ce qui était naturel était bon ; [2] formule spécieuse, d'où suivait ce mépris de toute bienséance, cette impudeur choquante tant reprochée aux Cyniques, et qui n'est qu'une conséquence outrée du principe sur lequel l'antiquité païenne reposait : la divinité de la nature.—Mais de plus, la nature, selon les Cyniques, était sans doute une force intelligente, la raison même luttant, *peinant* dans la matière. De là l'identité de la peine et du bien. Aussi leur modèle avoué était Hercule, le héros honoré de la race guerrière des Doriens, et qui avait, par ses travaux, enseigné la vertu sur la terre et mérité le ciel. C'est à lui qu'ils faisaient honneur de l'invention de la vie cynique [3]. Le lieu

---

*extr. des MSS. de la Bibl. du Roi*, t. X et XI. — Jamblique, *vit. Pythag.* c. 18, attribue à Pythagore cette maxime : Ἀγαθὸν οἱ πόνοι· αἱ δὲ ἡδοναὶ ἐκ παντὸς τρόπου κακόν Cf. Stob. *Serm.* I, 26 ; XVII, 8. Speusippe, qui suivait en général les Pythagoriciens (Aristot. *Eth. Nic.* I, 6), se contentait de dire que le plaisir était moyen entre le mal et le bien (Ibid. VII, 13).

[1] Τῦφος. Diog Laert. VI, 83 ; Sext. Empir. *adv. Math.* VIII, 5 ; cf. Gatak. *ad M. Antonin.* II, 15, 17 ; VI, 13.

[2] Diog. Laert. VI, 71.

[3] Ausone, *Epigr.*, fait parler ainsi Antisthène :

>  Inventor primus Cynices ego. Quæ ratio isthæc ?
>   Alcides multo dicitur esse prior.
>  Alcida quondam fueram doctore secundus,
>   Nunc ego sum Cynices primus, et ille deus.

Julian. *Orat.* VI, ap. Menag. *ad Diog. Laert.* VI, 2.

où ils se réunissaient était le Cynosarge, qui lui était consacré[1], et c'est du nom de ce lieu, probablement, qu'ils prirent d'abord le leur. Dans leur costume même, ils s'efforçaient de représenter Alcide[2]. Comme les Pythagoriciens[3], ils n'avaient d'autre vêtement qu'un manteau; et ils le portaient l'épaule droite découverte[4], comme si c'eût été la dépouille du lion de Némée[5]. Quelques-uns même portèrent, au lieu de *pallium*, une peau de lion[6]. Un bâton d'olivier représentait la massue[7], qui avait, disait-on, été faite du même bois[8].

Il en fut à peu près de même des Stoïciens. Ils considéraient le fils d'Alcmène comme le rénova-

---

[1] Diog. Laert. VI, 13; Plutarch. *in Themist.* c. 1.

[2] Seulement, tandis qu'Hercule est toujours représenté avec les cheveux courts, ils portaient les cheveux longs (Epict. *Dissert.* IV, 9), ainsi que la plupart des philosophes, excepté les Péripatéticiens, parce que porter les cheveux courts était considéré comme une recherche d'élégance.

[3] Voy. Octav. Ferrar. *de Re vest.* P. II, l. IV, c. 16. — Les anciens Spartiates ne portaient aussi que le τρίβων, sans tunique.

[4] V. Gatak. *ad M. Antonin.* IV, 30. Les Stoïciens portaient, de plus que les Cyniques, la tunique. Juvénal :

.....Qui nec Stoicos nec stoica dogmata legit
A cynicis tunica distantia.

[5] Lucian. *Vit. auct.*

[6] Fabric. *ad Sext. Empir. adv. Math.* II, 105.

[7] Lucian. *Vit. auct.* S. August. *Civ. Dei*, XIV, 20. Dans un monument du musée de Fulvio Orsini, Diogène est représenté appuyé sur une massue. V. Alb. Ruben. *de Re vest.* I, 7, et Fabric. *ad Sext. Empir.* p. 39.

[8] V. Thom. Gale, *ad Palæph. de Incred. hist.* 37 (*Opusc. mythol.* Amstel. 1688, in-8°, p. 471).

teur de la philosophie [1] ; c'est-à-dire, sans doute, comme celui qui l'avait remise en vigueur le premier depuis que les dieux avaient cessé de régner sur la terre. C'était en lui aussi qu'ils cherchaient leur modèle; et le plus illustre des disciples de Zénon, Cléanthe mérita, par sa constance et sa force d'âme, le surnom glorieux de second Hercule [2]. — C'est qu'en effet le fondateur de la philosophie Stoïcienne, Zénon de Cittium, avait été disciple du Cynique Cratès, disciple lui-même de Diogène. Dans le principal de ses ouvrages, le célèbre traité de la République, il suivait les maximes de la philosophie cynique jusque dans leurs plus étranges conséquences [3]. Toujours elle resta, pour les successeurs de Zénon, une sorte de type idéal de la sagesse pratique, supérieure aux opinions vulgaires. Et quand le Stoïcisme, au terme de sa carrière, finit par se restreindre aussi à la morale, ce fut pour remonter à sa source, et revenir se confondre presque entièrement avec le Cynisme.

Mais Zénon ne se renferma pas d'abord dans les mêmes limites que les Cyniques. En leur empruntant leur principe, il le rapporte à une source plus

---

[1] *Alleg. Homer.* ap. Gale, *Opusc. mythol.* p. 453. Cf. Plutarch. *de El* ap. *Delph.* 6. Sophocle, dans son Palamède, louait Hercule d'avoir le premier fait connaître les mouvements des astres.
[2] Diog. Laert. VI, 168.
[3] Ap. Sext. Empir. *Pyrrh. hypot.* III, 23, 24.

profonde, à une idée antérieure et plus générale, et il en tire un vaste système, où la pratique n'est que le complément de la spéculation. Or cette idée nouvelle, c'est le principe de la morale cynique uni avec celui de la philosophie péripatéticienne dans un principe moyen, plus général que l'un, plus particulier que l'autre; ou encore, c'est le principe de l'Aristotélisme, descendu de la métaphysique à la région inférieure de la physique et de la morale pratique : ce n'est ni le labeur ou la peine, ni le pur acte, c'est l'intermédiaire dans lequel ils sont joints, la *tension* [1], c'est-à-dire l'action commençant dans la matière le travail et le mouvement; l'action dans la nature et dans l'humanité.

Cléanthe comparait les Péripatéticiens à des lyres qui font entendre de beaux airs et ne les entendent pas [2]. Ainsi les théories d'Aristote renfermaient un beau sens ignoré de ceux même qui les professaient, et que le Stoïcien se croyait sans doute appelé à révéler. Et, en effet, pendant que l'école péripatéticienne, s'éloignant de plus en plus de son premier

---

[1] Pythagore avait fondé la musique sur les rapports des *tensions* des cordes sonores. Héraclite avait comparé l'antagonisme des contraires dans la nature à la *tension* de l'arc et de la lyre. Diogène avait dit que la fin du πόνος était le *ton* ou la *tension* de l'âme. Stob. *Serm.* VII, 18. Il avait donc déjà montré dans le τόνος la cause finale, sinon encore la cause efficiente de la *peine*.

[2] Diog. Laert. VI : Ἔλεγε δὲ καὶ τοὺς ἐκ τοῦ Περιπάτου ὅμοιόν τι πάσχειν ταῖς λύραις, αἳ καλῶς φθεγξάμεναι αὐτῶν οὐκ ἀκούουσι.

principe, se dispersait en des directions divergentes dans les parties inférieures ou accessoires de la philosophie, l'école stoïcienne se rassemble autour d'une doctrine fortement unie, liée indissolublement en toutes ses parties [1], et où toutes les conséquences, dans une connexion étroite avec le principe, devront porter au même degré le caractère de l'évidence et de la certitude. Comme on faisait remarquer à Zénon le grand nombre des auditeurs de Théophraste : « Ce chœur est plus nombreux que le mien, répondit-il, mais le mien est plus d'accord. [2] »

C'est qu'au principe de la philosophie péripatéticienne, à l'idée de l'acte pur, qui semblait, comme une inutile abstraction, laisser la science errer sans direction certaine dans le domaine vague de l'opinion, le Stoïcisme vient substituer un principe plus concret et plus sensible, d'où sort une science plus circonscrite et plus fortement unie, qui semble ne perdre en étendue et en élévation que pour gagner en force et en solidité.

Comme le Pyrrhonisme et l'Épicurisme, le Stoïcisme ne veut rien accorder à l'opinion. Le sage

---

[1] Cic. *de Fin.* V, 28 : Mirabilis est apud illos contextus rerum. Respondent extrema primis, media utrisque, omnia omnibus Cf. III, 22.

[2] Plutarch. *de Prof.* 6 : Ὁ δὲ Ζήνων ὁρῶν τὸν Θεόφραστον ἐπὶ τῷ πολλοὺς ἔχειν μαθητὰς θαυμαζόμενον. Ὁ ἐκείνου μὲν χορός, ἔφη, μείζων, οὑμὸς δὲ συμφωνότερος.

doit être exempt de trouble ; l'*ataraxie* est son caractère, les incertitudes de l'opinion ne sauraient lui convenir [1]. Mais dans cette pensée commune à toutes les doctrines qui succèdent à l'Aristotélisme, ce qui est propre aux Stoïciens, c'est que l'opinion n'est, selon eux, que faiblesse [2], et que c'est à ce titre qu'ils la réprouvent. Ce n'est plus dans l'inaction, l'inertie de Pyrrhon et d'Épicure, c'est dans la force qu'ils placent la sagesse : (de la force vient la science [3], et de la faiblesse seule l'opinion.) Dès lors toutes ces études qui se rapportent aux objets de l'opinion, et qui ne peuvent dépasser les bornes de la probabilité, tous ces arts qui formaient la partie exotérique de l'enseignement du Lycée, et dans lesquels l'école péripatéticienne dégénérée semblait s'oublier de plus en plus, les Stoïciens les enveloppent dans un commun dédain [4]. Politique, histoire, art oratoire, tout ce qui n'est pas la philosophie proprement dite, ils l'abandonnent aux Péripatéticiens. Ceux-ci excellaient, en toute chose, dans la connaissance et l'usage de ces vraisemblances, de ces apparences probables dont se forment les opinions vulgaires; sources de l'invention,

---

[1] Diog. Laert. VII, 121 ; Cicer. *Acad.* II, 20.

[2] Cic. *Tuscul.* IV, 7 : Opinationum... volunt esse imbecillam assensionem. *Acad.* I, 11 : Opinio... imbecilla. Stob. *Ecl.* t. II, p. 230 : Μηδὲν δ'ὑπολαμβάνειν ἀσθενῶς (sc. τὸν σοφόν). Plutarch. *de Stoic. rep.* 47.

[3] Stob. *Ecl.* t. II, p. 130 : ἐν τινὶ (sc. τὴν ἐπιστήμην) φασὶν ἰσχύϊ τε καὶ δυνάμει κεῖσθαι.

[4] Diog. Laert. VII, 32.

*lieux* des arguments, qui composent la *topique*, et d'où la rhétorique tire toute sa substance : les Stoïciens se renferment dans l'usage du jugement, dans les strictes limites de la critique[1]. C'est pourquoi, tandis que la diction des Péripatéticiens brillait de toutes les beautés de l'éloquence, celle de Zénon et de ses successeurs ne se faisait remarquer que par la rigueur et la concision du style didactique le plus aride[2]. La rhétorique, c'était, selon Zénon, la main ouverte et lâche ; la dialectique ou logique, la main fermée, et fortement serrée[3]. Ainsi tous ces accessoires dans lesquels s'exerçait le génie fécond et divers des Péripatéticiens, le Stoïcien, au nom même de l'idée péripatéticienne de l'action, de l'énergie, prise en un nouveau sens, se les interdit comme des faiblesses. Se renfermer absolument dans la démonstration, dans la science, est son ambition ; parce que c'est, selon

---

[1] Cic. *de Fin.* IV, 4 : Quumque duæ sint artes quibus perfecte ratio et oratio compleatur, una inveniendi altera disserendi, hanc posteriorem et Stoici et Peripatetici, priorem autem illi egregie tradiderunt, hi omnino ne attigerunt quidem, etc. (Il est évident qu'il faut substituer *hi* à *illi*, et réciproquement.) — *Top.* init. Quum omnis ratio diligens disserendi duas habeat partes, unam inveniendi, alteram judicandi, utriusque princeps, ut mihi quidem videtur, Aristoteles fuit, Stoici autem in altera elaboraverunt, etc. Judicandi enim vias diligenter persecuti sunt, ea scientia quam dialecticen appellant ; inveniendi vero artem, quæ topice dicitur, quæque ad usum potior erat, et ordine naturæ certe prior, totam reliquerunt.

[2] Cic. *Brut.* 25, 31 ; *de Orat.* III, 18 ; *de Nat. Deor.* II, 7. Tac. *dial. de Caus. corr. eloq.* 31 ; Quintil. *Instit. orat.* X, 1.

[3] Cic. *Orat.* 32 ; *de Fin.* II, 6. Quintil. II, 20 ; Sext. Fabric. ad h. l. Empir. *adv. Math.* II, 7.

lui, se réduire à la force, à la *tension* de la raison, où réside la sagesse.

\  Maintenant comment les Stoïciens placent-ils en effet la science dans l'énergie et la tension de la raison? c'est en la faisant descendre de la hauteur à laquelle la métaphysique péripatéticienne l'avait portée. Pour en assurer la possession à l'homme, ils la rabaissent à la condition humaine, ils la resserrent dans les bornes de la nature, du monde de la matière et des sens. Mais ce n'est plus comme l'Épicurisme, en la réduisant aux sensations; c'est en la rattachant à un principe d'action où ils croient trouver et le fond de la conscience humaine et celui de la nature entière.

En effet, comme les Épicuriens, les Stoïciens soutiennent contre le Platonisme et l'Aristotélisme qu'il n'y a rien de réel qui ne soit corps. Les choses incorporelles, ce sont l'espace, le vide, le temps, et l'idée générale, c'est-à-dire des abstractions qui ne subsistent à part que dans notre pensée [1]. Or, s'il n'est rien de réel qui ne soit corps, rien n'existe qui puisse être connu autrement que par un sens [2]:

---

[1] Sext. Empir. *adv. Math.* VII, 38 ; X, 218; Diog. Laert. VII, 140, 141 ; Plutarch. *de Plac. phil.* IV, 20.

[2] La raison même, l'ἡγεμονικὸν, étant un corps, ne peut être connue, et connue d'elle-même, que par un sens; et il faut prendre à la lettre ces expressions de Sénèque, *Ep* 121 : Necesse est enim id sentiant (sc. animalia), per quod alia quoque sentiunt ; necesse est ejus sensum habeant cui parent, a quo reguntur. Cicéron, *Acad.* II, 10, (où Lucullus expose la doctrine stoïcienne) : Mens enim ipsa, quæ sensuum fons est atque etiam

nulle faculté de connaître qui ne soit sens, extérieur ou intérieur; point de purs intelligibles ni d'intelligence pure; rien au delà de la nature; nulle science qui dépasse la physique; nulle métaphysique. — Mais tandis qu'Épicure ne reconnaît dans la perception sensible qu'un phénomène passif, dont la volonté ne sert qu'à fixer le souvenir, suivant Zénon, au contraire, c'est la spontanéité, c'est l'activité volontaire de l'âme qui seule fait de la sensation une connaissance. L'objet extérieur fait une impression dans l'âme[1], et cette impression est l'image[2] qu'il y laisse, et qui l'y représente. C'est là un phénomène entièrement passif, une passion[3] qui ne dépend pas de nous. Mais ce n'est pas encore la connaissance. La connaissance, c'est le jugement; c'est le consentement que nous donnons à la représentation, en la rapportant à un objet. Toutes les sensations n'impliquent donc pas seulement le consentement, comme les Péripatéticiens l'avaient dit : elles sont elles-mêmes autant de consentements[4], par conséquent d'actes de volonté; et

---

ipsa sensus est. — Le sens par lequel on se connaît soi-même était selon les Stoïciens un toucher intérieur. Stob. *Serm.*, Append., XX, 9 ( ed. Gaisf. t. IV, p. 431 ) : Οἱ Στωϊκοὶ τήνδε τὴν κοινὴν αἴσθησιν ἐντὸς ἁφὴν προσαγορεύουσι, καθ' ἣν καὶ ἡμῶν αὐτῶν ἀντιλαμβανόμεθα.

[1] Τύπωσις ἐν ψυχῇ. Diog. Laert. VII, 50 ; Sext. Emp. *adv. Math.* VII, 228 sqq.

[2] Φαντασία. Ibid. — Visum. Cic. *Acad.* I, 11, II, 12.

[3] Πάθος. Plutarch. *de Plac. phil.* IV, 12.

[4] Cic. *Acad.* II, 33 : Sensus ipsos assensus esse. Cf. 12. — Stob.

toute connaissance résulte de l'exercice d'une force qui est en notre pouvoir et qui dépend de nous seuls [1].

Mais, parmi les images, ou représentations, il en est qui ne portent pas le caractère des objets dont elles émanent, ou qui en portent un autre, au moins en apparence, et qui, par conséquent, sont trompeuses. Cependant, si le sage ne doit jamais se tromper, s'il ne doit jamais se contenter d'une simple opinion, qui peut être vraie ou fausse, il ne doit pas donner son assentiment à toute représentation; il ne doit jamais en rapporter aucune qu'à l'objet seul dont elle émane [2]. Or, comment saurait-il si la représentation vient ou non de l'objet duquel elle semble venir, si ce n'est par la représentation même? Comme la lumière manifeste à la fois et elle-même et les objets qu'elle éclaire, de même il est des représentations qui font connaître à la fois et elles-mêmes et la cause qui les produit en nous [3]. Celles-là seules on peut les saisir, les appréhender comme avec la main, les *comprendre*, et avec elles leurs objets : ce sont les représentations *compréhensives* [4].

---

*Serm.*, Append. XX, 15, 17 : Οἱ Στωϊκοὶ πᾶσαν αἴσθησιν εἶναι συγκατάθεσιν καὶ κατάληψιν. — Οἱ Περιπατητικοὶ οὐκ ἄνευ μὲν συγκαταθέσεως τὰς αἰσθήσεις, οὐ μέντοι συγκαταθέσεις. Porphyr. ap Stob. *Ecl.* t. I, p. 834.

[1] Cic. *Acad.* I, 11 : Sed ad hæc quæ visa sunt et quasi accepta sensibus assensionem adjungit (sc. Zeno) animorum; quam esse vult in nobis positam et voluntariam.

[2] Cic. *Acad.* I, 21.

[3] Plutarch. *de Plac. phil.* IV, 12.

[4] Φαντασίαι καταληπτικαί. Cicer. *Acad.* I, 11.

Telles sont celles auxquelles le sage réserve son assentiment.

Mais n'y a-t-il donc pas des représentations qui puissent également provenir d'objets différents? Selon les Péripatéticiens, il y en avait de telles, et c'est pourquoi ils avaient cru, ainsi que les Platoniciens, que le sage lui-même pouvait, du moins en ce qui touche les choses sensibles, *opiner* et se tromper quelquefois[1]. Selon les Stoïciens, il n'y en a point; en effet, les qualités n'étant distinguées des sujets où elles se trouvent que par l'abstraction, autant il y a de qualités, autant il y a de sujets différents. Il est donc impossible qu'une même qualité appartienne à deux substances[2], et, par conséquent, qu'il existe deux choses parfaitement semblables. D'où il suit qu'une seule et même représentation ne peut appartenir également à deux différents objets. Donc il est pour chaque chose, dans chaque circonstance, une seule et unique représentation, infaillible et véritablement *compréhensive*, unique objet de l'assentiment du sage.

Maintenant à quel caractère la reconnaître? C'était, sans doute, selon les Stoïciens, à l'impression, au choc que le sens éprouvait[3]; le choc, effet et

---

[1] Id. II, 24, 35.
[2] Ἕνα ποιὸν εἶναι ἐπὶ δυσίν οὐσιῶν. Plutarch. *adv. Stoic.* 36; *de Stoic. rep.* 49. Cic. *Acad.* II, 18, 26.
[3] Sext. Empir. *adv. Math.* VII, 257: Αὕτη γὰρ (sc. ἡ φαντασία) ἐναρ-

signe immédiat de cette tension [1] qui constitue la qualité spécifique et l'individualité même de l'objet. Enfin, par quoi apprécier le choc des objets extérieurs? Par l'énergie avec laquelle est tendu le sens qui le reçoit et l'éprouve. Et cette énergie est celle de la volonté [2].

Ainsi, c'est du caractère seul de la représentation sensible que se tire la règle qui sert à la juger, et le critérium du vrai. Bien plus, ce caractère est ce

γὰς οὖσα καὶ πληκτική... κατασπῶσα ἡμᾶς εἰς συγκατάθεσιν; à laquelle est opposée la φαντασία ἀμυδρά, ou ἔκλυτος. Cf. ibid. 172-3, où Carnéade emprunte évidemment la théorie et les expressions stoïciennes, en les accommodant à la simple probabilité. Ibid. 158 : Τρανὴν καὶ πληκτικὴν... φαντασίαν. Cicer. *Acad.* II, 10 : Quemadmodum nos visa pellerent, deinde appetitio ab his pulsa sequeretur. Plotin. Ennead. IV, l. VI, c. 2 : Ἡμεῖς δὲ ἀπιστοῦντες μὴ οὐ δύναται ἐὰν μὴ τὸ αὐτῆς γιγνώσκειν δύναμις ἑκάστη κτλ., passage qui se rapporte certainement aux Stoïciens.

[1] En effet, Cleanth. ap. Plutarch. *de Stoic. rep.* 7 : Πληγὴ πυρός ὁ τόνος ἐστί, κἂν ἱκανὸς ἐν τῇ ψυχῇ γένηται πρὸς τὸ ἐπιτελεῖν τὰ ἐπιβάλλοντα, ἰσχὺς καλεῖται καὶ κράτος. Id. *Hymn.* ap. Stob. *Ecl.* t. I, p 30 :

Τοῦ γὰρ (sc. κεραυνοῦ) ὑπὸ πληγῆς φύσεως πάντ᾽ ἐρρίγασιν,
ᾟ σὺ κατευθύνεις κοινὸν λόγον, ὃς διὰ πάντων
φοιτᾷ.

Plutarque dit que les Stoïciens considèrent Hercule comme τὸ πληκτικὸν καὶ διαιρετικόν. (*De Is. et Os.* 40.) L'auteur des Ἀλληγορίαι Ὁμηρικαί, partisan de la théologie physique des Stoïciens, dit aussi d'Hercule : Ὅτι τὸν θολερὸν ἀέρα... διήρθρωσε, τὴν ἑκάστου τῶν ἀνθρώπων ἀμαθίαν πολλαῖς νουθεσίαις καταστρώσας (p. 454, ed. Th. Gale, *Opusc. mythol.*, Amstel. 1688, in 8º). — Aussi, pour être καταληπτική, la représentation doit avoir ἐναργὲς καὶ ἔντονον ἰδίωμα (Sext. Empir. *adv. Math.* VII, 408.) — Sur ἰδίωμα, cf. ibid. 411.

[2] Cic. *Acad.* II, 10 : Mens... naturalem vim habet, quam intendit ad ea quibus movetur. Sext. Empir. *adv. Math.* VII, 258 : Ἐντείνει γὰρ τὴν ὄψιν κτλ.

qui détermine et qui détermine invinciblement la volonté à consentir à la représentation [1]. Mais il est le résultat de la tension de l'objet extérieur, et c'est encore la tension volontaire du sens qui le mesure et le juge. Le critérium du vrai n'est donc plus ici, comme dans l'Aristotélisme, l'évidence attachée à l'acte, et qui, par conséquent, n'est complète et infaillible que pour l'aperception du pur intelligible, dans l'acte simple de la pensée immatérielle. Ce n'est pas non plus seulement, comme dans l'Épicurisme, l'évidence d'une sensation toute passive. C'est l'évidence que donne à la représentation sensible l'acte concret de la tension. — Déjà Straton de Lampsaque avait dit que la sensation n'était pas possible sans l'attention que l'intelligence y donne. A l'intelligence seule il appartenait de percevoir, de juger, de comprendre par les sens; car les sens n'étaient que l'intelligence prolongée à travers les organes. C'est la pensée que le Stoïcisme achève, en ramenant l'attention de l'intelligence à la tension de la volonté dans l'organe. Ainsi l'objet de la perception, l'objet de la représentation compréhensive, c'est une force, une tension qui nous frappe; et ce qui la perçoit, c'est encore la force qui est tendue dans nos sens.

Cependant, si la compréhension des choses sen-

---

[1] Cic. *Acad.* II, 12 : Ut enim necesse est lancem in libra ponderibus impositis deprimi, sic animum perspicuis cedere. *De Fato*, 18, 19.

sibles est le fondement du savoir et la règle du vrai, les choses sensibles ne sont pas encore vraies par elles-mêmes. Pour devenir vraies, pour devenir, par conséquent, des objets de pensée, des éléments de science, il faut qu'elles soient de plus ramenées, rapportées à des intelligibles [1]; à des intelligibles, c'est-à-dire, puisqu'il n'y a rien d'individuel que ce qui est sensible, à des idées générales sous lesquelles elles se rangent. Néanmoins, comme Aristote, les Stoïciens rejettent les *idées* séparées des Platoniciens [2], et les réduisent à de simples rapports; comme lui, ils comparent l'âme, avant la sensation, à une tablette sur laquelle il n'y a encore rien d'écrit; comme lui, ils maintiennent que c'est par le souvenir seul de plusieurs représentations semblables qu'on peut s'élever aux notions et aux propositions générales [3]. — Cependant, suivant Aristote, la raison des ressemblances des choses se trouvant dans leurs relations à des principes communs, qui dépendent, en dernière analyse, de l'intelligence pure, l'intelligence, lorsqu'elle passe du particulier

---

[1] Sext. Empir. *adv. Math.* VIII, 10 : Οὐκ ἐξ εὐθείας δὲ (ἀληθῆ) τὰ αἰσθητά, ἀλλὰ κατ' ἀναφορὰν τὴν ὡς ἐπὶ τὰ παρακείμενα τούτοις νοητά.

[2] Stob. *Ecl.* I, p. 332 : Ζήνων τὰ ἐννοήματά φησι μήτε τινὰ εἶναι μήτε ποιά.—Τὰς ἰδέας... ἀνυπάρκτους εἶναι. Simplic. *in Cæg.* f° 26, b : Οὔ τινα τὰ κοινά. Les τινὰ et les ποιὰ sont les deux premières catégories des Stoïciens, et les seules qui renferment les réalités; les autres sont les πρός τι et πρός τί πως ἔχοντα. Voy. ci-dessous, p. 141. Plutarch. *de Plac. phil.* I, 10 : Ἐννοήματα ἡμέτερα τὰς ἰδέας ἔφασαν.

[3] Plutarch. *de Plac. phil.* IV, 11.

au général, ne fait que remonter à des rapports dont elle trouve en elle-même le fondement, et revenir des choses sensibles qui ne sont elle qu'en puissance, à la réalité actuelle de sa propre nature. De même, suivant les Stoïciens, si les notions générales ne peuvent se former en nous sans les sens, il en est pourtant qui sont l'œuvre, non de l'art humain, mais de la nature. Ce sont celles auxquelles seules ils donnent le nom, étendu par les Épicuriens à toute généralité, d'*anticipations* [1]. Cela ne signifie pas, néanmoins, que ce soient des idées préexistantes en nous à toute sensation : ce que veulent dire les noms d'anticipations et de notions naturelles, c'est que ce sont les expressions des rapports naturels et invariables des choses. Or ces rapports sont ceux des choses sensibles à la force active qui est à la fois leur essence et celle de notre raison, la cause première de l'existence et de la connaissance. Ce sont donc les produits d'une volonté primitive, et d'un art supérieur qui est la nature elle-même.

Enfin, pour constituer la science, il faut unir en un système, au moyen des notions en général, et, en dernière analyse, des anticipations, les diverses

---

[1] Id. ibid. : Τῶν ἐννοιῶν αἱ μὲν φυσικῶς γίνονται καὶ ἀνεπιτεχνήτως, αἱ δ' ἤδη δι' ἡμετέρας διδασκαλίας ἢ ἐπιμελείας. Αὗται μὲν οὖν ἔννοιαι καλοῦνται μόναι (leg. μόνον), ἐκεῖναι δὲ καὶ προλήψεις. De Stoic. rep. 17 : Ἐμφύτων προλήψεων. Diog. Laert. VII, 51, 53, 54 : Ἔστι δ' ἡ πρόληψις ἔννοια φυσικὴ τῶν καθόλου.

représentations compréhensives. Or, c'est là une œuvre d'art[1], c'est une opération de la volonté, c'est l'effet d'une tension nouvelle et supérieure de l'âme. La science est une possession ou habitude des représentations, ferme et inébranlable au raisonnement, et qui consiste tout entière en tension et énergie[2]. La simple représentation ressemble, suivant Zénon, à la main ouverte; l'assentiment à la main demi-fermée; la compréhension à la main fermée; la science enfin à la main fermée et serrée fortement par l'autre[3]. Ainsi, c'est par les degrés de l'énergie que le Stoïcisme mesure ceux de la connaissance; et c'est par la tension qu'il mesure l'énergie. Pour les Stoïciens comme pour Aristote, la science vient de l'action. Mais, dans le Stoïcisme, la science ne remonte plus à un acte immatériel, incorporel, immobile, de l'intelligence pure; c'est dans la tension, qualité, manière d'être d'une force intelligente et corporelle en même temps, qu'elle a son origine et sa source première.

A cette théorie de la science répond exactement

---

[1] Stob. *Ecl.* t. II, p. 128 : Σύστημα ἐξ ἐπιστημῶν τεχνικῶν. — Quand on a la φαντασία καταληπτική, on peut discerner les différences τεχνικῶς (Sext. Empir. *adv. Math.* VII, 152.) — Les Stoïciens définissaient l'art, τέχνη, σύστημα ἐκ καταλήψεων (H. *Pyrrh. hypot.* III, 241.) Σύστημα ἐκ καταλήψεων συγγεγυμνασμένων (Ibid. 188 ; cf. 251, 261; *adv. Math.* II, 10.)

[2] Stob. *Ecl.* t. II, p. 130 : Ἕξιν φαντασιῶν δεκτικὴν ἀμετάπτωτον ὑπὸ λόγου, ἥντινά φασιν ἐν τόνῳ καὶ δυνάμει κεῖσθαι.

[3] Cic. *Acad.* II, 47. Voy. plus haut, p. 125, sur la différence de la rhétorique et de la dialectique.

la théorie des existences; telle est la logique, telle aussi la physique stoïcienne.

Le premier principe que suppose et duquel part la physique des Stoïciens, c'est celui de toute la philosophie péripatéticienne : l'être est ce qui agit; ce qui n'agit pas n'est point [1]; l'action est l'être même et l'essence des êtres. Mais tandis qu'Aristote a fait consister l'essence première des choses dans l'acte immanent, qui s'accomplit et se termine en lui-même, forme immuable d'existence, sans mouvement, succession ni temps, les Stoïciens ne reconnaissent d'autre action que celle qu'attestent les sens : l'action qui produit, qui amène à l'être par un mouvement et au moyen du contact [2], quelque chose d'extérieur; pour eux, agir c'est faire (ποιεῖν), c'est effectuer en se mouvant [3]. Suivant Aristote, le mouvement était un acte imparfait, dans lequel ce qui n'était encore acte qu'en puissance, tendait

---

[1] Cic. *de Nat. Deor.* II, 44 : Mihi enim qui nihil agit esse omnino non videtur. — Ailleurs, *Acad.* II, 12, l'action est attribuée à l'animal par opposition à l'être inanimé; mais le Stoïcisme n'admet rien d'inactif ni d'inanimé que par comparaison. Voyez plus bas.

[2] Simplic. *in Categ.* 6 f. 2 a : Ὡς τὸ ποιοῦν πελάσει τινὶ ποιεῖ καὶ ἄγει.

[3] Simplic. ibid. 6 f° 3 b : Τὸ τὴν ἐνέργειαν ἐπὶ μόνων λέγειν τῶν ποιήσεων ἀνεξετάστως λέγεται· οὔτε γὰρ πᾶσα ἐνέργεια ποίησις, οὐ γὰρ δὴ καὶ ἡ νόησις... Ἐκ δὲ τούτων συνακτέον ὅτι Πλωτῖνος καὶ οἱ ἄλλοι οἱ ἀπὸ τῆς τῶν Στωϊκῶν συνηθείας εἰς τὴν Ἀριστοτέλους αἵρεσιν μεταφέροντες τὸ κοινὸν τοῦ ποιεῖν καὶ πάσχειν εἶναι τὰς κινήσεις, οὕτω συγχέουσιν εἰς ταυτὸ κίνησίν τε καὶ ἐνέργειαν, καὶ τὴν ποίησιν οὐ τηροῦσι καθαρὰν ἀπηλλαγμένην τοῦ πάθους, εἴπερ μετὰ κινήσεως αὐτὴν ὁρῶσι.

par un progrès successif à devenir réellement et effectivement acte. Suivant les Stoïciens, ce n'est pas le mouvement qu'on peut appeler imparfait : c'est seulement la chose qu'il produit et qu'il laisse après lui. C'est en cette chose seule, en cette œuvre extérieure qu'il y a succession et progrès; c'est elle seule qui par degrés passe de l'imperfection à la perfection, et de la possibilité à la réalité. Mais le mouvement est tout d'abord parfait et tout acte. L'acte et le mouvement ne font qu'un [1]. — Or maintenant, tout mobile a une matière par laquelle il est susceptible de modification, ou passif. Et c'est pourquoi, comme Aristote l'avait montré, tout ce qui produit, et qui fait en se mouvant, souffre, au point de contact, et dans le même temps qu'il exerce l'action, une réaction contraire [2]. Donc, selon les Stoïciens, tout ce qui agit étant mobile, est nécessairement passif et matériel. Ainsi il n'est de véritablement existant que ce qui est susceptible d'action et de passion, et c'est pourquoi tout véritable être est un corps [3].

---

[1] Id. ibid : Καὶ τῆς κινήσεως, φησὶν Ἰάμβλιχος, οὐ καλῶς οἱ Στωϊκοὶ ἀντιλαμβάνονται, λέγοντες τὸ ἀτελὲς ἐπὶ τῆς κινήσεως εἰρῆσθαι, οὐχ ὅτι οὐκ ἔστιν ἐνέργεια· ἔστι γὰρ πάντως, φασίν, ἐνέργεια, ἀλλ᾽ ἔχει τὸ πάλιν καὶ πάλιν, οὐχ ἵνα ἀφίκηται εἰς ἐνέργειαν, ἔστι γὰρ ἤδη, ἀλλ᾽ ἵνα ἐργάσηταί που ἕτερον, ὅ ἐστι μετ᾽ αὐτήν.

[2] Arist. *de Gener. an.* IV, 3 : Ὅλως τὸ κινοῦν, ἔξω τοῦ πρώτου, ἀντικινεῖταί τινα κίνησιν· οἷον τὸ ὠθοῦν ἀντωθεῖταί πως, καὶ ἀντιθλίβεται τὸ θλῖβον. Cf. *de An. mot.* 3 Phys. III, 2 : Συμβαίνει δὲ τοῦτο θίξει τοῦ κινητικοῦ ὥστε ἅμα καὶ πάσχει.

[3] Plutarch. *de Plac. phil.* IV, 20 : Πᾶν γὰρ τὸ δρωμενον ἢ καὶ ποιοῦν

Zénon est donc d'accord avec Épicure pour rejeter comme une abstraction la substance incorporelle et immatérielle d'Aristote, objet spécial de la Métaphysique. Mais au lieu qu'Épicure ne reconnaît rien dans les corps (sauf le pouvoir accidentel, en quelque sorte, de dévier de leur chute naturelle) que des propriétés mathématiques, la grandeur et la figure, par lesquelles ils ne sont susceptibles ni d'action ni de passion[1]; au contraire, suivant les Stoïciens, l'essence même du corps, essence d'où dérivent toutes ses propriétés, c'est d'agir et de souffrir.

Ainsi il y a deux principes : le principe passif et le principe actif; le premier est la matière, le second la force, ou la cause[2]. Tandis que les Épicuriens ne

---

σώμα. 30. Id. *adv. Stoic.* 30 : Ὄντα γὰρ μόνα τὰ σώματα καλοῦσιν, ἐπειδὴ ὅπερ τὸ ποιεῖν τι καὶ πάσχειν Diog. Laert. VII, 56. Senec. *Epist.* 89, 106. Cic. *Acad.* I, 11.

[1] Voyez plus haut, p. 89. De même Démocrite. Stob. *Ecl.* t. I, p. 318 : Οἱ ἀπὸ Δημοκρίτου ἀπαθῆ τὰ πρῶτα, τὴν ἄτομον καὶ τὸ κενόν.

[2] Diog. Laert. VII, 134 : Δοκεῖ δ'αὐτοῖς ἀρχὰς εἶναι τῶν ὅλων δύο, τὸ ποιοῦν καὶ τὸ πάσχον. Plutarch. *de Plac. phil.* I, 3 ; Sext. Empir. *adv. Math.* IX, 61. Senec. *Ep.* 65 : Dicunt, ut scis, Stoici nostri duo esse in rerum natura, ex quibus omnia fiant : caussam et materiam. — Ex eo constant (sc. res omn s) quod fit, et ex eo quod facit. M. Antonin. VII, 29 : Δίελε καὶ μέρισον τὸ ὑποκείμενον εἰς τὸ αἰτιῶδες καὶ ὑλικόν. IV, 21 ; VIII, 11 ; XII, 29. Cic. *Acad.* I, 6 : In eo autem quod efficeret, vim esse censebant ; in eo autem quod efficeretur, materiam quamdam. Cf. Lactant. *Div. inst.* VII, 3. — Zénon définissait Dieu : δύναμιν κινητικὴν τῆς ὕλης κατὰ ταὐτὰ καὶ ὡσαύτως. Ces dernières expressions sont empruntées à Platon. V. *Tim.* p. 28.

forment les choses que d'éléments matériels, inaltérables, impassibles, immuables, sinon dans leurs rapports de situation les uns avec les autres, au contraire, comme Aristote, comme avant lui Héraclite, Anaximène, Thalès, les Stoïciens reconnaissent dans la matière un principe passif, susceptible de toute espèce d'altération et de transformation [1]; ils reconnaissent, avec Aristote, dans la cause, dans la force, le principe de tous les changements de l'élément passif. Mais ces deux principes opposés, dont Aristote avait cru le second essentiellement indépendant du premier, les Stoïciens les font inséparables.

La matière ne peut subsister seule, il faut un principe d'unité qui l'informe et qui la contienne : c'est ce qu'Aristote aussi avait montré; mais ce qu'ajoute le Stoïcisme, c'est que le principe actif, c'est que la force ne saurait non plus subsister sans matière; selon eux, il lui faut un sujet où elle réside, dans lequel elle agisse et se meuve [2]. (Tout être est à la fois

---

[1] Plutarch. *de Plac. phil.* I, 9 : Οἱ ἀπὸ Θάλεω καὶ Πυθαγόρου καὶ οἱ Στωϊκοὶ τρεπτὴν καὶ ἀλλοιωτὴν καὶ μεταβλητὴν καὶ ῥευστὴν ὅλην δι' ὅλου τὴν ὕλην. — Les Épicuriens disaient que l'atome était ἄτρεπτος. Chez les Stoïciens τροπὴ est le terme propre pour signifier le changement d'un élément en un autre; voy. Diog. Laert. VII, 142; Stob. *Ecl.* t. I, p. 370; Plutarch. *de Stoic. rep.* 37. Ils l'avaient sans doute emprunté à Héraclite; voy. Clem. Alex. *Strom.* V. p. 599 C.

[2] Cic. *Acad.* I, 6 : Neque enim materiam ipsam cohaerere potuisse, si nulla vi contineretur, neque vim sine aliqua materia; nihil est enim quod non alicubi esse cogatur. Cf. Stob. *Ecl.* t. I, p. 324.

actif et passif, matière et force par conséquent ; et la matière et la force ne sont, en réalité, que le même être considéré dans l'élément passif et dans l'élément actif de sa constitution.

Maintenant l'élément passif, la matière du corps, c'est, selon les Stoïciens, ce par quoi il existe[1] ; et pour cela sans doute ils lui donnent le nom qu'Aristote attribuait au contraire de préférence à la forme, au principe actif, le nom d'essence ou substance (οὐσία)[2]. L'élément actif, la force, constitue, non plus seulement l'existence de l'être, mais sa manière particulière d'exister : c'est donc sa *qualité* (ποιότης)[3]. La qualité n'est plus ici un attribut appartenant à plusieurs sujets à la fois ; c'est la manière d'agir, et par conséquent le propre et l'individualité

---

[1] Stob. *Ecl.* t. II, p. 90 : Ταῦτ' εἶναι φησιν ὁ Ζήνων, ὅσα οὐσίας μετέχει.

[2] Diog. Laert. VII, 150 ; Stob. *Ecl.* t. I, p. 324. M. Antonin. XII, 30.

[3] En effet, il y avait selon eux, dans tout corps un double mouvement *tonique*, ou de tension : l'un de condensation, l'autre de raréfaction, le premier du dehors au dedans, le second du dedans au dehors. Or du premier provenait l'être, du second la qualité, dit Simplicius, ou, comme s'exprime Némésius, du premier provenait l'union et l'être, οὐσία, du second les grandeurs et les qualités Nemes. *de Nat. hom.* 2 : Εἰ δὲ λέγουσι, καθάπερ οἱ Στωϊκοί, τονικήν τινα εἶναι κίνησιν περὶ τὰ σώματα, εἰς τὸ ἔσω ἅμα καὶ εἰς τὸ ἔξω κινουμένην, καὶ τὴν μὲν εἰς τὸ ἔξω μεγεθῶν καὶ ποιοτήτων ἀποτελεστικὴν εἶναι, τὴν δὲ εἰς τὸ ἔσω ἑνώσεως καὶ οὐσίας. Simplic. *in Categ.* v° f. 5 b : Οἱ δὲ Στωϊκοὶ δύναμιν ἢ μᾶλλον κίνησιν τὴν μανωτικὴν καὶ πυκνωτικὴν τίθενται, τὴν μὲν ἐπὶ τὰ ἔσω τὴν δὲ ἐπὶ τὰ ἔξω, καὶ τὴν μὲν τοῦ εἶναι τὴν δὲ τοῦ ποιὸν εἶναι νομίζουσιν αἰτίαν. — On voit bien par ces deux passages comparés, comment les Stoïciens transportent le nom d'οὐσία à la matière, comme constituant la simple *existence*.

de chaque être.[1] C'est ce qui de la matière, capable de toutes les déterminations, fait un individu, à l'exclusion de tout autre[2]. Ainsi la *qualité* des Stoïciens n'est pas l'*idée* générale de Platon, essence commune de tous les êtres qui y participent : c'est la forme spécifique, individuelle, dans laquelle seule Aristote a fait consister l'essence. De même donc que, suivant Aristote, loin que plusieurs êtres puissent avoir même essence, deux êtres de même essence ne feraient qu'un; de même, suivant les Stoïciens, deux individus de même qualité seraient identiques. D'où il suit, comme on l'a déjà vu[3] que tous les modes de chaque être participant nécessairement de sa qualité constitutive et essentielle, il n'y a rien d'entièrement semblable. Et tandis que Platon faisant consister l'essence dans une idée générale différente des individus, Épicure rejetant toute essence comme une pure abstraction, l'un et l'autre ont supposé l'existence d'une multitude d'individus entièrement semblables en eux-mêmes, et différents seulement de position, tandis qu'Aristote a du moins laissé une place à des accidents provenant de la matière, qui couvrent la différence radicale des essences;

---

[1] Simplic. *in Categ.* λ' f. 3 : Οἱ δὲ Στωϊκοὶ τὸ κοινὸν τῆς ποιότητος τὸ ἐπὶ τῶν σωμάτων λέγουσι διαφορὰν εἶναι οὐσίας οὐκ ἀδιάληπτον καθ' αὑτήν, ἀλλ' εἰς ἓν νόημα καὶ ἰδιότητα ἀπολήγουσαν.

[2] Diog. Laert. VII, 137 : Τὸν ἐκ τῆς ἁπάσης οὐσίας ἰδιοποιόν (en parlant de Dieu).

[3] Voy. plus haut, p. 129.

au contraire, suivant les Stoïciens, par la même raison qu'il n'y a pas deux animaux ayant une même âme, il n'y a pas dans l'univers deux êtres absolument pareils et impossibles à discerner l'un de l'autre.

En effet après la substance, sujet de la qualité, et la qualité elle-même, que reste-t-il dans un être? Rien que les modes, considérés soit en eux-mêmes, soit dans leurs rapports avec d'autres; et les dix catégories énumérées par Aristote doivent être réduites à quatre : la substance, la qualité, le mode et la relation [1].

Or la relation prise à part et séparée des termes entre lesquels elle existe, est une conception, qui ne subsiste que dans l'entendement [2]. Le mode même, si on le distingue de la qualité, c'est-à-dire de la force qui produit tout ce qui arrive dans l'être, le mode n'est qu'une abstraction. Tout ce qu'il y a de réel en chaque être, c'est donc, avec sa matière, la qualité qui est sa forme propre, et qui n'appartient qu'à lui seul.

Aristote a montré que tout l'être proprement dit est renfermé dans la seule catégorie de la substance,

---

[1] Τὸ ὑποκείμενον, τὸ ποιόν, τὸ πῶς ἔχον, τὸ πρός τί πως ἔχον. Diog. Laert. VII, 61; Simplic. *in Categ.* f° 16, b. Cic. *Acad.* I, 6; Senec. *Ep.* 89.

[2] Simplic. *in Categ.* 6' f. - b. Cf. Sext. Empir. *adv. Math.* VIII, 335, 453; IX, 208.

ou de l'être en soi, dont toutes les autres ne contiennent que les attributs. Dans cette catégorie fondamentale il a distingué encore l'être en puissance ou la matière, l'être en acte ou la forme; et c'est dans la forme seule, dans l'acte, c'est-à-dire, en dernière analyse, dans la pensée, qu'il a vu le premier et le véritable être. Selon les Stoïciens, point de forme qui ne soit en un sujet, et qui par conséquent ne soit une qualité; et la réalité, le véritable être, se partage entre les deux catégories de la matière, ou substance, et de la qualité, indissolublement unies l'une à l'autre[1]. C'est donc la matière qui est la base de l'être; c'est la qualité, force tendue dans la matière, qui le détermine, qui en produit ainsi tous les modes, qui constitue elle seule tout ce qu'ils ont de réel et imprime à tous le caractère de son individualité.

Dès lors, de même que dans la doctrine péripatéticienne, de même dans celle des Stoïciens, le principe actif est encore la raison (λόγος) de tout ce qui se passe dans l'être, la loi d'après laquelle tout s'y ordonne et s'y accomplit. Mais, dans la doctrine péripatéticienne, si le principe formel de chaque être en est la raison, c'est qu'il est la fin, supérieure en soi à la matière et au mouvement, parfaite et

---

[1] Simplic. *in Categ.* f° 44, b. Cf. Senec. *Ep.* 117. Stob. *Ecl.* t. I, p 336.

immuable, à laquelle tendent les puissances, pour laquelle seule elles sont, par laquelle seule elles se définissent et s'expliquent. Dans la doctrine Stoïcienne, la force, la qualité constituante, ne fait avec la matière qu'un seul et même être; elle se meut en elle et avec elle; elle est donc comme un germe, une semence qui en contient à l'avance et en développe successivement toutes les formes, par une expansion graduelle C'est pourquoi les Stoïciens n'appellent pas seulement la force ou qualité la raison de l'être : ils la nomment sa *raison séminale* [1].

Déjà les Pythagoriciens, et, après eux, le successeur immédiat de Platon, Speusippe, avaient assimilé les principes des choses aux semences des êtres organisés : aussi ils avaient dit que le bien et le beau ne se trouvaient pas dans les principes eux-mêmes, mais ne venaient qu'à la suite du mouvement ascendant de la nature [2]. Conséquence nécessaire, bien que méconnue, peut-être, par Platon, de cette méthode commune au Pythagorisme et au Platonisme qui, procédant, dans la recherche

---

[1] Λόγος σπερματικός. Diog. Laert. VII, 136, 148; Plutarch. *de Plac. phil.* I, 7. M. Antonin. IV, 14, 210. Cleanth. ap. Stob. *Ecl.* t. I, p. 372 : ὥσπερ γὰρ ἑνός τινος τὰ μέρη πάντα φύεται ἐκ σπερμάτων ἐν καθήκουσι χρόνοις, οὕτω καὶ τοῦ ὅλου τὰ μέρη κτλ. Aristocl. ap. Euseb. *Præpar. ev.* XV, f. 477. Cf. Senec. *Quæst. nat.* III, 29.

[2] Aristot. *Metaphys.* XIV, p. 300, l. 31 Br. : Προελθούσης τῆς τῶν ὄντων φύσεως καὶ τὸ ἀγαθὸν καὶ τὸ καλὸν ἐμφαίνεσθαι.

des principes, par une généralisation progressive, devait assigner enfin à toutes choses, pour cause première, le moindre degré, si ce n'est l'absence même de la perfection et de l'être.

Mais passer de l'état du germe à celui de l'être achevé, de l'imperfection à la perfection, c'est passer de la virtualité à la réalité, de la puissance à l'acte. Pour cela, ce qui n'est qu'en puissance ne pouvant se donner à soi-même la réalité qu'il n'a pas, il faut une cause motrice qui, possédant déjà la perfection en réalité et en acte, y amène l'imparfait. Avant la semence, l'être adulte, qui la détermine au mouvement ; en général, avant l'être en puissance, l'être en acte, qui lui donne l'acte et la perfection. C'est là ce qu'Aristote était venu établir.

Mais, d'un autre côté, comment l'être adulte, séparé du germe, y peut-il commencer et entretenir le mouvement duquel résulte l'organisation? Pour mouvoir la semence, pour en faire sortir en leur temps toutes les parties diverses dont l'être doit être composé, il faut que la cause motrice soit présente, intérieure à toute sa substance, et ne fasse qu'un avec elle. C'est là la *raison séminale* des Stoïciens. Maintenant donc ce n'est plus la matière seule, imparfaite et passive, qui est le principe des êtres, et ce n'est pas non plus l'acte immobile d'une forme immatérielle. C'est une force vive, forme et matière à la fois, qui tire tout d'elle-même par son énergie propre; unité du sein de laquelle se développe la multitude [1]. Ainsi, tandis que dans la philosophie péripatéticienne, les éléments de la génération des êtres sont partagés entre un principe passif et un principe actif, dans la philosophie stoïcienne un seul et même principe réunit en lui l'acte avec la puissance, la forme avec la matière, la passion avec l'action. Tandis que selon la physiologie d'Aristote, le véritable germe, analogue à la semence des plantes, se trouve dans la femelle, qui est le principe passif [2], et ce qui vient du principe actif, ou du mâle, ne fait que déterminer le germe au mouvement, au contraire suivant les Stoïciens il se trouve de la semence dans l'un et l'autre principe; seulement l'un des deux n'a en partage qu'une semence stérile, parce que l'élément humide y prédomine sur celui de l'esprit et du feu, parce que la tension y est trop faible [3] : c'est

---

[1] Cleanth. ap. Stob. *Ecl.* t. I, p. 372 : Οὕτως ἐξ ἑνός τε πάντα γίνεσθαι.

[2] Ἀρρενόθηλυ. Valer. Soran. ap. Augustin. *de Civ. Dei*, VII, 9.

  Jupiter omnipotens, regum rex ipse Deusque
  Progenitor genitrixque Deûm, Deus unus et omnis.

— Orph. ap. Procl. *in Tim.* p. 95 :

  Ζεὺς ἄρσην γένετο, Ζεὺς ἄμβροτος ἔπλετο νύμφη.

Cf. Euseb. *Præp. ev.* III, 9 ; où, au lieu d'ἄμβροτος on lit ἄφθιτος.

[3] Diog. Laert. VII, 159 : Τὸ δὲ (sc. σπέρμα) τῆς θηλείας ἄγονον ἀποφαίνεται, ἄτονόν τε γὰρ εἶναι καὶ ὀλίγον καὶ ὑδατῶδες, ὥς ὁ Σφαῖρος φησίν.

le principe féminin; et du mâle seul provient le germe fécond [1], la semence proprement dite [2], qui ne fait que prendre racine, se nourrir et s'accroître dans la femelle [3]. En toute chose, tandis qu'Aristote avait assigné à la femme des destinées, des fonctions et des vertus spéciales [4], les Stoïciens comme les Cyniques [5], comme Platon, comme Socrate, ne reconnaissaient sans doute, entre la femme et l'homme, d'autre différence fondamentale que celle de la force : une différence de degré, de quantité, non de qualité et de nature. De là une partie des paradoxes de la République de Platon et de celle de Zénon. — Les deux éléments de la production qui semblent dans la nature partagés entre deux principes différents, les Stoïciens les réunissent donc dans l'idée de la cause. En conséquence, et à

---

[1] Censorin. *de Die nat.* c. 11. Illud etiam ambiguam inter auctores facit opinionem utrumne ex patris tantummodo semine partus nasceretur ut Diogenes et Hippon Stoicique scripserunt; an et id ex matris, quod Anaxagoræ et Alcmæoni necnon Parmenidi Empedoclique et Epicuro visum est. Cf. Varr. ap. August. loc. laud.

[2] Selon Plutarque, *de Plac. phil.* V, 3, Zénon disait qu'il n'y avait point chez la femelle de σπέρμα. Ce passage peut se concilier avec l'assertion contraire de Diogène de Laerte et de Lactance (*de Opif. Dei*, c. 12; car ce qu'il dit de Varron doit être étendu aux Stoïciens dont Varron suivait la physique) : Zénon voulait sans doute parler du σπέρμα proprement dit, fécond.—Plutarque et Lactance confondent d'ailleurs l'opinion d'Aristote avec celle des Stoïciens. V. J. Lips. *Physiol. stoic.* III, 6.

[3] Plutarch. *de Stoic. rep.* 41; *de Plac. phil.* V, 15.

[4] Aristot. *Polit.* I, 5.

[5] Diog. Laert. VI, 12.

l'exemple des Pythagoriciens, ils nomment la cause première, mâle et femelle, hermaphrodite.

Des quatre espèces de causes distinguées par Aristote, savoir : la cause d'où vient le mouvement, la forme, la fin ou cause finale, et la matière, les trois premières se réduisent donc ici à une seule, comme dans l'Aristotélisme même; mais dans le Stoïcisme l'ordre en est pour ainsi dire renversé. Là tout revient à la cause finale, à la cause qui meut sans se mouvoir; ici, à la cause qui ne meut qu'en se mouvant. C'est que là tout dépend de l'acte pur, immatériel, fin à laquelle tend le mouvement; ici l'acte n'existe que tendu lui-même dans le mouvement. La force active, la qualité spécifique, la raison séminale, c'est la tension, dont le mouvement est l'effet immédiat [1]. En un mot, c'est le principe péripatéticien de l'acte, descendu de la condition d'une cause uniquement finale, à la condition d'un principe moteur en mouvement dans le corps.

Mais si la force, si la qualité n'existe que dans le mouvement, elle aussi elle est donc active et passive; et par conséquent non-seulement elle constitue un corps avec la matière, mais elle-même est un corps [2]. — Dans la doctrine d'Aristote,

---

[1] Plutarch. *de Stoic. rep.* 43 : Τὰς δὲ ποιότητας πνεύματα οὔσας καὶ τόνους κτλ.

[2] Id. ibid. 45, 49 : Τὰς δὲ ποιότητας αὖ πάλιν οὐσίας καὶ σώματα ποιοῦσι.

toute qualité, il est vrai, n'a d'existence réelle que dans le corps où elle réside, et ne s'en peut séparer; mais elle n'en est pas moins par elle-même incorporelle, immatérielle. Telle est dans l'animal son âme, dans la plante sa nature, dans le mixte même, dans le bois ou la pierre, l'*habitude*[1], qui en constitue la forme spécifique. C'est que, si l'on cherche dans la Métaphysique d'Aristote le vrai sens de toute sa physique, dont elle est la clef, les qualités spécifiques, les formes substantielles ne sont, en définitive, que les différentes manières d'être, dans les diverses puissances de la matière et selon les divers degrés du mouvement, d'un principe premier, unique et universel, qui est l'acte simple de la pure Pensée; et dans les corps auxquels elles donnent l'être, dans les mouvements qu'elles y causent, elles retiennent nécessairement l'immobilité et l'incorporalité de leur principe. Suivant les Stoïciens, au contraire, nulle réalité sans action, nulle action sans mouvement; la cause du mouvement n'est donc pas seulement mobile par accident, et en tant que le corps où elle réside est mobile, comme Aristote l'avait dit de l'âme : elle se meut elle-même et par elle-même, par une ten-

---

Sénec. *Ep.* 106, 117. — Galien écrivit un traité contre les Stoïciens sur l'incorporalité des qualités. Le XI<sup>e</sup> chapitre de l'*Introduction aux dogmes de Platon* d'Alcinoüs traite du même sujet.

[1] Voyez plus bas.

dance et tension essentielle, dans la matière qu'elle meut. Donc la qualité n'est pas seulement corporelle, ainsi que Dicéarque l'avait dit, et inséparable des corps; mais elle est aussi un corps. Or, la forme substantielle ayant ce caractère qu'elle pénètre dans la profondeur et la totalité du corps, tandis que la simple figure n'est que superficielle [1], la *qualité* des Stoïciens, tout corps qu'elle est, n'en est pas moins exactement coétendue au corps entier dans lequel elle réside [2]. D'où il suit qu'il n'est plus vrai que les corps ne se pénètrent point. Loin de là, deux corps qui se mêlent, si différents de grandeur qu'ils puissent être, se pénètrent l'un l'autre dans toute leur étendue [3]. Une seule goutte de vin pénètre toute la mer [4].

Ainsi, en résumé, la qualité, la force, la cause est un corps, tendu en tout sens dans la totalité du corps où il réside, et dont la nature même et l'essence n'est que tension.

Quel est ce corps, dont la tension est l'état naturel? C'est le feu [5]. Déjà Héraclite avait vu dans le feu un principe actif, dont les transformations suc-

---

[1] Stob. *Ecl.* t. I, p. 328 : Τοσούτῳ μὲν οὖν διαφέρειν τὸ εἶδος τῆς μορφῆς, ὅτι τὸ μέν ἐστι διῆκον διὰ βάθους, ἡ δ'ἐπιπολαίως.

[2] Ἀντιπαρεκτείνεται. Stob. *Ecl.* t. I, p. 376.

[3] Stob. *Ecl.* t. I, p. 376 : Σῶμα διὰ σώματος ἀντιπαρήκειν. Alex. Aphrod. *de Mixt.* p. 141; Plutarch. *adv. Stoic.* 37, 45.

[4] Plutarch. *adv. Stoic.* 37; Diog. Laert. VII, 151.

[5] Plutarch. *adv. Stoic.* 49 : Ἀέρα δὲ καὶ πῦρ αὐτῶν τ'εἶναι δι' εὐτονίαν

cessives donnaient naissance au monde. Pensée empruntée peut-être au Magisme [1], si ce n'est même à l'antique religion de la Chaldée, et que put contribuer à faire revivre, du temps de Zénon, l'influence renaissante des doctrines chaldéennes, qu'enseignait alors avec éclat dans Cos le babylonien Bérose [2]. Quoi qu'il en soit, de même que l'Épicurisme est venu s'appuyer sur la physique toute mécanique de Démocrite, de même le Stoïcisme prend pour base la physique entièrement contraire et toute dynamique d'Héraclite.

Mais le principe du philosophe ionien ne reparaît encore dans la physique stoïcienne qu'épuré en quelque sorte et raffiné par la philosophie d'Aristote. Le feu d'Héraclite avait pour sujet immédiat, pour substance, le fluide grossier de l'air ordinaire; le feu n'était que de l'air chaud [3]. Aristote donne pour matière aux astres, pour premier organe à l'âme, un fluide plus subtil, l'éther ou le souffle, l'*esprit* (πνεῦμα), confondu avant lui avec la partie la plus pure du feu, et dont il fait le premier un cinquième élément, une *quinte-essence* distincte, matière immatérielle en quelque sorte, corps divin,

ἐκστατικὰ, καὶ ταῖς δυσὶν ἐκείναις (sc. γῇ καὶ ὕδατι) ἐγκεκραμένα τόνον παρέχειν καὶ τὸ μόνιμον καὶ οὐσιῶδες.

[1] Voy. le *Zend-Avesta*, t. I, P. 1, p. 145. Néanmoins il faudrait d'autres preuves pour appuyer suffisamment cette conjecture.

[2] Vitruv. *de Archit.* IX, 4. Cf. Senec. *Quæst. nat.* III, 29.

[3] Sext. Empir. *adv. Math.* IX, 360; X, 233. Tertull. *de An.* 9.

distingué du feu comme la pensée est distinguée de lui-même, et dont toute l'essence consiste dans un mouvement perpétuel de révolution [1]. C'est aussi dans l'éther que Zénon fait consister le principe actif qui parcourt et qui vivifie tout. A la vérité il n'en sépare pas le feu. Le feu, l'éther, l'esprit, ne sont pour lui qu'un seul et même élément; c'est un feu éthéré, c'est un esprit igné [2] dont un air est la base matérielle. Mais ce n'est pas l'air ni le feu grossier que nous voyons. Aristote avait remarqué que le feu, livré à lui-même, ne fait que détruire, tandis que la chaleur éthérée, dont le ciel est la source, donne et entretient la vie. De même, selon Zénon et son école, le feu que nous voyons consume indéfiniment tout ce qu'on soumet à son action : le feu éthéré est ce qui engendre et fait vivre par une action régulière et mesurée, par un véritable art, supérieur à tout art humain. C'est un feu artiste, marchant par une voie, par une méthode certaine à la génération du corps [3].

---

[1] Aristot. *de Cœlo*, I, 2, 3 ; II, 7 ; *Meteor.* I, 3. Voy. Vater, *Theologiæ Aristotelicæ vindiciæ*, Lips. 1795, in-8°. — Aussi Aristote fait venir αἰθήρ, non de αἴθειν, mais de ἀεὶ θεῖν.

[2] Cic. *de Fin.* IV, 5; *de Nat. Deor.* I, 14, 15; Chrysipp. ap. Stob. *Ecl.* t. I, p. 372; Plutarch. *de Plac. phil.* I, 6, 7; Diog. Laert. VII, 139.

[3] Diog. Laert. VII, 137, 148, 156 : Πῦρ τεχνικὸν ὁδῷ βαδίζον εἰς γένεσιν. Plutarch. *de Plac. phil.* I, 7 ; Cic. *De Nat. Deor.* II, 11, 15, 22, 32. Sur la locution ὁδῷ, voy. Gatak. *ad M. Antonin.* I, 9. Cf. Bulliald. ad Ptolem. *de Judic. facult.* (Paris, 1663, in-4°), p. 59.

En résumé, la cause, dans chaque être, n'est plus pour les Stoïciens, comme elle l'était pour Aristote, une fin incorporelle à laquelle tendent par ordre, cédant à son attrait, les divers éléments matériels, et avant tout l'esprit éthéré, son premier organe: c'est un éther et un feu consistant en une tension de l'air, feu subtil, sans forme par lui-même [1] qui pénètre [2] dans la matière en prenant toutes les formes et qui en même temps l'embrasse et la contient [3]; principe intérieur et extérieur à la fois [4], homogène et coétendu à ses effets. — Enfin cette force n'est pas une force brute, et qui agisse au hasard. C'est une raison séminale, contenant à l'avance et développant avec ordre, par sa seule vertu, tous les modes de l'existence du corps qu'elle anime.

Maintenant l'univers n'est pas un assemblage de parties isolées et sans commerce les unes avec les

---

[1] Diog. Laert. VII, 134 : Σώματα εἶναι τὰς ἀρχὰς καὶ ἀμόρφους, τὰ δὲ (sc. στοιχεῖα) μεμορφῶσθαι. Cf. Posidon. ap. Stob. Ecl. t. I, p. 58.

[2] Διήκει, terme propre au Stoïcisme. Alex. Aphrod. de Mixt. p. 141 : Πνεύματος τινὸς διὰ πάσης αὐτῆς (sc. τῆς οὐσίας) διήκοντος. Diog. Laert. VII, 38 ; Nemes. de Nat. hom. c. 2 ; Clem. Alex. Hortat. et Strom. I. ap. Gatak. ad M. Antonin. IV, 40. On a vu plus haut que, d'après Stobée, Aristote se serait déjà servi de cette expression; mais cela est au moins douteux. — Les Stoïciens emploient aussi, au lieu de διήκειν, διατείνειν.

[3] Συνέχει, expression classique chez les Stoïciens, comme διήκει. Cicéron rend généralement διήκειν ou διατείνειν par *pertinere* (*de Nat. Deor.* I, 14 ; II, 9, 54, 55), συνέχειν par *continere* (Ibid. II, 11, etc.).

[4] Senec. *Quæst. nat.*, præf., en parlant de Dieu : Opus suum et extra et intra tenet. Cf. Jul. Firmic. *Astronom.* I, 3 (J. Firmicus appartient à l'école stoïcienne, qu'il défend contre Plotin).

autres. Dans le système d'Épicure, tout est séparé. Dans le système stoïcien, tout est lié. D'abord toutes les parties de l'univers se correspondent et se balancent avec une parfaite justesse; les opposés y concourent à une même harmonie; le mal même y sert au bien [1]. Le monde forme ainsi un concert, et ce concert suppose un principe qui en dispose et qui en accorde tous les éléments. Tout concorde, tout conspire. Or, suivant les Stoïciens, ce n'est pas assez pour cela, comme Aristote avait paru le croire, d'une cause finale à laquelle tout tende et se réfère. Il faut une cause efficiente, motrice, qui vive et se meuve en tout, source commune de tous ces désirs, de toutes ces tendances concourant à un même but [2]. Il y a plus : rien ne peut arriver à une partie de l'univers dont toutes les autres parties ne se ressentent aussi plus ou moins; et le monde forme ainsi un tout sympathique à lui-même dans tous ses éléments. Ce n'est donc pas un agrégat d'éléments indépendants, c'est un être un comme l'est un animal, une plante, et, pour tout dire, c'est un être organisé et vivant; une seule

---

[1] Plutarch. *adv. Stoic.* 13, 14; *de Stoic. rep.* 21, 35, 36, 44; Cleanth. ap. Stob. *Ecl.* t. I, p. 32; Gell. *Noct. att.* VI, 1. Voy. J. Lips. *Physiol. st.* I, 13-15.

[2] Cic. *de Nat. Deor.* II, 11. Diog. Laert. VII, 140 : Ἡνῶσθαι αὐτὸν (sc. τὸν κόσμον)· τοῦτο γὰρ ἀναγκάζεσθαι τὴν τῶν οὐρανίων πρὸς τὰ ἐπίγεια σύμπνοιαν καὶ συντονίαν. — L'ἡνωμένον est τὸ ὑπὸ μιᾶς ἕξεως κρατούμενον. Voy. plus bas, p. 171.

et même âme y circule [1]. Une seule et même âme, un seul et même feu, à des degrés divers de tension et d'ardeur, source unique et féconde des causes particulières, raison séminale universelle où sont enveloppées et du sein de laquelle se déploient toutes les autres [2].

Mais la cause d'où toutes les causes tirent leur origine ne peut le céder en perfection à aucune d'elles. Or nous voyons dans le monde des âmes, et des âmes douées de raison. La cause universelle ne peut donc être qu'une âme pleine de raison et de sagesse. Il y a plus; si l'homme a la raison et l'emporte par là sur tous les autres êtres particuliers, à leur tour ils ont certaines perfections qui lui manquent. La cause universelle surpasse donc l'homme lui-même [3]. Aristote avait établi qu'on ne saurait remonter à l'infini de cause en cause; qu'il faut, dans la série ascendante des perfections, un premier terme dont tous les autres dépendent. C'est le principe par lequel les Stoïciens remontent comme lui à une cause première [4]. Mais ce n'est

---

[1] Alex. Aphrod. *de Mixt.* p. 142 : Ἡνῶσθαι μὲν... τὴν σύμπασαν οὐσίαν, πνεύματός τινος διὰ πάσης αὐτῆς διήκοντος, ὑφ᾽ οὗ συνάγεταί τε καὶ συμμένει καὶ συμπαθές ἐστιν αὐτῷ. Sext. Empir. *adv. Math.* IX, 78.

[2] Plutarch. *de Plac. phil.* I, 7 : Ἐμπεριειληφὼς πάντας τοὺς σπερματικοὺς λόγους. Aristocl. ap. Euseb. *Præp. ev.* XV, f. 477 : Τὸ σπέρμα τῶν ἁπάντων ἔχον τοὺς λόγους. Diog. Laert. VII, 136.

[3] Cic. *de Nat. Deor.* II, 6-11 ; Sext. Empir. *adv. Math.* IX, 88.

[4] Sext. Empir. *loc. laud.*

pas, comme lui, en dépassant les limites du monde. Pour Aristote, on l'a déjà vu, le monde n'est pas proprement un tout organisé et vivant, un animal, où règne une seule et même âme : c'est un ensemble d'êtres unis seulement par la communauté de tendance à une fin supérieure, à une perfection qui les dépasse tous. Pour les Stoïciens, toutes les existences que renferme le monde sont des parties, des membres concourant à former un tout plus parfait qu'aucune d'elles. C'est à ce tout qu'appartient toute force, toute beauté, toute bonté, toute sagesse. Une âme parfaite y circule, et c'est cette âme qui est Dieu [1].

Ainsi est proclamé maintenant par la philosophie le dogme fondamental sur lequel tout le paganisme était édifié : la divinité de la Nature [2].

Le Dieu de Zénon, de Cléanthe et de Chrysippe n'est donc plus, comme celui de la métaphysique péripatéticienne, la forme pure, la fin immobile qui (du moins en apparence) ne donne le mouvement à la nature qu'en l'attirant à soi, sans s'y mêler en rien. Ce n'est plus la Pensée simple, acte uniforme, immuable dans l'éternelle paix. C'est une âme, et

---

[1] Plutarch. *adv. Stoic.* 36. Voy. J. Lips. *Physiol. stoic.* I, 5, 6, 8.
[2] Senec. *de Benef.* IV, 7 : Quid enim aliud est natura quam Deus et divina ratio, toti mundo et partibus ejus inserta. Id. *Quæst. nat.* II, 45 : Vis Deum naturam vocare? Non peccabis Est enim ex quo nata sunt omnia. Lactant. *Div. inst.* VII, 3 : Tanquam natura sit Deus mundo permistus. Id. ibid. II, 9. Diog. Laert. VII, 148.

une âme corporelle, mêlée au vaste corps qu'elle anime [1], et se mouvant en lui. C'est un feu, un esprit de feu tendu dans l'univers, qui le pénètre et l'embrasse tout ensemble [2], qui le tient, l'occupe à la fois par le dedans et par le dehors [3], qui en enchaîne et en unit toutes les parties par un lien vivant et indissoluble.

En conséquence tout est assujetti à la nécessité. En effet, rien n'arrive sans cause. Dire que quelque chose se fait sans cause, c'est, selon les Stoïciens, dire que quelque chose vient de rien [4]. Or, suivant eux aussi, toute cause motrice est déjà elle-même en mouvement, et c'est par son mouvement seul qu'elle est cause. Dès lors point de cause qui ne soit l'effet d'une cause antérieure ; point de cause qui puisse, comme dans la philosophie d'Aristote, imprimer le mouvement sans le recevoir elle-même. Tout ce qui arrive dans le monde forme une chaîne indissoluble de causes et d'effets, dépendants les uns des autres dans l'ordre même des temps [5]. Plus d'événements desquels on ne puisse

---

[1] Stob. *Ecl.* t. I, p. 339 : Οἱ Στωϊκοὶ τὸ πρῶτον αἴτιον ὡρίσαντο κινητόν. Simplic. *in Categ.* ό f. 3 b : Τὴν ἀρχὴν τῆς κινήσεως οὐ τηροῦσιν ἀκίνητον, ὡς Ἀριστοτέλει δοκεῖ.

[2] Origen. *Contra Cels.* VI, 71 : Φασκόντων (sc. τῶν Στ.) ὅτι ὁ Θεὸς πνεῦμά ἐστι διὰ πάντων διεληλυθὸς, καὶ πάντ' ἐν ἑαυτῷ περιέχον.

[3] Voy. plus haut, p. 152, note 4.

[4] Plutarch. *de Stoïc. rep.* 23 ; Alex. Aphrod. *de Fato* (Lond. 1658, in-8°), p. 104.

[5] Alex. Aphrod. ibid. p. 103 : Τὸν κόσμον τόνδε ἕνα ὄντα... ἔχειν τὴν τῶν

pas dire à l'avance avec vérité, comme Aristote et Épicure l'avaient cru, ni s'ils seront, ni s'ils ne seront pas. Tout ce que l'on peut dire de l'avenir est déjà vrai ou faux, et l'a toujours été, parce que tout est déterminé, de toute éternité, par une série infinie de causes antécédentes [1]. Tout est fatal; la contingence se réduit à ce qu'il est des choses dont les causes nous sont inconnues. Il n'y a de hasard et il n'y a de liberté que pour notre ignorance [2]. — Ce n'est pas que les Stoïciens refusent à l'homme la volonté, qui le fait maître de lui-même. Mais elle se réduit, suivant eux, à la spontanéité, en vertu de laquelle on se détermine soi-même, il est vrai, mais toujours par des causes antécédentes, desquelles la détermination résulte, toute

ὄντων διοίκησιν ἀΐδιον κατὰ εἱρμόν τινα καὶ τάξιν προϊοῦσαν, τῶν πρώτων τοῖς μετὰ ταῦτα γινομένοις αἰτίων γινομένων, καὶ τούτῳ τῷ τρόπῳ συνδεδεμένων ἁπάντων ἀλλήλοις. Diog. Laert. VII, 149 : Ἔστι δὲ εἱμαρμένη αἰτία τῶν ὄντων εἰρμένη. Plutarch. *de Plac. phil.* I, 27 : Οἱ Στωϊκοὶ τὴν εἱμαρμένην συμπλοκὴν αἰτίων τεταγμένην. Chrysipp. ap. Gell. *Noct. att.* VI, 11; Stob. *Ecl.* t. I, p. 176-180; Senec. *de Provid.* 5 : Caussa pendet ex caussa; privata ac publica longus ordo rerum trahit. Id. *Quæst. nat.* II, 45. Manil. *Astronom.* l. II, v. 113. (Sur le stoïcisme de Manilius, voy. J.-Lipse, *Physiol. stoic.*, passim).

[1] Cic. *de Fato*, c. 6 sqq. Id. *de Divin.* I, 55 : Ex omni æternitate fluens veritas sempiterna. ...Veritatem earum rerum quæ futuræ sunt. *De Nat. Deor.* I, 20: Fatalis necessitas..., ut quicquid accidat, id ex æterna veritate causarumque continuatione fluxisse dicatis. Ibid. II, 21 : Ordo, veritas, ratio, constantia.

[2] Alex. Aphrod. *de Fato*, p. 34 sqq. Plutarch. *de Plac. phil.* I, 29; *de Stoic. rep.* 23; Cic. *de Fato*, 10; Jul. Firmic. *Astronom.* init.

volontaire qu'elle est, d'une manière inévitable et fatale [1].

Ainsi, tandis qu'Épicure a placé à la base de sa physique et de sa morale le hasard et le libre arbitre, le Stoïcisme n'admet que la fatalité. Épicure ne veut rien reconnaître hors des phénomènes sous lesquels la sensation est passive; et pour en rompre l'enchaînement nécessaire, il imagine un autre phénomène, un mouvement spontané, sans cause et sans raison. Zénon, au contraire, assigne à tout phénomène une raison, une cause qui le détermine. Mais en assujettissant la cause au mouvement, aux conditions de la matière et du corps, il l'abaisse aussi au rang des phénomènes, il la soumet à la loi qui les régit, et par conséquent à la nécessité. En d'autres termes, la philosophie épicurienne supprime le principe intelligible que la métaphysique d'Aristote plaçait au-dessus du mouvement et du temps, et il ne lui reste, pour suppléer à ce principe, que le Hasard. Cette cause suprême, le Stoïcisme la fait redescendre de la métaphysique à la physique, et elle y devient le Destin; le destin, assujettissant tout et assujetti lui-même à la nécessité. Dans l'Aristotélisme, tout dépend d'un premier principe, pensée et volonté pure, qui

---

[1] Alex. Aphrod. *de Fato*, p. 68 sqq. Plutarch. *de Stoic. rep.* 47; Chrysipp. ap Gell. *Noct. att.* VI, 2.

ne dépend de rien; dans l'Épicurisme, rien ne dépend de rien, du moins à l'origine; dans le Stoïcisme, tout dépend de tout.

Néanmoins le destin des Stoïciens n'est pas une force brute et aveugle. S'il est la cause de tout, c'est qu'il est la raison séminale qui contient toutes les raisons particulières; il est l'idée où tout est à l'avance prévu et prédéterminé; il est l'universelle Providence [1]. Tandis que le Dieu de la métaphysique péripatéticienne présente l'apparence d'une pensée solitaire, renfermée éternellement dans la contemplation d'elle-même, le Dieu des Stoïciens est tout entier appliqué au gouvernement, et, selon leur expression ordinaire, à l'administration [2] du monde. En effet, déjà Aristote comparait le monde à une maison où chaque chose a sa destination et son usage [3]. Mais, selon lui, ce n'était pas à Dieu même qu'il appartenait de pourvoir en détail à l'administration économique. C'était la nature, qui se réglant sur la pensée divine, distribuait et ordonnait toute chose selon le temps, le lieu et la mesure [4]. Suivant les Stoïciens, Dieu et la nature ne font

---

[1] Plutarch. *adv. Stoic.* 36; Diog. Laert. VII, 147; Cic. *de Nat. Deor.* II, 65.

[2] Διοίκησις. Alex. Aphrod. *de Fato*, p 103-4; en latin *administratio*. Cic. *de Nat. Deor.* II, 31, 32, 33 Diog. Laert. VII, 134 : Τὸν δὴ κόσμον οἰκεῖσθαι κατὰ νοῦν καὶ πρόνοιαν.

[3] *Metaphys.* XII, 10.

[4] Voy. I<sup>er</sup> vol., part. III, l. III, c. 3.

qu'un : donc c'est de Dieu lui-même que ressort l'économie¹ du monde.

Mais cela ne veut pas dire que la divinité gouverne le monde ainsi qu'une sagesse humaine pourrait le faire, par des idées abstraites, par un discours de la raison, et comme un objet qui lui serait extérieur. A cette conception vulgaire, qui soumettait l'intelligence divine aux conditions du raisonnement humain, Aristote avait substitué l'idée d'un art plus profond de la nature, art concret, intérieur à ses œuvres, et qui n'est que la tendance dont elles sont la forme et l'expression immédiates.

---

¹ Οἰκονομία. Plutarch. *de Stoic. rep.* 34. Alex. Aphrod. *de Fato*, p. 104. Maxim. Tyr. serm. XIX (Lugd. Batav. 1607, in-8°, p. 174) : Τὸν δὲ Ποσειδῶ, πνεῦμα διὰ γῆς καὶ θαλάττης ἰὸν, οἰκονομοῦν αὐτῶν τὴν στάσιν καὶ τὴν ἁρμονίαν. Passage où il parle selon la *théologie physique* des Stoïciens; voy. ci-dessous, p. 159. Le poëte stoïcien Manilius appelle le monde :

> Publica naturæ domus.
> *Astron.* l. I, v. 278.

— Le mot latin qui rend le plus généralement οἰκονομεῖν est *dispensare* (Cicer. *Pro Rabir. Post.* 10. Voy. plus bas) : Manilius l'emploie dans les passages suivants comme les Stoïciens grecs devaient faire οἰκονομεῖν. L. I, v. 252 :

> Mutuaque in cunctas dispensat (Deus) fœdera partes.

L. II, v. 80 :

> . . . . . . . . . . . . . Sic omnia toto
> Dispensata manent mundo.

L. IV, v. 890 :

> . . . . . . . . . . Animo, qui cuncta gubernat,
> Dispensatque hominem.

C'est cet art qui est pour les Stoïciens l'art divin. Les raisons séminales, par lesquelles Dieu prédétermine et fait tout, sont donc autant d'états par lesquels il passe, autant de formes qu'il revêt. C'est Dieu même qui pénètre et circule partout [1], comme le miel court dans les rayons [2]; c'est Dieu qui, sans forme par lui-même, se transforme en toutes choses, se rend semblable à tout et se fait tout en tout [3].

De là la diversité des noms sous lesquels la mythologie désigne Dieu, selon les différentes régions qu'il habite, et les différentes puissances qu'il déploie : comme cause de la vie, il s'appelle Zeus (de ζωή); comme présent dans l'éther, qui est son lieu propre, Athéné; dans le feu, Héphestos; dans l'air, Héra; dans l'eau, Posidon; dans la terre, Déméter ou Cybèle [4]. Telle est la théologie *physique*, c'est-à-dire la vraie théologie, que le Stoïcisme substitue à celle des poëtes et à celle des législateurs, à la

---

[1] Plutarch. *de Plac. phil.* I, 7 : Πνεῦμα μὲν διῆκον δι' ὅλου τοῦ κόσμου. J. Firmic. *Astronom.* I, 3 : Diffusus per cunctos animantes.

[2] Tertull. *de An.* 44 : Stoici enim volunt Deum sic per materiam decucurrisse, quomodo mel per favos.

[3] Posidon. ap. Stob. *Ecl.* t. I, p. 58 : Θεός ἐστι πνεῦμα νοερὸν καὶ πυρῶδες, οὐκ ἔχον μορφήν, μεταβάλλον δὲ εἰς ἃ βούλεται καὶ συνεξομοιούμενον πᾶσι.

[4] Plutarch. *de Plac. phil.* I, 7 ; Diog. Laert. VII, 147 ; Cic. *de Nat. Deor.* II, 24 sqq. Zénon avait emprunté cette idée à Xénocrate. Stob. *Ecl.* t. I, p. 62. Mais celui-ci l'entendait probablement de l'âme du monde, dont il ne faisait que le second Dieu. Ibid.

théologie *mythique* et à la théologie *civile* [1].

Dans l'administration, dans l'*économie* de l'univers, ce n'est donc plus, comme chez Aristote, ce n'est plus la nature qui s'accommode et se proportionne, selon le degré de ses puissances, à la pensée immuable de Dieu : c'est Dieu lui-même qui, se distribuant, se dispensant à tout, dans l'ordre et la mesure prescrits par la raison, se proportionne et s'accommode à toutes les conditions [2]. De la hauteur de sa divinité, il descend au plus humble des états; puis de cet abaissement il se relève, et relève avec lui jusqu'à sa condition première les existences inférieures.

Pour Aristote, la nature est une échelle formée d'espèces éternelles (quels que soient d'ailleurs, dans les régions terrestres, la succession et les développements progressifs des individus); échelle éternellement suspendue à ce point fixe et immuable de la pensée divine : pour les Stoïciens, comme pour Héraclite, c'est un mouvement alternatif en

---

[1] Scævola et Varro ap. August. *de Civ. Dei*, IV, 3; VI, 5, 6; VII, 5. Sur la théologie physique des Stoïciens, voy. le traité de Cornutus ou Phurnutus : Περὶ τῆς τῶν θεῶν φύσεως ainsi que le savant commentaire de Villoison, dont le manuscrit se trouve à la Bibliothèque du Roi, et qui a été publié récemment en Allemagne (L. Annæus Cornutus, *de Natura Deorum*, ex schedis J. B. C. d'Ansse de Villoison recensuit commentariisque instruxit Frid. Osannus, Gottingæ, 1844, in-8°).

[2] Themist. *in libr. de An.* f° 72 b : Διὰ πάσης οὐσίας περιπεφοιτηκέναι τὸν θεόν... καὶ ποῦ μὲν εἶναι νοῦν, ποῦ δὲ ψυχὴν, ποῦ δὲ φύσιν, ποῦ δὲ ἕξιν.

sens contraires, dont Dieu même est à la fois la cause et le sujet.

Enfin, dans le système d'Aristote, le monde se renouvelle et se conserve par une suite de générations. La génération n'est pas un simple changement de manière d'être : c'est la naissance d'un être, d'une substance nouvelle [1] que fait sortir de la puissance de la matière l'action d'une substance antérieure. A la vérité un seul être existe par lui-même, et tous les êtres qui naissent et qui meurent ne sont, en dernière analyse, que par la participation plus ou moins parfaite des puissances qu'enveloppe la matière à un seul et même être éternel. Mais ils n'en sont pas moins, dans la matière qui les sépare de lui, autant d'êtres et de substances à part. Pour les Stoïciens, la matière ne fait qu'un avec la cause première. Au lieu d'une multitude de substances diverses formées tour à tour dans la nature, par l'action créatrice d'une substance supérieure qui est Dieu, il n'y a donc qu'une substance, Dieu et nature tout ensemble. Dès lors, comme Aristote l'avait déjà dit de toutes les doctrines qui faisaient tout naître d'un seul principe, la génération et la destruction ne sont que des changements de manière d'être [2], des modifica-

---

[1] Aristot. *de Gen. et corr.* I, 4.
[2] Id. ibid. 1 : Ὅσοι μὲν γὰρ ἕν τι τὸ πᾶν λέγουσιν εἶναι καὶ πάντα ἐξ ἑνὸς

tions, dont la substance unique est le sujet [1]. Au lieu d'une multitude d'êtres divers, remplissant de leurs existences passagères tous les degrés par lesquels la simple puissance est séparée de l'être transcendant qui l'appelle à la réalité, un seul être, prenant l'une après l'autre toutes les formes, et passant tour à tour de la condition la plus élevée à la plus humble, de la plus humble à la plus élevée.

Dieu est en sa substance le feu éthéré. Le double mouvement auquel il est soumis, c'est, comme Héraclite l'avait dit, de s'éteindre et de se rallumer tour à tour [2]. Maintenant quel en est l'effet, quelle en est la manifestation extérieure? Une alternative de condensation et de dilatation [3]. Héraclite aussi l'avait dit [4]. Ainsi une systole et une diastole successives, des extrémités du monde à son centre et du centre aux extrémités, tels sont les phénomènes primitifs desquels résultent tous les autres. Or, l'extrémité du monde en est le haut; le centre, où tendent les graves, en est le bas. C'est pour-

γεννῶσι, ταύτας μὲν ἀνάγκη τὴν γένεσιν ἀλλοίωσιν φάναι, καὶ τὸ κυρίως γιγνόμενον ἀλλοιοῦσθαι.

[1] Chalcid. *in Tim.* p. 390 : Partes quippe ejus (sc. essentiæ) verti, sed non interire ita ut de existentibus consumantur in nihilum.

[2] Clem. Alex. *Strom.* VI, p. 624; Diog. Laert. IX, 9; Plutarch. *de Plac. phil.* I, 3; Cornutus, *de Nat. Deor.* c. 17.

[3] Plutarch. *adv. Stoic.* 35.

[4] Clem. Alex. *Strom.* V, p. 599; Diog. Laert. IX, 9.

## LIVRE I, CHAPITRE II.

quoi, sans doute, Héraclite avait appelé, et les Stoïciens appellent après lui les mouvements alternatifs par lesquels le feu primitif s'éteint et se rallume, la voie de descente et la voie d'ascension [1]. Mais d'où vient que le chaud dilate, que le froid resserre? que le premier produit l'expansion et le second la concentration? C'est que, selon les Stoïciens, c'est de la tension que résulte l'extension [2], et du relâchement la contraction [3]. La tension et le relâchement, tels sont les deux états primitifs desquels résulte toute la nature. C'est ce qu'avait encore entrevu Héraclite, quand il disait : l'harmonie du monde veut une tension et un relâchement alternatifs, comme en une lyre ou un arc [4].

L'éther, par sa tension, produit donc et remplit d'abord la plus grande étendue possible; non pas pourtant une étendue infinie : le Stoïcisme emprunte encore à Aristote ce principe, que rien de

---

[1] Ὁδὸς ἄνω κάτω. Diog. Laert. IX, 8, 10; Stob. *Ecl.* t. I, p. 500.

[2] Simplic. *in Categ.* v' f. 3 b : Τὸ σχῆμα οἱ Στωϊκοὶ τὴν τάσιν παρέχεσθαι λέγουσιν, ὥσπερ καὶ τὴν μεταξὺ τῶν σημείων διάστασιν. Ils définissaient la ligne droite, la ligne aussi tendue qu'il est possible : Διὸ καὶ εὐθεῖαν ὁρίζονται γραμμὴν τὴν εἰς ἄκρον τεταμένην. Ibid.

[3] Sext. Empir. *adv. Math.* IX, 82 : Τὴν κατὰ ἄνεσιν καὶ τὴν κατὰ συμπεσμὸν διάθεσιν. Anonym. ad calc. Censor. *de Die nat.* 1 : Initia rerum Stoici credunt tenorem atque materiam ; tenorem qui rarescente materia a medio tendat ad summum, eadem concrescente rursus a summo referatur ad medium.

[4] Ap. Plutarch. *de Is. et Osir.* 45 : Παλίντονος γὰρ ἁρμονίη κόσμου, ὥσπερ λύρης καὶ τόξου. Cf. *de Tranq. an.* 15.

réel, rien d'actuel ne peut être infini. Ainsi l'éther forme naturellement un corps d'une grandeur déterminée [1]; ce corps est une sphère : la forme sphérique est le résultat nécessaire de l'égalité de la tension dans toutes les directions possibles. Maintenant l'éther vient à se relâcher de sa tension naturelle : se condensant, se resserrant dans un moindre espace, il se transforme dans sa partie centrale en air, puis en eau [2]. C'est la mer primitive, qu'Héraclite appelait la semence du monde [3]. En effet, le principe créateur de l'univers y gît enveloppé, comme le germe des êtres animés dans le fluide qui l'environne [4]. Là repose en espérance le monde futur [5], qui peu à peu s'en développe. De l'eau primitive se séparent par l'évaporation, d'un côté, se déposant lentement au centre, la terre, dernier produit du relâchement et de la condensation; de l'autre, l'air, et enfin l'éther [6], qui, revenu à sa ten-

---

[1] Diog. Laert. VII, 150; Stob. *Ecl.* t. I, pp. 322, 324; Chalcid. *in Tim.* p. 395.

[2] Chrysipp. ap. Plutarch. *de Stoic. rep.* 41 : Δι' ἀέρος εἰς ὕδωρ τρέπεται. Diog. Laert. VII, 136, 142; Stob. *Ecl.* t. I, p. 372. Lucret. l. I, v. 781 sqq. — Cf. Plat. *Tim.* p. 49.

[3] Clem. Alex. *Strom.* V, p. 599.

[4] Diog. Laert. VII, 136 : Καὶ ὥσπερ ἐν τῇ γονῇ τὸ σπέρμα περιέχεται, οὕτω καὶ τοῦτον σπερματικὸν λόγον ὄντα τοῦ κόσμου τοιόνδε ὑπολιπέσθαι ἐν τῷ ὑγρῷ κτλ.

[5] Senec. *Quæst. nat.* III, 13 : Hunc (sc. ignem) considera, et nihil relinqui aliud in rerum natura, igne restincto, quam humorem : in hoc futuri mundi spem latere.

[6] Chrysipp. ap. Plutarch. *de Stoic. rep.* 41.

sion première, forme tout autour du reste du monde les astres, Dieux du second ordre [1], dont les mouvements détermineront invinciblement les destinées des êtres inférieurs [2]. Ainsi se disposent en un noyau central et trois couches concentriques les quatre éléments : la terre, l'eau, l'air et le feu ou l'éther [3]. De ces quatre éléments, les deux premiers ont pour qualités le chaud et le froid, les deux derniers, l'humidité et la sécheresse. Les deux premiers, comme l'avait déjà dit Aristote, sont passifs, les deux autres actifs [4] : ceux-là sont éminemment la matière, base de l'existence; ceux-ci la forme, la cause, qui fait la qualité [5].

Cependant le mouvement commencé continue : l'eau se convertit de plus en plus en vapeurs, dont les astres se nourrissent et s'accroissent [6]. Toujours plus grands et plus ardents, après s'être assimilé

---

[1] Chrysipp. *ibid.* 38. Augustin. *de Civ. Dei*, III, 11.

[2] Senec. *Ep.* 97 ; *de Provid.* 1 ; *ad Marc.* 18 ; *Quæst. nat.* II, 32. Voy. J. Lips. *Physiol. stoic.* II, 14.

[3] Chrysipp. ap. Stob. *Ecl.* t. I, p. 446.

[4] Diog. Laert. VII, 136 ; Nemes. *de Nat. hom.* 5 : Δραστικὰ μὲν ἀέρα καὶ πῦρ, παθητικὰ δὲ γῆν καὶ ὕδωρ. Cf. Senec. *Quæst. nat.* III, 14.

[5] Simplic. *in Categ.* v' f. 5 b. Nemes. *de Nat. hom.* 2. Voy. plus haut, p. 139.

[6] Cic. *de Nat. Deor.* II, 46 ; Plin. *Hist. nat.* II, 9, 68. C'était une opinion commune dans l'antiquité (Voy. J. Lips. *Physiol. Stoic.* II, 14 ; Jac. Thomasius, *de Exustione mundi stoica*, Diss. 5, 11 ; Bayle, *Pensées diverses*, II, 128), etc., mais que ne partageait pas Aristote, qui croyait le ciel immuable. Plutarch. *de Plac. phil.* II, 5.

l'eau et l'air, avec les âmes séparées de leurs corps, ou les héros et les démons qui habitent l'air [1], ils consument et dévorent jusqu'à la terre. Enfin, la partie la plus pure du feu [2] absorbe les astres eux-mêmes. C'est le dernier terme de la conflagration [3] universelle par laquelle finit le monde. Le monde commence par l'eau et finit par le feu [4]. Tout redevient éther; toute différence, toute pluralité revient se perdre dans l'unité de Dieu [5]. — Puis de nouveau il recommence à se transformer en un monde. Ainsi renaît de lui-même, après s'être consumé par le feu, l'oiseau fabuleux de la Chaldée et de l'Égypte, le Phénix, symbole expressif de la conflagration périodique [6]. A la conflagration succède donc à son tour la restauration [7] ou régénération [8] universelle. Tout recommence dans le même ordre,

---

[1] Voy. J. Lips. *Physiol. stoic.* I, 18, 19; III, 14.

[2] Le soleil, suivant Cléanthe. Plutarch. *adv. Stoic.* 31.

[3] Ἐκπύρωσις. Diog. Laert. VII, 134; Cic. *de Nat. Deor.* II, 46; Aristocl. ap. Euseb. *Præp. ev.* XV, 11, 16. Voy. Lips. *Physiol. stoic.* II, 22, 23, et J. Thomas. *de Exust. mund. stoic.* Diss. II, p. 160 sqq.

[4] Senec. *Quæst. nat.* III, 13 : Ita ignis exitus mundi est, humor primordium.

[5] Plutarch. *de Stoic. rep.* 39 ; *adv. Stoic.* 13, 36 ; Cleanth. ap. Stob. *Ecl.* t. I, p. 372.

[6] Voy. parmi les dissertations de J. Thomasius sur la physique stoïcienne, celle qui est intitulée *Phœnix*, et qui est pleine de savantes et curieuses recherches.

[7] Ἀποκατάστασις. Nemes. *de Nat. hom.* 38; Numen. ap. Euseb. *Præp. ev.* XV, 16. Voy. Burnet, *Tell. theor. sacr.* IV, 5.

[8] Παλιγγενεσία, ἀναγέννησις. Voy. Gatak. *ad M. Antonin.* XI, 1.

de la même manière, à des intervalles égaux. Mêmes événements, si peu importants qu'ils puissent être, dans des temps et des circonstances exactement semblables: mêmes événements, y compris les pensées et volontés des hommes. Et les mêmes périodes vont se répétant ainsi à l'infini dans toute l'éternité [1]. C'est la théorie de la *grande année*, déjà professée par Platon, par Héraclite, par les Égyptiens, par les Chaldéens [2], par presque toute l'antiquité [3], et que porte au dernier degré de rigueur le fatalisme stoïcien.

L'Aristotélisme établisssait, au-dessous d'un Dieu immuable, un monde d'une durée éternelle et ininterrompue, toujours le même dans ses formes générales, avec des variations qu'y introduisent et la rencontre fortuite des mouvements et la liberté humaine. A la place de ce dogme, le Stoïcisme rétablit celui d'une éternelle intermittence [4] de périodes éternellement semblables, invariables dans toutes leurs parties, soumises à une loi inflexible, qui est Dieu même. C'est Dieu qui tour à tour prend un corps ou redevient tout âme et tout esprit [5].

---

[1] Cic. *de Nat. Deor.* II; Nemes. *de Nat. hom.* 38; Stob. *Ecl.* t. I, p. 264; Numen. ap. Euseb. *Præp. ev.* l. XV, p. 820. Voy. Lips. *Physiol. stoic.* II, 22.

[2] Senec. *Quæst. nat.* III, 29.

[3] Voy. Jac. Thomas, *de Exust. mundi stoica*, Diss. 5, 11.

[4] Senec. *Epist.* 36 : Mors.... intermittit vitam, non eripit.

[5] Plutarch. *de Stoic. rep.* 39, 41.

Maintenant, le monde n'est pas composé de quatre régions d'éléments contigus mais séparés. Non-seulement tous les éléments se convertissent les uns dans les autres, mais en chacun d'eux il subsiste encore une certaine quantité des trois autres : il y a de tout dans tout [1]; surtout le plus subtil, le plus actif des éléments pénètre à travers les éléments inférieurs et s'y mêle, en sorte qu'il n'y a point d'eau et de terre tout à fait dépourvues d'air et de feu. De ce mélange naissent tous les êtres particuliers, d'autant plus parfaits que le principe éthéré, se dégageant de la matière grossière, y est plus libre et plus maître. De là une série ascendante d'espèces qui commence aux êtres inanimés, et qui finit à l'homme. C'est l'échelle qu'Aristote avait si savamment construite. Seulement le rôle qu'il a attribué à l'*acte*, auquel tend et se termine le mouvement, c'est ici la *tension* qui le remplit; la tension, ou l'éther, l'air ardent qui en est le sujet. Selon les Stoïciens, la terre et l'eau sont sans force et sans forme par elles-mêmes. Les deux éléments actifs, l'air et le feu, par leur tension naturelle, se donnent d'abord à eux-mêmes des étendues déterminées, et, mêlés aux deux autres éléments, ils leur communiquent, avec la tension, la stabilité et l'unité [2].

---

[1] Senec. *Quæst. nat.* III, 10 : Omnia in omnibus sunt; non tantum aer in ignem transit, sed nunquam sine igne est. Lucret. l. I, v. 782, sqq.

[2] Plutarch. *adv. Stoic.* 49 : Γῆν μὲν γὰρ ἴσασι καὶ ὕδωρ οὔτε αὑτὰ συν-

Ainsi naissent les corps naturels, ceux qui, à la différence des agrégats formés par l'art ou le hasard, sont naturellement et essentiellement uns [1].

Comme l'acte dans l'Aristotélisme, de même dans le Stoïcisme la tension de l'éther se manifeste ici-bas sous trois formes principales : la première dans les êtres non organisés, la seconde dans les plantes, la troisième dans les animaux. Comme, suivant Aristote, il fallait dans la pierre même, pour en retenir ensemble les parties, quelque chose d'analogue à une âme [2], ainsi, suivant les Stoïciens, il y a dans la pierre, dans l'être inorganique en général, une qualité, une force qui en fait adhérer ensemble tous les éléments, qui les contient, et qui en est ainsi la constante *habitude* (ἕξις); une force, une qualité, c'est-à-dire un esprit igné, tendu dans toute la masse, qui la pénètre et l'embrasse à la fois, et par là y établit et y maintient l'unité [3].

---

ἔχειν οὔτε ἕτερα, πνευματικῆς δὲ μετοχῇ καὶ πυρώδους δυνάμεως τὴν ἑνότητα διαφυλάττειν· ἀέρα δὲ καὶ πῦρ αὐτῶν τ' εἶναι δι' εὐτονίαν ἐκτατικά, καὶ ταῖς δυσὶν ἐκείναις ἐγκεκραμένα, τόνον παρέχειν καὶ τὸ μόνιμον καὶ οὐσιῶδες. Senec. *Quæst. nat.* II, 8.

[1] Ἡνωμένα. Sext. Empir. *adv. Math.* VII, 103; IX, 81. Simplic. *in Categ.* x' f. 7 b.

[2] Aristot. *Metaphys.* XIII, p. 262, l. 9, Br.

[3] Plutarch. *de Stoic. rep.* 43 : Οὐδὲν ἄλλο τὰς ἕξεις πλὴν ἀέρας εἶναί φησι (sc. ὁ Χρύσιππος).—Τὰς δὲ ποιότητας πνεύματα οὔσας καὶ τόνους ἀερώδεις. Sext. Empir. *adv. Math.* IX, 81 : Τῶν ἡνωμένων σωμάτων τὰ μὲν ὑπὸ ψιλῆς ἕξεως συνέχεται, ... ὡς λίθοι καὶ ξύλα. Cf. VII, 103. M. Antonin. VI,

Dans le végétal, la tension est devenue un mouvement spontané par lequel il se nourrit, s'accroît et se propage. C'est toujours, comme dans la pierre, la tension d'un *esprit*, une tension plus énergique et plus puissante encore; de là la force avec laquelle un brin d'herbe perce le rocher le plus dur[1]. La tension est ce qui lie et retient ensemble les parties hétérogènes dont le vivant est composé; et c'en est le relâchement qui, les laissant retourner aux éléments d'où elles proviennent, fait succéder la mort à la vie. Mais de plus c'est dans le végétal que se révèle pour la première fois, par cette force tendue à travers la matière, la *raison séminale*, semence et raison en même temps, d'où naissent avec ordre les éléments divers et successifs de la vie. C'est pourquoi, tandis qu'Aristote avait compris sous le nom de nature le principe d'unité des êtres inorganiques avec celui des plantes, les Stoïciens nomment seulement le premier *habitude*, ἕξις, ce qui possède et contient (terme aussi emprunté, d'ailleurs, à la philosophie péripatéticienne), et c'est à la force qui anime les plantes qu'ils réservent pro-

---

14; voy. Gatak. ad h. l. Achill. Tat. *Isag. in Arat.* 14 : Ἔστι δὲ ἕξις πνεῦμα σώματος συνεκτικόν. Aristote avait dit (*de An.* I, 3) : Δοκεῖ... ἡ ψυχὴ συνέχειν τὸ σῶμα.

[1] Senec. *Quæst. nat.* II, 6 : Hoc quid est aliud quam intensio spiritus, sine qua nil validum et contra quam nil validius est.

prement le nom de *nature*, φύσις, qui implique et exprime l'idée de la génération et de la naissance.

Chez l'animal, la force, l'esprit éthéré, la nature devient une *âme*. Dans l'âme se distinguent et se séparent les deux éléments qu'enveloppait, chez la plante, l'unité de la *nature*. Ce sont les deux grandes puissances auxquelles Aristote, le premier, avait su réduire toutes les autres, l'une tendant à la connaissance, l'autre à la pratique. Dans l'animal, c'est la sensation et l'appétit [1]. Or, non-seulement la seconde de ces deux facultés [2], mais la première elle-même consiste essentiellement dans la tension et l'effort.

L'esprit qui vivifie l'animal réside dans le cœur, suivant les Stoïciens [3], comme suivant Aristote. C'est en le tendant du cœur dans les membres que l'animal les meut : de même les sens ne sont autre chose que des esprits tendus du cœur à l'extrémité des organes [4]. Tendus pendant la veille, le som-

---

[1] Diog. Laert. VII, 86; Galen. *de Hippocr. et Plat. plac.* II, p. 91.

[2] Le rapport entre le τόνος et l'ὁρμή ou ὄρεξις (sur la différence de ces deux dernières expressions, voy. Salmas. *ad Epict.* p. 25, 43), est indiqué dans cette définition de Simplicius *in Epictet. Man.* 1 : Ἡ ὄρεξις... ἔκτασις οὖσα τῆς ψυχῆς ἐπὶ τὸ ὀρεκτόν.

[3] Chrysipp. ap. Galen. *de Hippocr. et Plat. plac.* III, 5. Diog. Laert. VII, 159. Plutarch. *de Plac. phil.* IV, 5.

[4] Id. ibid. 21, 8 : Αἰσθητήρια λέγεται πνεύματα νοερὰ ἀπὸ τοῦ ἡγεμονικοῦ ἐπὶ τὰ ὄργανα τεταμένα. Nemes. *de Nat. hom.* 6. Chalcid. *in Tim.* p. 330 : Stoici vero videndi causam in nativi spiritus intentione consti-

meil les relâche¹ : c'est un affaissement de l'âme qui se contracte et se ramasse en elle-même². La mort est le relâchement complet de l'esprit sensitif que l'âme tendait dans le corps³.

Or, on l'a déjà vu, selon Aristote la sensation, relativement passive, ne s'accomplissait pourtant que par l'action. Car ce n'était, dans le fond, que la pensée, engagée, incarnée dans la matière. Straton avait ajouté que le sens n'était autre chose que l'intelligence même, regardant à travers des organes, et c'est pourquoi il n'y avait pas selon lui de sensation sans quelque degré d'attention. Selon les Stoïciens, enfin, marchant plus avant encore dans la même voie, point de sensation véritable, parfaite, sans le consentement, qui émane de la volonté : bien plus, c'est ce consentement seul qui est la perception; le reste n'est qu'impression éprouvée par le corps : toute sensation est un assentiment⁴.

Ainsi, si les mouvements de la vie végétale sont

---

tuunt. Cf. Chrysipp. ap. Galen. loc. laud. Jambl. ap. Stob. *Ecl.* t. I, p. 876; Diog. Laert. VII, 52; Chalcid. *in Tim.* p. 308.

¹ Plutarch. *de Plac. phil.* V. 23 : Τὸν μὲν ὕπνον γενέσθαι ἀνέσει τοῦ αἰσθητικοῦ πνεύματος. Diog. Laert. VII, 158 : Ἐκλυομένου τοῦ αἰσθητικοῦ τόνου περὶ τὸ ἡγεμονικόν. Tertull. *de An.* 42.

² Cic. *de Divin.* II, 58 : Contrahi autem animum Zeno et quasi labi putat atque concidere, et ipsum esse dormire.

³ Plutarch. *de Plac. phil.* V, 23.

⁴ Cicer. *Acad.* II, 33 : Sensus ipsos assensus esse. Voy. plus haut, p. 127, n. 4.

comme des images imparfaites de la sensation et de l'appétit, à leur tour la sensation et l'appétit remontent à un principe supérieur, corporel encore, mais qui pense et qui veut. C'est, encore une fois, la pensée de l'Aristotélisme descendue pour ainsi dire d'un degré, de la métaphysique à la physique. — Dès lors, l'intelligence et la volonté proprement dites étant étrangères à l'animal, il n'y a pas pour lui de véritables représentations [1] : l'homme seul en est capable, parce que chez l'homme seul se manifeste enfin par elle-même la force d'où procèdent et la connaissance et l'action. Dans l'animal, elle ne se révèle que par des puissances qui émanent d'elle. Chez l'homme seul apparaît, dans la vérité de sa nature, le principe qui règne à la fois sur la faculté sensitive et sur la faculté motrice [2]. C'est le principe dirigeant (ἡγεμονικὸν); c'est ce qui pense et qui veut, dont chacun de nous dit *je*, *moi*[3], et que l'on connaît par la conscience [4].

De même donc que suivant l'Aristotélisme, l'intelligence, avec la volonté, est la cause première dans l'ordre de l'être, quoique apparaissant la dernière dans la nature, et l'unique principe duquel

---

[1] Plutarch. *de Plac. phil.* III, 11.
[2] Galen. *de Hippocr. et Plat. plac.* II, p. 91 : Ἔστι δὲ τὸ ἡγεμονικὸν, ὡς αὐτοὶ βούλονταί, τι κατάρχον αἰσθήσεώς τε καὶ ὁρμῆς.
[3] Id. ibid. p. 89 : Καὶ τὸ ἐγὼ λέγομεν κατὰ τοῦτο.
[4] Συνείδησις. Diog. Laert. VII, 85. Cf. Senec. *Epist.* 121.

dépendent toutes les puissances inférieures; de même, dans le Stoïcisme, c'est la raison, essence de l'âme, qui est le principe caché ou apparent, médiat ou immédiat de tous les phénomènes de la vie. Mais tandis que, dans le système péripatéticien, l'intelligence incorporelle, immobile et simple, est la forme finale à laquelle tendent, chacune selon sa mesure, les puissances inférieures de l'âme, dans le Stoïcisme, au lieu de la pure intelligence, c'est la raison, la raison qui implique discours et mouvement [1]; c'est un principe dirigeant appliqué tout entier au gouvernement des facultés inférieures, comme la divinité l'est à celui du monde : et de même que la divinité est la semence et la source de toutes choses, le principe qui se meut et qui se transforme en tout, de même dans chaque homme le principe dirigeant est le germe dont tout se développe, la source dont tout découle [2], la force centrale qui rayonne et se distribue dans tout le corps. Il est, au milieu de l'homme, comme l'araignée est au milieu de la toile qu'elle a tirée d'elle-même, et qui lui transmet toutes les impressions du dehors [3]; il s'étend, il se prolonge

---

[1] Λόγος, λογισμός. Plutarch. *de Plac. phil.* IV, 21 ; Galen. *de Hippocr. et Plat. plac.* V, p. 160. Voy. plus bas, p. 195, n. 1.

[2] Sext. Empir. *adv. Math.* IX, 102. Ὡς ἀπό τινος πηγῆς.

[3] Chrysipp. ap. Chalcid. *in Tim.* p. 308. Les Stoïciens appelaient cette transmission des impressions, des extrémités au centre, διάδοσις. Voy.

dans les divers organes, comme le polype se ramifie dans ses bras¹. Ainsi qu'Aristote l'avait le premier démontré avec rigueur par la physiologie et l'embryogénie comparées, l'homme enveloppe et résume les différents degrés par lesquels la nature s'est élevée jusqu'à lui. Homme par la raison, une âme préside en lui à une vie animale, une *nature* à une vie végétale ; une simple *habitude* tient unis ses os et ses nerfs². Et, de même que pour Aristote les divers degrés de vie sont des degrés divers de participation au principe supérieur de l'intelligence pure, de même, selon les Stoïciens, ce sont les formes diverses sous lesquelles la raison se communique à tout le corps. Toutes les puissances particulières descendent d'une source unique ; et si tout ce qui intéresse une partie, quelle qu'elle soit, intéresse plus ou moins tout l'ensemble, c'est que tout n'est en effet qu'un seul et même principe, distribué, dispensé dans l'économie de l'organisme³, comme la Providence dans l'économie de l'univers.

---

Plot. *Enn.* IV, ix, 2. Cf. Salmas. *ad Epictet.* p. 282. Ptolem. *de Judic. fac.*, passim.

¹ Plutarch. *de Plac. phil.* IV, 4, 21.

² Diog. Laert. VII, 139.

³ Sext. Empir. *adv. Math.* IX, 102 : Καὶ πᾶσαι αἱ ἐπὶ τὰ μέρη τοῦ ὅλου ἐξαποστελλόμεναι δυνάμεις ὡς ἀπό τινος πηγῆς τοῦ ἡγεμονικοῦ ἀποστέλλονται. ὥστε πᾶσαν τὴν δύναμιν τὴν περὶ τὸ μέρος οὖσαν καὶ περὶ τὸ ὅλον εἶναι, διὰ τὸ ἀπὸ τοῦ ἐν αὐτῷ ἡγεμονικοῦ διαδίδοσθαι. Jambl. ap. Stob. *Ecl.* 1. I. p. 52 : Πνεύματα γὰρ ἀπὸ τοῦ ἡγεμονικοῦ φασὶν ὄντα διατείνειν ἄλλα εἰς ἄλλα. Tertullien (*de An.*), en parlant de la doctrine toute sem-

Enfin de même que, dans la philosophie d'Aristote, ce qui est vrai de la partie inférieure de la nature humaine, abrégé du reste du monde, l'est par conséquent de tout, en sorte que les formes diverses de l'existence ne sont toutes, en dernière analyse, que l'acte simple de l'Intelligence, plus ou moins complétement réalisé par les puissances diverses de la matière, et presque accompli dans l'homme; de même, dans la philosophie stoïcienne, toutes les existences ne sont que le feu divin de la Raison, partout distribué à des degrés différents de tension et d'énergie, et qui n'a que dans le *moi* de la personne humaine la possession et la conscience de lui-même.

La raison est à la fois entendement et volonté, capable et de connaissance et d'action, faite pour la vie spéculative et pour la vie pratique. Mais on a déjà vu que, dans le Stoïcisme comme dans l'Aristotélisme, la connaissance elle-même est essentiellement action. Seulement, chez les Stoïciens, ce n'est plus l'acte immobile d'un principe incorporel, c'est l'effort, la tension d'un corps subtil. — Le savoir consiste dans la compréhension des représentations, la compréhension dans l'assentiment, c'est-à-dire dans la volonté. La science

---

blable d'Héraclite : (Anima) non tam concisa quam dispensata. Sur cette dernière expression, voy. plus haut, p. 160.

est une possession, une *habitude* des représentations, que rien ne peut arracher de l'âme; c'est-à-dire que comme, dans la nature, l'habitude est une force qui contient et lie les éléments de la pierre et du bois, les os et les nerfs de l'animal, de même la science est une force qui tient unies ensemble les représentations une fois comprises, et par conséquent une *habitude*, consistant dans une énergie et une tension volontaire de l'âme [1]; en sorte que la science est un produit de la volonté, par conséquent une œuvre d'art, et même une vertu. De même que dans la nature il n'est rien d'entièrement séparé, et il y a en tout quelque chose de tout, de même dans la philosophie il n'est point de partie qui ne tienne de toutes les autres, et les deux extrêmes de la spéculation et de l'action se pénètrent et se confondent [2].

Mais ce n'est pas encore dans la spéculation, c'est dans l'action proprement dite que l'âme, que la raison achève de révéler sa nature et d'accomplir sa destinée.

Tout être naturel se compose, comme on l'a vu, d'un ensemble de parties, unies les unes avec les autres par une force dont elles sont le développe-

---

[1] Voy. plus haut, p. 134
[2] Sext. Empir. *adv. Math.* VII, 17; Diog. Laert. VII, 40 : Οὐδὲν μέρος τοῦ ἑτέρου προκεκρίσθαι (Ritter : ἀποκεκρίσθαι)... ἀλλὰ μεμίχθαι αὐτά.

ment. Cet ensemble, les Stoïciens l'appellent la constitution [1]. La constitution est le principe dirigeant dans son rapport avec le corps [2]. Tout être en qui se trouve le principe dirigeant a donc la conscience plus ou moins claire de sa constitution [3] : par conséquent, sa constitution n'étant que ce principe lui-même, qui tend dans le corps au développement de ses puissances, l'être a une inclination naturelle à la conserver [4]. Telle est sa première et sa plus naturelle propriété. Il y a des choses qui lui sont propres, qui appartiennent à son économie [5]: d'autres lui sont étrangères et ennemies. Retenir celles-là, éloigner celles-ci, c'est son premier penchant et l'origine de tous les autres. La nature a,

---

[1] Σύστασις. Diog. Laert. VII, 85. — Constitutio. Senec. *Epist.* 121. Ce mot était probablement employé déjà en ce même sens par les Péripatéticiens. Voy. Cicer. *de Fin.* V, 9.

[2] Senec. ibid. Constitutio est... principale animi quodam modo se habens erga corpus. — *Quodam modo se habens erga corpus* doit être la traduction de πῶς ἔχον πρὸς τὸ σῶμα. Voy. plus haut, p. 141, n. 1.

[3] Id. ibid. Infans... quid sit constitutio non novit; constitutionem suam novit. — Sicut infantibus, sic quoque animalibus principalis partis suæ sensus est non satis dilucidus, non expressus. Stob. *Ecl.* t. II, p. 60.

[4] Diog. Laert. VII, 85 : Τὴν δὲ πρώτην ὁρμήν φασι τὸ ζῶον ἴσχειν ἐπὶ τὸ τηρεῖν ἑαυτό, οἰκειούσης αὐτῷ τῆς φύσεως ἀπ' ἀρχῆς· καθά φησιν ὁ Χρύσιππος... πρῶτον οἰκεῖον λέγων εἶναι παντὶ ζώῳ τὴν αὐτοῦ σύστασιν καὶ τὴν ταύτης συνείδησιν. Stob. *Ecl.* t. II, p. 60. Cicer. *de Fin.* III, 5; *de Off.* I, 4. Senec. loc. laud.

[5] Cicéron et Sénèque traduisent οἰκειοῦν ou συνοικειοῦν par *conciliare*. Les anciens Stoïciens, qui s'attachaient beaucoup à la propriété des termes et à leur filiation (Cicer. *de Off.* I, 7), devaient prendre en grande considération, dans l'emploi d'οἰκειοῦν et οἰκείωσις, leur rapport étymologique à οἶκος et ses dérivés, qui jouaient un rôle si important dans toute leur doctrine.

pour ainsi dire, confié et recommandé chaque être à lui-même[1]. Il aime ce qui fait son être; et c'est en lui-même qu'il trouve ainsi le principe de son amour pour lui-même[2]. Ce n'est donc pas pour le plaisir que nous nous aimons, comme les Épicuriens le prétendaient; le plaisir n'est pas l'objet de notre premier désir[3]. Avant de le connaître, chaque être tend déjà évidemment à acquérir et à conserver tout ce qui appartient à sa nature. Ainsi croît, verdoie et fleurit la plante[4]. Le plaisir est un accessoire[5] qui vient, chez l'être animé, s'ajouter à la satisfaction des désirs, mais qui n'est, par lui-même, l'objet d'aucun des désirs naturels. En sorte que ce n'est pas parce que les objets de nos désirs nous donnent du plaisir qu'ils nous agréent, mais c'est parce qu'ils nous agréent que nous y trouvons du plaisir[6].

Ces principes, la philosophie stoïcienne en est

---

[1] Cicer. *de Fin.* III, 5; IV, 10.

[2] Id. ibid. III, 5 : Fieri autem non posset ut appeterent aliquid, nisi sensum haberent sui, eoque se et sua diligerent. Ex quo intelligi debet principium ductum esse a se diligendi sui. — Mackintosh, *Hist. de la philos. morale* (trad. par M. H. Poret, 1834, in-8°, p. 185), propose de lire : *esse se diligendi*. Mais ce qui vient après cette phrase montre qu'il n'y a rien à changer à la leçon ordinaire. — IV, 13 : Omnis enim natura est diligens sui. Cf. Senec. *Ep* 76.

[3] Cicer. *de Fin.* III, 5; Diog. Laert. VII, 85.

[4] Diog. Laert. VII, 86.

[5] Ἐπιγέννημα. Diog. Laert. VII, 85-6. — Accessio. Senec. *de Vita beata*, 9. Cf. Cic. *de Fin.* III, 9.

[6] Senec. l. l. : Nec quia delectat, placet; sed quia placet, delectat.

redevable et aux Platoniciens, particulièrement à Polémon, qui se plaignait que Zénon lui dérobât ses pensées [1], et encore plus, peut-être, à Aristote et à Théophraste [2]. Mais, en les empruntant, elle les transforme, et les appropre à un nouvel usage. Aristote avait dit le premier que tout être tendait naturellement à un but, dont le plaisir n'était qu'un accessoire [3]. Mais le but de chaque être était, suivant lui, un acte simple de vie, supérieur en soi à l'organisme, et qui avait son principe, son essence première dans l'action immatérielle de l'Intelligence pure. Pour les Stoïciens, ce but est la formation et le maintien de la constitution naturelle prise dans son ensemble, où se déploie, à travers la matière, la tension de la Raison. En second lieu, si, dans la doctrine péripatéticienne, le plaisir ne vient qu'à la suite de l'acte, il y ajoute pourtant, il l'achève, il en marque la dernière perfection, et le fixe dans sa bienheureuse immobilité [4]. Au con-

---

[1] Diog. Laert. VII, 25.

[2] Voy. dans le V<sup>e</sup> livre du *de Finibus* de Cicéron, le discours de Pison, qui expose, de son propre aveu, la doctrine péripatéticienne (que lui avait enseignée pendant plusieurs années le Péripatéticien Staséas de Naples), quoiqu'il prétende, d'après Antiochus, que celle des Platoniciens était absolument la même (V, 3), et Stobée, *Ecl.* t. II, p. 242, sqq., qui est généralement ici parfaitement conforme à Cicéron. La principale source où ils ont puisé tous les deux était probablement le περὶ εὐδαιμονίας de Théophraste. V. Heeren, ad Stob., t. II, p. 254.

[3] *Eth. Nic.* X, 4.

[4] Ibid.

traire, de même que, chez les Cyniques, le bien étant identifié avec le labeur, et presque avec la peine, le plaisir devenait un mal, de même, méconnaissant le pur acte immobile et paisible, auquel Aristote avait attaché le plaisir, et réduisant toute action à la tension et à l'effort, les Stoïciens ne sauraient y associer le plaisir. Le plaisir est à leurs yeux un relâchement par lequel l'âme se détend, se dissout [1], et par conséquent s'éloigne de sa nature et de sa perfection [2]. Comment serait-il dans notre nature de le poursuivre?

[1] Diog. Laert. VII, 114 : Τέρψις δὲ εἶεν τρέψις, προτροπὴ τῆς ψυχῆς ἐπὶ τὸ ἀνειμένον. Διάχυσις δὲ, ἀνάλυσις τῆς ἀρετῆς. Cicer. *Tuscul*. II, 22: Voluptate, qua cum liquescimus fluimusque mollitia. — Cependant les Stoïciens eux-mêmes définissent la joie un soulèvement, une dilatation (ἔπαρσις, elatio), et la tristesse une contraction (συστολή, contractio) de l'âme. Diog. Laert. VII, 111; Galen. *de Hippocr. et Plat. plac.* II, 99, 139, etc. Stob. *Ecl.* t. II, p. 172. Cicer. *Tusc*. IV, 6, 7. Or, ils considéraient la dilatation comme un effet de la tension, et la contraction comme un effet du relâchement. Voy. plus haut, p. 138. Peut-être concilierait-on ces idées en supposant 1° qu'ils considéraient le plaisir comme une dilatation, produite à la vérité par une tension de l'âme, mais portée à un tel excès, qu'il en résulte en quelque sorte le désagrégement des parties, et par conséquent la détente et la dissolution; car la cohésion naturelle d'un corps est détruite par le trop grand écartement comme par le trop grand rapprochement de ses parties : en sorte que la joie outrée et la tristesse seraient les deux excès (voy. plus bas, p. 200) opposés, destructeurs du *ton* naturel de l'âme; 2° qu'ils considéraient la dilatation même et la contraction excessives de l'âme, dans le plaisir et la tristesse, comme résultant du relâchement de l'ἡγεμονικόν; car ils voyaient dans la faiblesse la cause de toutes les passions (voy. plus bas, p. 202, n. 8).

[2] Mais les Stoïciens distinguent de l'ἡδονή la χαρά, qui n'est pas πάθος, mais εὐπάθεια, et compatible avec la vertu et la sagesse. Voy. plus bas, p. 202, n. 2.

L'inclination naturelle des êtres ne tend donc pas au plaisir; elle tend au maintien de leur constitution, soit dans l'individu ou dans l'espèce. Ils y parviennent par une série de différents actes : ce sont les actes qui conviennent à leur nature, d'un seul mot les *convenables*[1], ou, suivant l'expression latine, les *fonctions*, les *offices*[2]. Telles sont les fonctions de la nutrition, de la reproduction dans l'animal; chez l'homme, de plus, l'acquisition du savoir, les soins de la famille, de la société, l'exercice de la tempérance et du courage, la grandeur d'âme, la bienfaisance, etc.; en un mot, tout ce à quoi nous porte notre nature[3], et sur toutes choses, les actes qui tendent au salut et au bien des autres hommes. Aristote avait enseigné que la perfection et la félicité de l'homme étaient inséparables de la société, et que l'individu n'était, selon l'ordre de la nature, qu'un moyen dont la société était la fin[4].

---

[1] Καθήκοντα, Diog. Laert. VII, 107; Stob. *Ecl.* t. II, p 158.

[2] *Officia*. Le sens propre de ce mot est en effet *fonctions*. (Cicer. *de Div.* II, 52 : Officium et munus oculorum), et c'est pour cela même que Cicéron pense qu'*officia* traduit bien καθήκοντα. *Ad Att.* XVI, 14 : Mihi non est dubium quin quod Graeci καθῆκον, nos officium... Nonne dicimus coss. officium, senatus officium? — En traduisant *officia* par *devoirs*, on en restreint le sens. Car les animaux et les plantes mêmes ont leurs καθήκοντα. Diog. Laert. VII, 107. — Le devoir, c'est *quod oportet*, τὸ δέον (qui correspond exactement à l'*obligatoire*) : or, selon les Stoïciens, c'est le κατόρθωμα, ou καθῆκον τέλειον, qui est seul δέον. Cic. *Or.* 21 : Oportere enim perfectionem declarat officii. Cf. *de Off.* I, 27.

[3] Cic. *de Off.* I, 4.

[4] Aristot. *Polit.* I, 1.

Toutes les vertus humaines (toujours à l'exception de la vertu proprement divine de la contemplation) se terminaient à la vertu sociale, à la justice, essentiellement identique avec l'amitié [1]; en sorte qu'aimer les autres hommes était encore plus véritablement naturel à chaque homme que de s'aimer lui-même. Telles étaient les maximes qui faisaient des Péripatéticiens la secte sociale, politique entre toutes les autres [2]. Après eux les Stoïciens proclament que c'est la nature de l'homme d'être ami de l'homme [3], de l'aimer, non par intérêt, mais de cœur [4]. Tous les êtres raisonnables sont faits les uns pour les autres, et ce qu'il y a de principal dans l'homme est ce qu'il a de propre à la communauté [5]. Loin de se croire né pour lui seul, c'est son devoir et sa nature de considérer comme utile à lui-même tout ce qui l'est aux autres [6], de se

---

[1] *Eth. Nic.* VIII, 1; IX, 10. Cf. Cicer. *de Fin.* V, 23.

[2] Stob. *Ecl.* t. II, p. 264 : Οὐ γὰρ φίλαυτον εἶναι τὴν ἀρετὴν κατὰ τὴν αἵρεσιν ταύτην, ἀλλὰ κοινωνικὴν καὶ πολιτικήν. — Stobée nous a conservé ailleurs (*Serm.* CXXI, 5) cette belle parole du poëte philosophe, ami de Théophraste, Ménandre : « Ne pas vivre pour soi seul, c'est là vivre; »

Τοῦτ' ἐστὶ τὸ ζῆν οὐχ ἑαυτῷ ζῆν μόνον.

[3] Φιλάνθρωπος καὶ κοινωνικός. M. Antonin.

[4] Id. VII, 12 : Ἴδιον τοῦ ἀνθρώπου ἀπὸ καρδίας φιλεῖν τοὺς ἀνθρώπους.

[5] Id. VII, 55 : Κατεσκεύασται τὰ λογικὰ ἀλλήλων ἕνεκεν· τὸ μὲν οὖν προηγούμενον ἐν τῇ τῶν ἀνθρώπων φύσει τὸ κοινωνικόν ἐστι. VI, 7 : Ἑνὶ τέρπου καὶ προσαναπαύου, τῷ ἀπὸ πράξεως κοινωνικῆς μεταβαίνειν ἐπὶ πρᾶξιν κοινωνικήν.

[6] Id. IX, fin.

trouver obligé quand il oblige [1], de ne rien faire qui ne contribue de près ou de loin au bien commun [2]. Enfin tous les hommes étant avec les Dieux comme les membres d'un même corps, animé d'une même âme, ils ne doivent, suivant Zénon, former tous ensemble qu'une seule république régie par une seule loi [3], la loi de la justice et de l'amitié. Cette république universelle des Dieux et des hommes est le but même pour lequel tous les hommes sont faits, et par conséquent c'est leur nature, c'est leur office propre et singulier de préférer en toute chose à leur intérêt personnel l'utilité commune [4].

Cependant si haut que la nature nous porte au-dessus de la condition animale, la suivre par de simples instincts, sans raison, sans volonté, sans art, ce n'est pas là encore la destinée, la dernière fin d'un être intelligent et volontaire; ce n'est pas l'exercice suprême des facultés d'un principe directeur tel que la raison, fait pour dominer la sensation et le désir.

Mais l'être animé une fois parvenu, dans la condition humaine, à la raison, il aperçoit dans les fonctions naturelles un ordre, qui résulte de la conve-

[1] Id. IX, 74 : Ὠφελούμενος ἐν ᾧ ὠφελεῖ.

[2] Id. IX, 23.

[3] Plutarch. *de Alex. fortit.* I, 6. Cicer. *de Fin.* III, 19.

[4] Cicer. loc. laud. : Ex quo illud natura consequi ut communem utilitatem nostræ anteponamus.

nance et de l'accord des parties les unes avec les autres [1]. Cet ordre, cette convenance, cet accord, il les reconnaît plus estimables que les choses mêmes dans lesquelles il les voit régner [2]. Il y trouve ce caractère éminent, auquel l'homme seul est sensible, le caractère de la beauté [3]. Or, c'est

---

[1] Cic. *de Fin.* III, 6 : Viditque rerum agendarum ordinem et, ut ita dicam, concordiam.

[2] Id. ibid., et c. 7.

[3] Id. *de Off.* I, 4 : Unum hoc animal sentit quis sit ordo... nullum aliud animal pulchritudinem, venustatem, convenientiam partium sentit. — Pulchritudinem, constantiam, ordinem. (*Constantia* signifie proprement la conséquence ou conformité avec soi-même : *De Fin.* V, 27 : Quærere... quid constanter dicatur, quid a se dissentiat. Cf. *Or.* 58 ; *Tusc.* V, 8 ; *Acad.* II ; 3 ; *de Off.* I, 7 ; *pro Planc.* 16.) — Chrysipp. ap. Galen. *de Hippocr. et Plat. plac.* V, p. 159 : Ἡ δ' ἐν τοῖς μέλεσι συμμετρία ἢ ἀσυμμετρία κάλλος ἢ αἶσχος. Cf. Diog. Laert. VII, 99, 100. (Aristote avait dit, *Poet.* 7 : Τὸ γὰρ καλὸν ἐν μεγέθει καὶ τάξει). — Cicéron, *de Off.* I, 28, où il parle d'après les Stoïciens : Pulchritudo corporis apta compositione membrorum movet oculos, et delectat hoc ipso quod inter se omnes partes cum quodam lepore consentiunt ; sic hoc decorum, quod elucet in vita, movet approbationem eorum quibuscum vivitur, ordine et constantia et moderatione dictorum omnium atque factorum. Tuscul. IV, 14 : In animo, opinionum judiciorumque æquabilitas et constantia, cum firmitate quadam et stabilitate... pulchritudo vocatur. — Le *decorum* (τὸ πρέπον) qui tient de très-près au beau, consiste en ces trois choses : Formositas, ordo, ornatus ad actionem aptus ; ibid. 35. *De Nat. Deor.* II, 58 : Venustatem, ordinem et, ut ita dicam, decentiam oculi judicant. — Quant à l'*ordre* même, les Stoïciens le définissaient : Compositionem (σύνθεσιν?) rerum aptis et accommodatis locis ; *de Off.* 40. — C'est sans doute aussi d'après les Stoïciens que Cicéron distingue deux genres de beauté : *dignitas* (ἀξία?) et *venustas* ; *venustas* (quoique pris quelquefois en un sens plus large, comme dans un des passages cités ci-dessus) signifie proprement le caractère de la beauté féminine, la grâce (à laquelle se rattachent le *facetum*, le *lepidum*, et même le *jocosum* : *pro Flacc.* 31 ; *pro Dom.* 34 ; *Or.* 6 ; *de Off.* I, 37) ; et *dignitas*, le caractère de la beauté virile ; *de*

dans le beau que consiste le bien, et le mal n'est autre chose que le laid [1].

En effet, le bon, selon les Stoïciens, c'est ce qui est de sa nature achevé, qui a toutes ses parties, et qui par conséquent n'admet ni plus ni moins, l'accompli, le parfait [2]. Maintenant ce qui est bon est désirable; ce qui est désirable est à rechercher; ce qui est à rechercher est aimable; ce qui est aimable est digne d'approbation; ce qui est digne d'approbation est louable : or, l'objet de la louange, comme l'avait dit Aristote [3], c'est le beau [4]. Mais comment établir que rien ne mérite approbation qui ne mérite louange? C'est sans doute que le bon étant une fois défini le parfait, l'approbation dont

---

*Off.* I, 30, 36; cf. *Or.* I, 31. — La *dignitas* et le *decorum* se confondent presque. Voy. *de Off.* I, 31; *de Inv.* I, 21.

[1] Diog. Laert. VII, 101, 127; Cic. *de Fin.* III, *passim*. Stob. *Ecl.* t. II, p. 90 sqq.; Senec. *Ep.* 120 : Nihil est bonum, nisi quod honestum est; quod honestum est, utique bonum. — *Honestum* traduit encore assez exactement καλὸν, de même que *turpe* αἰσχρόν. Au contraire, le mot *honnête* en français n'a plus aucun rapport évident à l'idée de beauté. Si donc on se sert de ce mot pour traduire καλὸν ou *honestum*, la doctrine stoïcienne perd tout son sens.

[2] *De Fin.* III, 10 : Ego assentior Diogeni qui bonum definierit id quod esset natura absolutum. Diog. Laert. VII, 100 : Καλὸν δὲ λέγουσι τὸ τέλειον ἀγαθὸν παρὰ τὸ πάντας ἀπέχειν (leg. ἔχειν?) τοὺς ἐπιζητουμένους ἀριθμοὺς ὑπὸ τῆς φύσεως. *De Off.*; Illud autem quod rectum iidem appellant, perfectum est, et, ut iidem dicunt, omnes numeros habet. Πάντας ἀριθμοὺς ἔχειν en grec, *omnes numeros habere* en latin, signifient avoir toutes ses *parties*. Voy. *Indic. Cicer.* ed. V. le Clerc (Paris, 1824, in-8°), p. 409.

[3] Aristot. *Rhet.* I, 9; *Eth. Nic.* I, 12. Cf. Stob. *Ecl.* t. II, p. 72.

[4] Diog. Laert. VII, 100; Cic. *de Fin.* III, 8; IV, 18; *de Off.* I, 4.

il est l'objet, c'est aussi l'approbation parfaite, qui est la louange[1]. Tout ce qui est bon est donc louable, glorieux[2], et par conséquent beau. Donc le bien, c'est ce en quoi consiste la beauté, c'est-à-dire l'harmonie, la proportion, la convenance[3].

Dans la philosophie d'Aristote, le bien est ce qu'on désire, et qui est désirable par soi-même : le bien est la fin, la cause finale, première cause de tout mouvement. La fin, c'est l'acte auquel le mouvement se termine. Dès lors autant de différentes fins dans la nature, autant de différents biens; à chaque degré de l'être sa fin, et par conséquent son bien propre; chez l'homme, terme de la nature, une dernière fin, qui est celle où tend la nature entière : savoir, l'acte immobile de l'intelligence pure. Mais cette fin, l'homme lui-même n'y peut parvenir, assujetti comme il l'est aux conditions du monde sensible, sans avoir, jusqu'à un certain point, accompli toutes les fins des parties inférieures de son être. Ce sont donc pour nous des biens relatifs, qui concourent à

---

[1] Ce moyen terme qui manque, suivant Cicéron, au sorite des Stoïciens (voy. *de Fin.* IV, 18, où il faut entendre comme une interrogation « dabit hoc Zenoni Po'emon, etc. ») me semble bien indiqué dans ce passage de Sénèque, *Ep.* 76 : Ergo si omnis res, cum bonum suum perfecit, laudabilis est, et ad finem naturæ suæ pervenit. *Ep.* 118 : Honestum est perfectum bonum. Diog. Laert. VII, 100.

[2] Cic. *Tusc*, V, 15.

[3] *De Fin.* III, 6 : Cum positum sit (sc. summum bonum) in eo quod ὁμολογίαν Stoici, nos appellemus convenientiam.

notre bien absolu, biens en puissance qui ne trouvent qu'en ce bien absolu leur véritable usage, instruments, organes, dont il est l'emploi et la mise en action [1]. Ainsi, outre les biens de l'âme, il y a aussi ceux du corps, comme la santé, la force, la beauté, et ceux même qui nous sont tout à fait extérieurs, comme le pouvoir et la richesse. — Pour les Stoïciens il n'est plus rien de simple; plus d'action sans mouvement, plus de pensée sans matière, plus d'unité sans multitude. Au lieu de remonter, dans la recherche du premier principe, jusqu'à une essence immatérielle, ils se sont arrêtés à une qualité, à une manière d'être, à un rapport qui ne subsiste que dans la matière. Ils ont pris pour la cause première, au lieu de l'acte pur, la tension, au lieu de la simple intelligence, la raison. De même dans l'ordre de la pratique, ce n'est plus dans la fin pure et simple qu'ils font consister le bien; c'est dans le rapport ou la proportion des parties, qui constitue le parfait. De là l'identification du bien et de la beauté. — Or si à la rigueur on peut encore distinguer des perfections de différents ordres comme des fins différentes, cependant l'idée de la fin est plus relative à la tendance dont elle est l'objet: l'idée de la perfection se détermine par le rapport et par la proportion, caractères rationnels abstraits, abso-

---

[1] *Magn. Mor.* I, 2.

lus, invariables. Le bien une fois défini le parfait, rien ne doit donc plus être proprement appelé bien, de ce qui se trouve en des choses imparfaites[1], soit dans les natures inférieures à l'homme ou dans les parties inférieures de la nature humaine. Rien ne doit être appelé bien, de ce qui n'est encore qu'un moyen susceptible d'être appliqué à une mauvaise fin; rien ne doit être appelé bien de ce qui peut servir au mal. Le bien est l'utile, qui jamais ne peut devenir nuisible. Donc, comme on peut faire un mauvais usage des richesses, du pouvoir, de la santé, de la vie même, ce ne sont pas des biens[2].

Par là, la morale stoïcienne détermine, ce semble, avec une précision nouvelle, la notion du bien. Mais si c'est en la relevant d'un côté, c'est en l'abaissant de l'autre. Elle sépare, il est vrai, avec plus de force et de rigueur qu'on n'avait jamais fait auparavant, le bien propre des êtres doués de raison d'avec les mobiles physiques de la sensibilité. Mais elle le sépare en même temps de ce premier principe, supérieur à la raison même, duquel

---

[1] Senec. *Ep.* 124 : Cætera in sua natura perfecta sunt, non vere perfecta a quibus abest ratio... Non potest ergo perfectæ naturæ bonum in imperfecta esse natura. Diog. Laert. VII, 85, 94. — On voit néanmoins que Sénèque ne peut s'empêcher de convenir qu'il y ait des perfections et par conséquent des biens de différents ordres.

[2] Diog. Laert. VII, 103; Sext. Empir. *adv. Math.* XI, 61; Senec. *Ep.* 120.

la morale péripatéticienne l'avait justement fait dépendre. En étendant l'idée du bien à toutes les fins de la nature, Aristote place au-dessus du beau lui-même le bien absolu, auquel tend et sert tout autre bien. Le beau est, selon lui, l'objet propre de la louange; mais le bien absolu est au-dessus de la louange : on le révère, on l'honore [1]; en un mot, on loue ce qui est conforme à sa fin, et on honore la fin [2]. Le bien suprême, la fin dernière, objet de la Métaphysique, le Stoïcisme l'ignore donc. — Le bien d'une armée, disait Aristote dans sa Métaphysique, est-il seulement dans son ordre? Il est aussi, il est surtout dans le chef, de qui l'ordre dépend [3]. La morale stoïcienne renferme tout le bien dans l'ordre, sous l'idée de la beauté [4]; elle en exclut à la fois et les éléments matériels de l'ordre, et la fin supérieure par laquelle seule il subsiste et s'explique.

Ainsi le Stoïcisme distingue dans la nature de l'homme deux ordres de choses qui diffèrent, non pas en degré seulement, mais encore en nature. Le

---

[1] *Magna Mor.* I, 2 : Ἔστι γὰρ τῶν ἀγαθῶν τὰ μὲν τίμια, τὰ δ'ἐπαινετά·... τίμια γὰρ ἐφ' αἷς ἡ τιμή. Cf. 5. *Eth. Nic.* I, 12 : Ὁ μὲν γὰρ ἔπαινος τῆς ἀρετῆς· πρακτικοὶ γὰρ τῶν καλῶν ἀπὸ ταύτης.

[2] Heinsius ad Max. Tyr. p. 136 (Lugd. Batav. 1607, in-8°) : Διὰ ταῦτα, inquit Aristotelis paraphrastes nondum editus, καὶ οἱ τοὺς θεοὺς ἐπαινοῦντες γελοῖοί εἰσιν. ἡμῖν αὐτοὺς ἐξισοῦντες· τοῦτο δὲ συμβαίνει διὰ τὸ γενέσθαι τοὺς ἐπαίνους ἕνεκα τῆς πρὸς τὸ ἀγαθὸν ἀναφορᾶς καὶ σχέσεως. Cf. Alex. Aphrodis. *de Fato*, p. 128 (Lond. 1658, in-8°); Alcin. *Introd. in dogm. Plat.* c. 2.

[3] *Metaphys.* XII, 10 in t.

[4] Senec. *Ep.* 78 : Bonum ex honesto fluit, honestum ex se est.

premier (τὰ πρῶτα κατὰ φύσιν, *prima naturæ*[1]),
se compose des fonctions qui servent à conserver
la constitution naturelle; le second (τὰ δευτέρα κατὰ
φύσιν, *secunda naturæ*), c'est l'harmonie et l'accord
qui règnent dans ces fonctions; et dans ce second
ordre seul consistent le beau et le bien. Le premier
de ces deux ordres n'est donc fait que pour le second; il n'est que le moyen par lequel la nature y
marche et y parvient, et par conséquent c'est le second qui est le principe déterminant, la raison et
la cause du premier[2]. Conformément à la règle générale posée par Aristote, le dernier selon le temps
est le premier selon l'être et l'essence, selon la nature et la raison. C'est donc dans l'harmonie et
l'accord des fonctions, bien plus que dans les fonctions elles-mêmes, que consiste la nature et l'essence
de l'être[3]. — En second lieu, cet accord et cette harmonie, ce qui leur donne naissance, suivant les Stoïciens, c'est une certaine constance par laquelle le
principe dont les diverses parties de l'être animé sont
le développement, demeure, dans toutes ces parties,
conforme et fidèle à lui-même[4]. Or, ce principe
est la raison, germe d'où sort tout l'être. L'ordre,

---

[1] Cicéron dit aussi *principia* et *initia naturæ*. *De Fin.* II, 11, 12; III, 5, 6; *de Off.* III, 12.

[2] Taur. ap Gell. *Noct. att.* XII, 5, 7; Cic. *de Fin.* II, 12; III, 6; Plutarch. *adv. Stoic.* 26.

[3] Cic. *de Fin.* III, 7.

[4] Id. *de Off.* I, 4. Voy. plus haut, p. 187.

l'harmonie, qui fait la beauté, c'est donc la conformité avec soi-même; et la conformité avec soi-même est en même temps la conformité avec la nature et avec la raison [1].

Aussi, cette règle de vie, si l'homme la puise d'abord dans la considération du corps, bientôt, par voie de comparaison et d'analogie [2], il la transporte à l'âme. Il comprend que non-seulement dans l'âme, comme dans le corps, c'est l'harmonie et la convenance qui fait le beau et le bien [3], mais encore, si l'harmonie des fonctions corporelles elles-mêmes a pour principe la constance de la raison d'où elles procèdent, c'est dans l'entendement et dans la volonté que consiste essentiellement le beau; c'est l'âme qui en est, dans le corps même, l'unique source; c'est dans l'âme surtout que l'homme doit le faire régner [4]. Bien vivre, c'est donc, en toute chose, mais avant tout dans l'âme, dans ses pensées et ses résolutions, vivre d'accord avec soi, et par conséquent vivre selon la raison.

La partie la plus haute de l'homme, le principe

---

[1] Zeno ap. Stob. *Ecl.* t. II, p. 132 : Τὸ ὁμολογουμένως ζῆν, τοῦτο δ' ἐστὶ καθ' ἕνα λόγον καὶ σύμφωνον ζῆν. Senec. *Ep.* 89 : Vita sibi concors. — Cleanth. ap. Stob. ibid. : Ὁμολογουμένως τῇ φύσει ζῆν. Diog. Laert. VII, 87-8.

[2] Collatione; per analogiam. Cic. *de Fin.* III, 10; Senec. *Ep.* 120.

[3] Diog. Laert. VII, 89 : Ἅτε οὔσῃ τῇ ψυχῇ πεποιημένῃ πρὸς τὴν ὁμολογίαν παντὸς τοῦ βίου.

[4] Cic. *de Off.* I, 4 : Quam similitudinem natura ratioque ab oculis ad animum transferens, multo etiam magis pulchritudinem, constantiam, ordinem in consiliis factisque conservandum putat.

de sa perfection et de sa félicité n'est plus, encore une fois, pour les Stoïciens, comme elle l'était pour Aristote, la pure intelligence, pensée simple et une, exempte de toute différence et de toute multiplicité : c'est la raison proprement dite, la faculté qui raisonne, qui voit ce qui suit des choses et ce qui les précède, qui embrasse les conséquences et les causes, rapproche par leurs ressemblances les objets éloignés, fait du tout un ensemble conséquent, d'accord avec lui-même et harmonieux, c'està-dire beau [1]. Et c'est dans la raison seule, ainsi comprise, que la morale stoïcienne renferme tout le bien. Tandis que, suivant Aristote, l'homme étant une intelligence immatérielle en son essence, mais dépendante ici-bas de la matière et du corps, les choses extérieures et sensibles sont des éléments nécessaires de sa perfection et de sa félicité, dont la contemplation pure est la fin, le Stoïcisme se réduit à une idée en quelque sorte moyenne: il met tout le bien dans l'âme [2], et l'âme dans la raison.

En second lieu vivre selon la nature, vivre selon

---

[1] Cic. *de Off.* I, 4 : Per quam (sc. rationem homo) consequentia cernit, causas rerum videt, earumque progressus et quasi intercessiones non ignorat, similitudines comparat, et rebus præsentibus adjungit atque annectit futuras. II, 5 : La prudence, vertu propre de la raison, consiste : « In perspiciendo quid in quaque re verum sincerumque sit, quid consentaneum cuique, quid consequens, ex quo quidque gignatur, quæ cujusque rei causa sit. » Cf. I, 5. — C'est par la raison que l'homme connaît *pulchritudinem, constantiam, ordinem*. Ibid. I, 4.

[2] Cicer. *de Fin.* IV, 14.

la raison, c'est, en d'autres termes, vivre selon la vertu. En effet la vertu, dans le sens le plus général, c'est la perfection [1]. Aussi chaque espèce d'être a la sienne. La plante, l'animal, ont leurs vertus propres [2]. La raison est la vertu de l'homme; c'est donc aussi la seule véritable vertu [3]. Aussi la définition de la vertu, selon les Stoïciens, c'est celle même de la raison : la constance, l'accord avec soi [2]. D'où il suit que la vertu est la beauté et le bien même.

Avant les Stoïciens, Aristote avait rapproché de l'idée de la vertu celle du beau et du louable. Mais comme il plaçait au-dessus du louable et du beau le bien, supérieur à l'éloge, ainsi élevait-il au-dessus de la vertu l'acte simple de l'intelligence, la contemplation, dont la vertu n'était, selon lui, que la voie ou l'instrument. En un mot, après avoir mis le bien absolu au-dessus des conditions de la matière, de la nature et de l'homme, Aristote avait fait consister le bien de l'homme lui-même à tendre autant que possible vers ce bien absolu qui le surpasse, et à s'élever de la multiplicité de la nature, de la raison et de la vertu, à la simplicité parfaite de la pensée divine. Les Stoïciens font consister unique-

---

[1] Diog. Laert. VII, 87.
[2] Id. VII, 90.
[3] Id. VII, 89 : Τήν τε ἀρετὴν διάθεσιν εἶναι ὁμολογουμένην. Stob. Ecl. t. II, p. 104 : Τὴν ἀρετὴν διάθεσιν εἶναί φασι ψυχῆς σύμφωνον αὐτῇ περὶ ὅλον τὸν βίον. Cicer. Tuscul. IV, 15 : Affectio animi constans conveniensque. Senec. Ep. 74 : Virtus enim convenientia constat.

ment dans la nature, dans la raison, dans la vertu, et le bien de l'homme et tout bien. Pour eux la fin de l'homme n'est plus de dépasser et les limites trop étroites de la nature, et celles de son propre entendement : c'est uniquement d'achever, de parfaire en lui-même la nature, en voulant par raison, par vertu, pour l'ordre et la beauté qui y règnent, ce que la nature poursuit par instinct, et par conséquent en ne prenant pour but que l'ordre et la beauté.

La matière de la vie vertueuse se trouve donc dans les fonctions qui composent le premier ordre des choses naturelles, ou dans les *convenables*. Mais les convenables sont par eux-mêmes imparfaits. Pour les rendre parfaits, pour les transformer dans le bien, il faut les accomplir par raison, en vue de la seule beauté. Et alors ce sont des *actions droites* ( κατορθώματα )[1], des actes de droite raison ou de vertu.

Ainsi ce en quoi la vertu consiste, c'est à faire de la vie humaine, au lieu d'un produit de la spontanéité naturelle, un ouvrage d'art. Elle est l'art de la vie[2], comme les Péripatéticiens appelaient la pru-

---

[1] Stob. *Ecl.* t. II, p. 158 : Τῶν δὲ καθηκόντων τὰ μὲν εἶναί φασι τέλεια, ἃ δὴ καὶ κατορθώματα λέγεσθαι. P. 184 : Κατορθώματα δ' εἶναι λέγουσι καθήκον πάντας ἐπέχον τοὺς ἀριθμούς. (Voy. plus haut), p. 188, n. 2.) Sen. *Ep.* 94 : Recta actio.

[2] Senec. *Ep.* 90 : Ars est bonum fieri. *Ep.* 85 : Sapiens... artifex

dence[1] ; en sorte que notre bien et notre félicité, effets de la seule vertu, sont notre propre ouvrage[2]. Seulement c'est un art qui ne tend pas à produire un ouvrage subsistant à part, en dehors et de l'art et de l'artiste. L'art de la vertu se termine à lui-même[3], à peu près comme le chant ou plutôt encore comme la danse; c'est un art immanent. — Ce sont les mêmes caractères par lesquels Aristote avait distingué de l'activité qui *fait*, qui produit quelque objet extérieur, celle qui *agit* seulement, ou la pratique[4].

Mais de même qu'expliquant la science par l'intervention de la volonté dans les représentations des sens, les Stoïciens en ont fait un art[5], et même une vertu, de même, dans l'art de la vertu, ils voient aussi une science[6]; d'où il suit, comme l'avaient dit Socrate, Platon, les Cyniques[7], qu'elle peut s'enseigner[8].

C'est que, selon les Stoïciens, comme selon toute

vitæ. *Ep.* 29 : Sapientia ars est. Cic. *Acad.* II, 6 : Sapientiam, artem vivendi, quæ ipsa ex sese habeat constantiam. Sext. Empir. *Pyrrh. hypot.* l. III, c. 25. Laert. VII, 86 : Τεχνίτης γὰρ οὗτος (sc. ὁ λόγος) ἐπιγίνεται τῆς ὁρμῆς. Plutarch. *de Plac. phil.*, procem. : Φιλοσοφίαν, ἄσκησιν τέχνης ἐπιτηδείου.

[1] Cicer. *de Fin.* V, 6.
[2] Senec. *Ep.* 74. Idée qui appartenait aussi aux Péripatéticiens. Voy. Cicer. *de Fin.* V, 21.
[3] Cic. *de Fin.* III, 7.
[4] Aristot. *Eth. Nic.* VI, 4.
[5] Voy. plus haut, p. 134.
[6] Diog. Laert. VII, 93-4.
[7] Id. VI, 10.
[8] Id. VII, 91.

l'école de Socrate, la vertu ne procède que de la raison, et qu'elle ne tient rien d'aucune autre chose, supérieure ni inférieure. Généralement portés à résoudre en de pures idées abstraites la nature et le mouvement, Socrate et Platon avaient voulu réduire l'action à la spéculation et la vertu à la science. Aristote était venu montrer que la pratique, la vertu, comprenaient, comme la nature, un élément que l'entendement ne pouvait pas expliquer à lui seul, savoir, la faculté pratique elle-même; et il en avait rapporté l'origine à la partie passive et irraisonnable de l'âme. Comme le monde consistait, selon lui, dans l'union de l'élément matériel avec la pensée divine, de même la vertu consistait dans l'assujettissement des passions, par l'action répétée et devenue habitude, à la mesure supérieure que fournit la pensée : c'était un instrument, un organe plus ou moins obéissant de la pensée pure [1]. Pour les Stoïciens, la nature n'est plus un élément passif soumis à l'action d'un principe différent et supérieur; c'est seulement une forme inférieure d'existence à laquelle l'unique principe, la raison, s'est spontanément abaissée : c'est une activité détendue, il est vrai, relâchée, mais non de la passion. Dès lors rien de naturel, rien de bon et d'utile dans les passions [2].

---

[1] Voy. I<sup>er</sup> vol. P. III, l. III, c. 2.
[2] Voy. le traité de Sénèque, *de Ira* (où il réfute sur ce point les Péripatéticiens), et le IV<sup>e</sup> livre des Tusculanes.

Aristote les avait définies des mouvements de l'âme irraisonnables et susceptibles d'excès [1] : les Stoïciens les définissent des appétits déjà et actuellement excessifs [2]. Et l'appétit n'étant pas pour eux comme pour Aristote, une tendance de la nature vers une pensée supérieure qui l'attire, mais la raison en mouvement [3], la passion ne peut être qu'un écart de la raison elle-même; au lieu d'une affection simplement irraisonnable, c'en est une déraisonnable, la raison en discorde avec la raison [4]. La vertu est un jugement droit; la passion est un jugement erroné, une opinion fausse [5]. Aussi n'y a-t-il pas dans l'animal de véritable passion [6]. — De plus, la rectitude du jugement de la raison [7] vient de sa force [8] : ses écarts viennent de sa faiblesse. La vertu est la tension de la raison : la passion en est le relâchement et l'atonie [9]. Enfin, dans l'âme comme

---

[1] Stob. *Ecl.* t. II, p. 36 ; cf. Aristot. *Eth. Nic.* II, 5.

[2] Diog. Laert. VII, 110; Stob. loc. laud.

[3] Stob. *Ecl.* t. II, p. 164 : Πάσας δὲ τὰς ὁρμὰς συγκαταθέσεις εἶναι, τὰς δὲ πρακτικὰς καὶ τὸ κινητικὸν περιέχειν.

[4] Plutarch. *de Virt. mor.* 3. Dans tout ce traité, il oppose à la doctrine stoïcienne celle des Péripatéticiens, que la vertu morale réside dans la partie de l'âme qui est ἄλογος, ὑπακούουσα δὲ λόγῳ.

[5] Diog. Laert. VII, 111 ; Cic. *Tusc.* IV, 7. Galen. *de Hippocr. et Plat. plac.* IV, 3.

[6] Cic. *Tusc.* V, 14.

[7] D'où ὀρθὸς λόγος et κατόρθωμα.

[8] On a vu (p. 165, n. 2) que les Stoïciens définissent la ligne droite celle qui est tendue au plus haut degré.

[9] Galen. *de Hippocr. et Plat. plac.* IV, ap. Salmas. *ad Epict.* p. 94

dans le corps, suivant les Stoïciens, la force avec laquelle le principe dirigeant règne dans toutes les parties, constitue la santé; c'est donc de l'affaiblissement du principe directeur que viennent les maladies : par conséquent les passions sont les maladies de l'âme, ou au moins les affections d'où les maladies naissent [1]. La philosophie est la médecine qui doit nous en guérir. C'est pour cela sans doute que le cynique Diogène disait qu'on devait l'adorer comme Sérapis [2] : Sérapis était le dieu de la médecine [3].

Cependant il se trouve dans l'âme même du sage quelque chose d'analogue aux passions, mais qui en même temps leur est opposé. Toutes les passions se réduisent en dernière analyse à quatre : le plaisir et la tristesse, le désir et la crainte [4]. Le sage n'éprouve rien qui ressemble à la tristesse; mais la précaution tient chez lui la place de la crainte, la volonté celle du désir, la joie intérieure ou la satisfac-

---

Αἰτιᾶται (sc. ὁ Χρύσιππος) τῶν πραττομένων οὐκ ὀρθῶς ἀτονίαν τε καὶ ἀσθένειαν τῆς ψυχῆς. — Ἐνδόντος τοῦ τόνου τῆς ψυχῆς... — Καὶ ὡς κατὰ τοὺς οἱ ἐπὶ τοῦ σώματος λέγονται τόνοι, ἄτονοί τε καὶ ἔντονοί ἐσμεν κατὰ τὸ νευρῶδες, καὶ ὁ ἐν τῇ ψυχῇ λέγεται τόνος, ὡς εὐτονία καὶ ἀτονία. Cf. Stob. *Ecl.* t. II, p. 110.

[1] Cic. *Tusc.* IV, 10.
[2] Diog. Laert. VI, 63.
[3] Cic. *de Divin.* II, 59. Diogène était de Sinope où l'on adorait Sérapis, et d'où son culte fut porté à Alexandrie. Tacit. *Histor.* IV, 81-5. — Epict. *Diss.* III, 22, compare aussi le vrai Cynique à Esculape.
[4] Ἡδονή, λύπη, ἐπιθυμία, φόβος. Diog. Laert. VII, 110. Lætitia, ægritudo, libido, metus. Cicer. *Tuscul.* IV, 6.

tion ¹ celle du plaisir ². Seulement tandis que les passions sont des mouvements déraisonnables et excessifs ³, les affections du sage ⁴ sont des mouvements raisonnables, modérés et paisibles ⁵. — La passion est un excès de dilatation ou de resserrement qui détruit le ton normal et naturel de l'âme ⁶. Comme le feu divin, en se relâchant de sa tension première, se change en des éléments inférieurs; de même, en se livrant à des mouvements excessifs, l'âme s'altère en sa constitution naturelle, et c'est par cette altération qu'elle tombe dans le vice. Telle est l'origine première de tout mal ⁷. Les affections du sage sont comme des vibrations mesurées de l'âme, qui ne

---

¹ Senec. *Ep.* 23 Cf. Philon. ap. J. Lips. *Manud. ad st. phil.* III, 2.

² Εὐλάβεια, βούλησις, χαρά. Diog. Laert. VII, 116. Cautio, voluntas, gaudium. Cicer. *Tuscul.* IV, 6. Senec. *Ep.* 59.

³ Cicer. *Tuscul.* IV, 6 : Vehementiorem (sc. appetitum) cum volunt esse qui longius discesserit a naturæ constantia. *De Off.* I, 29 : Nam qui appetitus longius evagantur, et tanquam exsultantes, sive cupiendo sive fugiendo, non satis a ratione retinentur, hi sine dubio finem et modum transeunt, etc.

⁴ Εὐπάθειαι. Diog. Laert. VII, 115.

⁵ Id. ibid. Nam cum ratione animus movetur placide atque constanter, tum illud gaudium dicitur, etc.

⁶ Galen. *de Hippocr. et Plat. plac.* ap. Salmas. *ad Epict.* p. 60. Voy. plus haut, p. 183, n. 2.

⁷ Diog. Laert. VII, 158 : Αἰτίας δὲ παθῶν ἀπολείπουσι τὰς περὶ τὸ πνεῦμα τροπάς. On a vu que τροπή est le terme technique pour la transmutation des éléments. — Chalcid. *in Tim.* p. 395 : (Stoici) perversitatem seminarium malorum esse causati sunt. P. 396 : Stoicos frustra causari nescio quam perversitatem. — *Perversitas* est probablement la traduction de τροπή ou προτροπή. Diog. Laert. VII, 114 : Τέρψις δὲ οἷον τρέψις, προτροπὴ τῆς ψυχῆς ἐπὶ τὸ ἀνειμένον. V. plus haut, p. 183, n. 2.

portent pas atteinte à sa constance [1], qui la laissent subsister dans sa tension essentielle et dans sa rectitude. De même donc que l'Aristotélisme, le Stoïcisme admet des affections légitimes. Mais l'Aristotélisme en place le siége, au moins en partie, dans l'élément passif de notre âme : le Stoïcisme en fait des mouvements de la raison elle-même.

Aussi les vertus proprement dites sont pour Aristote les vertus *morales*, celles qui s'acquièrent non, comme la science, par l'enseignement, mais, ainsi que leur nom l'indique, par les mœurs, la coutume, l'exercice, qui, sous la direction de la raison, transforment en habitudes immuables les dispositions naturelles de la partie passive de notre âme. Ce sont là selon lui les vertus spéciales de l'homme [2], moyen terme entre la nature et Dieu; car elles sont aussi intermédiaires entre les vertus *physiques* ou dispositions naturelles, leur condition et leur matière, et les vertus purement *intellectuelles*, leur forme supérieure et leur fin; vertus qui sont celles de l'intelligence pure, et dans lesquelles consiste la parfaite sagesse, mais qui par là même ne se trouvent entières et pures qu'en Dieu seul. — Pour les Stoïciens la vertu est uniquement la raison. Ni des dispositions physiques différentes de la raison

---

[1] Cicéron traduit même εὐπάθειαι par *constantiæ*.
[2] Aristot. *Eth. Nic.* X. 8.

même, ni la coutume n'y contribuent. C'est bien, comme Aristote, dans la stabilité qu'ils font consister le caractère de la vertu : quand on accomplirait tout ce qui convient à la nature humaine, on n'aurait pas encore atteint le point de la perfection; il faut de plus qu'une semblable vie soit pour l'âme une manière d'être, une *habitude* immuable. Mais selon eux l'habitude, ou la disposition vertueuse ne résulte pas de la coutume : c'est une sorte de cohésion et de solidité de l'âme [1]; et comme la cohésion résulte dans le corps de la tension de l'esprit igné qui y domine, de même dans l'âme elle vient uniquement de la tension volontaire et soutenue de la raison. — En conséquence, les diverses vertus ne sont pas seulement inséparables comme Aristote l'avait cru, et en ce sens que, résultant toutes d'une même et indivisible raison appliquée à des penchants divers, on ne peut en avoir une sans avoir aussi toutes les autres : mais procédant toutes uniquement d'un seul et même penchant de la raison elle-même, elles sont inséparables dans l'usage, dans l'acte, non pas seulement dans la possession, et on ne saurait en exercer une seule sans exercer par cela même et dans le même instant toutes les autres [2]. Toutes les

---

[1] Chrysipp. ap. Stob. *Serm.* CIII, 22 : Ὅταν αἱ μέσαι πράξεις αὐταὶ προσλάβωσι τὸ βέβαιον καὶ ἑκτικὸν, καὶ ἰδίαν πῆξίν τινα λάβωσι.

[2] Diog. Laert. VII, 125; Plutarch. *de Stoic. rep.* 7 ; Cicer. Tuscul. II, 14. Cf. Aristot. *Eth. Nicom.* VI, 13.

vertus ne sont qu'une même vertu ; la différence consiste, non pas à la vérité dans les seules dénominations, comme les Mégariques l'avaient dit, mais du moins dans les seuls rapports [1]. De même que les dieux de la fable ne sont qu'un seul Dieu, désigné par des attributions diverses selon la diversité des régions où il habite et des fonctions qu'il y remplit, de même toutes les vertus sont des apparences ou des figures variées que revêt, dans les différentes circonstances de la vie, une seule et même vertu [2]. Cette unique vertu, suivant Zénon, c'est la prudence ; suivant Cléanthe, c'est la force, laquelle n'est autre chose que la tension de l'âme [3] ; formule qui exprime mieux peut-être que celle de Zénon le caractère propre et distinctif de la philosophie stoïcienne [4]. Mais pour Cléanthe comme pour Zénon, le principe de la vertu et la vertu tout en-

---

[1] Cette doctrine était spécialement celle d'Ariston de Chio, disciple de Zénon, selon Diogène de Laerte, VII, 161 : Ἀρετάς τε οὔτε πολλὰς εἰσῆγεν (sc. ὁ Ἀρίστων), ὡς ὁ Ζήνων, οὔτε μίαν πολλοῖς ὀνόμασι καλουμένην, ὡς οἱ Μεγαρικοί, ἀλλὰ καὶ τὸ πρός τι πῶς ἔχειν. Plutarch. de Virt. mor. 2 : Τῷ δὲ πρός τι πῶς διαφόρους καὶ πλείονας. Mais celle de Zénon revenait au même ; Plutarch. ibid. : Ἔοικε δὲ καὶ Ζήνων εἰς τοῦτό πως ὑποφέρεσθαι, etc. Cf. Senec. Ep. 66 ; Stob. Ecl. t. II, p. 114.

[2] Senec. Ep. 66 : Multæ ejus species sunt, quæ pro vitæ varietate et pro actionibus explicantur. — In alias atque alias qualitates convertitur, ad rerum quas actura est habitum figurata.

[3] Plutarch. de Stoic. rep. 7.

[4] Diogène de Laerte appelle la philosophie stoïcienne : ἀνδρωδεστάτην ; Lucien, les Stoïciens : ἀνδρώδεις. Senec. de Const. sap. 1 : Tantum inter Stoicos et cæteros sapientiam professos interesse, quantum inter feminas et mares, non immerito dixerim. Voy. Gatak. ad M. Anton. IV. 3.

tière est la raison [1], à la fois prudence et force, entendement et volonté, connaissance et action, spéculation et pratique. Aussi la vie parfaite, la vie vertueuse, conforme à elle-même et à la nature, n'est pour les Stoïciens ni la vie pratique ni la spéculative exclusivement : c'est la vie raisonnable, rationnelle, unité des deux autres [2].

En conséquence, tandis que, suivant Aristote, et la vie humaine et même le caractère moral ( ἦθος ) dépendent en grande partie de l'élément irrationnel de l'âme et des passions dont il est le siége, selon les Stoïciens, le caractère moral est la source, la source unique de toute la vie; c'est de là que prennent leur origine toutes nos actions particulières [3]. C'est pourquoi la perfection et la félicité peuvent être définies, suivant eux, le libre cours de la vie [4]; de la vie, c'est-à-dire de l'unique principe d'où elle découle, la raison, la vertu.

Enfin, la vertu n'est pas seulement une et simple en nature, elle l'est en degré. Elle est la perfection : elle ne peut donc ni croître ni décroître [5]; elle ne

---

[1] Senec. *Ep.* 66 : Virtus quæ non aliud est quam recta ratio.

[2] Diog. Laert. VII, 130.

[3] Stob. *Ecl.* t. II, p. 37 : Ἦθός ἐστι πηγὴ βίου, ἀφ' ἧς αἱ κατὰ μέρος πράξεις ῥέουσι.

[4] Εὔροια βίου. Diog. Laert. VII, 88 ; Sext. Empir. *Pyrrh. hypot.* III, 172 ; Stob. *Ecl.* t. II, p. 138 ; Senec. *Ep.* 120. Cf. Gatak. ad M. Antonin. II, 5.

[5] Simplic. *in Categ.* ξ' f° 3.

peut être plus ou moins tendue ou relâchée; car elle est, comme une règle, comme une ligne droite, au plus haut degré de tension qui soit possible [1]. Tandis que, dans la doctrine d'Aristote, la vertu est plus ou moins forte, plus ou moins intense, selon que la partie passive de l'âme est devenue, par l'exercice volontaire, plus ou moins obéissante à la partie intellectuelle [2]; dans le Stoïcisme, la vertu, identique avec la raison, est comme elle, comme la vérité, simple, uniforme, absolue. Elle est la sagesse même, ou elle n'est rien. Comme il n'y a pas de milieu entre le vrai et le faux, le droit et le courbe, de même, point de milieu entre la raison et la déraison, entre la vertu et le vice, entre la sagesse et la folie [3]. Ainsi toutes les actions bonnes et droites sont égales; car ce ne sont que des applications différentes d'un seul et même principe, qui ne connaît pas de degrés : toutes les mauvaises actions sont égales pareillement. Tous les hommes vertueux sont sages, et tous les sages sont parfaitement sages; tous ceux qui ne le sont pas sont complétement insensés, vicieux et misérables. Quiconque a une vertu a toutes les vertus,

---

[1] Senec. *Ep.* 71 : Hoc nec remitti nec intendi posse non magis quam regulam qua rectum probari solet... Idem ergo de virtute dicemus : et haec recta est. Flexuram non recipit, rigida est : amplius intendi non potest.

[2] Simplic. *in Categ.* ξ' f° 3.

[3] Diog. Laert. VII, 127 ; Senec. *Ep.* 74.

quiconque a un vice a tous les autres vices[1], et l'un et l'autre au plus haut degré qui soit possible. Que les insensés soient plus ou moins rapprochés ou éloignés de la sagesse, ils n'en sont pas moins privés. Une courbe, quel qu'en soit le rayon, n'en est pas moins une courbe; un petit chien, tout proche du jour où ses yeux s'ouvriront, n'en est pas moins incapable de voir; un homme qui se noie, pour être tout près de la surface de l'eau, ne s'en noie pas moins : de même l'insensé, si proche qu'il soit de la sagesse, n'en est pas moins complétement insensé et misérable[2]. — Le sage donc, d'un autre côté, possède tout entières, dans toute leur plénitude, la raison, la science et la vertu. Il n'a point de passions, il n'a point d'opinions; possédant en lui-même le principe, la raison de toutes choses, il sait tout, d'une science certaine, infaillible[3]. Les arts mêmes qui se rapportent aux choses de l'opinion, n'étant que des applications de la raison, il les connait seul dans leur premier principe, et il est, par conséquent, le seul qui les sache bien. Il est le seul juge digne de ce nom, le seul magistrat, le seul prêtre, le seul général d'armée, le seul orateur; il est aussi le seul poëte, le seul dialecticien, le seul

---

[1] Voy. J. Lips. *Manud. ad Stoic. phil.* III, 21.
[2] Cic. *de Fin.* III, 14.
[3] Stob. *Ecl.* t. II, p. 116.

critique, le seul musicien; bien plus le seul forgeron, le seul cordonnier[1]. Pour tout dire, possédant seul le vrai principe de toute science et de tout art, il est le seul savant et le seul artiste, en quelque genre que ce soit. — Non-seulement il sait tout : il a, il possède aussi tout. Comme l'avaient déjà dit les Cyniques, tout lui appartient; il est le seul riche, le seul roi, et le seul maître de toutes choses[2] : car il possède seul ce dont tout le reste tire sa valeur. Il est le seul beau : car il a en lui le principe de toute beauté, la beauté de l'âme, dont celle du corps n'est qu'une faible image.

Enfin, de tout ce que le sage possède, rien ne peut lui être enlevé. La sagesse, une fois acquise, ne se perd plus jamais, ni tout ce qui en dépend[3]. Tandis que plaçant la vertu dans une participation de la partie passive de la nature humaine à un principe supérieur, Aristote et Théophraste avaient dit qu'une affection grave pouvait la détruire, aussi bien que la science[4], et Ménandre, leur disciple, que la bonté même ou la méchanceté de l'homme

---

[1] Voy. J. Lips. *Manud. ad stoic. phil.* III, 17.

[2] Diog. Laert. VII, 125.

[3] Selon Diogène de Laerte, VII, 127, Chrysippe aurait dit que le délire ou la manie pouvait faire perdre la sagesse. Mais il est au moins douteux qu'il ait fait un pareil aveu, qui mettrait la sagesse dans la dépendance de circonstances extérieures, et donnerait gain de cause aux Péripatéticiens. Voy. ci-dessous.

[4] Simplic. *in Categ.* τ', f. 8.

dépendait de la fortune; suivant les Stoïciens, au contraire, la science et la vertu résidant uniquement dans la raison impassible, rien ne saurait y porter atteinte, ni la maladie, ni le délire, ni le vin. Il est possible que le sage soit chargé de vin : il n'est pas possible qu'il soit ivre; il se peut que le délire ou la mélancolie lui causent des visions bizarres, des imaginations extravagantes: il est impossible qu'il devienne déraisonnable et fou[1]. En d'autres termes, quelque trouble qu'éprouve l'imagination, rien ne saurait atteindre et entamer la raison. — C'est l'impassibilité absolue dont Aristote faisait le privilége de l'intelligence séparée et immatérielle, transportée à une raison de nature corporelle, dans les conditions de la matière et des sens.

Enfin, le sage seul est libre : tous les autres hommes sont esclaves. Seul, en effet, le sage a le pouvoir d'agir par lui-même, ce qui est la liberté[2]: tous les autres obéissent à des impulsions étrangères, à celles de l'opinion et de la passion. Cela ne veut pas dire que, comme le voulait Épicure, le sage échappe, par son libre arbitre, à la fatalité. Tout est soumis au destin. Mais tandis que les autres hommes, s'efforçant de contrarier le cours naturel de l'univers, obéissent malgré eux à

---

[1] Voy. J. Lips. *Manud. ad stoic. phil.*, III. 18.

[2] Diog. Laert. VII, 121 : Εἶναι γὰρ τὴν ἐλευθερίαν, ἐξουσίαν αὐτοπραγίας.

la nécessité, le sage, par sa raison, s'identifie avec la raison universelle, cause première de toutes choses, et qui est le destin même [1]. Tout ce qu'elle fait, il le veut, et par conséquent rien ne lui arrive malgré lui ; rien ne lui arrive à quoi il ne s'attende et qu'il n'ait par avance accepté [2].

Ainsi en possession de toute science, de tout bien et de toute beauté, jouissant d'une sagesse et par conséquent d'une félicité accomplie, sans que rien puisse les lui arracher, libre enfin parce qu'il sait et veut tout ce qui arrive, comme la destinée elle-même, le sage marche de pair avec Dieu [3]. — Le sage d'Épicure n'est du moins que le pareil d'un de ces dieux inutiles et oisifs dont le vide est peuplé. Selon le Stoïcisme, il n'y a qu'un Dieu, providence et destin, qui fait tout et qui conserve tout par la tension d'une raison toute-puissante : et c'est aussi par la force, par l'énergie de sa raison que le sage, s'élevant comme Hercule au-dessus de l'humanité, s'assimile, bien plus s'unit et s'identifie à la raison de l'univers, à la Providence, au Destin.

La philosophie péripatéticienne considère le monde, la nature entière, comme le résultat du

---

[1] Cleanth. *Hymn.* ap. Stob. *Ecl.* t. I, p. 32 ; Epict. *Diss.* III, 26.
[2] Voy. J. Lips. *Manud. ad stoic. phil.* III, 9.
[3] Chrysipp. ap. Stob. *Ecl.* t. II, p. 198 ; Plutarch. *adv. Stoic.* 33 ; *de Stoic. rep.* 13.

mouvement progressif de la matière, être en puissance, vers la parfaite réalité de l'intelligence pure, supérieure à l'humanité même. Dès lors elle reconnaît, au-dessous de ce point culminant de l'absolue vérité, tous les degrés du vraisemblable et de l'apparence, qui en sont d'incomplètes représentations. Elle laisse encore une place, après la science exacte et l'entière certitude, aux probabilités et à l'opinion. Elle admet et justifie la valeur relative que le commun des hommes attribue à ce qui n'est pourtant pas le souverain bien. En un mot, elle reconnaît dans la condition humaine un mélange, un tempérament de deux principes, l'un inférieur et l'autre supérieur à l'homme, et dont le premier ne tend naturellement qu'à se transformer dans le second. Le Stoïcisme, au contraire, prétend tout expliquer par un seul principe, à la fois intelligent et corporel, la raison. Tout ce qui n'est pas la raison même n'est pour lui que déraison, folie et vice. Nul tempérament : tout d'un côté, et rien de l'autre. Hors de la sagesse absolue, rien que démence et misère ; tout ce qui est bon et vrai est réuni dans le sage : il est égal, il est identique à la raison, et par conséquent à Dieu même. C'est le sens de tous les *paradoxes* du Stoïcisme : autant de maximes de la sagesse rigoureuse, opposées aux doctrines tempérées de la sagesse commune ; maximes, disait

Cléanthe, contraires à l'opinion, mais non pas à la raison [1].

Cependant, à y regarder de plus près, sous cette altière fiction reparaît bientôt la réalité qu'elle déguise. D'abord le sage est un idéal qu'il est à peu près impossible à la nature humaine de réaliser. Tandis qu'Épicure ne fait pas difficulté de s'attribuer, à lui et à Métrodore, le titre de sages, selon les Stoïciens, Socrate, Antisthène ni Diogène, Zénon, Cléanthe ni Chrysippe ne l'ont mérité [2]. Un sage a dû se rencontrer dans l'antiquité la plus reculée. Mais c'est sans doute, comme ce phénix [3] auquel le Stoïcisme compare le monde, un être unique en son espèce, qui ne paraîtra qu'une fois dans chacune des grandes périodes de la vie de l'univers. Encore ce sage n'a-t-il pu savoir lui-même s'il l'était [4].

Que sert donc aux hommes un bien mis à une hauteur où ils doivent désespérer d'atteindre? Que sert une sagesse placée au delà de leur portée, et qui les laisse tous également loin d'elle, plongés dans la folie, le vice et la misère? — Mais comme, pour expliquer la formation du monde, les Stoïciens

---

[1] Epict. *Diss.* IV, 1 : Παράδοξα μὲν... καθάπερ καὶ ὁ Κλεάνθης ἔλεγεν, οὐ μὴν παράλογα.

[2] Diog. Laert. VII, 91 ; Plutarch. *de Stoic. rep.* 31.

[3] Alex. Aphrod. *de Fato*, (Lond. 1658, in-8°), p. 130.

[4] Stob. *Ecl.* I, II, p. 235-6 : Γίγνεσθαι δὲ καὶ διαλεληθότα τινὰ σοφὸν νομίζουσι κατὰ τοὺς πρώτους χρόνους, οὔτε ὀρεγόμενόν τινος, etc. Voy. ci-dessous, p. 217, n. 3.

supposent que le feu divin s'abaisse et s'accommode à des formes inférieures d'existence, de même leur sagesse inflexible, se relâchant de sa rigueur, se plie aux nécessités de la vie humaine.

Rigoureusement parlant, il n'y a d'autre bien que le beau, et le vrai beau consiste dans la raison et la vertu absolues; de même, rien de mal que ce qui est laid et honteux, et rien de laid et de honteux que la déraison et le vice. Tout le reste n'est ni bon ni mauvais, mais absolument indifférent. Pourtant, parmi les choses indifférentes, les unes sont conformes et les autres contraires aux fins de la nature. A la première classe appartiennent la vie, la santé, les richesses, la réputation; à la seconde, la mort, la maladie, la pauvreté, le déshonneur; c'est ce que les Péripatéticiens appelaient les biens et les maux extérieurs. Les choses de la première classe ont donc, sinon une bonté véritable, du moins une valeur, une dignité [1]; les autres en ont le contraire. Les unes, sans être bonnes, sont plus avancées par rapport au bien et par conséquent préférables, les autres plus reculées et par conséquent à rejeter [2]. Rien n'empêche donc de s'accommoder au lan-

---

[1] Ἀξία, ἀπαξία. Stob. *Ecl.* t. II, p. 144 : Cicer. *de Fin.* III, 6, 10.

[2] Προηγμένα, ἀποπροηγμένα; ληπτά, ἄληπτα. Ibid. Diog. Laert. VII. 105 : Producta, promota, præposita, præcipua, sumenda; rejecta, rejectanea. Cic. *de Fin.* III, 16; IV, 8, 26; Senec. *Ep.* 74. — Stob. *Ecl.* t. II, p. 156 : Τὸ δὲ προηγμένον... συνεγγίζειν πως τῇ τῶν ἀγαθῶν φύσει.

gage ordinaire, dans l'usage de la vie, en appelant les premières des biens, et leurs contraires des maux. Rien n'empêche de suivre en public l'opinion commune qu'en son for intérieur on ne partage point. Le sage même, tout en restant fidèle à sa pensée, le sage ne fera pas difficulté de parler et d'agir comme le vulgaire ignorant et insensé[1]. Ce n'est point mensonge : c'est accommodement nécessaire aux conditions de notre existence; c'est cette même *économie*[2] par laquelle Dieu s'abaisse de sa perfection essentielle à des formes inférieures d'existence. — Bien

---

[1] Plutarch. *de Stoic. rep.* 5 : Οὕτω ῥητορεύσειν καὶ πολιτεύσεσθαι τὸν σοφὸν ὡς καὶ τοῦ πλούτου ὄντος ἀγαθοῦ, καὶ τῆς δόξης καὶ τῆς ὑγιείας. Cic. *de Fin.* IV, 9. Senec. *Ep.* 5 ; Intus omnia dissimilia sint : frons nostra populo conveniat. Plutarch. *adv. Stoic.* 11. Epict. *Man.* 16. Voy. Gatak. *ad M. Antonin.* XI, 18.

[2] Οἰκονομία en grec, *dispensatio* en latin, signifient distribution proportionnelle, arrangement (Aristote dit d'Euripide : Εἰ καὶ τὰ ἄλλα μὴ εὖ οἰκονομεῖ, *Poet.* 13. Cicéron dit pareillement : *dispensare* inventa, (*Orat.* I, 31), par suite ménagement (qui tient en français à *ménage* comme en grec οἰκονομία à οἶκος), et même, enfin, feinte, dissimulation, voy. Gatak. *ad M. Antonin.* V, 51 ; XI, 18. L'οἰκονομία consistant à dispenser les choses selon leurs valeurs, c'est agir κατ' οἰκονομίαν que de subordonner, d'accommoder les moyens aux fins, et par conséquent d'employer, au besoin, pour un but louable le faux et le mal. (Henri Estienne, *Thes. ling. gr.* v. οἰκονομία : Videtur autem metaphora esse a providis rerum domesticarum dispensatoribus, qui sciunt quo quælibet tempore agenda sint, et quomodo expensa facienda). De là Stob. *Ecl.* t. II, p. 230 : Τῷ μέντοι ψεύδει ποτὲ συγχρήσασθαι νομίζουσιν (sc. οἱ Στωϊκοί) αὐτὸν (sc. τὸν σοφὸν) κατὰ πολλοὺς τρόπους... καὶ κατ' ἄλλας οἰκονομίας τοῦ βίου πολλάς. Cf. Quintil. *Instit. orat.* XII, 1 ; Plutarch. *de Stoic. rep.* 47. — C'est par l'οἰκονομία que saint Clément d'Alexandrie, Origène, saint Jérôme, etc., expliquent les exemples de dissimulation et même de simulation, donnés par les Saints de l'Ancien

plus, le sage serait insensé lui-même de ne pas rechercher, comme si c'étaient des biens, la vie, la santé, la richesse. Pour un talent, disait Chrysippe, le sage donnera trois fois de la tête en terre, s'il le faut [1].

Enfin parmi les choses indifférentes, et pourtant conformes à la nature, il en est qui méritent sur toutes les autres le nom de *convenables* (καθήκοντα). Ce sont, comme on l'a vu, les fonctions naturelles appropriées à la conservation de l'individu et surtout de l'espèce, et dans lesquelles brille la beauté dont la raison est le principe. Ainsi aimer ses enfants, ses parents, pratiquer la bienfaisance, donner ses soins ou sa vie pour le bien public : en un mot, toutes ces œuvres qui, accomplies dans la seule vue de l'ordre, de l'harmonie et de la beauté, accomplies par le sage, forment les actions droites (κατορθώματα). L'exercice constant de tous ces actes, sans en omettre aucun, constitue donc une vertu et une sagesse vulgaires, ressemblance imparfaite sans doute de la vertu et de la sagesse absolues, mais

---

Testament ; voy. Gatak. *ad M. Antonin.* XI, 18. — On verra plus bas (livre II) quelle place a tenue dans la doctrine chrétienne l'idée de l'οἰκονομία avec toutes ses acceptions. — On ne cite point d'exemples de l'emploi de ce mot dans le sens secondaire de dissimulation, etc., qui soient antérieurs à Épictète (*Man.* III. 14 ; cf. M. Antonin. IV, 19 ; V, 51 ; XI, 18). Mais on en trouvait sans doute beaucoup dans les ouvrages, tous perdus aujourd'hui, des anciens Stoïciens.

[1] Plutarch. *de Stoic. rep.* 30.

qui sert pourtant à y conduire[1]. Telle fut la sagesse d'Antisthène, de Socrate, des sept Sages. Ainsi, sans posséder la sagesse absolue, on en peut approcher plus ou moins : ce sont les divers degrés du progrès (προκοπή). A la vérité, ce progrès n'est point, comme les Péripatéticiens le voulaient, un milieu entre le vice et la vertu, entre la folie et la sagesse[2]. Ceux qui approchent le plus demeurent toujours parmi les insensés, comme une ligne courbe, à quelque point qu'elle approche d'une droite, n'en demeure pas moins une courbe. Mais l'approximation peut être poussée si loin que la différence devienne inappréciable, et que le passage du dernier degré du progrès vers la sagesse à la sagesse même soit tout à fait insensible pour celui qui vient de l'accomplir. Tel est sans doute le sens de ce mot de Chrysippe, que le sage ne s'aperçoit pas qu'il est devenu sage [3].

---

[1] Cic. *de Off.* III, 4; Chrysipp. ap. Stob. *Serm.* CIII, 22.

[2] Diog. Laert. VII, 127 : Τῶν Περιπατητικῶν μεταξὺ ἀρετῆς καὶ κακίας λεγόντων τὴν προκοπήν.

[3] Plutarch. *adv. Stoic.* 9 : Τῆς ἀρετῆς καὶ τῆς εὐδαιμονίας παραγινομένης, πολλάκις οὐδ' αἰσθάνεσθαι τὸν κτησάμενον, διαλεληθέναι δ' αὐτόν. 10 : Τοὺς προκόπτοντας... φρονίμους καὶ ἀγαθοὺς γενομένους διαλανθάνειν ἑαυτούς. — Διαλεληθότας ἐκείνους σοφούς Λείπεται τοίνυν ἀσθενείᾳ καὶ μικρότητι διαφεύγειν αὐτὸ τὴν αἴσθησιν. *de Stoic. rep.* 19; *de Profect. in virt.* 1. Cf. Stob. *Ecl.* t. II, p. 235. — Ce devait être le sujet du livre de Chrysippe, intitulé : Περὶ τοῦ διαλεληθότος, πρὸς Ἀθηνάδην. Laert. VII, 12. — Cette idée n'a pas été entendue par Ritter (*Hist. de la philos.*, trad. fr, III, 510), ni par Heeren (ad Stob. l. l.).

Ainsi cette différence absolue de nature, qui séparait le souverain bien de tout ce qui n'était pas lui, elle se réduit à une différence de degré, de quantité, à tel point insensible, qu'elle échappe au sage ; au sage, c'est-à-dire à la sagesse même, à la raison divine dans une conscience humaine.

Ce n'est pas tout. Non-seulement les fonctions naturelles se rapprochent graduellement de la sagesse jusqu'à ne s'en pouvoir plus distinguer, mais encore, sans ces fonctions, la sagesse, dépourvue d'objet, manquant de base, ne saurait subsister. Ce n'est pas seulement que, sans les choses nécessaires à la vie, il n'y aurait pas lieu de chercher le meilleur genre de vie, que, selon les formules employées par Aristote, pour bien vivre il faut d'abord vivre, et qu'avant le bien et le beau il faut le nécessaire. Mais en outre, de même que la tension essentielle du feu divin ne saurait se concevoir sans une matière où elle se déploie, de même l'harmonie qui exprime la conformité de la raison avec elle-même dans sa tension essentielle, l'harmonie, le beau, le bien par conséquent implique une série, un ensemble d'actes ou de fonctions naturelles, disposées dans un certain ordre, qui lui servent de sujet. La sagesse consiste dans l'établissement et la conservation de l'harmonie ou de la beauté. Donc elle n'aurait absolument rien à faire, si les choses qui servent à la vie, si les premiers éléments de la nature, ces choses indifférentes, étaient véritablement sans différence (comme Pyrrhon et Ariston l'avaient dit), et qu'entre elles il n'y eût pas de choix [1]. Le bien ne consiste qu'à faire un choix raisonnable entre les premiers éléments de la nature. A la vérité, il ne consiste pas selon les Stoïciens dans les choses ou dans les actes qu'on choisit; le choix même est ce en quoi il consiste [2]. C'est la poursuite, disaient-ils, qui est le vrai but de l'acquisition, et non l'acquisition celui de la poursuite : car c'est à la poursuite seule qu'il appartient d'être raisonnable et sage [3]. — Mais dit très-bien Plutarque, comment le choix de choses inutiles et indifférentes serait-il bon, utile et raisonnable? On veut que la fin du choix de la raison soit ce choix même. Mais le choix implique lui-même une fin : c'est la fin qui détermine et mesure la sagesse du choix; c'est selon le but qu'on se pro-

---

[1] Cic. de Fin. III, 15 : Nec ullum sapientiæ munus aut opus invenietur, cum inter eas res quæ ad vitam degendam pertinerent, nihil omnino interesset, neque ullum delectum adhiberi oporteret. IV, 17 : Dicitis initia proponi necesse esse apta et accommodata naturæ, quorum ex selectione virtus possit existere.

[2] Plutarch. adv. Stoic. Τὸ τέλος... τὴν τούτων ἐκλογὴν, καὶ μὴ ταῦτα τέλος· μὲν γὰρ τὸ ἐκλέγεσθαι καὶ λαμβάνειν ἐκεῖνα φρονίμως. Sen. Ep. 92 : Non est bonum per se munda vestis, sed mundæ vestis electio : quia in re bonum est, sed in electione, qua actiones nostræ honestæ sunt, non ipsa quæ aguntur. Cf. Cic. de Fin. III. 6 ; IV, 17.

[3] Plutarch. adv. Stoic. 26 : Τὴν ἔφεσιν... τέλος τῆς τεύξεως, οὐ τῆς ἐφέσεως τὴν τεῦξιν « τῇ γὰρ ἐφέσει, νὴ Δία, τὸ εὐλογίστως καὶ τὸ φρονίμως πρόσεστι. »

pose que la poursuite est sage ou ne l'est point [1]. — Sans doute on peut se proposer et atteindre dans la poursuite d'un objet quelconque un but plus élevé que cet objet lui-même ; et c'est là le vrai de ce paradoxe que la fin est dans la poursuite, et non pas dans l'objet. Mais ce but supérieur, c'est justement ce qui manque à la morale stoïque. Puisque la Raison de Zénon et de Chrysippe n'a point, comme l'Intelligence séparée et surnaturelle d'Aristote, une opération propre qui n'attende rien du dehors, où elle trouve sa dernière et véritable fin, et à laquelle toute autre fin se réfère, puisque cette Raison, au contraire, consiste exclusivement à choisir parmi les fonctions naturelles, c'est de la nature seule qu'elle apprend ce qu'elle a à faire, c'est d'elle seule qu'elle tire le principe, la règle de son propre choix. — La fonction naturelle est, selon les Stoïciens, le probable, dont on peut donner, quand on l'a fait, une raisonnable justification [2]. C'est la raison qui doit le convertir dans le certain et le vrai absolu. Mais, de même que dans la formation de la science, bien loin que la raison tire de son propre fonds le critérium de la vérité des représentations sensibles, c'est plutôt de ces représentations mêmes qu'elle le reçoit, de même aussi que

---

[1] Id. ibid.

[2] Diog. Laert. VII, 107 : Καθῆκόν φασιν εἶναι ὃ πραχθὲν εὔλογόν τινα ἴσχει ἀπολογισμόν. Stob. *Ecl.* l. II p. 158 ; Sext. Empir. *adv. Math.* VII, 158.

dans la nature, le principe actif dépend, pour son existence, du principe passif dont on le fait la cause, de même, dans la morale, c'est à la simple probabilité des instincts naturels que la raison, à qui seule il appartient de les légitimer, revient demander la loi et la règle de la vie [1]. Selon la remarque des adversaires des Stoïciens, ceux-ci, après avoir proclamé si haut l'indépendance de la vertu, la font dépendre de quelque chose qui lui est étranger [2]. Placer le souverain bien dans le plaisir, c'était du moins donner aux actions un but distinct et déterminé, en vue duquel elles devaient toutes s'ordonner [3]. Les Stoïciens partent des instincts pour s'élever en apparence à un principe supérieur de moralité; et c'est pour revenir emprunter aux instincts la règle de la morale. C'est un cercle qui des sens passe à la raison et revient aux sens.

Le Stoïcisme a rejeté cette sagesse placée par Aristote au-dessus de la condition humaine; cette sagesse sublime qui, n'empruntant rien du dehors, se suffisant toute seule, commence et se termine à la contemplation de la pensée par elle-même. Il renferme la sagesse, avec la félicité qui y est jointe,

---

[1] Cic. *de Fin.* IV, 17 : Quid autem minus consentaneum est quam quod aiunt, cognito summo bono, reverti se ad naturam, ut ab ea petant agendi principium, id est officii?

[2] Id. ibid. : Non enim in selectione virtus ponenda erat, ut id ipsum quod erat bonorum ultimum aliud aliquid acquireret.

[3] Id. ibid.

dans les limites les plus strictes de la nature et de l'humanité. Au lieu de la placer dans la conscience de l'intelligence spéculative, c'est dans la raison qu'il la cherche; la raison qui, tendue avec constance dans le monde sensible, y produit et dispose tout avec ordre, harmonie et beauté[1]. Par là, tandis que, dans le système péripatéticien, l'homme semble aspirer, cédant à l'attrait de la pensée divine, à une sagesse et une félicité qu'il ne saurait atteindre et qui le laissent en proie au trouble des passions, des opinions et des besoins du corps, le Stoïcisme prétend lui assurer, dans la possession de la raison, ou de la vertu, à l'abri de toute opinion, de toute passion et de toute servitude corporelle, l'*ataraxie* de la félicité et de la sagesse absolues. Mais, séparée du principe supérieur auquel l'Aristotélisme la rattachait, incapable de subsister et de se suffire sans une matière en laquelle elle réside, la raison n'a plus de sens et d'objet hors des choses inférieures: elle y est attachée, elle en dépend; au lieu de leur commander, elle subit leur loi. Au lieu d'être l'instrument qui soumet la matière et les passions à la domination de la pensée, la vertu, sans objet par elle-même, se règle sur l'instinct; au lieu d'être l'intermédiaire par lequel l'élément physique se plie

---

[1] On a vu que les Stoïciens font toujours reposer l'idée de la beauté sur celle de l'ὁμολογία, *convenientia* ou *constantia*. Or cette dernière idée, ils la rapportent à son tour à celle de la tension.

et se subordonne au principe métaphysique de la pensée divine, la morale subit la loi de la pure physique; elle n'en est que la contre-épreuve et le reflet. Le droit demande sa loi au fait, l'intelligence à la matière, l'âme au corps.

En général, tandis que le Pyrrhonisme écarte, comme une hypothèse impossible à vérifier, le monde métaphysique des intelligibles et de l'intelligence pure, tandis que l'Épicurisme le rejette, et ne laisse subsister que la matière inerte et la sensation passive, le Stoïcisme a voulu l'unir indissolublement à la matière, l'identifier avec la nature. Au lieu de l'acte pur, ce qu'il prend pour le premier principe et de l'être et de la connaissance, c'est la tension; au lieu de la pure Intelligence, la Raison tendue, déployée dans la matière et les instincts physiques. Mais le premier principe devenu ainsi, au lieu d'une forme essentiellement immatérielle, qui se suffisait à elle-même indépendante et séparée, une forme exclusivement matérielle, inséparable de la matière qu'elle anime, il tombe dans la dépendance, il est sujet aux lois de la matérialité. Dans l'ordre physique, la tension du feu éthéré ne peut exister sans l'air, dans lequel elle se déploie, l'air sans l'eau, l'eau sans la terre; Dieu est assujetti par une loi fatale à toutes les transformations d'où résulte le monde, et l'abstraction seule l'en distingue. Dans l'ordre moral, le principe directeur, la raison, la vertu, au lieu de régler la vie par le beau et le bien, emprunte de la vie toute sa règle. La vertu et la raison sont des abstractions dépourvues de sens par elles-mêmes, et dont les instincts naturels remplissent seuls le vide; l'utilité physique redevient, en dernière analyse, la mesure première de la beauté morale. Avant tout, dans l'ordre de la science, au lieu de fournir la mesure supérieure de la vérité et de la certitude de toute connaissance, l'activité de l'entendement est, dans le fond, dépendante des impressions passives de la sensibilité, et elle ne fait que réfléchir sur les sens, comme la vertu sur les instincts, tout ce qu'elle en a reçu. En un mot, dans toutes les sphères que la philosophie embrasse, le principe supérieur que le Stoïcisme a voulu distinguer seulement de l'élément matériel sans l'en séparer et le faire subsister à part, s'y perd et s'y évanouit. Privé de la faculté de subsister par soi seul, il n'est en lui-même qu'une conception, une forme vide, insaisissable, à laquelle l'abstraction donne seule un semblant de réalité.

Tel est le résultat que le développement du Stoïcisme lui-même et la dialectique d'écoles rivales devaient tôt ou tard mettre en lumière.

Dès le temps de Zénon, le scepticisme de la nouvelle Académie, attaquant la philosophie stoïcienne, non dans l'idée-mère de sa physique, de laquelle elle procédait tout entière, mais dans les principes généraux de sa logique et de sa morale, commença à l'ébranler. Le scepticisme de Pyrrhon avait pris naissance dans les écoles de dialectique issues de l'enseignement de Socrate : le scepticisme de la nouvelle académie sortit de la philosophie platonicienne, resserrée dans les limites où Aristote avait renfermé la dialectique. Le fondateur de cette école, Arcésilas, avait appartenu d'abord à celle de Théophraste [1]. Il y prit en partie, peut-être, cet esprit de modération et de mesure par lequel les doctrines de l'Académie se distinguèrent du rigorisme exclusif, au moins en apparence, de la philosophie stoïcienne. Mais surtout il dut s'y former dans ce grand art de la connaissance et de l'usage des probabilités, que l'école péripatéticienne cultivait, avec tant de succès, dans ses deux grandes branches. C'est de Théophraste qu'il dut apprendre l'éloquence par laquelle lui et ses successeurs rivalisèrent toujours avec les Péripatéticiens, et qui donna tant d'avantages à la nouvelle Académie contre la sèche dialectique du Stoïcisme. Surtout le successeur d'Aristote dut lui communiquer l'art de traiter, en toute question, par tous les arguments possibles, le pour et le contre, le oui et le non : art

---

[1] Diog. Laert. IV, 24.

de la dialectique, dont les Péripatéticiens avaient reçu de Platon les premiers éléments, mais qu'ils avaient su les premiers féconder par la rhétorique. — D'élève de Théophraste, Arcésilas devint élève des platoniciens Polémon et Crantor, et il remplaça dans l'enseignement leur successeur Cratès [1]. Mais ce fut pour rétablir dans l'école platonicienne, où la morale était alors cultivée presque seule, la méthode, abandonnée depuis le temps de Socrate, d'interroger les autres, et de soutenir tour à tour, sur toute question, les opinions contraires [2]. Par lui la dialectique revient de l'Aristotélisme, où elle avait été transplantée, fleurir en quelque sorte sur le sol qui l'avait d'abord vue croître, et elle y porte pour fruit le Scepticisme. Arcésilas ne faisait, dit-on, que ce que Socrate avait semblé faire : demander aux autres leur opinion et les combattre, pour conclure enfin, de la valeur égale des opinions contraires, la nécessité de suspendre son jugement [3]. Platon par devant et Pyrrhon par derrière, suivant l'expression d'un de ses adversaires [4], les doctrines platoniciennes n'étaient pour lui que ce que la morale socratique avait été pour Pyrrhon, une apparence, préférable à toute

---

[1] Id. IV, 28, 32.

[2] Id. ibid.; Cic. *de Fin.* II, 1. Voy. Bayle, *Dict. crit.*, art. *Arcesilas*, rem. A.

[3] Cic. *Acad.* I, 12; *de Orat.* III, 18.

[4] Aristo ap. Sext. Empir. *Pyrrh. hypot.* I, 234:
Πρόσθε Πλάτων, ὄπιθεν Πύρρων, μέσσος Διόδωρος.

autre, mais sur laquelle il était impossible à l'homme de porter un jugement assuré.

Arcésilas convient avec Zénon, et contrairement aux Péripatéticiens, que le sage n'a pas d'*opinion*[1]; mais il lui refuse la science. De l'aveu des Stoïciens, la science est à cette condition que la représentation qui provient d'un objet sensible puisse toujours être discernée d'avec toute autre. Or, cette possibilité, Arcésilas, après les Péripatéticiens, la conteste. Suivant lui, point de représentation provenant d'un objet quelconque, qui ne pût provenir d'un autre[2]. C'est ce qu'atteste chaque jour l'expérience. En effet, suivant les Stoïciens[3], il n'y a d'autres représentations que celles qui proviennent des sens. Or, la sensation est une modification passive, sous l'action d'une cause extérieure que nous révèle l'impression seule qu'elle fait sur nous. En admettant donc, avec les Stoïciens, qu'un même effet ne peut pas résulter de deux causes différentes, qu'importe,

---

[1] Cic. *Acad.* II, 35.

[2] Cic. *Acad.* II, 24 : Nullum tale esse visum a vero ut non ejusmodi etiam a falso possit. — Aussi Cicéron, parlant au nom des Académiciens, déclare formellement qu'il n'a affaire qu'aux Stoïciens, et nullement aux Péripatéticiens; *de Fin.* V, 26 : Nihil est enim aliud quamobrem nihil percipi mihi posse videatur, nisi quod percipiendi vis ita definitur a Stoicis, ut negent quidquam posse percipi, nisi tale verum quale falsum esse non possit. Itaque hæc cum illis est dissensio, cum Peripateticis nulla sane.

[3] Ibid. 13 : Componunt igitur (sc. Academici) primum artem quamdam de his quæ visa dicimus, eorumque vim et genera definiunt : in his quale sit id quod percipi et comprehendi possit : totidem verbis quot Stoici. Cf. Sext. Emp. *adv. Math.* VII, 158.

si nous ne jugeons de l'effet lui-même que par le témoignage insuffisant de l'impression que nous en recevons [1]? — On a vu que les Stoïciens en appelaient au choc que la réalité exerce sur nous, et qui nous en manifeste la force et la nature. Mais cette force, ce n'est toujours que par ce que nous en souffrons qu'il nous est donné d'en juger. Jamais nous ne pouvons être sûrs d'apercevoir la dernière et décisive différence par laquelle la représentation véritable d'un objet se distingue de toute autre. En d'autres termes, jamais nous ne pouvons saisir d'une manière certaine la raison déterminante qui fait l'individualité de chaque chose; car jamais nous ne l'apercevons qu'à travers les impressions passives de nos sens [2]. Jamais, par conséquent, nous ne pouvons arriver à une *représentation compréhensive*, à laquelle on puisse accorder son assentiment sans danger de faillir, et de prendre pour science une simple opinion [3].

Ce n'est pas tout. L'assentiment ne s'adresse qu'à des propositions. Car tout jugement établit un rapport de deux termes. Ce n'est donc pas proprement à une représentation qu'on donne son assentiment, mais à une conception [4]; une conception, c'est-à-

---

[1] Ibid. 26 : Ne sit sane : certe videri potest.
[2] Sext. Empir. *adv. Math.* VII, 159-164.
[3] Cic. *Acad.* II, 21, 24; Sext. Empir. *adv. Math.* VII, 156.
[4] Sext. Empir. *adv. Math.* VII, 154 : Ὅτι ἡ συγκατάθεσις οὐ πρὸς φαντασίαν γίνεται, ἀλλὰ πρὸς λόγον. Τῶν γὰρ ἀξιωμάτων εἰσὶν αἱ συγκαταθέσεις.

dire, dans la doctrine stoïcienne, un incorporel[1] sans réalité, une abstraction, œuvre de l'entendement de l'homme. Comment donc, pour établir la vérité première et fondamentale de la représentation, en appeler à l'assentiment? Et en effet, ajoutait Carnéade, si la règle du vrai ne se trouve pas déjà dans la représentation, elle ne se trouve pas non plus dans la raison. Car où la raison prend-elle les éléments de son jugement, selon les Stoïciens, si ce n'est dans la représentation que lui fournissent les sens[2]?

Dès lors, dans la spéculation, plus de règle infaillible du vrai; dans la pratique, plus de mesure absolue du bien. Le sage ne pouvant espérer la science, et ne devant rien donner à l'opinion, que lui reste-t-il à faire, si ce n'est, dans la spéculation, de suspendre son assentiment; dans la pratique, de suivre, sans prétendre à la rectitude absolue, ce qui lui semble probable? On a vu que les Stoïciens définissaient la fonction naturelle, ou le *convenable*, ce qu'on peut, lorsqu'on l'a fait, justifier par des motifs probables. La droite raison, en rapportant le *convenable* au bien et au beau absolus, lui donnait seule la perfection qui en faisait l'*action droite*, l'acte de vertu et de sagesse.

---

[1] Diog. Laert. VII, 63.
[2] Sext. Empir. *adv. Math.* VII, 165 : Μηδεμίας δὲ οὔσης φαντασίας κριτικῆς, οὐδὲ λόγος ἂν εἴη κριτήριον. Ἀπὸ φαντασίας γὰρ οὗτος ἀνάγεται.

Désespérant d'atteindre, par la voie que traçaient les Stoïciens, à la possession certaine de la droite raison, c'est à la définition de la fonction naturelle, du simple *convenable*, que les Académiciens réduisent nécessairement celle de l'acte de sagesse et de vertu. Suivre le probable, voilà à quoi se borne, suivant eux, la sagesse humaine [1].

Tandis que la métaphysique péripatéticienne établissait dans l'intelligence spéculative, qui est à elle-même son objet et sa fin, un vrai et un bien absolu, mesure par laquelle tout le reste devait être estimé, le Stoïcisme a rabaissé toute pensée à la condition de l'humaine raison; et le critérium infaillible dont il a prétendu mettre l'homme en possession lui échappe, et le laisse tout entier dans les incertitudes de l'opinion. C'est là ce que vient démontrer l'Académie nouvelle; c'est du point de vue seul où le Stoïcisme s'est placé qu'elle réduit et la spéculation et la pratique et la science et l'action à la simple probabilité. A un étroit rigorisme, fondé sur une abstraction illusoire, elle oppose ainsi une doctrine plus conforme aux sentiments communs, plus appropriée à la vie humaine; doctrine analogue, dans sa largeur et sa modération, à la philo-

---

[1] Id. ibid. 158 : Ὁ περὶ πάντων ἐπέχων κανονιεῖ τὰς αἱρέσεις καὶ φυγὰς καὶ κοινῶς τὰς πράξεις τῷ εὐλόγῳ. — Τὸ δὲ κατόρθωμα εἶναι ὅπερ πραχθὲν εὔλογον ἔχει τὴν ἀπολογίαν. Ὁ προσέχων οὖν τῷ εὐλόγῳ, κατορθώσει καὶ εὐδαιμονήσει. Cf. 174.

sophie péripatéticienne, mais à la philosophie péripatéticienne diminuée du principe métaphysique d'où tout le reste tire sa valeur, où tout le reste a sa mesure et sa règle.

Peu à peu, en effet, et soit sous l'influence du scepticisme académique, soit de lui-même, le Stoïcisme, se relâchant de sa première rigueur, se rapproche et de la physique et de la morale péripatéticiennes, des parties inférieures de la philosophie d'Aristote.

Zénon de Tarse, successeur de Chrysippe dans la direction de l'école stoïcienne, Boethus de Sidon, l'un des philosophes les plus renommés de cette école, enfin le disciple célèbre de Diogène de Babylone et d'Antipater de Tarse, disciples eux-mêmes de Chrysippe, Panétius de Rhodes, révoquèrent en doute tous les trois le dogme stoïcien de la destruction périodique du monde par le feu, dogme étroitement uni à la théorie du principe igné des phénomènes naturels et de sa marche ascendante; et ce fut pour y substituer l'opinion péripatéticienne de l'éternité du monde[1]. Panétius alla plus loin : il éleva des doutes sur la possibilité de la divination[2], suite nécessaire, dans les idées des premiers Stoïciens, de l'enchaînement fatal de tous

---

[1] Philo., *de Incorr. mundi*, 10; Euseb. *Præp. ev.* XV, 18.
[2] Cic. *de Div.* I, 7.

les événements. Posidonius était revenu aux dogmes de la conflagration périodique universelle et de la divination[1]. Mais dans la physique particulière, c'est à Aristote qu'il empruntait, dit-on, presque toujours l'explication des phénomènes[2]. Dans la morale, le Stoïcisme cède d'une manière plus évidente encore à l'influence de l'Aristotélisme. Déjà Antipater avouait que les biens extérieurs ajoutaient peu de chose, sans doute, mais enfin quelque chose à la félicité[3]. Panétius blâmait la dureté des maximes des Stoïciens, aussi bien que les épines de leur dialectique[4]. Tous deux, Panétius et Posidonius rejettent le principe de l'impassibilité absolue du sage[5] : paradoxe célèbre dans lequel consistait tout le nerf de la morale stoïque. Selon le premier, on doit reconnaître que la vertu ne suffit pas toute seule au bien de l'homme, qu'il y faut joindre encore la santé, la force, la richesse; on doit reconnaître qu'il y a des plaisirs naturels; on doit reconnaître qu'il y a des vertus pratiques différentes des vertus spéculatives, et par conséquent aussi, sans doute, que la vertu et la science ne sont pas identiques, et que la vie morale implique

---

[1] Plutarch. *de Plac. phil.* II, 9.

[2] Strab. II, 3, p. 164; Πολὺ γάρ ἐστι τὸ αἰτιολογικὸν παρὰ αὐτῷ καὶ τὸ ἀριστοτελίζον. Galen. *de Hippocr. et Plat. plac.* IV, p. 421 Kuehn.

[3] Senec. *Ep.* 92.

[4] Cic. *de Fin.* IV, 28.

[5] Galen. *de Hippocr. et Plat. plac.* IV, p. 145.

quelque chose encore de plus que la raison[1] : conséquence bientôt avouée par Posidonius. Autant de concessions à la morale péripatéticienne.

Enfin, au lieu de considérer les passions comme des jugements sortis, on ne sait comment, de la même source que ceux de la sagesse elle-même, c'est-à-dire de la raison, Posidonius en rapporte l'origine, comme Platon et Aristote l'avaient fait, à des puissances inférieures de l'âme, et, dans ces puissances mêmes, à l'influence du corps[2]. Sans rétablir au-dessus de la nature et de l'homme le principe immatériel de l'intelligence pure, Posidonius refuse seulement de voir dans la raison des Stoïciens l'origine et la source de tout le reste. Sans la rattacher à une cause supérieure, il lui retranche seulement tout ce qui vient après elle. Sans rappeler le Stoïcisme à la métaphysique, il le dépouille seulement de ce qui faisait sa force et sa grandeur : l'idée, fausse en un sens, mais vraie en un autre sens plus général et plus étendu qui devait plus tard ressortir aussi de l'Aristotélisme, l'idée de la domination du principe, quel qu'il fût, de la connaissance et de l'action sur la nature entière.

Tel est l'état dans lequel les Panétius et les Posidonius transmirent le Stoïcisme aux Romains.

D'un autre côté, et à mesure que la philosophie

---

[1] Diog. Laert. VII, 92, 128; Sext. Empir. *adv. Math.* XI, 73.
[2] Galen. loc. laud. p. 70; Plutarch. *Fragm.* I, 6.

stoïcienne fléchissait, l'Académie nouvelle se relâchait peu à peu de son scepticisme. Si le Stoïcien ne pouvait atteindre la vérité absolue, comment, de son côté, l'Académicien pouvait-il, sans aucune règle pour discerner le vrai, juger du vraisemblable et mesurer la probabilité? Aussi le deuxième successeur de Carnéade, Philon de Larisse, contemporain de Posidonius, ne prétendait déjà plus que les choses fussent incompréhensibles en elles-mêmes. Au contraire, compréhensibles par nature, elles n'étaient, selon lui, incompréhensibles que pour le critérium des Stoïciens, pour leur prétendue représentation compréhensive [1]. Et on assure qu'il désirait véritablement rencontrer un adversaire qui l'obligeât d'abandonner entièrement le scepticisme [2].

Mais la philosophie dominante alors était encore le Stoïcisme. A demi vaincu par l'Académie, c'est à lui pourtant qu'elle vint enfin rendre des armes devenues presque inutiles. Le successeur de Philon, Antiochus, l'un des principaux maîtres de Cicéron, fut d'abord académicien et sceptique, puis il passa au Stoïcisme [3]. Carnéade avait dit qu'il n'y avait entre les Péripatéticiens et les Stoïciens que des disputes de mots. Antiochus crut s'apercevoir que

---

[1] Sext. Empir. *Pyrrh. hypot.* I, 235; Cic. *Acad.* II, 6.
[2] Numen. ap. Euseb. *Præp. ev.* XIV, 9.
[3] Cic. *Acad.* I, 4; II, 22.

l'école péripatéticienne et l'école platonicienne ne différaient aussi l'une de l'autre que par les noms divers qu'elles donnaient à des choses identiques [1]. Enfin, dans ces trois écoles opposées, il ne vit qu'une doctrine [2]; c'était celle des Stoïciens [3], mais telle que l'entendaient les Panétius et les Posidonius, et plus mitigée encore par le mélange des doctrines académiques et péripatéticiennes; de plus, diminuée de la physique entière et resserrée dans les limites les plus étroites de la logique et de la morale; réduite, enfin, presque entièrement à la solution de ces deux problèmes : le critérium du vrai, et le souverain bien [4].

C'est ce système qui fit le fond de la philosophie de Cicéron. C'est aussi, sans doute, à peu de chose près, celui que Potamon enseigna dans Alexandrie au temps d'Auguste, et qu'il appela *éclectique*, terme employé, inventé peut-être par les Stoïciens [5]. La philosophie éclectique de Potamon

---

[1] Id. *de Fin.* V, 25.

[2] Id. *Acad.* II, 43; Sext. Empir. *Pyrrh. hypot.* I, 235.

[3] Cic. *Acad.* II, 43 : Erat quidem, si perpauca mutavisset, germanissimus Stoicus. Sext. Empir. *Pyrrh. hypot.* I, 33 : Ὁ Ἀντίοχος τὴν στοὰν μετήγαγεν εἰς τὴν Ἀκαδημίαν.

[4] Cic. *Acad.* II, 9.

[5] On a vu que l'ἐκλογὴ joue le rôle le plus important dans la morale des Stoïciens ( Voy. plus haut, p. 219 ); d'ἐκλογὴ et ἀπεκλογὴ ils avaient formé ἐκλεκτικὸν et ἀπεκλεκτικόν. Stob. *Ecl.* t. II, p. 142 : Τὰ μεταξὺ ἀρετῆς καὶ κακίας ἀδιάφορα λέγεσθαι κατὰ τοὺς ἀπὸ τῆς αἱρέσεως ταύτης· οὐ μὴν πρὸς ἐκλογὴν καὶ ἀπεκλογήν. Διὸ καὶ τὰ μὲν ἀξίαν ἐκλεκτικὴν ἔχειν, τὰ δ'ἀπαξίαν ἀπεκλεκτικήν. Plutarch. *de Stoic. rep.* 26 : Τὴν ἐκλεκτικὴν ἀξίαν.

devait être, dans sa pensée, comme le nom l'indique, un choix de tout ce qui lui semblait vrai chez les différentes sectes. Mais, autant qu'il est permis d'en juger par la notice succincte que Diogène de Laërte en a donnée, c'était surtout un mélange du Stoïcisme et de l'Aristotélisme[1].

D'un autre côté, on a déjà vu que l'école péripatéticienne, en abandonnant la métaphysique, s'était toujours rapprochée davantage du naturalisme stoïcien. Dans le temps où Antiochus ne faisait du Stoïcisme, du Platonisme et de l'Aristotélisme qu'une seule philosophie, l'immatérialisme, qui faisait l'essence de la métaphysique, avait cédé presque entièrement au matérialisme de Zénon et de Cléanthe.

Le successeur d'Ariston de Céos et le contemporain de Chrysippe et de Carnéade, Critolaüs, après lui son disciple, Diodore de Tyr, au lieu de considérer, avec Aristote, l'intelligence comme absolument

---

[1] Diog. Laert., Proœm. Il établissait deux κριτήρια de la vérité, l'un ὑφ' οὗ γίνεται ἡ κρίσις, τὸ ἡγεμονικόν; l'autre, δι' οὗ, la φαντασία ἀκριβεστάτη, c'est-à-dire sans doute la φαντασία καταληπτική des Stoïciens; l'ἡγεμονικόν jugeant d'après la φαντασία καταληπτική, c'est toute la logique stoïcienne. — Il comptait quatre principes des choses, la matière et le ποιοῦν, c'est-à-dire les deux principes actif et passif des Stoïciens; de plus l'action (ποίησις) et le lieu: ἀρχάς τε τῶν ὅλων τήν τε ὕλην καὶ τὸ ποιοῦν, ποίησίν τε καὶ τόπον· ἐξ οὗ γάρ, καὶ ὑφ' οὗ καὶ ποῦ καὶ ἐν ᾧ. Peut-être faudrait-il lire, au lieu de ποῦ, ποιόν. — Enfin, il faisait consister le souverain bien dans la vie vertueuse, accompagnée des biens corporels extérieurs, ce qui est la définition péripatéticienne.

immatérielle, l'avaient fait consister dans l'éther, ainsi que l'âme humaine[1]. Un autre péripatéticien, contemporain d'Antiochus et de Cicéron, et que celui-ci ne craint pas d'appeler le premier des philosophes de son temps[2], Cratippe, faisait également venir l'âme humaine du feu éthéré répandu tout à l'entour de l'univers. Du moins Cicéron, qui lui avait donné son fils pour élève, qui devait connaître en détail ses doctrines, et qui avait ses livres sous les yeux, Cicéron semble lui attribuer, en commun avec les Stoïciens, l'explication de la divination naturelle par l'affinité qui tenait les âmes unies avec la substance éthérée, source unique et éternelle dont elles étaient toutes émanées[3]. Et d'ailleurs, si Cratippe avait professé comme Aristote le dogme de l'immatérialité de l'âme, et surtout de

---

[1] Stob. *Ecl.* t. I, p. 58 ; Κριτόλαος καὶ Διόδωρος ὁ Τύριος νοῦν ἀπ' αἰθέρος ἀπαθοῦς. Tertull. *de An.* 5 : Critolaus et Peripatetici ejus ex quinta nescio qua substantia (sc. animam effingunt).

[2] Cic. *de Off.* I, 1 ; III, 2 ; *de Univ.* 1 ; cf. *Ep. ad famil.* XVI, 21.

[3] *De Div.* I, 32 : Animos hominum quadam ex parte extrinsecus esse tractos et haustos. Ex quo intelligitur esse extra divinum animum, humanus unde ducatur, etc. Ibid. 49 : A qua (sc. natura deorum) haustos animos et libatos habemus : cumque omnia completa et referta sint æterno sensu et mente divina, necesse est cognatione divinorum animorum animos humanos commoveri. — Ici c'est un Stoïcien qui parle ; mais il en appelle ensuite à l'autorité de Dicéarque et de Cratippe, et ajoute (c. 50) : Ergo et ii quorum animi, spretis corporibus, evolant atque excurrunt foras, ardore aliquo inflammati atque incitati, cernunt illa profecto quæ vaticinantes prænuntiant, multisque rebus inflammantur tales animi qui corporibus non inhærent. — Les expressions *ardore*, *inflammantur*, indiquent l'idée du *feu*, substance de l'âme, etc.

Dieu, comment Cicéron ne se fût-il pas préservé de l'erreur qu'il a commise en imputant à Aristote et à Théophraste d'avoir identifié Dieu avec l'éther et le ciel[1]? Et, au contraire, combien n'est-il pas vraisemblable qu'il ne fit en cela qu'entendre les premiers maîtres de l'école péripatéticienne comme les entendait le plus renommé des Péripatéticiens de son temps.

C'est à peu près à la même époque que semble appartenir la prétendue lettre d'Aristote à Alexandre sur le Monde; c'est du moins à la même période de la dégénération de l'Aristotélisme et de son mélange avec le Stoïcisme qu'il convient évidemment de la rapporter[2].

Dans ce livre, composé de deux parties princi-

---

[1] *De Nat. Deor.* I, 13.

[2] Proclus doute que le Περὶ κόσμου soit d'Aristote (*in Tim.* p. 322). Les meilleurs critiques se sont déclarés pour la négative; par exemple, les deux Scaliger, Isaac Casaubon, Saumaise (*ad Solin.* p. 1247), Juste Lipse (*de Const.* I, 18), Pietro Vettori (*Var. lect.* XXV, 13), Muret (*Var. lect.* II, 8), Jacques Thomasius (*Diss. ad Stoic. phil. etc.*, XIV, § 151), Den. Petau (*Dogm. theol.* t. I, p. 215), etc. Heinsius dit (*ad Max. Tyr.* p. 9, Lugd. Bat. 1607, in-8°): «... in libello de Mundo quem Aristoteli nonnulli ascribunt, homines, meo judicio, τυφλοὶ τά τ' ὦτα τόν τε νοῦν τά τ' ὄμματα.» Jacques Thomasius a pensé, après quelques autres qu'il cite, que ce livre devait être d'un Stoïcien. Villoison dit aussi (*Notæ ad Cornut.* proleg.): « Auctor libri de Mundo, fere semper stoicissans. » — S. Justin (m. 167? ap. J.-C.) est le plus ancien auteur connu qui cite le Περὶ κόσμου. Voy. plus bas (chap. III), les raisons qui nous portent à conjecturer que l'auteur de ce livre pourrait être le juif Aristobule.

pales, dont la première ¹ est une description sommaire du monde, particulièrement des phénomènes météorologiques et de la terre, et la seconde l'explication de la manière dont la cause première agit sur le monde, le principal objet que l'auteur se propose est de réfuter cette pensée stoïcienne que Dieu, présent à toute la nature, mêlé avec la matière et la pénétrant de sa substance, y produit, par son propre mouvement, le mouvement et la vie. Fidèle, en ce point essentiel, au philosophe dont il emprunte le nom, l'auteur du livre du Monde représente la nature divine comme étrangère au travail et à l'effort, exempte, selon ses expressions, de toute faiblesse corporelle ², et imprimant à la nature, sans se mouvoir, un éternel mouvement. Selon lui, Dieu ne descend pas dans le monde et ne le parcourt pas en y engendrant toute chose, jusqu'aux plus vils objets ³. Les rois mêmes de la terre ne font pas tout à eux seuls : loin de là, c'est par des ministres et par les ministres des ministres qu'ils gouvernent et administrent tout.

¹ C. 1 — 6.
² C. 6, p. 397, col. 2, l. 22 : Ὁ θεὸς, οὐ μὴν αὐτουργοῦ καὶ ἐπιπόνου ζῴου κάματον ὑπομένων, etc. P. 400 col. 2, l. 10 Bekk. : Ἄλυπον ἄπονόν τε καὶ πάσης κεχωρισμένον σωματικῆς ἀσθενείας.
³ P. 398, col. 1, l. 1 : Κρεῖττον οὖν ὑπολαβεῖν... ὡς ἡ ἐν οὐρανῷ δύναμις ἱδρυμένη καὶ τοῖς πλεῖστον ἀφεστηκόσιν... καὶ σύμπασιν αἰτία γίνεται σωτηρίας, μᾶλλον ἢ ὡς διήκουσα καὶ φοιτῶσα ἔνθα μὴ καλὸν μηδὲ εὔσχημον αὐτουργεῖ τὰ ἐπὶ γῆς.

Tandis que les satrapes exécutent et font exécuter par leurs inférieurs, de degrés en degrés, la pensée du grand-roi, le grand-roi lui-même siége paisible au fond de son palais de Suse ou d'Ecbatane. De même, sans s'abaisser aux choses du monde sublunaire, Dieu réside immobile au plus haut, à la limite extrême de la région éthérée. Seule, la sphère des fixes reçoit immédiatement de lui le mouvement, qu'elle transmet aux régions inférieures. Chacune, depuis la plus haute des sphères planétaires jusqu'au centre, que la terre occupe, chacune participe, selon son pouvoir, dans une proportion décroissante, à l'action qui provient d'en haut[1]. Ainsi résultent d'un seul et même acte de la cause première, selon la diversité des puissances naturelles qui y sont soumises, toutes les formes d'existence dont le monde est l'assemblage. Ainsi succèdent par degrés à l'inaltérable régularité des mouvements célestes, le désordre et le trouble auxquels est livré en grande partie le séjour des mortels.

Mais à cette théorie, puisée en apparence aux sources les plus pures de l'Aristotélisme, l'auteur du livre du Monde mêle des idées dont il est facile de reconnaître l'origine stoïcienne. Les défi-

---

[1] P. 399, col. a, l. 19 : Κατὰ τὸ ἄνωθεν ἐνδόσιμον. P. 398, col. 2, l. 26 : Τῆς πρώτης οἷον ἐνδόσεως εἰς κίνησιν μίαν γενομένης. — Ἔνδοσις, ἐνδόσιμον, pourraient bien être des expressions stoïciennes, comme διάδοσις (voy. plus haut, p. 176, n. 3).

nitions qu'il donne du monde, et de l'un des phénomènes météorologiques, sont celles qu'en donnait Posidonius, et que celui-ci avait peut-être tirées lui-même de Stoïciens antérieurs[1]. De même que les Stoïciens, l'auteur du livre du Monde représente l'univers comme un composé de contraires qui prédominent tour à tour les uns sur les autres et se maintiennent ainsi en équilibre[2]. De même que les Stoïciens, et à plusieurs reprises, il applique au gouvernement du monde les noms qui désignent l'administration domestique, ou l'économie[3]. Comme eux, il donne à la matière des choses, au principe passif, le nom d'essence (οὐσία), qu'Aristote donnait surtout à la forme[4]. Comme

---

[1] C. 1, init. : Κόσμος μὲν οὖν ἐστι σύστημα ἐξ οὐρανοῦ καὶ γῆς καὶ τῶν ἐν τούτοις περιεχομένων φύσεων. Posidonius ap. Diog. Laert. VII, 138 : Σύστημα ἐξ οὐρανοῦ καὶ γῆς καὶ τῶν ἐν τούτοις φύσεων. — La définition de l'arc-en-ciel est la même dans le Περὶ κόσμου et dans Posidonius ap. Diog. Laert. VII, 152; cf. Senec. *Quæst. nat.* I, 5. — C'est ce qui avait déterminé Thomas Aldobrandini et quelques autres (Vizzan. *ad Ocell. Luc.* p. 97; Alph. Pandulph. *Disp. de fine mundi*, proœm. c. 1; voy. Jac. Thomas. loc. laud., et Fabric. *Bibl. gr.* III, 129) à attribuer le περὶ κ. à Posidonius.

[2] C. 6. Cf. Cleanth. *Hymn.* C. 6, p. 396, col. 2, l. 34 : Ἀντιπεριϊσταμένων ἀλλήλαις, καὶ τοτὲ μὲν κρατούντων, τοτὲ δὲ κρατουμένων. Manil. *Astron.* l. II. Totumque alterno consensu vivere mundum. — Il donne pour caractère au monde inférieur, outre le trouble ταραχή, la faiblesse, ἀσθένεια (c. 6, p. 397, col. 2, l. 31), ce qui est tout à fait stoïcien, et il appelle Dieu ἰσχυρότατος, κράτιστος (p. 399, col. 2, l. 20; cf. ci-dessus, p. 239, n. 1.)

[3] C. 6 : Διακονομεῖται, οἰκονομεῖ.

[4] C. 2, p. 392, col. 1, ll. 5, 35.

eux, et comme les Critolaüs et les Cratippe, il prend pour l'âme des animaux ce fluide éthéré, émané du ciel [1], dans lequel Aristote ne voyait que la cause secondaire de la vie, le premier organe de l'âme. Comme eux, il explique les noms et les surnoms des dieux et la mythologie entière par les différents phénomènes qui résultent, dans la nature, de l'action d'une seule et même cause. Comme eux, et en leur empruntant leurs interprétations étymologiques [2], c'est sur un seul et même principe qu'il rassemble tous les attributs dispersés sous les noms de Jupiter, de la Destinée, de Némésis, d'Ésa, des trois Parques [3]. Enfin, s'il oppose à l'idée d'une divinité qui s'étend et se répand en toutes choses l'idée péripatéticienne d'un Dieu placé au-dessus de la nature, qui lui donne, sans se mouvoir, le premier mouvement duquel suivent de degré en degré tous les autres, toutefois cette action, simple et universelle à la fois, il la représente, il la personnifie en quelque sorte sous l'idée et sous le nom de la puissance divine, pénétrant, parcourant la nature entière. Aristote ne connaît qu'un Dieu absolument

---

[1] C. 6, p. 397, col. 1, l. 18 : Ἐκ τούτου πάντα ἐμπνεῖ τε καὶ ψυχὴν ἴσχει τὰ ζῶα.

[2] Par exemple, c. 6, p. 400, col. 1, l. 7 : Οὐρανὸν... μὲν ἀπὸ τοῦ ὅρον εἶναι τῶν ἄνω. Cornut. *de nat. Deor.* 1 : Οὐρανός... οὖρος ὢν ἄνω πάντων καὶ ἐρίζων τὴν φύσιν. Cf. Phil. *de Mundi opif.* p. 7 ; Achill. Tat. *in Arat.* p. 129, ed. Petav.

[3] C. 7.

un et simple, qui ne s'abaisse aux choses ni par lui-même ni par aucune partie ou émanation de lui-même, cause première et universelle à la fois, présente à tout sans se partager et sans descendre, parce qu'elle est partout la forme immatérielle, l'acte simple, dont chaque chose reçoit selon sa capacité le mouvement, la vie et l'être. L'auteur du livre du Monde distingue entre l'être ou l'essence de Dieu et sa puissance [1]; et ce que les Stoïciens en général affirmaient de Dieu sans distinction, il le nie, avec Aristote, de Dieu considéré en son essence, il l'affirme de la puissance divine. Par son essence Dieu demeure au ciel; par sa puissance il est partout, il pénètre, parcourt et en même temps enveloppe et contient toute chose [2] : formule empruntée peut-être à la théologie de l'école juive d'Alexandrie, où se développait alors le dogme d'un médiateur divin [3] par lequel Dieu se communiquait

---

[1] C. 6, p. 397, col. 2, l. 19 : Τῇ μὲν θείᾳ δυνάμει... οὐ μὴν τῇ γε οὐσίᾳ.

[2] C. 5, p. 396, col. 2, l. 28 : Τὸν ὅλον οὐρανὸν διεκόσμησε (c. 1 init. : διακόσμησις) μία ἡ διὰ πάντων διήκουσα δύναμις. C. 6, p. 398, col. 2, l. 7 : Τὴν δὲ δύναμιν διὰ τοῦ σύμπαντος κόσμου διήκουσαν. Voy. plus haut, p. 152, n. 2. Outre διήκειν, remarquer dans les passages suivants συνέχειν et ses dérivés, locution également particulière aux Stoïciens. C. 6, p. 397, col. 2, l. 9 : Τῆς τῶν ὅλων συνεκτικῆς αἰτίας. P. 399, col. 2, l. 17 : Πᾶς γὰρ ὁ τοῦ βίου διάκοσμος ὑπὸ ταύτης (sc. τῆς ψυχῆς) εὕρηται καὶ διατέτακται καὶ συνέχεται. De même διάκοσμος, διακόσμησις, *ubi supr.* et c. 2, init.

[3] Voy. plus bas.

au monde, et qui était destinée à tenir longtemps une place dans la théologie chrétienne [1]. Déjà les Stoïciens eux-mêmes semblaient incliner à dire que Dieu ne descendait pas dans le monde tout entier, mais seulement par une partie de lui-même [2]: c'est la pensée qu'achève et qu'exprime la distinction de l'essence de Dieu et de sa puissance. A la vérité la puissance de Dieu ne paraît pas être, dans le livre du Monde, ce qu'elle est dans la théologie judéo-hellénique, un principe distinct revêtu des caractères d'une personnalité véritable. Comment concilier avec l'opinion qui expliquerait tous les phénomènes naturels par une puissance semblable, descendant et se mouvant en toutes choses, celle que l'auteur du livre du Monde a empruntée à Aristote, et suivant laquelle tout résulte d'un premier mouvement que donne Dieu même, immobile, à la première des sphères? Serait-ce d'un autre côté que la puissance divine ne serait ici qu'un nom collectif désignant l'ensemble des effets qui résultent de l'action de Dieu? On devrait le croire [3]. Mais l'au-

---

[1] Voy. Dion. Petav. *Dogm. theol.* l. III, c. 7.

[2] C'est ce qu'indique ce passage remarquable de Diogène de Laerte, VII, 147 : Εἶναι δὲ τὸν μὲν τῶν ὅλων καὶ ὥσπερ πατέρα πάντων κοινῶς τε καὶ τὸ μέρος αὐτοῦ τὸ διῆκον διὰ πάντων.

[3] Le passage suivant, surtout, autoriserait cette interprétation : c. 6, p. 398, col. 2, l. 20 : Ἡ θεία φύσις ἀπό τινος ἁπλῆς κινήσεως τοῦ πρώτου τὴν δύναμιν εἰς τὰ ξυνεχῆ δίδωσι, καὶ ἀπ' ἐκείνων πάλιν εἰς τὰ ποῤῥωτέρω, μέχρι ἂν διὰ τοῦ παντὸς διεξέλθῃ.

teur du livre du Monde en fait évidemment une force réelle, un instrument par lequel Dieu opère et produit tout, une substance de laquelle il remplit et environne les choses [1]. Ce n'est pas un simple nom collectif, et ce n'est pas non plus un second Dieu comme la Puissance divine [2] de la théologie judaïque. Évidemment, dans la pensée indécise du prétendu Aristote, elle se confond plutôt avec cet esprit de feu, cet éther, duquel il fait, comme les Stoïciens, provenir toutes les âmes, et qu'il appelle aussi une essence animée et génératrice qui circule en toutes choses [3].

Quoi qu'il en soit, tandis que, pour Aristote, Dieu est l'intelligible par excellence, premier ou plutôt seul objet de l'intelligence pure à laquelle l'âme peut aussi s'élever, d'après le livre du Monde Dieu ne se fait connaître qu'à ses œuvres. Semblable au grand-roi, parce qu'il meut tout sans être lui-même en mouvement, il lui est semblable aussi en ce qu'il ne se laisse pas voir [4]. C'est en effet une idée essentielle aux principales religions de l'Orient, que la cause première, que Dieu est caché à tous les re-

---

[1] C. 6, p. 397, col. 2, l. 22 : Ὁ Θεὸς, οὐ μὴν αὐτουργοῦ καὶ ἐπιπόνου ζώου κάματον ὑπομένων, ἀλλὰ δυνάμει χρώμενος ἀτρύτῳ, δι' ἧς καὶ τῶν πόρρω δοκούντων εἶναι περιγίνεται.

[2] Voy. plus bas.

[3] C. 4, p. 394, col. 2, l. 9 : Λέγεται... πνεῦμα ἥ τε ἐν φυτοῖς καὶ ζώαις καὶ διὰ πάντων διήκουσα ἔμψυχός τε καὶ γόνιμος οὐσία.

[4] C. 6.

gards, inaccessible à toute intelligence, et c'est pourquoi le souverain, qui est le représentant de Dieu sur la terre, habite par delà des enceintes redoublées, comme dans un sanctuaire mystérieux. Mais en reculant la divinité au delà de toute vue et de toute science, la sagesse orientale, en général, ouvre pourtant à l'homme une voie pour y atteindre : c'est la contemplation pure, supérieure à toute science et à toute vue distincte, ou plutôt l'enthousiasme, l'extase, par laquelle, sortant de soi-même, on s'unit en substance avec Dieu. Ce point de vue, où le Platonisme allait bientôt se placer, n'est pas encore celui de l'auteur du livre du Monde. Selon lui, et l'âme et Dieu ne sauraient être connus que par leurs œuvres [1], et, en conséquence, c'est par le raisonnement seul que l'on peut les atteindre [2]. Ce n'est point là la pensée du

---

[1] C. 6, p. 399, col. 2, l. 12 : Ἀοράτου καὶ ἀφανοῦς. L. 21 : Πάσῃ θνητῇ φύσει γενόμενος ἀθεώρητος, ἀπ' αὐτῶν τῶν ἔργων θεωρεῖται. L. 15 : (Ἡ ψυχὴ) ἀόρατος οὖσα, ταῖς ἔργοις αὐτοῖς ὁρᾶται.

[2] Ibid. col. 1, l. 31 : Ἀόρατος ὢν ἄλλῳ πλὴν λογισμῷ.

Le Περὶ φυτῶν est aussi un ouvrage évidemment apocryphe et vraisemblablement composé sous l'influence des idées stoïciennes. Outre quelques locutions caractéristiques, telles que διοίκησις (p. 816, col. 1, ll. 3, 32, 33 Bekk ), l. II, c. 1 : Ἀπὸ τοῦ ὕδατος ἡ σύμπηξις, ἀπὸ τοῦ πυρὸς ἡ ἕνωσις τῆς συμπήξεως τοῦ φυτοῦ, idée qui est celle du πνεῦμα ou πῦρ συνεκτικὸν, συνέχον, constituant les ἡνωμένα dans la physique stoïcienne. Voy. aussi c. 5, sur la manière dont les plantes percent les pierres, par la force de l'air qu'elles contiennent; cf. Senec. Quæst. nat. II, 6. — Et cependant dans ce livre on accorde une âme, ψυχὴ, aux plantes, tandis que les Stoïciens ne leur attribuaient que la simple φύσις. Voy. Gatak. ad M. Antonin. VI, 14. — L'emploi du mot ἔλλαμψις dans ce passage, l. I, c. 1 : Ἡ γὰρ αἴσθησις

mysticisme oriental et du Néoplatonisme : c'est la conclusion inévitable dans laquelle se rencontre, avec le Stoïcisme, l'Aristotélisme dégénéré, descendu du point de vue de la métaphysique à celui de la physique stoïcienne.

Au lieu de chercher la cause première, pour toute chose, dans l'intelligence pure, qui est tout acte, toute pensée, sans autre substance qu'elle-même, et consiste uniquement dans la conscience immédiate de soi, l'école péripatéticienne en est venue, avec le Stoïcisme, à ne vouloir point reconnaître d'autre principe qu'un être matériel, un corps en qui, sous l'acte qui le manifeste, il y a encore un sujet de la puissance duquel l'acte sort et se produit. Qu'on réunisse, comme les Stoïciens, les deux termes de l'acte et de la puissance, de la forme et de la matière, dans l'état moyen de la tension, dès que la puissance reste à quelque degré différente de l'acte, et la substance différente de sa manifestation, c'est toujours la manifestation,

αἰτία ἐστιν ἐλλάμψεως ζωῆς doit peut-être suffire pour faire considérer ce livre comme postérieur à l'ère chrétienne ; car c'est une locution qui paraît avoir été propre aux Néoplatoniciens.

Une partie des poëmes orphiques que l'on attribue quelquefois aux Néoplatoniciens porte aussi des traces évidentes de l'influence stoïcienne. Elle est bien manifeste dans ces vers (ap. Macrob. *Saturn.* I, 18) :

Ἀλλαχθεὶς δ' (sc. Φάνης) ὄνομ' ἔσχε, προσωνυμίας τε ἑκάστου
Παντοδαπὰς κατὰ καιρὸν, ἀμειβομένοιο χρόνοιο, etc.

c'est le phénomène distingué de la puissance et de la substance qui est l'unique objet d'une connaissance immédiate; le raisonnement seul peut atteindre, par delà, et la puissance d'où l'acte procède, et la substance où la puissance réside; le raisonnement seul nous met donc en possession des véritables causes et des premiers principes.

Telle fut en effet la doctrine communément reçue dans le siècle qui précéda et dans celui qui suivit immédiatement l'ère chrétienne. L'opinion qu'il n'y avait rien qui ne fût plus ou moins matériel régnait à peu près sans partage. Certains Stoïciens s'imaginaient que si un homme venait à périr écrasé sous un rocher ou un édifice, son âme restait prise sans pouvoir s'échapper, ou que, s'il se noyait, elle courait risque de s'éteindre dans l'eau[1]. Il est fort douteux que Cicéron et Sénèque se soient fait de l'âme des idées beaucoup moins grossières. Il est vrai que Cicéron proclame en plus d'un endroit l'incorporalité de l'âme non moins que son immortalité; mais lui-même, tout nourri qu'il est de la lecture de Platon et de Xénocrate, d'Aristote et de Théophraste, il est aisé de voir que par cette incorporalité il n'entend rien de plus sinon que l'âme est faite d'un corps supérieur en subtilité à tout ce qui

---

[1] Jac. Thomas. *Diss. ad stoic. phil.* p. 229.

affecte nos sens [1]. Et c'est aussi ce qu'il pense de Dieu même. La substance de Dieu et de l'âme, c'est tout au plus, selon lui, la *quinte-essence* des Péripatéticiens [2], un fluide ténu, plus ténu et plus léger que l'air et le feu, et auquel le mouvement est essentiel, mais dont il avoue du reste ignorer la nature intime [3]. C'était la croyance générale : des principes corporels, matériels, que pourtant on sentait de plus en plus la nécessité de reculer au delà de toute apparence sensible, dont par conséquent la constitution et l'essence étaient entièrement inconnus. Au delà des phénomènes qui tombent sous les sens, on ne concevait que des causes essentiellement occultes, impénétrables dans leur nature, dans leurs qualités primaires et dans leur mode d'action. Ainsi, nul autre objet d'intuition immédiate que les phénomènes sensibles; aucun moyen d'atteindre les principes intelligibles, les véritables êtres, si ce n'est le raisonnement [4] qui remonte des effets aux causes : telle était la théorie universellement adoptée.

Or, c'était là la théorie dans laquelle s'étaient déjà rencontrées les diverses doctrines dont le Pyr-

---

[1] Cic. *de Fin*. IV, 11, 14; *Tuscul*. I, 17, 26, 28; 22 : An tanta sit ejus tenuitas ut fugiat aciem.

[2] Cic. *Tuscul*. I, 26 : Et quidem si Deus aut anima aut ignis est, idem est animus hominis... Sin autem est quinta quædam natura ab Aristotele inducta primum, hæc et Deorum est et animorum.

[3] Id. ibid. 10, 27.

[4] Cic. *Tuscul*. I, 28.

rhonisme était sorti. Elle renaissait maintenant, conséquence identique de prémisses analogues : le Pyrrhonisme ne pouvait manquer de renaître à son tour. Quelque temps encore, selon toute apparence, après que le livre du Monde eut paru [1],

[1] Énésidème disant (dans Photius, cod. 212) que les Académiciens de son temps sont de véritables Stoïciens, Fabricius (*ad Sext. Empir. Pyrrh. hypot.* I, 235), Brucker (*Hist. crit. phil.* I, 1328), etc., le font contemporain d'Antiochus et de Cicéron. Cependant Cicéron affirmant que de son temps la secte Pyrrhonienne était éteinte (*de Orat.* III, 17 : « Fuerunt etiam alia genera philosophorum... Eretricorum, Herilliorum, Megaricorum, Pyrrhoneorum : sed ea horum vi et disputationibus sunt jamdiu fracta et extincta, ») et de plus Aristoclès, qui vivait au IIe siècle après J.-C. disant d'Énésidème qu'il enseignait à Alexandrie récemment, ἐχθὲς καὶ πρώην, (sur cette locution proverbiale, voy. Gataker *ad M. Antonin.* X, 7), Ritter (*Hist. de la phil.*, trad. fr., IV, 222) et M. Saisset (*Énésidème*, 1840, in-8°, p. 10-15) le font descendre au commencement du Ier siècle. — Mais Sénèque disant aussi : « Tot familiæ philosophorum sine successore deficiunt. Academici et veteres et minores nullum antistitem reliquerunt. Quis est qui tradat præcepta Pyrrhonis ? (*Quæst. nat.* VII, 32) », il faudrait donc placer Énésidème encore après lui, c'est-à-dire au plus tôt dans la seconde moitié du Ier siècle. Or, 1° ce serait placer la composition de l'ouvrage d'Énésidème *contre les Académiciens* dans un temps où leur école ne devait plus exister, d'après le témoignage précité de Sénèque ; 2° cet ouvrage était dédié à un Lucius Tubéron, académicien, qui avait été revêtu, dit Photius, de grandes charges publiques. N'est-ce pas, selon toute apparence, le Lucius Tubéron qui fut ami de Cicéron, lieutenant de son frère Quintus, enfin proconsul en Afrique, et qui se distingua dans les lettres ? J'incline donc à croire que c'est bien au temps de Cicéron et d'Antiochus qu'Énésidème appartient. Cicéron et Sénèque ont pu ne pas le citer, ne le jugeant pas assez considérable, et ne voyant pas en lui un vrai et légitime successeur de Pyrrhon ; et en effet, d'une part, on ne le voit mentionné après eux, si l'on excepte le pyrrhonien Sextus, que par Aristoclès et Photius, dont le premier dit dédaigneusement : Αἰνησίδημός τις ; de l'autre, il se rattachait à l'école d'Héraclite autant, si ce n'est plus encore qu'à celle de

Énésidème commença, dans Alexandrie, à relever le Scepticisme de ses ruines.

Les Stoïciens avaient réduit tout raisonnement à l'inférence d'un signe, à ce qu'il signifie. Le sujet de la conclusion était le signe; l'attribut était la chose signifiée, dont l'existence se conclut de l'existence du signe [1]. Le signe est le connu, l'apparent, le phénomène; la chose signifiée, l'inconnu que le connu fait connaître. Maintenant les signes sont de deux sortes. Il y en a qui rappellent seulement d'autres phénomènes auxquels une expérience antérieure nous les avait montrés associés : ce sont les signes *commémoratifs* [2]. C'est ainsi que l'éclair est le signe de la foudre, et la fumée du feu. D'autres signes nous indiquent, nous révèlent, suivant les Stoïciens, ce qu'aucune expérience ne nous avait offert : ce sont les signes *indicateurs* ou *révélateurs* [3]. Ainsi l'âme ne peut jamais tomber sous les sens; rien ne peut donc nous la faire connaître sinon des signes véritablement révélateurs : tels sont

---

Pyrrhon. Quant à l'ἐχθὲς καὶ πρώην d'Aristoclès, on se l'expliquera si l'on observe qu'il a pu trouver moderne encore par comparaison, quoique de beaucoup antérieur à lui, le restaurateur d'une école tombée depuis trois siècles.

[1] Sext. Empir. *adv. Math.* VIII, 245 : Σημεῖον εἶναι ἀξίωμα ἐν ὑγιεῖ συνημμένῳ καθηγούμενον, ἐκκαλυπτικὸν τοῦ λήγοντος.

[2] Σημεῖα ὑπομνηστικά. Sext. Empir. *Pyrrh. hypot.* II, 100; *adv. Math.* VIII, 151.

[3] Σημεῖα ἐνδεικτικά, ἐκκαλυπτικά. Id. ibid., et VIII, 273.

les mouvements du corps[1]. — Les phénomènes ne sont pas seulement les signes commémoratifs d'autres phénomènes : ils sont les signes révélateurs des substances et des causes[2]. C'est cette proposition que conteste le Pyrrhonisme, et avec elle toute la théorie dogmatique dont elle est la base; c'est contre la possibilité et l'usage des signes révélateurs que s'élève avant tout Énésidème.

Le signe et ce qu'il signifie sont, dit-il, deux choses relatives l'une à l'autre. Or, de deux choses corrélatives on ne peut pas connaître l'une sans l'autre : on ne peut comprendre le droit sans le gauche, le haut sans le bas, le dessus sans le dessous. Donc aussi on ne peut pas comprendre le signe, en tant que signe, sans ce qu'il signifie; et par conséquent ce qu'on veut qu'il nous révèle, il fallait que nous le connussions déjà en même temps que lui[3]. Le signe ne pouvant précéder dans la connaissance la chose signifiée, il n'y a donc point de signes révélateurs. Dès lors, point de conclusion des phénomènes aux substances et aux causes; car les phénomènes ne peuvent rien faire connaître qui ne fût déjà connu en même temps et de la même façon que les phénomènes eux-mêmes[4]. En général, point de démon-

---

[1] Id. *adv. Math.* VIII, 155.
[2] Id. ibid., VIII, 141 sqq. 151; *Pyrrh. hypot.* II, 99.
[3] Id. ibid., VIII, 165, 175, 273; *Pyrrh. hypot.* II, 125.
[4] Id. *Pyrrh. hypot.* II, c. 11.

stration; car si le sujet est le signe de l'attribut, il est impossible que le premier soit connu avant son corrélatif, qui est le second[1]. Dans la philosophie d'Aristote, entendue en son véritable sens, on l'a déjà vu, ce n'est point par les phénomènes seuls que l'on connaît les causes et les essences. Loin de là, c'est dans l'intelligence même que l'intelligence connaît dès le principe, comme en leur cause et leur essence primordiale, toutes les formes inférieures d'existence. C'est donc par une expérience supérieure, éternelle et divine, peut-être, qu'elle aperçoit d'abord dans leur source les principes des choses, avec tous les effets possibles qui en dépendent. Et lorsque des effets, des phénomènes qui affectent nos sens, nous venons à remonter à leurs principes, ce n'est qu'en apparence passer, on ne sait comment, de signes révélateurs à un ordre de choses étranger et inconnu : en réalité, c'est revenir de signes véritablement commémoratifs, et par une réminiscence dont celle de Platon donne une idée imparfaite, aux objets d'une expérience primitive, fonds éternel de notre propre conscience. — Mais pour la philosophie dogmatique, qui ne reconnaît aucune connaissance à la fois immédiate et supérieure aux sens, comment échapperait-elle à ce cercle vicieux, de donner pour antécédent à la connaissance des principes les

---

[1] Id. ibid., c. 13; *adv. Math.* VIII, 261, 337 sqq.

phénomènes, qui, s'ils en sont les signes, en exigent la connaissance préalable?

Ce n'est pas tout. Non-seulement on ne peut pas remonter des phénomènes aux causes, mais l'idée même de la cause, comme la définit la philosophie que le scepticisme combat, cette idée est contradictoire et impossible. C'est ce qui résulte d'un raisonnement absolument semblable au précédent.

Il semble que la cause doit précéder l'effet; car pour que l'effet ait lieu, il faut que déjà la cause existe [1]. Mais, d'un autre côté, la cause est une chose relative; car il n'y a pas de cause sinon par rapport à un effet. Or, les choses corrélatives ne sont pas seulement simultanées dans la pensée, elles le sont aussi dans l'existence. Il n'y a pas de droite avant qu'il y ait une gauche, point de père avant qu'il y ait un fils, point de cause avant qu'il y ait un effet. Mais si la cause et l'effet sont simultanés, comment les distinguer, et par quoi jugera-t-on où est l'effet et où est la cause [2]? Les dogmatiques, c'est-à-dire les Stoïciens et les Péripatéticiens dégénérés, définissaient la cause : ce qui est tel que dès qu'il est présent, l'effet a lieu [3]. Mais l'effet étant présent au même instant que la cause, qui dira laquelle des deux choses est la cause plutôt que l'effet de l'autre?

---

[1] Id. *Pyrrh. hypot.* III, 25.
[2] Id. ibid.; *adv. Math.* IX, 234.
[3] Οὗ παρόντος γίνεται τὸ ἀποτέλεσμα. Sext. Empir. *adv. Math.* IX, 228.

En second lieu, de même que si on suppose la cause séparée de son effet dans le temps, elle n'en est plus la cause; de même si on la suppose dissemblable à son effet, elle n'en contiendra pas la raison, et par conséquent elle n'en saurait être la cause[1] : c'est ainsi qu'un cheval ne naît pas d'un platane, ou un homme d'un cheval[2]. Ce qui est en mouvement ne peut donc être la cause de ce qui est en repos, ni ce qui est en repos la cause de ce qui est en mouvement. Mais, d'un autre côté, si la cause et l'effet sont semblables, comment les discerner? Si c'est par son mouvement que le tourneur meut la roue, la roue étant aussi en mouvement, pourquoi ne serait-ce pas elle qui meut le tourneur[3]? Des deux choses en mouvement, comment juger laquelle est la cause, et laquelle est l'effet?

Enfin, ou la cause se suffit à elle-même et produit toute seule son effet, ou bien elle a besoin d'une matière dans laquelle elle le produise. Produit-elle à elle seule? alors, sa nature étant de produire, d'abord elle doit produire toujours, et à l'infini; ensuite, elle doit produire à elle seule des effets d'espèces infinies[4]. Ou plutôt, il est impossible

---

[1] Ibid. 230 : Καθὰ γὰρ τὸ ψυχρὸν οὐκ ἔχον τὸν τοῦ θερμοῦ λόγον, οὐδέποτε δύναται θερμαίνειν.

[2] Ibid. 203, 225.

[3] Ibid. 228 : Τί οὖν μᾶλλον διὰ τὸν τροχὸν καὶ ὁ τροχηλάτης κινεῖται, ἢ ἀνάπαλιν διὰ τὸν τροχηλάτην ὁ τροχός;

[4] Ibid. 246.

qu'elle produise rien, qu'elle fasse rien être de plus qu'elle-même : car il est impossible qu'un devienne deux. Si un devenait deux, chacune des deux unités deviendrait deux à son tour par la même raison, et ainsi à l'infini. Or, il est absurde de faire venir l'infini de l'unité[1]. — Dira-t-on, au contraire, avec les Dogmatiques, que la cause ne peut rien produire seule, et que de la diversité de la matière résulte, sous l'action d'une seule cause, une diversité extrême d'effets, comme on voit le soleil blanchir le linge, rougir les fruits, fondre la cire et sécher l'argile? Dira-t-on, en un mot, que le principe actif ne fait rien qu'avec le concours d'un principe passif sur lequel il agit? Alors la cause étant définie ce qui est tel que l'effet a lieu en sa présence, et en son absence n'a pas lieu, et cela étant vrai du principe passif aussi bien que de l'actif, pourquoi le premier ne serait-il pas la cause efficiente tout aussi bien que le second? Si la combustion résulte de la présence simultanée du feu et du combustible, comment juger lequel des deux est la cause[2]?

Enfin, ou la cause est séparée du principe passif dans l'espace, ou elle lui est contiguë. Si elle en est séparée, elle n'y peut rien faire. Car, selon les Dogmatiques, tout ce qui agit est un corps : or, les

---

[1] Ibid. 220-1.
[2] Ibid. 241 : ὥσθ' ἕπεται τὸ μὴ μᾶλλον ἐν αὐτῷ (sc. τῷ ποιοῦντι) ἢ ἐν τῷ πάσχοντι ὑποκεῖσθαι τὴν δραστήριον τοῦ ἀποτελέσματος δύναμιν.

corps n'agissent qu'au contact[1]. Suppose-t-on, au contraire, qu'elle y touche, ce ne peut être par pénétration; car les corps ne sont pas pénétrables[2]; deux corps qui se pénétreraient n'en feraient qu'un. Mais ce ne peut être non plus par les seules surfaces : car, suivant les Dogmatiques, les surfaces ne sont que des abstractions incorporelles, et les corps sont seuls susceptibles d'action et de passion[3]; ce n'est donc pas par une simple surface que rien peut être fait ni souffert.

Par ce dernier argument il est visible qu'on suppose ce que supposaient en effet les Stoïciens, savoir : que tout ce qui agit est un corps; et c'est dans cette supposition seule que la causalité est démontrée impossible. Mais dans la véritable philosophie péripatéticienne, on ne connaît point de cause qui ne soit incorporelle. L'argument ne la concerne donc pas, et, loin de l'ébranler, la confirme. — Dans toute l'argumentation qui précède, si l'on ne suppose pas formellement que la cause est un corps, on l'imagine du moins soumise de la même manière que ses effets, et que la matière où elle les produit, aux lois de l'existence sensible. Dès lors, partant avec les Stoïciens de cette idée, que la définition de la cause repose uniquement sur le ca-

[1] Ibid. 257.
[2] Ibid. 256.
[3] Ibid. 255.

ractère sensible de sa connexion avec l'effet dans le temps et dans l'espace, on suppose : 1° que la cause est dans les mêmes conditions de temps que son effet ; 2° qu'elle a un mode d'existence du même ordre, de l'ordre sensible ; 3° enfin, et par suite, qu'elle doit concourir à l'effet, avec l'élément passif, de la même manière. En un mot, on démontre que, par aucun des caractères que fournissent les sens, la cause ne se distingue ni de l'effet, ni du principe passif qui y concourt avec elle. C'est un seul et même argument, appliqué successivement aux trois rapports possibles dans le monde corporel entre la cause, l'effet et la matière.

Mais dans la primitive philosophie péripatéticienne, toute cause proprement dite, toute cause efficiente est immatérielle par essence ; car son essence remonte à la cause première, qui n'est qu'acte et pensée. Par conséquent, tout en déterminant dans le monde sensible, dans le temps et dans l'espace, les diverses formes du mouvement, toute cause est, en son essence, supérieure et au temps et à l'espace, et en général aux conditions de l'existence sensible. Donc toute cause efficiente, quoiqu'elle n'agisse, dans la région de la matière et des sens, que sous une forme matérielle et sensible (c'est ainsi que l'animal engendre l'animal), toute cause efficiente est dans son essence première, d'où elle tire sa vertu, supérieure à la matière, au mouvement, au temps, à toute condition sensible : idée encore obscure dans la Physique et la Métaphysique d'Aristote, méconnue par ses successeurs, mais qui, remise plus tard en lumière, approfondie et complétée, doit résoudre toutes les difficultés, lever toutes les contradictions où s'embarrassent les doctrines qui ne reconnaissent rien au-dessus de la matière.

Ainsi sur tous les points, dans Énésidème comme dans Pyrrhon, ce n'est point à la philosophie d'Aristote que le Pyrrhonisme s'adresse. Il s'adresse uniquement à ce Dogmatisme qui ne reconnaissait rien de réel qui ne fût corps, et dans lequel les successeurs d'Aristote et de Théophraste se rencontraient alors avec les Stoïciens. S'il n'est rien de réel que des corps, si par conséquent il n'est point d'autre source de savoir que le sens, externe ou interne, rien ne saurait être connu directement, intuitivement, sinon des phénomènes. Et alors il est impossible de passer des phénomènes, comme d'autant de signes révélateurs, à des causes inconnues, impossible de concevoir et de définir la cause. Rien de compréhensible que des phénomènes plus ou moins rapprochés dans le temps et dans l'espace, mais sans commerce réel, sans lien intime, et détachés les uns des autres comme les atomes des Épicuriens. Telle est la conclusion vers laquelle le Dogmatisme marchait de lui-même pas à pas, et où le pousse la dialectique pyrrhonienne.

Aussi, depuis le temps auquel appartient probablement Énésidème, il semble qu'insensiblement la philosophie renonce à dépasser le cercle des phénomènes. Après avoir abandonné dans le principe la métaphysique, force lui est de déserter aussi les plus hautes parties de la physique, qu'elle y avait substituée. Sénèque proclame encore, comme les Zénon et les Chrysippe, que la science de la nature est la plus noble partie de la philosophie, et la fin de toutes les autres : c'est encore pour lui la science des causes premières, ou des choses divines, aussi supérieure aux sciences proprement humaines que Dieu est au-dessus de l'homme [1]. Mais sur quoi portent les Questions ou recherches naturelles qu'annoncent si pompeusement ces propositions ? Sur la météorologie, et sur les phénomènes généraux que présentent les airs, les eaux et la terre. Pour la théorie des principes de la nature, il avoue qu'on n'y peut pas dépasser le vraisemblable. La connaissance de la vérité est, dit-il, autant au-dessus de nous que la vérité elle-même [2]. En particulier, la question de la destinée de l'âme, sur

---

[1] *Quæst. nat.* præf. : Denique tantum inter duas interest, quantum inter Deum et hominem.

[2] *Ep.* 65 : Pronuntia quis tibi verisimillimum videatur dicere, non quis verum dicat ; id enim tam supra nos est quam ipsa veritas.

laquelle les premiers Stoïciens eux-mêmes avaient varié, est couverte à ses yeux des plus épaisses ténèbres[1].

Peu à peu, la physique dut se trouver resserrée dans les limites où les nécessités de la vie en exigeaient encore la culture, c'est-à-dire dans celles de la médecine. *Dogmatique* devint synonyme de *rationaliste*, ou *raisonneur*, nom d'une secte médicale, celle qui prétendait, continuant la tradition hippocratique, remonter des symptômes, comme d'autant de signes révélateurs, aux causes invisibles des maladies[2], puis, en vertu de l'*indication*, ou révélation, en déduire les remèdes[3]. Dans cette secte figuraient au premier rang les *Pneumatiques*, ainsi appelés parce que, s'attachant plus étroitement encore aux principes de la physique stoïcienne, c'était dans les affections de l'*esprit*, ou du souffle éthéré, principe de la vie, qu'ils cherchaient la cause première de toute maladie. Mais déjà, dans l'impuissance de déterminer les principes d'action d'une cause ainsi placée au-delà de toute expérience, c'est dans l'altération des humeurs, desquelles se forme le corps, qu'on les voyait chercher la raison des affections morbides de

---

[1] *Ep.* 54, 71, 88. Voy. Galat. *ad M. Antonin.* IV, 21.
[2] Sext. Empir. *adv. Math.* VIII, 156 : Τοῦτο γὰρ (sc. τὸ σημεῖον ἐνδεικτικὸν) ὑπὸ τῶν δογματικῶν φιλοσόφων καὶ τῶν λογικῶν ἰατρῶν... πέπλασται.
[3] Galen. *de Sect.* 3.

l'esprit vital[1]. Tel fut aussi le principal fondement sur lequel Galien vint asseoir ce système qui devait, éclipsant bientôt tous les systèmes rivaux, régner sans contestation dans la médecine pendant le reste de l'antiquité et le moyen âge, et, durant tout le cours de cette dernière période, se mêlant à la philosophie d'Aristote, partager avec elle l'empire de la science. — Dans le système de Galien, la constitution humaine a pour premiers principes quatre humeurs, répondant aux quatre éléments universels, savoir : le sang, matière première du corps organisé, et trois autres liquides qui se séparent du sang. Du juste *tempérament* de ces humeurs résulte la santé; de leur mélange vicieux, de l'excès ou du défaut de quelqu'une d'elles, la maladie[2]. La thérapeutique consiste à opposer à chacun de ces cas un remède contraire. En second lieu, du sang il se dégage encore des fluides d'une nature supérieure, des fluides aériformes, des *esprits*, de trois ordres différents : dans le foie, où le sang s'élabore, les *esprits naturels* qui gouvernent les fonctions de la vie végétative; dans le cœur, où le sang se mêle avec l'air, les *esprits vitaux* qui président à la distribution de la chaleur vitale et aux mouvements des passions; dans le cerveau,

---

[1] De là le nom d'*Humoriste* donné par Paracelse à la secte des Galénistes.
[2] Voy. Osterhausen, *Hist. medic. pneum.*, Altorfii, 1791, in-8°; Ackermann, *Instit. hist. medic.* Norimb. 1792, in-8°, c. 18.

les *esprits animaux* qui président aux fonctions de la locomotion et de l'intelligence [1]. Mais ce n'est pas par les propriétés primitives des éléments, par le chaud et le froid, le sec et l'humide, que les *esprits* exercent leurs fonctions. Déjà certaines substances agissent sur d'autres (comme les poisons et contre-poisons sur le corps vivant) d'une manière inexplicable, mystérieuse, et par conséquent par des qualités spéciales et secrètes [2] : ce sont ces *qualités occultes*, si en usage chez les Péripatéticiens, ou plutôt chez les Galénistes du moyen-âge, et si souvent reprochées depuis à Aristote. De même c'est par des facultés spéciales, inexplicables, c'est par des causes occultes, en un mot, que les différents *esprits* exercent leurs fonctions différentes. Telles sont les facultés rétentive, expulsive, sanguifique, etc.

Enfin, au-dessus des *esprits*, Galien reconnaît encore, à la suite d'Hippocrate, et surtout d'Aristote, un principe très-différent des éléments, et qui organise le corps par une spontanéité propre, conformément à ses inclinations naturelles. C'est la nature, ou l'âme. Mais est-ce une âme telle que l'entend Aristote, forme incorporelle, acte simple, qui, unie à une matière, n'en a pas moins son origine

---

[1] Dan. Le Clerc, *Hist. de la méd.*, p. III, l. III, c. 3; Ackerm. *Inst. hist. med.*, c. 22.

[2] Galen. *Method.* XIII, 6; *Simpl.* IX, 6.; cf. Cesalp. *Quæst. medic.* I, 13.

dans la pensée, et qui est l'idée et comme le verbe du corps organisé qu'elle anime? Galien déclare qu'aucune théorie de la nature de l'âme ne lui a paru démontrée, et que sur ce sujet il n'a pas même pu arriver au vraisemblable[1]. Mais il avoue, à peu près dans les termes dont se servait Cicéron, que si l'on suppose l'âme incorporelle, il ne se fait aucune idée de sa nature, et il ajoute qu'après avoir longtemps et soigneusement cherché et examiné, il ne saurait la concevoir autrement que comme une qualité ou forme du corps[2]. Aussi, de même que les Pneumatiques, après avoir expliqué l'organisation par le développement de certains penchants du premier principe de la vie, c'est encore par les proportions du mélange des humeurs qu'il explique à leur tour les penchants[3].

Ainsi, des principes secondaires, les *esprits*, exhalés des humeurs; un principe supérieur, mais corporel aussi, qui est l'âme; principes d'autant plus inconnus et obscurs dans leur essence qu'ils sont plus reculés par-delà les phénomènes sensibles, et tous

---

[1] *De Fœtus format.* 6, p. 700 : Ἀλλ' ὅπερ ἔφην, οὐδεμίαν εὑρίσκων δόξαν ἀποδεδειγμένην ἐπιστημονικῶς, ἀπορεῖν ὁμολογῶ περὶ ψυχῆς οὐσίας, οὐδ' ἄχρι τοῦ πιθανοῦ προελθεῖν δυνάμενος.

[2] *Quod animi mor. corp. temper. seq.* 3, p. 776 : Ἀσωμάτου δ'οὐσίας αὐτῆς καθ' ἑαυτὴν εἶναι δυναμένης, οὐκ οὔσης δὲ ποιότητος ἢ εἴδους σώματος, οὐδεμίαν νῷ διαφορὰν, καίτοι πολλάκις ἐπισκεψάμενός τε καὶ ζητήσας ἐπιμελῶς.

[3] Voyez surtout le traité *Quod animi mores corporis temperamentum sequantur.*

agissant dans le corps par des qualités, des facultés, des forces occultes et inexplicables; en un mot, des causes invisibles et inintelligibles, dès lors pures inconnues, qui ne sont que l'unité abstraite des fonctions auxquelles on les fait présider: tel est, en abrégé, le système auxquel aboutit chez Galien la médecine dogmatique.

Contre le dogmatisme luttaient deux autres théories, alliées l'une et l'autre au Pyrrhonisme, également opposées à la recherche des causes occultes et inconnues, à l'*indication* tirée des signes prétendus révélateurs : c'étaient le système des Méthodiques et celui des Empiriques, les uns et les autres ne cherchant, ne supposant rien au delà des phénomènes qui tombent sous les sens. Seulement, attachés à la physique mécanique des Épicuriens [1], les premiers ramenaient tous les états de l'organisme, sans en rechercher la cause première, aux deux états généraux et contraires du rapprochement ou de la séparation excessive des particules, du resserrement et du relâchement [2]; sous ces deux genres se rangeaient toutes les maladies, et à chacune s'opposait un remède contraire par ses effets au genre dont elle faisait partie [3]. Pour les Empiriques, s'abandonnant pu-

---

[1] Voy. Ackerm. *Inst. hist. med.*, c. 2.
[2] *Adstrictum* et *fluens*, Cels., præf.
[3] Galen. *de Sect.* 6, 7. Cels, præf. — C'est le principe général des systèmes modernes de Brown et de Rasori : deux états contraires de l'orga-

rement et simplement à l'expérience, sans règle ou *méthode* générale, ils ne cherchaient qu'à opposer à la diversité des symptômes particuliers une diversité correspondante de remèdes, découverts soit par l'observation directe, soit par des similitudes, simple extension de l'observation [1]. Les Méthodiques ne poursuivent donc plus, comme les Dogmatiques, des causes invisibles. Seulement ils supposent encore, comme les Épicuriens et tous les physiciens mécanistes, que les phénomènes se réduisent à deux phénomènes généraux, observables, visibles, mais qui les contiennent, et, en ce sens seul, les expliquent tous. L'Empirique prétend ne supposer rien, et suivre l'expérience, sans aucune opinion préconçue : c'est, quoi qu'en dise Sextus [2], l'application la plus exacte du Pyrrhonisme à la médecine [3]. Cependant comme le Pyrrhonien dans la conduite de la vie, de même dans la médecine l'Empirique est toujours obligé de raisonner, et par conséquent de supposer entre les choses les liens de la raison et de la causalité qu'il rejette. Soit dans la classification des maladies, soit dans le choix des remèdes, il

---

nisme, deux classes de maladies et de remèdes. Mais la physiologie de Brown et de Rasori n'est point atomistique et mécanique.

[1] Ackerm. *Inst. hist. med.*, c. 2.
[2] *Pyrrh. hypot.* l. I, c. 34.
[3] Lui-même dit ailleurs *adv. Math.* VIII, 191 : Οἱ μέν φασιν αὐτὰ (sc. τὰ ἄδηλα) μὴ καταλαμβάνεσθαι, ὥσπερ οἱ ἀπὸ τῆς Ἐμπειρίας ἰατροὶ, καὶ οἱ ἀπὸ τῆς Σκέψεως φιλόσοφοι.

passe du semblable au semblable; c'est raisonner; et ne fût-ce que pour prouver l'impossibilité du raisonnement, il faut bien encore qu'il raisonne. S'il démontre rigoureusement contre les Dogmatiques, qu'en partant des phénomènes, jamais on ne peut s'élever jusqu'à la connaissance des causes invisibles, il n'échappe pas pour cela à la nécessité, pour lier entre elles les apparences, pour en expliquer l'ordre, de supposer perpétuellement l'existence des causes. Lui-même en fait l'aveu [1]. Dès lors, non-seulement dans la vie commune, mais aussi dans la médecine et la physique vulgaire, indispensables pour les besoins de la vie, le Dogmatisme devait nécessairement l'emporter. Les *esprits* invisibles, les *qualités* occultes, les *facultés* spécifiques inexplicables suffisaient à l'imagination, si ce n'est à la raison. Pures inconnues, chargées des caractères des phénomènes sensibles, elles dissimulaient l'absence des véritables causes, et en jouaient provisoirement le rôle.

Mais, sentant bien que sous ces fantômes se cachaient le vide et le néant (on vient de le voir par Galien lui-même), la philosophie qui avait produit le Dogmatisme se resserrait par degrés dans les plus étroites limites où le Scepticisme prétendait la confiner. On a vu que dans ses Questions naturelles,

---

[1] Sext. Empir. *Pyrrh. hypot.* III, c. 3.

tout en proclamant encore la physique la plus haute partie de la philosophie, Sénèque la réduisait à l'explication des phénomènes météorologiques et terrestres. Ailleurs, il déclare qu'il n'y a dans la philosophie rien d'utile que ce qui sert à la morale[1]; et la morale elle-même, il la renferme tout entière dans l'usage de la volonté[2]. C'est là le culte que nous devons à notre génie intérieur, c'est-à-dire à Dieu même descendant et habitant en nous[3].

Presque dans le même temps, Épictète réduisait le Stoïcisme au dernier degré de simplicité où il devait atteindre. Selon lui, tout ce qui existe doit être partagé en deux classes : ce qui dépend de nous, ou qui est en notre pouvoir, et ce qui ne dépend pas de nous[4]. Ce qui est en notre pouvoir, c'est l'opinion[5], avec les penchants, les désirs et les aversions qui, selon la doctrine stoïcienne, en dérivent; ce qui ne dépend pas de nous, ce sont les choses du dehors, le corps, la richesse, les honneurs. Or, ce qui n'est pas en notre pouvoir nous

---

[1] Senec. Ep. 45, 65, 89, 106, 113.
[2] *Ep.* 66, 74.
[3] *Ep.* 41 : Prope est a te Deus, tecum est, intus est. Ita dico, Lucili, sacer intra nos spiritus sedet, malorum bonorumque nostrorum observator et custos... Bonus sine Deo nemo est.... In unoquoque virorum bonorum ( Quis Deus incertum est) habitat Deus. Cf. 31, 73 : Miraris hominem ad Deos ire? Deus ad homines venit, imo, quod propius est, in homines venit.
[4] Epictet. *Man.* 12. Τὰ ἐφ' ἡμῖν, τὰ οὐκ ἐφ' ἡμῖν.
[5] Ὑπόληψις. Sur le sens de ce mot, voy. Saumaise, *in Epictet.* (Lugd. Batav. 1640, in-4°), p. 29, *sqq.*

est étranger; ce qui dépend de nous nous appartient seul et est seul nôtre. C'est donc en ce qui dépend de nous que consiste uniquement et notre bien et notre mal [1]. Hors de nous, rien ne peut nous être ni bon ni mauvais, ni utile, ni nuisible; tout est indifférent. Mais si les choses du dehors n'arrivent pas jusqu'à nous par elles-mêmes, elles y arrivent du moins par les représentations que nous en avons. Or, Épictète ne prétend plus, comme les anciens Stoïciens, que les représentations soient notre œuvre, et dépendent de notre volonté. Il avoue, au contraire, que c'est sans notre aveu, malgré nous, qu'elles résultent en nous de la présence des objets extérieurs [2]. Une seule chose est donc véritablement en notre pouvoir, c'est de faire de nos représentations tel ou tel usage [3]. Le principe dirigeant qui est nous-mêmes, comme avait dit Chrysippe [4], ou notre raison, se réduit pour Épictète à la faculté de faire usage de nos représentations [5], c'est-à-dire à la volonté. Faire de nos représentations un usage conforme ou contraire à la nature, ou à la raison [6], telle est donc la seule chose qui dépende de nous,

---

[1] *Man.* 1, 2. Senec. *Ep.* 74 : Quid enim stultius quam aliquem eo sibi placere quod ipse non fecit?

[2] Epict. ap. Gell. *Noct. Att.* XIX, 1.

[3] *Man.* 11 : Τί οὖν ἐστι σόν; χρῆσις φαντασιῶν.

[4] Voy. plus haut.

[5] *Diss.* II, 8 : Ἡ χρηστικὴ δύναμις ταῖς φαντασίαις.

[6] *Man.* 19.

la seule par conséquent en laquelle consistent notre bien et notre mal. Ainsi la matière propre du bien et du beau se trouve uniquement dans le principe dirigeant qui est notre personne même, et ce principe est la volonté par laquelle nous faisons usage des représentations [1]. Maintenant en quoi consiste ce qui fait la forme du bien et de la vie morale, ce qui en est la mise en œuvre, l'usage raisonnable des représentations [2]? La raison ne consistant que dans le pouvoir même d'en faire usage, puisque c'est la seule chose qui dépende de nous, agir conformément à la raison, c'est agir conformément à la nature de la volonté. La volonté, ou la liberté, est l'homme même [3] : le bien, la fin de l'homme, c'est que dans l'usage de ses représentations, c'est-à-dire dans ses volontés, il reste volonté et liberté [4]. Ainsi, tandis que, ne pouvant s'élever avec la métaphysique péripatéticienne jusqu'à la fin suprême du bien absolu, les anciens Stoïciens cherchaient du moins dans la beauté, reflet qu'en reçoivent les choses, la règle de la volonté humaine, Épictète, pour affranchir la

---

[1] *Diss.* III, 3 : Ὕλη τοῦ καλοῦ καὶ ἀγαθοῦ τὸ ἴδιον ἡγεμονικόν. II, 16 : Ποῦ τὸ ἀγαθόν; ἐν προαιρέσει. Ποῦ τὸ κακόν; ἐν προαιρέσει. Ποῦ τὸ οὐδέτερον; ἐν ταῖς ἀπροαιρέτοις.

[2] *Diss.* III, 3 : Ἔργον δὲ τοῦ καλοῦ καὶ ἀγαθοῦ τὸ χρῆσθαι ταῖς φαντασίαις κατὰ φύσιν.

[3] *Diss.* IV, 5.

[4] *Ibid.* I, 12. — Épictète commence souvent ses exhortations par cette apostrophe : ἀνδράποδον. — Les ἐφ' ἡμῖν sont ἐλεύθερα, ἀκώλυτα, ἀπαραπόδιστα; les οὐκ ἐφ' ἡμῖν, ἀσθενῆ, δοῦλα, κωλυτά, ἀλλότρια.

volonté de toute dépendance des choses extérieures, ne lui laisse plus d'autre règle et d'autre but qu'elle-même. A la vérité, c'est rendre au principe intellectuel, dans l'homme même, l'indépendance entière attribuée par l'Aristotélisme à la pensée divine. Mais la pensée divine a un objet et une fin suffisante dans l'acte par lequel elle pense et se contemple. Qu'est-ce, au contraire, qu'une volonté, une liberté sans autres objets qu'elle seule? Une abstraction, une pure négation. Aussi la morale d'Épictète est-elle, dans ses conséquences comme dans ses principes, entièrement négative. Le mal, selon lui, c'est d'être l'esclave des choses du dehors; le bien, de s'affranchir de leur domination. Toute la vertu revient donc à deux choses : supporter et s'abstenir [1]; c'est-à-dire la force, avec la tempérance, qui est encore de la force; en un seul mot, la volonté appuyée sur elle-même et concentrée en elle-même.

Cependant, plus savant dans la vie intérieure qu'aucun de ses devanciers n'avait sans doute pu l'être, Épictète connaît mieux l'insuffisance de l'homme. Le commencement de la philosophie est, dit-il, la conscience de notre faiblesse et de notre impuissance pour les choses les plus nécessaires [2].

---

[1] Gell. *Noct. Att.* XVII, 19 : Ἀνέχου καὶ ἀπέχου.

[2] *Diss.* II, 11 : Ἀρχὴ φιλοσοφίας... συναίσθησις τῆς αὑτῶν ἀσθενείας καὶ ἀδυναμίας περὶ τὰ ἀναγκαῖα. Épicure avait dit : Initium salutis est notitia peccati. Senec. *Ep.* 28.

Pour devenir bon, il faut commencer par se reconnaître mauvais [1]. Il est deux vices dont l'âme a également besoin d'être purgée : la présomption et le désespoir [2]; en d'autres termes, elle a un besoin égal de la modestie et de l'espérance. Et ce en quoi elle doit chercher son appui, c'est Dieu. Souviens-toi de Dieu, dit Épictète; invoque-le afin qu'il te secoure et t'assiste [3]. C'est à Dieu, enfin, qu'il rapporte comme à leur auteur les jugements droits et les désirs conformes à la nature [4]. Car Dieu n'est pas loin de nous ni hors de nous : il est en nous [5]. Qui ne croirait reconnaître à de telles maximes le Christianisme même? Mais le Dieu intérieur qu'Épictète invoque, ce n'est point celui dont le chrétien adore la grâce toute-puissante, ce n'est pas cette nature supérieure à laquelle la théologie même d'un Aristote subordonne et suspend l'humanité comme la nature entière; ce n'est guère autre chose encore que le génie, émané de Dieu, qui habite en nous [6], c'est-à-dire notre raison ou notre volonté propre, considérée dans sa pureté et son indépendance idéale. Quel lien en effet, quelle union profonde et durable entre notre âme, et Dieu considéré en lui-même,

---

[1] *Fragm.* p. 741 ; ap. Stob. *Serm.* I, 48.
[2] *Diss.* III, 14.
[3] Ibid. II, 18 : Τοῦ Θεοῦ μέμνησο· ἐκεῖνον ἐπικαλοῦ βοηθὸν καὶ παραστάτην.
[4] *Diss.* I, 19.
[5] *Diss.* I, 14 ; II, 8.
[6] *Diss.* I, 14 : Ἀλλ' ὁ Θεὸς ἔνδον ἐστὶ, καὶ ὁ ὑμέτερος δαίμων ἐστί.

c'est sur quoi Épictète reste, ainsi que Sénèque[1], dans le silence et vraisemblablement dans le doute. Pour nous affermir contre la mort, il remarque seulement que par elle nous ne sommes pas anéantis, mais simplement changés, c'est-à-dire que de ce que nous étions nous devenons autre chose dont l'univers avait besoin[2]. Au lieu de cette fabuleuse vie future, inventée par les poëtes, nous retournons aux éléments d'où nous étions sortis[3] ; c'est là tout notre avenir. Une volonté passagère, sans but, sans règle et sans appui hors d'elle-même, et bientôt engloutie dans le torrent de la destinée universelle, tel est l'homme d'Épictète.

Dans les réflexions que Marc-Aurèle s'adresse à lui-même, dernier monument qui nous reste du Stoïcisme, la pensée de l'unité du monde, de la connexion étroite de toutes ses parties, de l'obligation qui en résulte pour tous les hommes, comme pour autant de membres d'un même corps, de n'exister que les uns pour les autres[4], cette grande pensée joue un rôle aussi considérable en apparence qu'elle avait jamais pu le faire chez les premiers Stoïciens. Successeur d'Antonin à l'empire du monde, l'idée

---

[1] Voy. J. Lips. *Physiol. stoic.* III, 14; Gatak. *ad M. Antonin.* II, 12.
[2] *Diss.* III, 23 : Οὐκ ἔσῃ, ἀλλ' ἄλλο τι οὗ νῦν ὁ κόσμος χρείαν ἔχει.
[3] Ibid. 13.
[4] M. Antonin. IV, 3; VII, 55; VIII, 12, 23, 26; IX, 31; XI, 20 : Μὴ ἐπ' ἄλλο τι ἢ ἐπὶ τὸ κοινωνικὸν τέλος τὴν ἀναγωγὴν ποιεῖσθαι. 21 : Τὸν σκοπὸν δεῖ τὸν κοινωνικὸν καὶ πολιτικὸν ὑποστήσεσθαι.

de la communauté universelle, du devoir d'agir pour le bien de tous, devait être sa première préoccupation; et de là il devait aussi remonter naturellement à cette conception familière au Stoïcisme primitif, de la sympathie, de l'affinité, de l'union intime de toutes choses. Mais à considérer sa philosophie dans les principes dont elle dérive, et, par suite, dans ses conséquences légitimes, on la trouve resserrée dans un horizon encore plus étroit que celle d'Épictète. Tandis qu'Épictète, fidèle encore à l'esprit de l'antique Stoïcisme, prend pour ce qu'il y a de plus élevé dans la nature humaine le principe dirigeant de l'âme, source de ses désirs et dès lors principe immédiat de toutes ses actions, Marc-Aurèle reconnaît au-dessus de l'âme la simple intelligence (νοῦς)[1]. L'âme, c'est l'*esprit*, comme disaient aussi les premiers Stoïciens; l'*esprit*, c'est-à-dire une vapeur qui s'exhale du sang[2]. Or, de l'âme viennent tous les penchants[3], par suite tous les actes. L'intelligence, c'est le génie intérieur[4], qui habite en nous dans un repos divin, supérieur, par conséquent, à la vie active. Parler peu et peu agir, selon l'antique précepte de Démocrite[5], se

---

[1] II, 1, 2; III, 3, 16; XII, 3, 26; XIII, 14.

[2] V, 33 : Αὐτὸ τὸ ψυχάριον, ἀναθυμίασις ἀφ' αἵματος. VI, 15, II, 2; et XII, 3, πνευμάτιον au lieu de ψυχὴ, III, 16.

[3] III, 16 : Ψυχῆς, ὁρμαί.

[4] III, 3 : Ὁ μὲν γὰρ νοῦς καὶ δαίμων. XII, 26 : Ὁ ἑκάστου νοῦς Θεός. II, 13; V, 27. Cf. Euripid. et Menandr. ap. Gatak. *ad M. Antonin.* XII, 26.

[5] III, 12; IV, 3; VII, 59.

retirer en soi[1], vivre concentré, roulé en soi-même, et tel qu'une sphère polie qui ne laisse aucune prise[2], se tenir ainsi à l'écart avec son génie et le servir comme on le doit[3], tel est, selon Marc-Aurèle, l'idéal de la vie. C'est ce qu'il appelle, d'un mot emprunté peut-être aux Platoniciens, se simplifier[4]. C'est le moyen qui conduit à l'ataraxie[5], au calme[6], unique but du sage.

La nature humaine n'est donc plus ici, comme dans le Stoïcisme primitif, un tout que parcourt et pénètre un seul et même principe. Déjà Épictète a réduit l'homme proprement dit à la pure volonté, distinguée de tout ce qui ne dépend pas d'elle. De la volonté, encore diverse et multiple, et inséparable du reste de l'âme, Marc-Aurèle sépare maintenant, avec les Péripatéticiens, la simple intelligence. De même à ce dogme des anciens Stoïciens, suivant lequel tout dans l'univers est l'effet immédiat de l'action divine, il préfère l'opinion contraire que Dieu a seulement, dans l'origine, donné une pre-

---

[1] III, 5.
[2] VII, 28 : Εἰς ἑαυτὸν συνειλοῦ. XII, 3 : Τὸ ἡγεμονικὸν εἰς ἑαυτὸ συστραφέν, σφαῖρος κυκλοτερὴς καὶ αὐτοειδὴς γίνεται. VIII, 48; XI, 12 : Σφαῖρα ψυχῆς αὐτοειδής. — Cette idée qu'on trouve déjà dans Horace, Sat. II, 7, appartient probablement aux anciens Stoïciens.
[3] II, 13.
[4] IV, 26 : Ἅπλωσον σεαυτόν.
[5] IX, 31.
[6] Γαλήνη, V, 2. Voy. plus haut.

mière impulsion, dont tout le reste provient par voie de conséquence[1]. Ainsi cette chaîne qui, soit dans l'univers, soit dans l'homme, liait au principe intellectuel tout ce qui lui est inférieur, et qui n'était autre chose que la raison elle-même tendue dans la matière, cette chaîne est rompue ou bien près de l'être, et les extrêmes que le Stoïcisme avait voulu réunir sont encore une fois séparés. D'un côté reste l'intelligence, solitaire et oisive; de l'autre le monde, y compris l'âme humaine, détaché de son principe, et livré ainsi, sans raison intérieure d'harmonie, aux vicissitudes éternelles des éléments contraires qui le composent[2]. C'est à peu près le même système que l'opinion vulgaire prenait pour celui d'Aristote, et que le Stoïcisme avait prétendu remplacer; le même système, avec le découragement qui succède aux espérances frustrées et à l'orgueil déçu.

Déjà Épictète représentait ordinairement la nature livrée à un perpétuel changement, qui menace toujours de nous entraîner nous-mêmes. Marc-Aurèle la dépeint, à l'exemple d'Héraclite, comme un fleuve, un torrent immense et rapide, où toute chose passe et disparaît en un instant[3]. Ce

---

[1] IX, 1 : Ὁρμή τις ἀρχαία τῆς προνοίας. 28 : Ἢ ἅπαξ ὥρμησε, τὰ δὲ λοιπὰ κατ' ἐπακολούθησιν.
[2] Ibid. cf. Gatak. ad h. l.
[3] II, 17; IV, 43; V, 23; VI, 15; VII, 19.

n'est plus ce cours régulier, tel que l'imaginaient les premiers Stoïciens, cette progression pleine d'art, dont la raison universelle produisait successivement tous les termes pour les ramener enfin à son unité : c'est un flux uniforme d'existences passagères, qui ne sont toutes que vanités et néant. Bien plus ; l'univers est-il en effet l'œuvre vivante d'une force génératrice, d'une raison séminale qui se meut et se développe en toutes choses, ou ne serait-il, comme le veulent les Épicuriens, que le résultat mécanique d'un concours d'atomes qui tantôt se rapprochent et tantôt se séparent [1], Marc-Aurèle l'ignore. Il avoue qu'il est resté étranger aux spéculations des physiciens [2], et semble ne leur accorder aucune confiance [3]. Tout ce qu'il sait, c'est que dans la nature, et particulièrement dans les choses humaines, rien n'est durable ; c'est que, soit que l'âme finisse par s'éteindre, ou par se perdre dans l'atmosphère [4], ou par se résoudre en atomes, elle se dissipe peu de temps après la mort, si ce n'est même aussitôt après, comme une vaine fumée [5]. Quant à l'intelligence, émanation de Dieu, ira-t-elle, en remontant à sa source, y vivre d'une vie meilleure, ou bien s'y perdre et s'y anéantir ? Il n'en dit rien, et proba-

---

[1] VI, 24 ; VII, 32, 50 ; cf. IX, 28, 39 ; X, 7, 18 ; XI, 3.
[2] L. I, fin.
[3] II, 2 ; V, 4.
[4] V, 33 ; VIII, 25 ; XI, 3.
[5] IV, 14.

blement ne sait qu'en croire. Mais le sentiment qui règne dans toutes ses réflexions, ce n'est point l'espérance d'un immortel avenir, c'est l'amère préoccupation de la vanité et du néant de toute la vie humaine. Dans Épictète respire encore une magnanime confiance en la force invincible de la volonté, du libre arbitre. Dans l'âme de Marc-Aurèle, retirée en elle, en deçà, pour ainsi dire, de la région de l'action et de la volonté même, on ne découvre presque plus qu'un sentiment de tristesse et de découragement qui répand sur toutes ses pensées une teinte uniforme de mélancolie. Le grand Brutus, désabusé des promesses de la sagesse stérile à laquelle il avait tout sacrifié, s'était écrié au moment de se donner la mort, avec l'Hercule d'Euripide expirant sur l'OEta : « Malheureuse vertu, tu étais un mot, et moi je m'attachais à toi comme si tu avais été une réalité; tu n'étais pourtant qu'une esclave de la fortune [1]. » Cette plainte, plus amère encore que

---

[1]   Ὦ τλῆμον ἀρετή, λόγος ἄρ' ἦσθ'· ἐγὼ δέ σε
Ὡς ἔργον ἤσκουν· σὺ δ'ἄρ' ἐδούλευες τύχῃ.

Dio Cass. XLVII, p. 525; cf. Plutarch. *in Bruto*; Florus, IV, 7. Michelet, *Hist. rom.* II, 370 (2ᵉ édit.) : « Fallait-il que Brutus estimât la vertu par le succès? » — Lucrèce fournit une réponse sévère à cette question :

> Quo magis in dubiis hominem spectare periclis
> Convenit, adversisque in rebus noscere qui sit.
> Nam veræ voces tum demum pectore ab imo
> Eiciuntur, et eripitur persona, manet res.

celle de Théophraste mourant[1], le stoïcien Marc-Aurèle, s'il était sincère avec lui-même, la laisserait échapper aussi, sans doute. Mais chez l'empereur philosophe, l'orgueil couvre comme il peut la plaie de l'âme : orgueil qu'atteste si naïvement ce long préambule de ses pensées, où, sous couleur de rendre témoignage aux Dieux, à ses parents et à ses maîtres pour tout ce qu'il leur doit, il s'attribue, dans une interminable énumération, toutes les vertus et les perfections imaginables, sans se trouver un seul défaut, sans se faire un seul reproche, et se peint comme une Pandore, ornée de tous les dons. Il répétait souvent le vœu de Platon, que les philosophes fussent rois ou les rois philosophes ; et ce vœu, il se flattait évidemment de l'avoir réalisé en sa personne.

L'orgueil était le fond du Stoïcisme. Réduisant à la pure physique la métaphysique, la théologie, il ne voulait plus rien reconnaître, rien adorer au-dessus de la nature. Or, l'humanité étant ce que la nature offre de plus parfait, c'était faire l'homme égal, bien plus, supérieur à Dieu. C'est dans l'homme, en effet, que la nature divine arrivait à la perfection. Déjà Chrysippe avait dit qu'un sage ne le cédait pas en vertu à Jupiter, et que par conséquent ils étaient également utiles l'un à l'autre[2]. Un phi-

---

[1] Voy. plus haut.
[2] Plutarch. *adv. Stoic.* 33 : Ἀρετῇ τε γὰρ οὐχ ὑπερέχειν τὸν Δία τοῦ Δίω-

losophe romain du temps de César, qui se disait Pythagoricien, mais qui enseignait une morale toute stoïcienne [1], Q. Sextius alla plus loin. Non-seulement, selon lui, Jupiter ne surpassait en rien le sage, si ce n'est en durée, circonstance absolument indifférente [2], mais c'était plutôt le sage qui l'emportait sur lui. Car, disait-il, si Jupiter ne fait pas le mal, c'est par nature; mais le sage, c'est par volonté [3]. Et en effet, ajoute Sénèque, faut-il s'étonner que l'homme puisse s'élever jusqu'aux Dieux; c'est Dieu qui vient vers les hommes; que dis-je, il vient en eux, et tout sage a Dieu en lui-même [4]. On pourrait encore croire ces derniers mots empruntés ou à la théologie chrétienne, ou à la métaphysique d'Aristote; mais c'est l'esprit du Stoïcisme entier qui en détermine le sens, et ce sens est tout autre que celui du Christianisme ou de l'Aristotélisme. Dans la Métaphysique d'Aristote, dans la théologie chrétienne, Dieu est de toute éternité la perfection même; il n'a rien à acquérir : il donne; tout reçoit de lui et il ne reçoit de rien. Au contraire, comme pour les systèmes des Pythagoriciens et de Speusippe, où le Platonisme lui-même vint aboutir,

νος, ὠφελεῖσθαί τε ὁμοίως ὑπ' ἀλλήλων τὸν Δία καὶ τὸν Δίωνα, σοφοὺς ὄντας, ὅταν ἕτερος θατέρου τυγχάνῃ κινουμένου.

[1] Voy. Senec. *Epp.* 59, 64, 108.
[2] Senec. *Ep.* 6.
[3] Id. *Ep.* 73.
[4] Voy. plus haut, p. 268 ; cf. *Ep.* 41, init.

et auxquels Aristote opposa sa Métaphysique, de même pour le Stoïcisme Dieu est une semence qui n'obtient que dans l'homme son dernier développement, et qui par conséquent est en elle-même inférieure à l'homme. Avant que l'homme soit, Dieu n'est pas arrivé au terme de sa perfection; il n'est donc pas encore vraiment Dieu, et c'est pour devenir Dieu qu'il vient dans l'homme. Or, l'homme, l'homme véritable, c'est, selon les Stoïciens, ce quelque chose doué de raison et de volonté, qui dit de soi-même *je*, *moi*. Ce qu'il adore dans le Dieu intérieur, devenu son génie, c'est donc lui-même, qui, par sa volonté seule, s'est fait et se fait à tout moment Dieu.

Il est vrai que l'homme et Dieu ne font un, à proprement parler, que dans le sage : or, la sagesse est pour les Stoïciens, dès le principe, un idéal à peu près impossible à réaliser, et de plus en plus ils renoncent à y atteindre. Le nom même de sage ne se rencontre plus dans Épictète et Marc-Aurèle. Le dernier, et avant lui Sénèque, acquiescent à ce conseil d'Épicure, de se contenter de prendre pour modèle quelque homme vertueux du temps passé, un Dion, un Caton, auquel on puisse ne pas désespérer de devenir semblable [1]. De plus en plus ils se résignent, selon l'expression de Sénèque, à une

---

[1] Senec. *Ep.* 11, 25.

sagesse de second ordre [1]. Et à mesure que le Stoïcisme descend plus avant dans la conscience de la vie morale, dans la connaissance intime de l'esprit, de la volonté et des passions de l'homme, connaissance dans laquelle l'école péripatéticienne l'emportait d'abord de beaucoup [2], à mesure il acquiert un sentiment plus vrai et plus profond de la faiblesse et de la misère humaine. Sénèque avoue, avec Épicure, que le commencement du salut est de connaître ses péchés. Avec plus de force encore Épictète : « Si tu veux être bon, persuade-toi d'abord que tu es mauvais [3]. »

Mais tout ce qui en résulte, on l'a vu tout à l'heure, c'est que le Stoïcien renferme dans des bornes plus étroites la sphère de sa perfection ainsi que de son orgueil ; c'est qu'il resserre et circonscrit davantage ce for intérieur dans lequel il contemple comme en un sanctuaire sa propre divinité. Du point de départ qu'il avait choisi, l'expérience de phénomènes sensibles, il a été conduit par degrés à renoncer presque à toute science digne de ce nom, à toute science des causes et des principes, à renoncer à connaître sa propre âme, à renoncer enfin

---

[1] Senec. *Ep.* 52 : Nos ex illa prima nota non sumus : bene nobiscum agitur, si in hanc secundam recipimur.

[2] Cic. *Tusc.* IV, 5.

[3] Ap. Stob. *Serm.* I, 48 : Εἰ βούλει ἀγαθὸς εἶναι, πρῶτον πίστευσον ὅτι κακὸς εἶ.

à en gouverner les mouvements. Dépouillé de tout, et presque de lui-même, réduit par sa propre analyse, encore plus que par la dialectique du Pyrrhonisme, à un je ne sais quoi d'abstrait, sans objet et sans usage, il ne s'en adore pas moins dans ce néant.

Cependant, ce n'était pas encore chez les Stoïciens que l'orgueil devait revêtir les formes les plus choquantes. Au moins y joignaient-ils la dignité des mœurs et des manières. Il n'en fut pas de même des Cyniques.

La philosophie cynique avait été le point de départ du Stoïcisme. Il s'en était éloigné en embrassant tout le champ de la philosophie spéculative ; et à mesure qu'il se réduisait à la pratique, il retournait insensiblement à sa première origine. Par la sévérité de leur morale, les Stoïciens paraissaient, c'est Cicéron qui en fait l'aveu, les seuls philosophes dignes de ce nom. A leur tour, ils virent dans les Cyniques le modèle qu'ils devaient se proposer d'imiter. Sénèque n'admire personne à l'égal du cynique Démétrius[1] ; et le portrait que fait Épictète du véritable Cynique est celui du philosophe ou du sage lui-même. Il le représente doux, simple, modeste, aimant ceux qui le maltraitent, se conduisant envers les autres hommes comme un frère, comme un père, comme un envoyé de Dieu, qui est le père

---

[1] Senec. *Ep.* 62 ; *de Benef.* VII, 8 ; *de Prov.* 3, 5.

commun de tous [1]. Pourtant il s'en fallait de beaucoup que les Cyniques en général répondissent par leurs mœurs à un semblable modèle. Fiers de la dureté de leur vie, de la simplicité de leur costume, de leur barbe et de leur chevelure longues, du *pallium* philosophique qui les laissait demi-nus, ils étalaient devant la multitude ignorante une insolence qui leur attirait son admiration. Ils attaquaient les passants d'invectives grossières et de sarcasmes. Colères, haineux, et, sous l'apparence du désintéressement, mendiants exigeants et envieux, telle est la peinture qu'en font les écrivains contemporains et Épictète lui-même [2]. Les premiers auteurs de cette secte étaient venus, disaient-ils, pour abattre la vanité [3] : mais c'était pour en mettre à sa place une autre, plus grande encore et plus difficile à détruire. Socrate et Platon l'avaient déjà vu chez Antisthène et chez Diogène ; on le vit bien mieux encore chez leurs successeurs, et c'est à eux sans doute que s'adresse ce mot de Marc-Aurèle, que la pire vanité est d'être vain de ce qu'on n'est pas vain. — De son temps, il s'en trouva un qui poussa le délire de l'orgueil à cette étrange extrémité, de vouloir imiter le modèle de tous les hommes de sa secte, Hercule, jusqu'en sa fin tra-

---

[1] *Diss.* III, 22.

[2] Ibid. Lucian. *passim.*

[3] V. M. Antonin. II, 15. Cf. Gatak. ad h. l.

gique, et qui se brûla publiquement à Olympie [1]. C'était le fameux Pérégrinus. Il avait, disait-il, vécu comme Hercule, et voulait mourir comme lui. Sans doute aussi il espérait par là passer comme lui à l'état de Dieu, honneur réservé depuis longtemps aux seuls empereurs. De plus, il prétendait représenter ainsi le phénix, l'oiseau fabuleux de la Chaldée, de l'Égypte et de l'Inde, symbole, chez les Stoïciens, du monde qui se consume par le feu pour renaître et se consumer encore, à d'immenses mais périodiques intervalles. En effet, avant de consommer son étrange sacrifice, il changea pour le surnom de Phénix, celui de Protée, que lui avaient valu ses variations, selon Lucien, mais qu'il pouvait bien aussi s'être donné lui-même, parce que les Stoïciens appelaient ainsi cette divinité unique qui prenait tour à tour toutes les formes possibles, et qu'il avait sans doute l'ambition de figurer. Enfin, avant de se faire cynique, Pérégrinus avait, dit-on, été chrétien. Il avait vu de près l'ardeur avec laquelle les chrétiens couraient à la mort et aux tourments pendant la persécution (que Marc-Aurèle lui-même fut loin de suspendre). Cette ardeur, les philosophes la traitaient de délire [2], et elle n'en était pas moins, comme le courage de ce Brachmane qui se brûla

---

[1] Lucian. *Peregr.*; Gell. *Noct. att.* VIII, 3; XII, 11; XXIX, 1.
[2] Epictet. *Diss.* IV, 7; M. Antonin. XI, 3.

devant Alexandre, l'objet de leur secrète envie. Peut-être ne fut-ce pas le moindre des motifs qui poussèrent Pérégrinus à s'offrir volontairement à une mort douloureuse, que le désir d'égaler en ce point, sinon de surpasser, les hommes dont il avait déserté la religion et la cause. Stérile imitation du grand spectacle que donnait alors le monde naissant au monde qui finissait. En présence des humbles martyrs qui témoignaient pour le Dieu nouveau de l'Esprit et de l'Amour, le sectateur de cette philosophie orgueilleuse qui n'a fait encore que sanctionner, au nom de la Raison, le culte idolâtrique de la Nature, se rend à lui-même un vain témoignage parmi les pompes surannées de la Grèce, et sur le bûcher d'Olympie se couronne Dieu de ses propres mains.

En résumé, abandonnant la voie que la philosophie péripatéticienne avait ouverte, cherchant la cause première, soit pour chaque existence soit pour le monde entier, non plus dans l'acte pur, qui est la Pensée, simple et immatérielle, mais dans la tension, unité concrète de la puissance et de l'acte, par laquelle la Raison se meut et se développe dans la matière et les corps, la philosophie stoïcienne a, comme la cynique, renfermé dans la nature en général, et spécialement dans l'homme, toute la divinité. Au lieu d'un principe supérieur, transcendant, duquel tout participe sans que sa pureté et son indépendance en reçoivent aucun préjudice, c'est un principe inséparable de la matière, et qui n'existe qu'en mouvement dans le corps. Par là, il est vrai, l'union devient plus intime, plus forte, plus manifeste, entre les êtres particuliers et cette cause première qui, dans le système péripatéticien, semblait, trop séparée d'eux, les laisser entièrement à leur insuffisance et à leur néant. La nature des choses et leurs rapports mutuels ainsi expliqués par l'idée féconde de la force concrète, qui pénètre et contient, et circule dans les moindres parties; dans la Logique, une règle du savoir, un critérium du vrai trouvés dans l'énergie de la perception naturelle; dans la Physique, tous les êtres en particulier et l'ensemble du monde expliqués d'une manière plus précise qu'on n'avait su le faire jusqu'alors par la tension du feu, esprit intérieur qui en unit les parties en un tout organisé, sympathique et solidaire avec lui-même; dans la Morale enfin, le but de la vie, le vrai bien, définis par la beauté, par l'harmonie et l'accord, expression de la tension constante de la raison dans l'âme; l'homme appelé par là à une conscience toute nouvelle de sa dignité et de sa force morale, la vertu élevée jusqu'à l'héroïsme, tels furent les premiers résultats du Stoïcisme.

Mais d'abord si la cause première, si le principe

de l'intelligence et de l'action n'existe que mêlé à la matière, ce n'est qu'à travers des sensations que nous pouvons le connaître. Dès lors plus de moyens de l'atteindre en lui-même; par conséquent plus de règles absolues ni de savoir, ni de conduite. C'est la conclusion où la nouvelle Académie réduit le Stoïcisme.

En second lieu, si en toute chose le premier principe ne se fait connaître que par les phénomènes sensibles qui en sont la manifestation, les causes, les substances, les véritables êtres échappent à l'expérience, dont on avait prétendu les rapprocher, et ne sont plus que les objets invisibles des conclusions du raisonnement. Ainsi se constitue le Dogmatisme dans lequel le Stoïcisme et le Péripatétisme dégénéré, infidèle à l'esprit de la Métaphysique, viennent se rencontrer. — Mais si les causes échappent à toute connaissance directe, immédiate, le raisonnement, manquant de base, ne peut pas non plus les atteindre : nul passage des phénomènes aux noumènes, nulle définition, nulle conception possible des noumènes. C'est ce que le Pyrrhonisme revient mettre en lumière. Et, resserré peu à peu dans les limites d'une étroite physique, presque uniquement appliquée aux besoins de la vie, le Dogmatisme ne sait plus que rapporter les effets de différente nature, dont le monde sensible est composé, à autant de forces corporelles à la fois et inexplicables, inconnues, occultes dans leur nature; monde fantastique inaccessible à la science. Selon la comparaison des Pyrrhoniens, de même qu'un archer qui tirerait dans l'obscurité, et ne pourrait savoir s'il a touché le but, ce n'est plus qu'au hasard et par des conjectures arbitraires que le Dogmatique assigne au delà des phénomènes leurs principes cachés.

Enfin, la philosophie se renferme entièrement dans la sphère des phénomènes internes de la conscience morale : c'est la dernière période du Stoïcisme, celle des Épictète et des Marc-Aurèle; une stérile conscience d'une volonté ou d'une intelligence également abstraites et de leurs effets et de leurs causes, sans objet, sans but, sans raison, et inconnus dans leur fond et leur substance; c'est à quoi vient enfin se réduire toute la philosophie.

En un mot, tandis que l'Épicurisme rejette comme une pure fiction le principe immatériel d'action et de pensée par lequel la métaphysique péripatéticienne explique tout, le Stoïcisme se contente d'abaisser ce principe à la condition de la nature, et de transformer la métaphysique en physique. Au lieu d'un assemblage de particules inertes, sans liaison les unes avec les autres, semées dans le vide par le hasard, avec le don inexplicable de se mouvoir sans cause et sans raison, le monde des Stoïciens est un tout produit, conservé, uni dans toutes ses parties par un *esprit* de feu, loi vivante, raison séminale dont il est le développement, et qui de métamorphose en métamorphose, par une suite continue de transformations fatales, s'élève enfin dans l'homme à la forme divine de l'intelligence et de la volonté. Mais le premier principe une fois dépossédé de l'existence indépendante et séparée que l'Aristotélisme lui attribuait, et indissolublement uni avec la matière et le corps, c'est en vain qu'on s'efforce de l'en maintenir réellement distingué : rien n'en demeure bientôt qui diffère de la matière, des corps, des phénomènes sensibles, sinon un je ne sais quoi d'occulte et d'inexplicable que l'imagination seule revêt de réalité : inutile et stérile abstraction. Et lorsque abandonnant les spéculations de la physique pour se réduire à la morale, où le Scepticisme le confine, le philosophe reste enfin seul avec lui-même dans la conscience de ses pensées et de ses volontés, ce ne peut être encore à ses yeux rien de plus qu'un phénomène, une manifestation passagère que son orgueil s'efforce vainement d'ériger en Dieu. Que la divinité ne soit pas là tout entière, sa faiblesse, son impuissance à l'égard de ses propres pensées le lui enseignent assez hautement. Et pourtant au delà de cette volonté et de cette raison, objets de sa conscience, il ne lui reste pas, comme au métaphysicien, au théologien, une pensée, une activité supérieure qui en renferme l'éternel principe; rien ne lui reste qu'un substrat mystérieux et obscur, matière première qui a encore en lui sa forme la plus accomplie, germe imparfait dont il est le dernier développement, ébauche de sa misérable divinité.

Telle est l'inévitable conclusion de cette philosophie, assemblage singulier de force et de faiblesse, de bassesse et de grandeur, si humble et si altière tout ensemble. Elle n'a rien voulu, rien su reconnaître au-dessus de la nature et de l'humanité, au-dessus des conditions de l'existence physique, rien de supérieur au monde, à l'homme, et particulièrement au philosophe. Dès lors, plus rien où le philosophe puisse trouver une règle certaine de savoir, une raison suffisante des choses; rien sur quoi il puisse fonder une science supérieure à l'expérience des sens; rien enfin sur quoi il appuie sa faible volonté, rien où elle se dirige et se termine. Au lieu de *l'ataraxie* divine à laquelle son orgueil s'était flatté d'atteindre, il ne trouve que sujets de trouble et d'inquiétude, et sous l'impassibilité qu'il affecte, se laissent voir à la fin une tristesse et un abattement de cœur tout proches du désespoir.

## CHAPITRE III.

Nouveaux Péripatéticiens ; nouveaux Pythagoriciens ;
nouveaux Platoniciens.
— Avénement de l'Aristotélisme à la domination universelle. —
Fin de la philosophie ancienne.

Dans le temps même où les écoles dégénérées de l'Académie et du Lycée semblaient se perdre entièrement dans le Stoïcisme, dans le siècle où vivaient les Posidonius et les Antiochus, la philosophie d'Aristote et celle de Platon commençaient l'une et l'autre à renaître. Celle-là fut la première, et l'autre suivit de près.

A mesure que la philosophie péripatéticienne avait perdu de son autorité et de son influence, et laissé le premier rang aux doctrines qui lui avaient succédé, les principaux écrits d'Aristote et les plus difficiles à entendre étaient peu à peu tombés dans l'oubli. Un péripatéticien du dernier siècle avant l'ère chrétienne, Andronicus de Rhodes entreprit de les remettre en lumière. Il corrigea les textes, en comparant différentes copies ; il réunit en corps des parties jusqu'alors détachées les unes des autres, mais qui appartenaient à un même sujet ; par exemple, les cinq livres des *Principes naturels* et les trois livres du *Mouvement*, qui formèrent, réunis,

la Physique, telle qu'elle est parvenue jusqu'à nous.
Il chercha à séparer des ouvrages authentiques ceux
qui ne l'étaient pas : il en retrouva quelques-uns
qui s'étaient perdus; enfin il publia des tables, qui
servaient encore plusieurs siècles après [1]. Pendant
que Cratippe enseignait avec éclat, dans Athènes,
le Péripatétisme altéré par le mélange des idées
stoïciennes, Andronicus de Rhodes commençait,
plus obscurément cette longue série de commentateurs qui s'appliquèrent, durant seize siècles sans
interruption, à éclaircir les obscurs écrits d'Aristote, à exposer sa doctrine sous son véritable jour,
et à la défendre contre les doctrines rivales. Il paraphrasa lui-même les Catégories et la Physique [2].
Eudore, son disciple, commenta le premier, peut-être, la Métaphysique, et s'efforça d'en améliorer le
texte [3]. Nicolas de Damas, qui s'illustra aussi dans
l'histoire et dans tous les genres de science et de
littérature, au temps d'Auguste, essaya de disposer
dans un meilleur ordre les différents livres de la
Métaphysique, et il en composa un abrégé, ainsi que
des livres du Ciel, de l'Ame, et probablement de

---

[1] Voy. I$^{er}$ vol., p. I, c. 1.

[2] Voy. ibid.

[3] Il est cité, d'après Aspasius, avec un certain Evharmostus (omis par Patrizzi, *Discuss. peripat.* I, 4, Fabricius, *Catalog. Peripat.*, in *Bibl. gr.* l. III, c. II, et Buhle, *Catalog. Arist. interpp.* in *Arist. opp.* t. I, Alex. Aphrodis. *in Metaphys.* I, 6.

quelques autres encore [1]. Après lui, Aspasius, dont un disciple fut l'un des maîtres de Galien, composa des commentaires estimés sur tous ou presque tous les ouvrages d'Aristote [2]. On compte encore, dans l'école péripatéticienne, pendant les deux premiers siècles de l'ère chrétienne, plusieurs personnages illustres, tels que Xénarque et Boëthus, l'un maître et l'autre disciple de Strabon [3], Sosigène, habile dans l'astronomie, et que Jules-César employa à la réforme du calendrier [4], Alexandre d'Égée, Adraste d'Aphrodisiade, Aristoclès de Messène [5], etc. Mais il ne nous reste de leurs écrits que des fragments qui donnent peu de lumières sur leurs propres doctrines. Le seul dont il nous soit parvenu des ouvrages complets et importants est le plus renommé de tous, celui qui fut surnommé le *Commentateur* par excellence, Alexandre d'Aphrodisiade. Par lui seul nous pouvons juger de quelle manière et en quel sens fut entendue, dans cette nouvelle école, la philosophie péripatéticienne.

Antonin et Marc-Aurèle avaient établi, à Athènes, des chaires pour l'enseignement public de chacun

---

[1] V. Patric. *Discuss. peripat.* l. X, p. 136, et Sévin, *Mém. de l'Acad. des Inscr.* IX, 486-499.

[2] Patric. loc. cit. l. IX, p. 115; Fabric. *Biblioth. gr.* t. III, p. 152.

[3] Strab. l. XIV, p. 640; l. XVI, p. 757.

[4] Plin. *Hist. nat.* XVIII, 25.

[5] V. Patric. *Discuss. peripat.* pp. 13, 32, 137; Fabric. *Biblioth. gr.* t. III, p. 272, 273, 281.

des quatre systèmes principaux entre lesquels la philosophie était alors partagée : le Platonisme, l'Aristotélisme, l'Épicurisme et le Stoïcisme [1]. Alexandre d'Aphrodisiade occupa la chaire péripatéticienne sous les empereurs Sévère et Caracalla [2]. Il dut, et dans ses leçons et dans ses écrits, s'efforcer de faire prévaloir la doctrine du Lycée sur les doctrines rivales. Mais, à cette époque, l'empire appartenait encore presque exclusivement aux Stoïciens : ce fut à eux, surtout, que le commentateur d'Aristote opposa les principes retrouvés, au moins en partie, de la philosophie péripatéticienne; c'est contre eux que sont principalement dirigés les opuscules qui nous restent de lui.

Les Stoïciens avaient pris pour les principes des choses, au lieu des formes immatérielles d'Aristote, actes simples dont la pensée est l'essence et qui meuvent la matière sans se mouvoir, non pas, à la vérité, les atomes bruts des Épicuriens, mais des forces matérielles, corps subtils, tendus dans les corps plus grossiers que nous voyons, et dont ils étaient les raisons séminales : d'où il suivait que rien n'existant qui ne fît partie du monde matériel, ou naturel, tout subissait cette loi à laquelle la raison assujettit la nature, la loi de l'enchaînement des causes

---

[1] Eunap. *Vit. sophist.* I, p. 138, ed. Commel.; Capitolin. in *Antonin.* c. 11; Philostr. *Vit. sophist.* II, 2, 20 ; Dio Cass. LXXI, 31.

[2] Alex. Aphrod. *de Fato*, procem.

et des effets, tout était nécessaire. Et de même que le matérialisme athée des Épicuriens supposait le hasard, de même du matérialisme panthéistique des Stoïciens suivait la fatalité universelle. C'est contre ce système qu'Alexandre d'Aphrodisiade veut faire prévaloir la physique et surtout la métaphysique péripatéticiennes.

En réduisant les principes, les causes, à des corps, en les assujettissant ainsi à toutes les conditions de l'existence corporelle, le Stoïcisme prétend leur conserver les propriétés qui n'appartiennent qu'à l'immatériel; c'est là la contradiction radicale que signale et met en lumière l'argumentation d'Alexandre.

D'abord, si l'âme qui anime chaque corps est un corps elle-même, et si, selon la croyance universelle, deux corps ne peuvent occuper à la fois le même lieu, ou se pénétrer mutuellement, l'âme et son corps ne forment pas un être véritablement et essentiellement un, dont l'âme fait l'unité. Leur union n'est, selon l'expression d'Aristote, qu'un simple concours qui exige une autre cause. Pour tenir unis le corps et l'âme, il faudrait donc encore une autre âme. Maintenant, pour unir celle-ci, à son tour, avec la première âme et avec le corps, une nouvelle âme serait nécessaire, et même deux, et l'on irait ainsi à l'infini sans pouvoir s'arrêter [1].

---

[1] Alex. Aphrod. *de Mixt.* (Venet. 1527, in-fol. Ald.), f° 142-3.

## LIVRE I, CHAPITRE III. 297

Aussi, selon les Stoïciens, le corps et l'âme, ou, plus généralement, la qualité et le sujet, ne sont pas unis par une simple juxtaposition. Ils sont mêlés intimement, ils forment un mixte [1]. Cependant il n'y a, selon Alexandre, que deux sortes de mélange. Dans la première, les éléments, en se juxtaposant parties à parties, conservent chacun leur qualité propre, et le tout demeure hétérogène. Dans la seconde, qui est la mixtion proprement dite, si d'abord les éléments appartiennent à un même genre, condition nécessaire pour qu'ils puissent agir l'un sur l'autre, et si, de plus, ils sont l'un à l'égard de l'autre dans certaines proportions de quantité, leurs qualités respectives se cèdent l'une à l'autre ce qu'elles avaient d'excès; une qualité nouvelle et unique en résulte, qui fait de la masse entière un tout homogène et uniforme. Dans ce tout, les éléments primitifs n'existent plus, ou du moins ils ne sont plus en acte. Pour les faire reparaître dans leur première nature, il faut qu'une nouvelle action intervienne. Ils n'existent donc plus l'un et l'autre qu'en puissance [2]. — C'est la théorie de la mixtion donnée par Aristote.

---

[1] Id. ibid. f° 141-2.
[2] Id. ibid. f° 145 a : Οὐ πᾶσα μὲν γὰρ σύνθεσις μίξις· σύνθεσις μὲν γὰρ καὶ τῶν ὁμοίων τε καὶ ὁμοειδῶν γίνεται, ἡ δὲ μίξις ἐκ διαφερόντων τε καὶ ἐν διαφέρουσι·... ἡ δὲ ὡς κρᾶσις μίξις γίνεται, οὐ σωζομένων ἔτι τῶν μιγνυμένων, καὶ οὕτως ἀλλήλοις περικειμένων (leg. παρακειμένων), ἀλλ' ἑνουμένων κατὰ τὸ ὑποκείμενον, etc. — F° 145 b : Διὰ τὴν τῶν δυνάμεων ἰσότητα... ἀποϐάλ-

Or, l'union de l'âme et du corps ne consiste pas simplement dans la première espèce de mélange, le mélange par simple juxtaposition et entrelacement des parties; car alors les particules du corps seraient entièrement privées d'âme, inanimées : or, le corps animé l'est partout [1]. L'union de l'âme et du corps ne consiste pas non plus dans cette mixtion où chacun des deux éléments perd sa qualité primitive et cesse d'exister en acte [2]; car le corps et l'âme ont, dans leur union, leurs propriétés distinctes et leurs opérations à part. Les Stoïciens en tombent d'accord, et c'est justement pourquoi ils imaginent une troisième espèce de mélange, participant à la fois des deux autres. Tandis que dans tout mélange, suivant Aristote, les corps constituants conservent distinctes leurs étendues, et leurs qualités seulement peuvent ou subsister également distinctes, ou se perdre en une qualité nouvelle qui est leur commune résultante; au contraire, dans la mixtion telle que les Stoïciens la définissent, les éléments qui se mêlent conservent leurs qualités et con-

---

λοντα κατὰ τὰς ἐναντιώσεις ὑπεροχάς... μίαν ἐξ ἁπάσων τῶν δυνάμεων γεννήσει ποιότητα, ἑνωθείσης καὶ μίας γενομένης τῆς... ὕλης ὑποκειμένης. Cf. Aristot. *de Gener. et corr.* I, 10.

[1] Id. *de An.* (1534, in-fol. Ald.), f° 125 a : Οὕτω δὲ οὐκέτ' ἂν εἴη τὸ σῶμα διόλου ἔμψυχον.

[2] Id. *de Mixt.* f° 143 a : Ἀνάγκη μὲν τὰ κεκραμένα δι' ὅλων μεμίχθαι, τὰ δὲ δι' ὅλων μεμιγμένα ἀδύνατον μὴ συγκεχύσθαι, τὰ δὲ συγκεχυμένα τε καὶ συνεφθαρμένα οὐχ οἷόν τε αὐτὰ σώζεσθαι. *De An.* f° 122 b.

fondent, identifient leurs étendues [1]. Sans perdre aucune de leurs propriétés respectives, ils se remplissent mutuellement, ils occupent la place l'un de l'autre dans toutes leurs dimensions [2]. Or, que deux corps se pénètrent ainsi exactement et dans toute la rigueur du mot, c'est, dit Alexandre d'Aphrodisiade, ce que ni le sens commun ni la raison n'admettent [3]. Si l'âme ou si la qualité s'étend par tout le corps, si elle est présente à la fois à toute son étendue, c'est justement la preuve qu'elle est par elle-même inétendue et incorporelle.

Supposons, en effet, que l'âme soit un corps, ayant, par conséquent, de l'étendue. Elle aura des parties. Qu'est-ce donc qui les tiendra unies? C'est, selon les Stoïciens, une certaine disposition, ou qualité, qui consiste dans la tension. Mais cette tension est-elle un corps, à son tour, comme en effet les Stoïciens furent contraints de le soutenir? Alors il lui faudrait encore un principe d'unité; et l'on irait ainsi à l'infini. Force est donc de s'arrêter à la tension; force est d'avouer que ce qui fait l'unité d'un corps, en dernière analyse, et selon les principes des Stoïciens eux-mêmes, ce n'est pas le feu, ou

---

[1] Stob. *Ecl.* t. I, p. 376.
[2] Alex. Aphrod. *de Mixt.* f° 142-3.
[3] Id. ibid., f° 143 a : Τό τε οὖν σῶμα διὰ σώματος χαίρειν (leg. χωρεῖν) ᾧ χρῶνται πρὸς τὴν τῆς κράσεως ἀπόδοσιν, ψεῦδός τε καὶ παρὰ τὰς κοινὰς προλήψεις καὶ τὰ φυσικὰ κατ' αὐτοὺς τῆς ἀληθείας κριτήρια, etc.

l'éther, ou un corps subtil, quel qu'il soit, mais une manière d'être, une qualité, une forme. Donc, c'est la qualité, la forme incorporelle, qui est la véritable âme [1].

Si donc l'âme est à la fois dans tout le corps, c'est qu'en effet elle ne lui est pas unie par mélange : elle y est comme toute forme est en sa matière [2]. Aussi en est-elle inséparable. Sans le corps, laquelle de ses fonctions pourrait-elle exercer? Ni la nutrition, ni la sensation, cela est évident; mais pas davantage la pensée. La pensée implique l'imagination, et celle-ci les sens. — L'âme n'est donc pas plus séparable de son corps qu'une figure, qu'une limite ne l'est de l'étendue qu'elle termine. Elle n'en est séparable que par une abstraction de notre entendement [3]. D'où il suit qu'elle commence et finit d'exister avec le corps [4]. Et c'est encore une raison pour qu'elle ne puisse former avec le corps un mélange : le mélange n'a lieu qu'entre les choses qui peuvent, et avant et après, subsister séparées [5].

---

[1] Id. *de An.*, f° 145 b : Μετά τινος οὖν ἔσται εἴδους ἰδίου καὶ λόγου καὶ δυνάμεως καὶ, ὡς αὐτοὶ λέγουσι, τόνου· ἀλλ' ἀεὶ (leg. εἰ) τοῦτο, οὐ τὸ πνεῦμα ἔσται ἢ τὸ πῦρ ἢ ψυχή, ἀλλὰ τὸ ἐν τούτοις εἶδος καὶ ἡ δύναμις καὶ ὁ τόνος.

[2] Id. ibid., f° 125.

[3] Id. ibid. f° 123 b : Τῇ ἐπινοίᾳ καὶ τῷ λόγῳ τὴν ὕλην τοῦ εἴδους χωρίζομεν.

[4] Id. ibid., f° 126 a : Εἰ δὲ ἔστιν εἶδος ἡ ψυχή... τὸ δὲ εἶδος ἄλλου ὂν (τοιοῦτον γὰρ ἡ ἐντελέχειά τε καὶ τελειότης), οὐχ οἷόν τε ἄνευ ἐκείνου οὗ ἐστιν εἶναι... ὥστ' οὐδὲ τὴν ψυχὴν οἷόν τε εἶναι χωρισθῆναι καὶ καθ' αὑτὴν ὑφεστάναι.

[5] Id. *de Mixt.*, f° 143 b.

Telle est la théorie générale de l'âme et de son rapport avec le corps, qu'Alexandre d'Aphrodisiade oppose à celle des Stoïciens. Mais est-ce bien, comme il le prétend, la pure doctrine d'Aristote?— En définissant l'âme la forme du corps organisé, Aristote en faisait la cause qui détermine l'organisation; cause finale, il est vrai, mais par cela seul efficiente aussi. Alexandre, au lieu de nommer l'âme la fin du corps, l'en nomme de préférence la perfection ou l'accomplissement [1]. D'un mot entièrement étranger au langage et contraire à la philosophie d'Aristote, il l'appelle fréquemment une puissance du corps [2]. Enfin, au lieu de voir dans l'âme la cause de l'organisme, il l'en considère plutôt comme l'effet [3]. Du moins, tandis que, suivant Aristote, l'essence, l'être proprement dit est la forme, de laquelle le sujet où elle réside tient tout ce qu'il a d'être, aux yeux d'Alexandre c'est ce sujet qui est l'être proprement dit; c'est l'homme, par exemple, et non l'âme; et c'est par rapport au sujet concret et composé, c'est à cause de lui que

---

[1] Τελειότης. Id. *de An.* f°ˢ 124 b, 125 b, 126 a, 140 b.

[2] Id. ibid., f° 127 a : Δύναμίς τε καὶ ἐντελέχεια καὶ εἶδός ἐστι τοῦ ἔχοντος αὐτὴν σώματος. Cf. f°ˢ 123 b, 140 b, 143 a.

[3] Id. ibid., f° 143 a : Καὶ ἔστι τὸ σῶμα καὶ ἡ τούτου κρᾶσις αἰτία τῇ ψυχῇ τῆς ἐξ ἀρχῆς γενέσεως. F° 127 a : Ἡ γὰρ γένεσις αὐτῆς ἐκ τῆς ποίας μίξεώς τε καὶ κράσεως τῶν πρώτων σωμάτων. Il compare l'âme à la vertu des médicaments composés, ἡ ἐπὶ τῇ τοιᾷδε κράσει δύναμις γινομένη. Ibid.

nous étendons aussi le nom d'être et à la matière et à la forme [1].

C'est pourquoi, tandis que, suivant Aristote, l'âme, forme de l'organisme, a elle-même sa forme et son essence premières en cette intelligence éternellement active, qui fait passer de la puissance à l'acte nos facultés de connaître et de vouloir, et qui est Dieu même ; suivant Alexandre, l'intelligence active est Dieu, il est vrai ; mais elle n'est que la cause motrice et extérieure de l'intelligence humaine, elle n'en est pas l'essence et la forme. L'âme humaine n'a donc avec l'intelligence éternelle qu'un rapport passager, et, éclairée quelque temps de cette divine lumière, elle rentre avec le corps dans le néant [2]. Ainsi, d'un côté, l'âme, effet, accident qui résulte de l'organisation du corps ; de l'autre côté, Dieu qui, séparé d'elle, imprime le mouvement à sa pensée, telle est la théorie que le Commentateur substitue, sans s'apercevoir du changement, à la doctrine originale de l'auteur de la Métaphysique.

Quoi qu'il en soit, avec la théorie stoïcienne de la nature de l'âme et de Dieu, et de leur mélange

---

[1] Id. ibid., f° 147 a : Τὰ μέρη τῆς οὐσίας οὐσίαν λέγομεν, καὶ διὰ τοῦτο τὴν ὕλην καὶ τὸ εἶδος οὐσίαν φαμέν.

[2] Id. ibid., f° 139 b : Ἐκεῖνος μὲν γὰρ (sc. ὁ ὑλικὸς νοῦς) σὺν τῇ ψυχῇ ἧς ἐστι δύναμις φθειρομένη φθείρεται. Simplic. in Phys., f° 225 a : Ὁ Ἀλέξανδρος εἰς τὴν οἰκείαν περὶ ψυχῆς ὑπόθεσιν πάντα ἕλκων, τὴν λέγουσαν ἀχώριστον εἶναι τοῦ σώματος τὴν ψυχήν, etc.

avec le corps, le dogme de la fatalité, qui en était la conséquence nécessaire tombe aussi, et la doctrine péripatéticienne de la liberté et de la contingence revient en occuper la place.

A la vérité, suivant les Stoïciens, le destin et la liberté ne sont pas incompatibles. Il n'importe que les actes soient inévitables; pour être libre, il suffit qu'on agisse de son propre mouvement et avec consentement [1]. — Mais, selon Alexandre, c'est là confondre la simple spontanéité, commune à tous les animaux, avec la liberté véritable, qui implique la raison et n'appartient qu'à l'homme. L'animal suit de lui-même la première apparence du bien : c'est en quoi consiste la spontanéité. Mais lorsque l'homme n'agit pas en animal, lorsqu'il fait usage de sa raison, il examine si les apparences sont conformes à la réalité, si les choses sont ce qu'elles semblent être [2] : dans ce cas, il y consent; dans le cas contraire, il s'abstient. C'est par là, c'est par cet usage de la raison qu'il est le principe de ses actions, maître de lui, et libre : c'est parce qu'il peut comparer deux partis opposés et choisir à son gré l'un ou l'autre. Délibération et préférence, tels sont les caractères

---

[1] Alex. Aphrod. *de Fato* (Londini, 1658, in-8°), p. 72 : Ἑκούσιον μὲν γὰρ τὸ ἐξ ἀβιάστου γινόμενον συγκαταθέσεως, ἐφ' ἡμῖν δὲ τὸ γινόμενον μετὰ τῆς κατὰ λόγον τε καὶ κρίσιν συγκαταθέσεως.

[2] Id. ibid., p. 74 : Ἑκάστην αὐτῶν ἐξετάζει, μὴ μόνον εἰ φαίνεται τοιαύτη ὁποία (leg. οἵα) φαίνεται, ἀλλὰ καὶ εἰ ἔστι.

du libre arbitre [1]. En d'autres termes, l'idée de la liberté implique du côté des choses la possibilité d'être ou de ne pas être; de notre côté, le pouvoir correspondant de les faire ou de ne les pas faire, c'est-à-dire de choisir, entre deux actions contradictoires, celle que demande notre bien. S'il n'en est pas ainsi, toute délibération est une chose absurde, la prudence un mot vide de sens; il n'est plus possible de mériter ni de démériter en rien; nul sujet d'approbation ni de désapprobation morale, de louange ni de blâme; plus de distinction entre la vertu et le vice [2].

Pour conserver la liberté avec la prudence et la vertu, qui en dépendent, il faut donc maintenir la possibilité du choix, et, par conséquent, renverser le Destin des Stoïciens. C'est ce qu'Alexandre d'Aphrodisiade tente de faire, en rétablissant à la place des principes de la Physique stoïcienne, ou plutôt au dessus d'eux, ceux de la Métaphysique.

Selon les Stoïciens, de cela seul que rien n'arrive sans cause, il suit que tout est fatal [3].—Comme rien ne se fait de rien, de même aussi rien ne se fait sans cause; ce sont en effet deux axiômes que les Péripatéticiens ne contestent pas plus que les Stoïciens eux-mêmes. Mais rien n'arrive-t-il sans une cause

---

[1] Id. ibid., p. 76 : Ἐν τῷ βουλεύεσθαι τὸ ἐφ' ἡμῖν.
[2] Id. ibid., p. 84 sqq.
[3] Id. ibid., p. 111.

à la fois antérieure dans le temps, et principale [1] ou efficiente? c'est là qu'est la question.

Le Stoïcisme envisage le monde comme un tout vivant et plein de raison, comprenant dans son étendue tout ce qui existe, et formant dans le temps une série, une chaîne où chaque anneau est déterminé d'une manière rationnelle par ce qui est avant lui, et détermine à son tour de la même manière ce qui le suit, en sorte que rien n'y arrive qui ne dérive inévitablement de quelque chose qui a précédé, et qui ne soit inévitablement, à son tour, la cause de quelque chose d'ultérieur : et ainsi à l'infini dans l'un et l'autre sens [2]. Le destin par lequel tout est ainsi enchaîné, c'est Dieu, qui est tout ce qui est et tout ce qui devient, et qui fait servir de la sorte la nature particulière de tous les êtres à l'administration, à l'économie de l'univers [3]. Que si, au contraire, il y avait quelque chose au monde qui ne dépendît pas inévitablement de ce qui le

---

[1] Προηγουμένη, κύρια. Ibid.

[2] Id. ibid., p. 103 : Φασὶ δὴ, τὸν κόσμον τόνδε ἕνα ὄντα καὶ πάντα τὰ ὄντα ἐν αὐτῷ περιέχοντα, καὶ ὑπὸ φύσεως διοικούμενον ζωτικῆς τε καὶ λογικῆς καὶ νοερᾶς, ἔχειν τὴν τῶν ὄντων διοίκησιν ἀΐδιον κατὰ εἱρμόν τινα καὶ τάξιν προϊοῦσαν, τῶν πρώτων τοῖς μετὰ ταῦτα γινομένοις αἰτίων γινομένων, καὶ τούτῳ τῷ τρόπῳ συνδεδεμένων ἁπάντων ἀλλήλοις, καὶ μήτε οὕτω τινὸς ἐν αὐτῷ γινομένου ὡς μὴ πάντως ἐπακολουθεῖν αὐτῷ καὶ συνῆφθαι ὡς αἰτίῳ ἕτερόν τι, etc.

[3] Id. ibid., p. 107 : Τὴν δὲ εἱμαρμένην... θεὸν εἶναί φασιν, οὖσαν ἐν τοῖς οὖσί τε καὶ γινομένοις ἅπασιν, καὶ οὕτω χρωμένην ἁπάντων τῶν ὄντων τῇ οἰκείᾳ φύσει πρὸς τὴν τοῦ παντὸς οἰκονομίαν.

précède, et de quoi ne dépendît pas inévitablement ce qui le suit, si, en un mot, il y avait quelque chose qui ne fût pas déterminé d'une manière nécessaire par une cause antérieure, alors le monde ne serait plus gouverné suivant un seul et même ordre et une même économie; l'unité universelle serait dissoute et détruite [1].

Mais d'abord si, comme l'exige l'idée de cet enchaînement rationnel des causes et des effets, tel que l'imaginent les Stoïciens, si c'est des causes principales qu'il s'agit, des causes qui sont essentiellement et par nature les causes de ce qui les suit, est-il vrai que tout ce qui arrive soit nécessairement cause? Combien de choses, au contraire, qui restent sans leur effet naturel, et bornées au simple pouvoir de produire, sans produire jamais rien? combien de plantes et d'animaux qui demeurent stériles [2]? Il n'est donc pas nécessaire qu'une chose, dès qu'elle existe, soit la cause naturelle, essentielle, d'une autre chose. Ce qui est nécessaire, c'est que, si elle a commencé d'exister, elle ait eu une telle cause. Il n'y avait nulle nécessité que Sophronisque donnât le jour à Socrate : mais dès que Socrate est

---

[1]. Id. ibid., p. 104 : Διασπᾶσθαι γὰρ καὶ διαιρεῖσθαι καὶ μηκέτι τὸν κόσμον ἕνα μένειν ἀεὶ κατὰ μίαν τάξιν τε καὶ οἰκονομίαν διοικούμενον, εἰ ἀναίτιός τις εἰσάγοιτο κίνησις, ἣν εἰσάγεσθαι εἰ μὴ πάντα τὰ ὄντα τε καὶ γινόμενα ἔχει τινὰ αἴτια προγεγονότα οἷς ἐξ ἀνάγκης ἕπεται.

[2]. Id. ibid., p. 110.

né, il faut nécessairement que Sophronisque ait existé. De ce que des fondements existent, il ne suit pas que la maison existe; mais la maison présuppose les fondements. La nécessité n'a donc lieu qu'en remontant de l'effet à la cause [1].

Mais de là il ne suit pas encore que les choses aient nécessairement pour causes tout ce qui les précède. La nuit n'est pas la cause du jour, ni l'été la cause de l'hiver, ni les jeux Olympiques celle des jeux Isthmiques, ni l'action de se lever la cause de l'action de s'asseoir. C'est une même volonté qui fait qu'on s'assied et qu'on se lève : c'est le mouvement du soleil qui cause et le jour, et la nuit, et les différentes saisons qui se succèdent tour à tour. L'unité du monde n'exige donc nullement, ainsi que les Stoïciens le prétendent, que les phénomènes successifs s'enchaînent comme causes et effets les uns des autres : il suffit d'une cause permanente qui, sans être aucun d'eux, les produise tous successivement [2].

D'un autre côté, remonter à l'infini de cause en cause, c'est nier la causalité même; car s'il n'y a

---

[1] Id. ibid., p. 112 : Οὕτως ἔχειν ὑποληπτέον καὶ ἐν ταῖς γινομέναις φύσει τὰ αἴτια ἐξ ἀνάγκης, οὐκ αὐτοῖς πρώτοις ἐξ ἀνάγκης ἑπόμενον τὸ αἰτίοις εἶναι τινῶν, ἀλλὰ ταῖς ὑστέραις γινομέναις τὸ ἐξ ἀνάγκης ἔχειν τι τῶν πρὸ αὐτῶν αἴτιον.

[2] Id. ibid., p. 116 : Τῆς μὲν γὰρ συνεχείας τῶν γινομένων ἐστί τις αἰτία δι' ἣν ὁ κόσμος εἷς τε καὶ ἀΐδιος κατὰ τὸ αὐτό τε καὶ ὡσαύτως ἀεὶ διοικούμενος.

pas une cause première, nulle autre n'est possible. En supprimant le principe, on supprime par cela seul tout ce qui suit[1]. Du même coup, aussi, on supprime la science : car elle n'a d'autre objet que les causes premières[2].—Si donc, d'une part, il ne se peut pas que le monde ait eu un commencement (comme les Stoïciens en tombaient d'accord avec les Péripatéticiens), si, de l'autre, il faut un commencement dans l'ordre des causes, force est de tout rattacher à une cause première, placée en dehors de tous les phénomènes dont se compose l'existence éternelle du monde. Ainsi, au lieu d'une chaîne sans fin de causes, où s'implique elle-même la force divine, le monde consiste en une série de phénomènes produits les uns à la suite des autres, sans interruption, par l'action continue d'une seule cause, qui est sans cause elle-même; et la force divine forme comme la limite extrême d'un cycle éternel, auquel elle imprime, immobile, le mouvement.

On a vu le Pyrrhonisme, s'attachant à l'idée stoïcienne de la cause, en démontrer l'impossibilité. Alexandre fait plus : il y substitue la théorie péripatéticienne; il retire, en quelque sorte, la cause première du milieu des phénomènes physiques et

---

[1] Id. ibid., p. 119 : Τὸ γὰρ μηδὲν πρῶτον αἴτιον λέγειν, ἀναιρεῖν ἐστι τὸ αἴτιον· ἀναιρουμένης γὰρ ἀρχῆς, ἀναιρεῖσθαι καὶ τὸ μετ' αὐτὴν ἀνάγκη.

[2] Id. ibid.

de la région du temps ; il la replace au rang plus élevé que lui a assigné l'auteur de la Métaphysique.

Or, maintenant, si toute cause n'est pas nécessairement un événement, effet d'une cause antérieure, il ne suit pas de ce que tout événement a une cause, que cette cause soit elle-même un événement et un effet [1] ; dès lors, il n'est pas nécessaire, comme les Stoïciens le veulent, que nos déterminations soient la conséquence fatale, inévitable, de faits antérieurs. Il faut qu'elles aient une cause ; mais cette cause, c'est nous-mêmes, et il n'est besoin d'aucune autre [2]. Dira-t-on que nos volontés supposent des motifs ? Mais ces motifs, il dépend de nous d'y acquiescer ou d'y résister : il dépend de nous de déférer à celui-ci plutôt qu'à celui-là, de choisir entre le beau, l'utile et l'agréable, entre la vertu, l'intérêt et le plaisir. C'est justement le propre du libre arbitre, de se décider par lui-même et sans aucune cause extérieure [3].

D'où vient, cependant, que tendant naturellement au bien, comme tout être, nous préférons souvent ou le moindre bien ou le mal ? Tandis que la cause première, tandis que Dieu persévère, im-

---

[1] Id. ibid., p. 116 : Οὐ γὰρ, εἰ πάντα τὰ γινόμενα πάντα αἴτια ἔχει, ἤδη καὶ πάντων εἶναί τινας αἰτίας ἀνάγκη· οὐ γὰρ πάντα τὰ ὄντα γίνεται.

[2] Id. ibid., p. 80 : *de An.* f° 158 b.

[3] Id. *de Fato*, p. 83 : Τοῦτο γὰρ ἦν τὸ ἀνθρώπῳ εἶναι, τὸ γὰρ (del. γὰρ?) ἀρχὴ καὶ αἰτία εἶναι τῶν δι' αὐτοῦ γινομένων πράξεων.

muable, dans un même acte éternel, d'où viennent en nous ces variations? Elles viennent du même principe qui cause dans le monde la corruptibilité et la destruction : elles viennent de ce non-être, être en simple puissance, qui, se mêlant partout avec l'être, introduit partout (selon le langage stoïcien) l'*atonie* et la faiblesse. De là, hors de nous, l'accident et le hasard; en nous, le libre arbitre et ses variations [1]. Mais la région terrestre où le non-être se rencontre, n'est qu'un point dans l'univers et dans l'immensité du monde céleste; et de la lune à la sphère des fixes, règne une éternelle régularité [2]. Le cours uniforme de la nature incorruptible est donc presque tout; le non-être, qui le trouble, presque rien; et l'accident, le hasard, la liberté, auxquels il donne lieu, en un seul mot, le contingent, l'éventuel, n'est qu'une imperceptible exception.

Ainsi, après avoir défendu la liberté de l'homme contre le destin des Stoïciens, Alexandre d'Aphrodisiade semble ne la laisser subsister qu'à regret,

---

[1] Id. *de An.* f° 159 a : Τοῦτο δὲ ἐν μὲν ταῖς ἐκτὸς αἰτίαις γενόμενον, τὴν τύχην ἐποίησε καὶ τὸ αὐτόματον, ἐν δὲ ταῖς ἐν ἡμῖν, τὸ ἐφ' ἡμῖν· αἰτία γὰρ ἐν ἡμῖν φύσις δοκεῖ καὶ ἔθος τῆς προαιρέσεως· ἀλλὰ καθόσον καὶ ἐν τούτοις ἐστὶ τὸ μὴ ὄν, κατὰ τοσοῦτον καὶ ἐν τῇ προαιρέσει. Διὸ καὶ προαιρούμεθα ἔσθ' ὅτε ταῦτα ὧν ἡ αἰτία οὐ προκαταβέβληται ἐν ἡμῖν, δι' ἀσθένειαν καὶ ἀτονίαν τῆς θνητῆς φύσεως· ἀεὶ γὰρ ἂν ὁμοίως ἐπὶ τοῖς αὐτοῖς ἐκινούμεθα. Ἀλλὰ ἡ τοῦ μὴ ὄντος φύσις, ὡς εἶπον, ἐν οἷς ἂν ᾖ ταῦτα (leg. ταύτην) ἀφαιρεῖται τὴν ἀϊδιότητα, καὶ τὴν κατὰ τὰ αὐτὰ ἀεὶ ἐνέργειαν.

[2] Id. ibid.

comme une exception fâcheuse à l'ordre immuable de l'univers. Qu'est devenu ici ce doute de Théophraste, si les mouvements de l'âme, tels qu'ils sont, ne seraient pas d'une nature supérieure à ce mouvement éternel des astres qui roulent imperturbables au-dessus de nous? — Quant à Aristote, tout en reconnaissant le rapport essentiel du libre arbitre avec la simple possibilité, l'indétermination, et le non-être par conséquent, il avait pourtant fait entendre que la plus haute fonction de la liberté était précisément de nous affranchir de l'indétermination du non-être. Dans une maison, disait-il, c'est aux hommes libres qu'il est le moins permis d'agir sans raison; toutes leurs actions, ou presque toutes, sont déterminées; les esclaves et les animaux n'ont que peu de chose à faire pour le bien commun, et la plus grande partie de leurs actes est indéterminée et laissée au hasard [1]. Ainsi, dans la parfaite liberté se retrouverait la parfaite détermination. — C'est que, pour Aristote, le premier principe comme la fin dernière de la volonté libre, c'est cette cause suprême qui est la détermination et la nécessité même, c'est le bien absolu, c'est Dieu. Pour Alexandre d'Aphrodisiade, le libre arbitre semble n'être qu'une exception à la règle selon laquelle

---

[1] **Metaphys.**, XII, 10 : ὥσπερ ἐν οἰκίᾳ τοῖς ἐλευθέροις ἥκιστα ἔξεστιν ὅ τι ἔτυχε ποιεῖν, ἀλλὰ πάντα ἢ τὰ πλεῖστα τέτακται, τοῖς δὲ ἀνδραπόδοις καὶ ταῖς θηρίοις μικρὸν τὸ εἰς τὸ κοινόν, τὸ δὲ πολὺ ὅτε (leg. ὅ τι) ἔτυχε.

Dieu gouverne le monde. Et en effet, si, dans le *Traité du Destin et de la Liberté*, adressé à deux empereurs, et qu'on peut, jusqu'à un certain point, considérer comme un ouvrage exotérique, le Commentateur se contente d'assigner pour cause aux actes volontaires notre volonté même, ailleurs, dans la dissertation d'un caractère plus rigoureusement scientifique, où il explique le libre arbitre par le mélange du non-être avec l'être, il arrive à cette conclusion, qu'il attribue à Aristote : que les actes libres sont proprement des mouvements sans cause [1]. C'est fonder, comme Épicure, la liberté sur le hasard.

De là aussi, si Dieu prévoit les actes de la volonté humaine, ce n'est pas d'une manière déterminée, mais comme des événements contingents, qui peuvent être et ne pas être [2], et par conséquent d'une manière éventuelle et indéterminée.

Ainsi, de même que, selon Alexandre, l'âme humaine n'est qu'un effet périssable de l'organisation, sans aucun lien substantiel et durable avec Dieu, de même aussi, selon lui, le libre arbitre, séparé de l'action divine, se réduit à un phénomène sans cause, infraction inexplicable à l'ordre de l'univers, et où, de son côté, la prescience divine trouve une infranchissable limite.

---

[1] Alex. Aphrod. *de An.*, f° 159 a : Δοκεῖ δὲ καὶ Ἀριστοτέλη εἶναί τις ἀναίτιος κίνησις, ὡς ἐν τῷ πέμπτῳ λέγεται τῶν μετὰ φυσικά.

[2] Id. *de Fato*, p. 138.

Les Stoïciens avaient enseigné que la providence était de l'essence de Dieu. « Que resterait-il à la neige, disait l'un d'eux, si on lui ôtait le froid? et au feu si on lui ôtait la chaleur? De même, que resterait-il à l'âme, si on lui ôtait le mouvement, à Dieu si on lui ôtait la providence? » Toute la vertu stoïcienne n'avait d'autre objet que le gouvernement des penchants naturels; semblablement ce n'était que pour l'ordre et la conservation du monde que Dieu agissait [1]. Mais, dit encore Alexandre d'Aphrodisiade, prétendre que les dieux n'agissent que pour le monde, c'est vouloir que le maître ne fasse rien et n'existe que pour les serviteurs : c'est, par conséquent, placer le serviteur au-dessus du maître. Encore est-il vrai que le maître, pour tirer de son esclave le service dont il a besoin, devant prendre soin de lui et pourvoir à sa conservation, il y a entre eux une sorte de réciprocité, et ils sont jusqu'à un certain point le but, la fin l'un de l'autre. Mais de prétendre que le bien et la fin de Dieu consiste dans l'administration du monde, c'est mettre l'immortel dans la dépendance des choses mortelles [2]. — Cependant de ce que la providence n'est pas en Dieu essentielle [3], c'est-à-dire de ce qu'elle n'est pas pour lui une nécessité, suit-il, comme

---

[1] Id. *Quæst. et sol.* (1536, in-f°), f. 17 a.
[2] Id. ibid.
[3] Id. ibid., f. 16. Καθ' αὑτό, προηγουμένη.

on imputait à Aristote de l'avoir cru, qu'elle ne lui soit qu'accidentelle et se trouve en lui comme par hasard? La division ordinaire de l'essentiel et de l'accidentel n'a plus sa place ici. En se connaissant lui-même, Dieu connaît dans leurs causes premières les événements de ce monde; non-seulement il les connaît, mais encore il les veut. La providence qu'il en a n'est donc pas un accident. Mais en même temps il n'a, il ne peut avoir d'autre fin que lui-même; sa providence ne lui est donc pas non plus essentielle et nécessaire [1]. C'est celle qui appartient à un principe absolument indépendant, exempt de tout besoin et de toute obligation, puisqu'il est le bien suprême, et qui, par conséquent, n'existe et ne fait rien que pour lui seul.

Ce n'est pas tout: il se passe dans le monde beaucoup de choses auxquelles ne s'étend pas la providence divine : ce sont les accidents qu'introduit dans le cours de la nature la présence du non-être. Il arrive dans un royaume certaines choses que le roi n'a pas commandées et qu'il ignore, le royaume ne laisse pas pour cela de subsister [2].

Ainsi, en rétablissant la cause première dans son indépendance à l'égard du monde, auquel le Stoïcisme l'enchaînait, Alexandre d'Aphrodisiade l'en

---

[1] Id. ibid.
[2] Id. *de Fato*, p. 119.

sépare bien plus qu'Aristote n'avait voulu le faire. S'il revendique pour l'homme et pour Dieu leur liberté, c'est pour laisser la volonté de l'homme sans base et sans raison, c'est pour soustraire en partie à la connaissance et à l'action divine la nature et l'humanité.

Aussi, comme on a vu Marc-Aurèle, s'écartant de la doctrine primitive des Stoïciens, substituer à l'idée d'une action divine universelle et immédiatement présente à chaque chose, celle d'une première impulsion, dont l'effet se propage de mouvement en mouvement dans toute la nature; de même, suivant Aristote tout se fait dans la nature par un art à la fois irréfléchi et divin, c'est-à-dire par la Pensée, descendue en quelque sorte dans la matière, et qui y produit le désir et le mouvement, et suivant le Commentateur, cet art se réduit à une série de mouvements enchaînés les uns aux autres et dépendant tous en dernière analyse de la révolution éternelle de la sphère céleste, que meut seule immédiatement le premier moteur [1].

Enfin, en même temps qu'il confine pour ainsi dire hors du monde cette cause suprême dans

---

[1] Id. *in Aristot. Metaph.*, I, 9. (*Schol. in Aristot.* ed Brand., p. 575): Οὐ γὰρ οὕτως λέγεται ἡ φύσις θεία τέχνη ὡς τῶν θεῶν ταύτῃ τῇ τέχνῃ χρωμένων, ἀλλὰ τῷ ἀπὸ θεῶν οὖσα δύναμις τὸ εὔτακτον τῆς κινήσεως σώζειν κατ' ἀκολουθίαν τινὰ ἡρμοσμένην μὴ κατὰ λογισμόν τινα καὶ νόησιν, ἀλλὰ τῷ ἀπ' ἐκείνων εἶναι.

laquelle Aristote avait vu l'essence et la forme première de tout être, Alexandre d'Aphrodisiade ne sait plus la maintenir à ce point de perfection surnaturelle où l'auteur de la Métaphysique l'avait portée, et il assujettit la nature divine aux conditions et aux limites de la nature humaine. En effet, s'il définit Dieu, comme l'avait défini Aristote, l'intelligence qui n'a d'autre objet qu'elle-même, néanmoins, selon lui, ce n'est pas en tant qu'intelligente, ce n'est pas en tant que pensante qu'elle se pense : c'est seulement en tant qu'intelligible. Car il est impossible qu'elle soit en même temps, selon le même rapport, et pensante et pensée : ce seraient deux contraires en un même sujet [1]. — Or n'est-ce pas précisément le propre de la nature divine, telle que la Métaphysique la représente, qu'étant la simplicité même, aucune différence n'y subsiste, et le principe de l'exclusion mutuelle des contradictoires n'y trouve plus sa place? En effet le caractère éminent de l'intelligence divine, ce qui la distingue spécialement de la nôtre, c'est qu'elle n'est pas une substance qui possède la faculté de penser, mais qu'au contraire, rien ne pouvant être en elle à l'état de simple

---

[1] Id. *de An.*, f° 144 a : Νοεῖν δὲ ἑαυτὸν ὁ ἐν ἕξει νοῦς καὶ ἐνεργῶν δύναται, οὐ καθ' ὃ νοῦς ἐστιν, ἅμα γὰρ καὶ κατὰ ταὐτὸν αὐτὸ τὸ νοεῖν ἔσται καὶ νοεῖσθαι, ἀλλὰ καὶ ταύτῃ μὲν ᾗ ὁ κατ' ἐνέργειαν νοῦς ὁ αὐτός ἐστι τοῖς κατ' ἐνέργειαν νοουμένοις, ἐκεῖνα δὴ νοῶν αὐτὸν νοεῖ. — Ἔτι δὲ λέγοιτ' ἂν αὐτὸν νοεῖν ὁ νοῦς, οὐχ' ᾗ νοῦς ἐστιν, ἀλλ' ᾗ καὶ αὐτὸς νοητός.

possibilité, et par conséquent l'être et l'acte étant en elle une seule et même chose, elle n'est tout entière que pensée, pensée pensante et qui est à elle-même son unique objet. Or, s'il en est ainsi, si l'acte de penser est tout son être, comment serait-elle intelligible à elle-même, sinon en tant que pensante et par cela seul qu'elle pense? La pensée divine est la pensée de la Pensée elle-même, sans rien de plus, et par conséquent de la Pensée en tant que Pensée.

Ainsi ce point culminant de la Métaphysique où tend et se termine toute la doctrine d'Aristote, un nuage le cache encore aux yeux de son Commentateur. Dégagé des entraves du naturalisme Stoïcien, où les Cratippe et les Critolaüs s'étaient laissé embarrasser, il ne peut encore remonter à la hauteur où s'était placé tout d'abord le fondateur de la philosophie péripatéticienne : il demeure comme à moitié chemin, à peu près à ce degré où les successeurs de Théophraste, les Straton et les Dicéarque étaient redescendus, suspendu, pour ainsi dire, entre la région des sens et celle de la pure intelligence divine et de la métaphysique, dans la région moyenne de la raison humaine et de ses abstractions.

C'est qu'en effet toutes les différences qui séparent de la doctrine d'Aristote celle du Commentateur reviennent, au fond, à une seule : celle du point de vue d'où ils envisagent la nature divine, et de la mesure qu'ils y appliquent. Si Alexandre d'Aphrodisiade ne fait de l'âme qu'un effet passager d'une organisation corruptible, s'il ne donne d'autre fondement à la volonté humaine que le hasard d'un mouvement sans cause, s'il laisse la nature, pour une grande partie, en dehors de la Providence et de l'action divine, c'est que, dans le fond, loin de s'élever avec Aristote, au-dessus des oppositions et des rapports auxquels la nature et l'humanité sont soumises, parce qu'elles participent de la matière, jusqu'à ce premier principe, cet être transcendant qui est tout acte, l'acte simple et absolu de la Pensée, et qui, dès lors, affranchi de toute limite, fait et sait tout ensemble, sans se diviser ni descendre, l'être de tout ce qui est, c'est que, bien loin de là, Alexandre d'Aphrodisiade n'a su se représenter la pensée divine qu'à l'image de la nôtre, comme un acte toujours distingué de la substance, qui n'est pas l'être même, mais un mode de l'être, et qui ne donne par lui-même l'être à rien; c'est, en un mot, que s'il a rétabli, comme Aristote, la cause première dans son indépendance à l'égard de la nature, il ne sait pas comme lui, pénétrant dans la divine essence, montrer comment la nature en dépend.

Restreinte dans ces limites, la philosophie péripatéticienne ne pouvait reconquérir sur le Stoïcisme, même à son déclin, l'empire de la science et la domination des esprits. Et en effet, elle n'exerça par elle-même qu'une faible influence, et ne produisit guère que des ouvrages d'érudition et d'exégèse, des commentaires où l'on s'attachait d'une manière plus ou moins servile à l'interprétation littérale des textes d'Aristote.

C'était à une doctrine nouvelle qu'il était réservé en s'efforçant d'atteindre, dans la recherche des premiers principes, à une hauteur qu'Aristote lui-même semblait ne pas avoir connue, de retrouver, du moins en partie, mieux que les commentateurs eux-mêmes, le sens profond de la Métaphysique et de le remettre en lumière. Cette philosophie est celle qui résulta de la renaissance du Pythagorisme et du Platonisme.

Dans la philosophie Stoïcienne et dans la croyance générale des temps où elle s'était développée, Dieu ne faisait qu'un avec la nature. Considérée d'abord par Zénon comme la force qui pénètre et vivifie le monde, la cause première avait dû de plus en plus, par un progrès nécessaire, se confondre avec les phénomènes même dont le monde est composé. Dieu s'était enfin réduit au ciel, aux astres, au soleil, et le gouvernement divin au cours fatal des corps célestes[1]. Aussi, sous la double influence du Stoï-

---

[1] Voy. Jac. Thomasius, *Fatum sidereum*, in *Diss. de exust. mundi stoica*.

cisme et des Chaldéens, auxquels les rapports établis par la conquête d'Alexandre entre Babylone et la Grèce avaient ouvert l'Occident, la foi dans l'astrologie judiciaire avait fait des progrès immenses [1], malgré la résistance des Péripatéticiens et des Épicuriens; il semblait qu'elle dût devenir enfin la religion universelle.

Mais à mesure que la croyance à la fatalité du monde physique s'appesantissait davantage sur les esprits, la conscience de puissances surnaturelles faites pour dominer la nature, se réveillait en eux, et ramenait sur la scène des doctrines qui en avaient depuis longtemps disparu.

A côté de l'astrologie judiciaire on voit peu à peu reparaître et grandir une autre science entièrement contraire dans son principe, émanée, disait-on, de cette religion antique, de tout temps ennemie de celle de la Chaldée [2], et qui l'avait enfin vaincue à Babylone, la religion des Mages. A côté de l'art de calculer les destinées déterminées à jamais par le cours invariable des corps célestes, on voit renaître par degrés la magie [3], l'art de changer, à

---

[1] Tacit., *Annal.* II, 32; XII, 52. *Hist.*, II, 62.

[2] C'est ce qu'atteste la tradition, rapportée par Ctésias et Justin, d'une guerre entre Ninus, roi d'Assyrie, et Zoroastre, roi de Bactriane et inventeur de la magie, c'est-à-dire aussi de la religion des Mages. Sur Zoroastre, voy. surtout le savant article de M. Reynaud, dans l'*Encyclopédie nouvelle*.

[3] Tacite distingue très-bien *Chaldæorum promissa* et *Magorum sacra Annal.* II, 27; VI, 29.

l'aide de puissances supérieures, le cours de la nature. Or, si l'astrologie se rattachait naturellement au fatalisme Stoïcien, la culture des arts magiques ne tenait pas d'une manière moins étroite à la philosophie pythagoricienne. Pythagore passait pour avoir reçu à Babylone les enseignements d'un mage [1]; suivant l'opinion générale, il avait été lui-même grand magicien [2]; la tradition de son art s'était perpétuée en général parmi ses successeurs; et le Pythagorisme reparaît en effet sur la scène avec la magie.

C'est qu'en effet, de même que la magie, la doctrine pythagoricienne supposait des forces qui tout à la fois pénètrent la nature et la surpassent. — Comme les Stoïciens, les Pythagoriciens donnaient et à chaque être et au monde entier une âme qui, en circulant partout, établissait partout la mesure, le nombre et l'harmonie; et c'est sans doute à eux que les Stoïciens avaient dû, en grande partie, les éléments de cette théorie qui faisait consister la perfection dans la proportion, fondement de la beauté. A leur tour, les nouveaux Pythagoriciens paraissent avoir emprunté au Stoïcisme l'idée de

---

[1] Porphyr. *Vit. Pythag.*, p. 4, ed. Holsten. (Romæ, 1630, in-8º). Quelques-uns lui donnaient pour maître Zoroastre lui-même. Apul. *Florid.*, l. II.

[2] Voy. Gabr. Naudé, *Apolog. pour les gr. homm. acc. de mag.*, c. 15.; Bayle, *Dict. hist. et crit.*, art. *Pythagoras*, rem. K. Lucien, dans le Βίου πρᾶσις, donne pour qualité caractéristique à Pythagore celle de magicien.

faire reposer la proportion et le nombre sur la tension du principe actif qui pénètre et vivifie le corps[1]. — Mais tandis que le Stoïcisme ne remonte pas au-delà de la tension, dont l'étendue, avec le nombre et la proportion, est la manifestation immédiate, le Pythagorisme rapporte la proportion, le nombre, l'étendue, et enfin la tension elle-même, à un principe antérieur, source de toute multiplicité et de toute différence, à savoir l'Unité [2].

La cause première, telle que les Stoïciens l'ont conçue, est nécessairement assujettie aux conditions de la nature corporelle : celle des Pythagoriciens, antérieure à toute quantité, quoique la renfermant virtuellement tout entière, est par conséquent essentiellement distinguée de tout objet des sens, incorporelle et immatérielle [3]. D'où il suit que, soit dans le monde, soit en chaque être particulier, la cause première est par sa nature supérieure à la fatalité selon laquelle s'enchaînent les phénomènes physiques, et dont le Stoïcisme n'exempte rien. De

---

[1] Cic. *de Nat. Deor.*, I, 11 : Pythagoras, qui censuit (Deum) animum esse per naturam rerum omnem *intentum* et commeantem. — C'est sans doute d'après les Pythagoriciens modernes que Cicéron attribue à Pythagore cette expression essentiellement stoïcienne.

[2] Philol. ap. Iambl. *in Nicom. Arithm.*, p. 109 : Ἐν ἀρχᾷ πάντων. Arist. *Metaph.*, I, 5 ; XIII, 6. Voy. Meurs. *Denar. pythag.*, init.

[3] Philol. ap. Philon. *de Mundi opif.*, 33 : Ἐντὶ γὰρ ὁ ἀγεμὼν ἁπάντων θεὸς εἷς ἀεὶ ἐών, μόνιμος, ἀκίνατος, αὐτὸς αὑτῷ ὅμοιος, ἅτερος τῶν ἄλλων. Plutarch. *Vit. Num.*, p. 67 : Οὔτε γὰρ ἐκεῖνος (sc. ὁ Πυθαγόρας) αἰσθητὸν ἢ παθητόν, ἀόρατον δὲ καὶ ἀκήρατον καὶ νοητὸν ὑπελάμβανεν εἶναι τὸ πρῶτον.

là semblait suivre la possibilité d'un art divin, capable de dominer par des puissances surnaturelles les lois du monde physique. Telle était la magie que Pythagore avait, dit-on, apprise à Babylone. La magie, telle que l'entendaient et l'exerçaient les Mages, n'était pas, disait-on, la *goëtie* [1] des modernes thaumaturges; c'était simplement la connaissance du culte que l'on doit rendre aux dieux [2]. Mais ce qu'on entendait effectivement par le culte divin, dans cette haute antiquité, c'était la connaissance des actes propres à faire que les dieux changeassent, suivant les désirs de ceux qui les invoquaient, le cours des événements; c'était, par extension, la connaissance des moyens convenables pour charmer les démons, les héros, les âmes, tous de même origine et de même famille que nous [3], qui animaient tour à tour les différentes parties de l'univers, et, par leur ministère, de maîtriser et de régir la nature. De là tous les miracles attribués à Pythagore [4].

Ce fut donc aussi par la culture des arts magiques que commença, vers le temps de la décadence du Stoïcisme, la renaissance de l'école Pythagoricienne. L'un des premiers qui la releva fut Nigidius Figu-

---

[1] Γοήτεια.
[2] Porphyr. *Vit. Pythag.*, pp. 4, 8, ed. Holsten. Cf. Apoll. Tyan. *Epist.*, ff. 7, 8 (1601, in-8°). Bayle, *Dict. crit.*, art. Zoroastre, rem. D.
[3] Porphyr. *Vit. Pythag.*, p. 13 : Ὅτι πάντα τὰ γινόμενα ἔμψυχα ὁμογενῆ δεῖ νομίζειν. Sext. Empir., IX, 127.
[4] Porphyr. loc. cit., p. 15; Iamblich. *Vit. Pythag.*, c. 28.

lus[1], contemporain et ami de Cicéron, célèbre par ses vastes connaissances en tout genre, qui le firent comparer à Varron, mais surtout devin renommé, et qui passa pour fort adonné à la magie[2]. Ce Vatinius, contre lequel Cicéron plaida, se disait aussi Pythagoricien, et il prétendait posséder l'art d'évoquer les âmes des morts[3]. Sous Auguste, le Pythagoricien Anaxilaüs de Larisse fut banni, comme magicien, de Rome et de l'Italie[4]. — Enfin de tous les nouveaux Pythagoriciens, le plus célèbre fut cet Apollonius de Tyane qui, dans le même temps où le Christ paraissait en Judée, parcourut la plus grande partie du monde ancien, excitant l'admiration universelle par sa sagesse et les prodiges qu'il opérait, qui fut honoré de son vivant et longtemps encore après sa mort comme un être divin, comme un Dieu descendu sur la terre[5], et dont on prétendit souvent opposer la sainteté et les miracles à la sainteté et aux miracles de Jésus.

Mais si la magie, dont les modernes Pythagoriciens faisaient profession, impliquait la croyance à des puissances supérieures à la nature, il semble néanmoins, à en juger par ce qu'on sait d'Apollo-

---

[1] Gell. *Noct. att.*, XIX, 14.
[2] Apul. *Apolog.*, p. 301. Voy. Bayle, *Dict. hist. et crit.*, art. *Nigidius*.
[3] Cic. *in Vat.*, 6.
[4] Euseb. *Chron.*, n. MCMLXXX.
[5] Philostr. *Vit. Apoll. Tyan.*, I, 4; VIII, fin.; Eunap. *Vit. sophist.* procem.; Vopisc. in *Aurel.*, 24; Dio, 77, p. 878. Voy. Bayle, *Dict. crit.*, art. *Apollonius*.

nius lui-même, qu'ils avaient peine encore à s'élever, dans leurs conceptions théoriques, au-dessus du naturalisme stoïcien. La mère d'Apollonius, lorsqu'elle était enceinte de lui, fut, dit-on, avertie en songe qu'elle accoucherait de Protée [1]. Protée est, comme on l'a vu, le symbole le plus exact du dieu stoïcien, substance sans forme par elle-même, qui revêt successivement dans le monde toutes les formes possibles [2]. Et telle est en effet l'idée qu'Apollonius semble s'être faite de la nature divine, dont on le considéra comme une incarnation. Du moins c'est la doctrine exposée dans une des lettres qui nous sont parvenues sous son nom, et qui, si elle n'est pas de lui, n'en doit pas moins être conforme à ce que l'on savait de ses opinions, ou de celles des nouveaux Pythagoriciens en général. Selon cette doctrine, il n'y a, à proprement parler, ni génération ni corruption, ni naissance ni mort. La naissance, c'est le passage de l'état d'essence à celui de nature : la mort, le retour de la nature à l'essence. Or ce double changement n'est autre chose que l'alternative par laquelle l'essence devient tour à tour rare ou dense, ou plutôt vide ou pleine. La matière remplit-elle l'être, il devient visible : c'est ce qu'on appelle naissance ; la matière le quitte-t-elle, sa ténuité nous le rend invisible, et c'est

---

[1] Philostr. *Vit. Apoll. Tyan.*, I, 4.; Eunap. *Vit. sophist.*, præf.
[2] Voy. plus haut, p. 161.

ce qu'on nomme la mort. Ainsi c'est la matière qui se transporte seulement çà et là; rien de nouveau dans le monde, rien qui sorte en dehors de ce qui est déjà, mais un tout qui se manifeste dans des parties distinctes, ou dans lequel elles reviennent à leur tour se confondre. C'est donc faussement que les individus se croient agents où ils ne sont que des moyens. Ce n'est pas du père que naît le fils, mais seulement par son intermédiaire. Un seul être fait et souffre tout. Les noms particuliers par lesquels on désigne les choses lui font tort, et le dépouillent de ce qui lui appartient. Tous les phénomènes qu'on attribue en propre aux différents individus, un même être, qui est tout, en est le sujet. Cet être, comment le nommer, sinon l'essence première et éternelle qui cause tout en tout, c'est-à-dire Dieu même? Il ne faut donc pas croire que la mort soit un mal : loin de là, elle est le plus grand bien; car elle ne fait que nous réduire à la substance universelle, et par un simple changement de place, et non de nature, transformer l'homme en Dieu [1].

C'est, aux termes près, la même théorie de métamorphose universelle qu'Ovide, antérieur de peu

---

[1] Apoll. Tyan. *Ep.*, f° 25-6 : Θάνατος οὐδεὶς οὐδενὸς, ἢ μόνον ἐμφάσει, καθάπερ οὐδὲ γένεσις οὐδενὸς, ἢ μόνον ἐμφάσει. Τὸ μὲν γὰρ ἐξ οὐσίας τραπὲν εἰς φύσιν ἔδοξε γένεσις, τὸ δὲ ἐκ φύσεως εἰς οὐσίαν κατὰ ταῦτα (leg. ταὐτά?) θάνατος, οὔτε γιγνομένου κατ' ἀλήθειαν τινὸς οὔτε φθειρομένου ποτέ, μόνον δὲ ἐμφανοῦς ὄντος ἀοράτου τε ὕστερον τὸ μὲν διὰ παχύτητα τῆς ὕλης, τὸ δὲ διὰ

de temps à Apollonius, met dans la bouche de Pythagore lui-même, et qu'il développe avec une complaisance visible, comme la justification philosophique de son propre poëme [1].

Si donc les choses sensibles dépendaient, suivant les Pythagoriciens, d'une essence supérieure, immatérielle, invisible, purement intelligible, unité par elle-même indivisible et simple [2], cependant ils ne voyaient encore dans cette essence que le sujet immédiat des métamorphoses de la nature, l'être total dont les êtres particuliers étaient des parties

λεπτότητα τῆς οὐσίας...... ὁ πληρωθὲν μὲν ἐφάνη διὰ τὴν τῆς παχύτητος ἀντιτυπίαν, ἀόρατον δέ ἐστιν, εἰ κενωθὲν, διὰ λεπτότητα τῆς ὕλης. — Ἡ δὲ (sc. ἡ πρώτη οὐσία) μόνη ποιεῖται (leg. ποιεῖ τε?) καὶ πάσχει, πᾶσι γινομένη πάντων θεὸς ἀΐδιος (leg. αἴτιος?), ὀνόμασι δὲ καὶ προσώποις ἀφαιρουμένη τὸ ἴδιον ἀδικουμένη τε. — Τότε δὲ κλαίεταί τις ὅταν θεὸς ἐξ ἀνθρώπου γένηται τόπου μεταβάσει, καὶ οὐχὶ φύσεως.

[1] Ovid. *Metamorph.*, l. XV :

Omnia mutantur, nihil interit. Errat, et illinc
Huc venit, hinc illuc, et quoslibet occupat artus
Spiritus, etc.

. . . . . . . . . . . . . . . . . . . .
. . . . . . Animam sic semper eamdem
Esse, sed in varias doceo migrare figuras.
. . . . . . . . . . . . . . . . . . . .
Cuncta fluunt, omnisque vagans formatur imago.
. . . . . . . . . . . . . . . . . . . .
Nec perit in tanto quicquam, mihi credite, mundo,
Sed variat, faciemque novat, nascique vocatur
Incipere esse aliud quam quod fuit ante, morique
Desinere illud idem. Cum sint huc forsitan illa
Hæc translata illuc, summa tamen omnia constant.

[2] Apollon. ap. Euseb. *Præp. ev.*, IV, 13 : Θεῷ... ἑνί τε ὄντι καὶ κεχωρισμένῳ πάντων.

et des membres [1]. C'était toujours soumettre la cause première aux conditions de l'existence physique, la confondre avec la nature, et lui en imposer les imperfections nécessaires. Ce n'était pas là encore la doctrine sublime, la théologie transcendante que cherchaient, même à leur insu, tous ces esprits auxquels le naturalisme stoïcien ne pouvait plus suffire. Au Platonisme seul il appartenait de tirer encore une fois de la philosophie pythagoricienne la pensée dont elle ne renfermait que le germe.

Mais le Platonisme ne pouvait pas non plus revivre tel qu'il avait été jadis, et sans aucun mélange des doctrines qui lui avaient succédé. Dès les premiers temps de sa renaissance, on y voit les conceptions imparfaites de la dialectique primitive transformées par la double influence du Stoïcisme et de l'Aristotélisme.

La philosophie spéculative de Platon comprenait deux parties réellement inséparables, mais qui semblaient jusqu'à un certain point indépendantes l'une de l'autre : la théorie du principe matériel et passif, et celle du principe formel ou des *idées*. De ces deux théories la première était, de l'aveu de Platon, plus obscure [2]. Généralement présentée dans ses dialo-

---

[1] Cic. *de Nat. Deor.*, I, 11 : Animum esse (sc. Deum) ex quo animi nostri carperentur. Apollon. *Ep.*, f° 25 : Τοῦ μὲν ὅλου μεταβάλλοντος εἰς τὰ μέρη, τῶν μερῶν δὲ εἰς τὸ ὅλον τρεπομένων, ἑνότητι τοῦ παντός.

[2] Voy. Plat. *Tim.*, p. 50-52.

gues sous une forme métaphorique et poétique, qui en couvrait les défauts, elle subsista davantage telle qu'il l'avait laissée. La seconde se transforma plus tôt.

Platon avait représenté la matière première comme quelque chose d'indéfini et d'indéfinissable, tout voisin du néant, mais pourtant agité d'un mouvement propre sans mesure et sans règle [1], mouvement qui semblait ne pouvoir provenir que des désirs aveugles d'une âme irraisonnable ou mauvaise [2]. C'était à ce premier élément, doué d'une existence et comme d'une vie propres, que les *idées* donnaient l'ordre qui en faisait le monde. — La même conception subsiste sans changement considérable chez les nouveaux Platoniciens jusqu'au temps de Plotin, ou de son maître Ammonius Saccas.

Selon quelques-uns, tels que Plutarque et Atticus, Platon a cru que le monde tel que nous le voyons a eu un commencement, et qu'à l'ordre a préexisté le désordre, ou le chaos [3] : selon d'autres, tels qu'Alcinoüs, Platon a cru, ainsi qu'Aristote lui-même, à l'éternité du monde [4]. Mais selon les uns

---

[1] Id. ibid., p. 30 a : Ὁ θεὸς... πᾶν ὅσον ἦν ὁρατὸν παραλαβών, οὐχ ἡσυχίαν ἄγον, ἀλλὰ κινούμενον πλημμελῶς καὶ ἀτάκτως, εἰς τάξιν αὐτὸ ἤγαγεν ἐκ τῆς ἀταξίας. Cf. p. 69.

[2] Id. *Leg.*, X, p. 897. Cf. *Polit.*, p. 273?

[3] Plutarch. *de An. procr. in Tim.*, 4 ; Attic. ap. Euseb. *Præp. ev.*, XV, 6. Procl *in Tim.*, pp. 84, 99, 116, 119, 174, 304.

[4] Alcin. *Introd. in Plat. dogm.*, c. 14. C'était aussi l'opinion d'Albinus (Procl. *in Tim.*, p. 67), contemporain de Galien, de qui on a encore une Introduction aux dogmes de Platon (ap. Fabric. *Bibl. gr.*, t. II, p. 44-50);

et les autres, les choses n'ont reçu de Dieu, soit depuis un temps quelconque, soit de toute éternité, que l'ordre et la beauté, non pas l'être [1]. Dans leur croyance unanime, il y a, en dehors et indépendamment de la nature divine, non-seulement, comme Aristote ou même les Stoïciens l'avaient pensé, quelque chose d'indéterminé, matière première sans forme, qui ne possède pas à elle seule une véritable existence, mais une substance complète, composée de la matière et d'une âme qui l'agite et la meut. Suivant les uns, plus fidèles à la pensée de Platon, l'âme dont la matière est douée est un principe presque entièrement passif, incapable de se suffire véritablement à lui-même, et que Dieu a de toute éternité assujetti à sa loi [2]. Selon les autres, tels que Plutarque [3], Atticus [4], Numénius [5], plus rapprochés

et celle de Chalcidius (*in Tim.*, p. 399, ed. Meurs., Lugd. Bat. 1617, in-4°).

[1] Alcin. *Introd. in Plat. dogm.*, c. 14 : Καὶ τὴν ψυχὴν δὲ ἀεὶ οὖσαν τοῦ κόσμου οὐχὶ ποιεῖ ὁ θεὸς, ἀλλὰ κατακοσμεῖ.

[2] Alcin. *Introd. in Plat. dogm.*, c. 12-14.

[3] Plutarch. *de An. procr.*, 6 : Οὐ γὰρ οἷόν τε τὸ ἄποιον καὶ ἀργὸν ἐξ αὑτοῦ καὶ ἀρρεπὲς αἰτίαν κακοῦ καὶ ἀρχὴν ὑποτίθεσθαι τὸν Πλάτωνα... Αἱ γὰρ Στωϊκαὶ καταλαμβάνουσιν ἡμᾶς ἀπορίαι τὸ κακὸν ἐκ τοῦ μὴ ὄντος ἀναιτίως καὶ ἀγεννήτως ἐπεισάγοντας, ἐπεὶ τῶν γ'ὄντων οὔτε τὸ ἀγαθὸν οὔτε τὸ ἄποιον εἰκός ἐστιν οὐσίαν κακοῦ καὶ γένεσιν (Cf. Chalcid. *in Tim.*, p. 394). *De Is. et Osir.*, 45, 58 ; *adv. Stoic.*, 34. Dans l'homme, également, deux âmes, l'une bonne, l'autre mauvaise, *de Virt. mor.*, 3 ; *de An. procr.*, 28. En conséquence, il se déclare formellement pour la doctrine des deux principes de Zoroastre, *de Is. et Osir.*, 46.

[4] Iamblich., ap. Stob. *Ecl.*, t. I, p. 894.

[5] C'est aussi l'opinion suivie, même après Plotin, par Chalcidius ; *in*

de la croyance religieuse de la Perse et d'une partie de l'Orient, l'existence du mal démontre celle d'un principe véritablement actif, qui s'oppose, soit dans le monde, soit dans chaque homme, à l'action bienfaisante du principe divin. — Mais c'est leur commune doctrine que, pour expliquer le monde tel qu'il est, il faut reconnaître, outre le principe éternel qui le régit, un autre principe, éternel aussi, et qui possède par lui-même l'existence et le mouvement. C'est le principe matériel d'où le mal tire son origine.

Pourtant, dès le premier siècle de l'ère chrétienne, un Pythagoricien, mais qui voulait unir le Pythagorisme avec le Platonisme en une même doctrine, Modératus de Gadès [1] voulut, sans confondre l'élément matériel avec le principe divin, l'y rattacher et l'en faire provenir. Selon lui, lorsque Dieu avait voulu que d'autres êtres prissent naissance, il avait séparé de lui la quantité en s'en retirant, en la privant de toutes les formes dont il est la source. Cette quantité était l'élément sans forme, sans divisions et sans figure, mais capable de figure, de division et de forme, dont Platon avait parlé si souvent. Or c'était là le modèle dont la matière des corps était une imitation et comme une ombre. Et cette ma-

---

*Tim.*, p. 396 : Platonemque idem Numenius laudat, quod duas mundi animas autumet, unam beneficentissimam, malignam alteram, etc.

[1] Voy. Jons. *de Script. hist. phil.*, III, v, 2.

tière même, en effet, les Pythagoriciens et Platon l'avaient appelée souvent la quantité. C'était la quantité, l'étendue, non plus dans son *idée* incorporelle, mais divisée, dispersée, plus éloignée encore de l'être et du bien, et qui semble devenir ainsi le mal lui-même [1]. Mais de la quantité primitive et idéale, détachée de la nature même de Dieu, comment passer effectivement à la quantité matérielle, étendue corporelle et sensible, et principe du mal? C'est là ce que Modératus n'avait sans doute pas encore essayé de montrer. Et longtemps après lui la doctrine de l'indépendance réciproque des deux principes, de Dieu et de la matière, était encore, à ce qu'il semble, celle de tous les Platoniciens.

Pour la théorie des causes supérieures qui donnaient l'ordre à la matière, elle ne pouvait avoir le même sort. A ces *idées* ou formes générales, genres, espèces, attributs, où une méthode naissante d'abstraction avait pu seule voir les causes premières, à ces êtres de raison sans réalité et sans force, l'Aris-

---

[1] Simplic. *in Phys.*, f° 50 b : Ὅτι βουληθεὶς ὁ ἑνιαῖος λόγος, ὥς πού φησιν ὁ Πλάτων, τὴν γένεσιν ἀφ᾽ ἑαυτοῦ τῶν ὄντων συστήσασθαι, κατὰ στέρησιν αὑτοῦ ἐχώρησε τὴν ποσότητα, πάντων αὐτὴν στερήσας τῶν αὑτοῦ λόγων καὶ εἰδῶν. — Αὕτη δὲ ἡ ποσότης, φησί, καὶ τοῦτο τὸ εἶδος τὸ κατὰ στέρησιν τοῦ ἑνιαίου λόγου νοούμενον, τοῦ παντὸς (leg. πάντας) τοὺς λόγους τῶν ὄντων ἐν ἑαυτῷ περιειληφότος, παραδείγματά ἐστι τῆς τῶν σωμάτων ὕλης· ἣν καὶ αὐτὴν ποσὸν καὶ τοὺς Πυθαγορείους καὶ τὸν Πλάτωνα καλεῖν ἔλεγεν, οὐ τὸ ὡς εἶδος ποσόν, ἀλλὰ τὸ κατὰ στέρησιν καὶ παράλυσιν καὶ ἔκτασιν καὶ διασπασμόν, καὶ διὰ τὴν ἀπὸ τοῦ ὄντος παράλλαξιν· δι᾽ ἃ καὶ κακὸν δοκεῖ ἡ ὕλη ὡς τὸ ἀγαθὸν ἀποφεύγουσα.

totélisme d'abord, après lui le Stoïcisme, avaient substitué des principes réels, dont l'énergie, l'action et la pensée étaient les caractères. Devant ces principes s'évanouissait le prestige des abstractions mathématiques ou logiques. Les *idées* platoniciennes ne pouvaient donc revivre qu'en une théorie nouvelle, accrue, enrichie des éléments nouveaux qui formaient la substance des doctrines d'Aristote et de Zénon. Telle fut la théorie de principes qui constitua ce qu'on peut appeler à juste titre un nouveau Platonisme. Platon en avait posé les fondements : sur ces fondements s'éleva peu à peu, avec le secours de l'Aristotélisme et du Stoïcisme, le grand édifice de la philosophie néoplatonicienne.

Outre les *idées* et la matière, Platon avait dû compter encore l'âme; l'*idée* était une cause de stabilité et d'immobilité : par l'âme seule s'expliquait le mouvement. Le mouvement un et harmonique du monde démontrait une âme universelle, de laquelle toutes les âmes particulières émanaient[1].

En second lieu, pour ordonner le monde, et le mouvement même que l'âme y produit, d'après les formes éternelles, d'après le modèle immuable des *idées*, il fallait, soit dans les âmes particulières, soit dans celle du monde, une intelligence qui conçût les *idées* et qui en embrassât les rapports. De plus,

---

[1] **Plat. Phædr.**, p. 245 c; *Tim.*, pp. 34, 36, 61; *de Leg.*, X, p. 896.

pour parcourir la multitude des *idées*, il fallait que l'intelligence se mût; il fallait donc qu'elle fût en une âme, qu'une âme en fût le sujet [1]. Toute intelligence particulière résidait en une âme particulière, et dans l'âme universelle l'universelle intelligence, l'intelligence de Dieu.

Enfin Platon avait rapporté toutes les *idées* à un principe supérieur, le Bien, qui était en son essence l'Un ou l'unité pure. Or, les *idées* n'étaient pas seulement les objets de l'intelligence, elles en étaient aussi, et par cela même, les formes; elles en constituaient les éléments. Le principe des *idées* était donc nécessairement aussi le principe de l'intelligence même.

L'Un, l'Intelligence, l'Ame; trois causes subordonnées, la seconde à la première, la troisième à la seconde, et dont la troisième préside au monde sensible, tel est le système qui faisait en quelque sorte le fond du Platonisme, et qui, chez les nouveaux Platoniciens, paraît de plus en plus à la lumière. Dans Platon lui-même, on l'entrevoit à peine, caché

---

[1] *Tim.*, p. 30 b : Νοῦν δ' αὖ χωρὶς ψυχῆς ἀδύνατον παραγένεσθαί τῳ. Platon ne donne pas ici, ni ailleurs, les deux prémisses desquelles résulte cette conclusion. Mais elles se tirent aisément de sa doctrine aussi bien que de celle de ses successeurs. — L'Aristotélisme accorde la *mineure :* qu'une intelligence *discursive* (qui se meut d'une idée à une autre) ne peut être qu'en une âme; mais il nie la *majeure :* que toute intelligence est discursive; et par conséquent il nie la conclusion. La Métaphysique consiste justement à établir la nécessité d'une Pensée sans *idées*, par conséquent sans mouvement, par conséquent sans âme proprement dite.

sous l'ample développement des *idées*. On voit seulement dans le Philèbe que la nature de Dieu, roi de l'univers, renferme et une intelligence royale, et, puisqu'il n'y a pas d'intelligence sans âme, une âme royale [1]; et dans la République, que le Bien (c'est-à-dire l'Un), surpasse l'intelligence et l'existence, et qu'il en est le principe et la source commune [2]. Dans une des lettres qui nous sont parvenues sous le nom de Platon et qui paraissent avoir été composées dans son école peu de temps après lui, on commence à parler énigmatiquement de trois principes, dont le premier, roi de tout, pour lequel tout est fait; le second, commandant aux choses du second ordre, et le troisième à celles du troisième ordre [3]. Dans une autre de ces lettres, on place au-dessus du Dieu qui mène toutes choses, présentes ou futures, et qui est proprement la cause, son Père et son Seigneur, que la véritable philosophie fait connaître [4].

[1] Plat. *Phil.*, p. 30 d : Σοφία μὴν καὶ νοῦς ἄνευ ψυχῆς οὐκ ἄν ποτε γενοίσθην. Οὐ γὰρ οὖν. Οὐκοῦν ἐν μὲν τῇ τοῦ Διὸς ἐρεῖς φύσει βασιλικὴν μὲν ψυχὴν, βασιλικὸν δὲ νοῦν ἐγγίγνεσθαι διὰ τὴν τῆς αἰτίας δύναμιν.

[2] *De Rep.*, p. 508 c : Τοῦτο τοίνυν τὸ τὴν ἀλήθειαν παρέχον τοῖς γιγνωσκομένοις καὶ τῷ γιγνώσκοντι τὴν δύναμιν ἀποδιδὸν τὴν τοῦ ἀγαθοῦ ἰδέαν φάθι εἶναι...... οὐκ οὐσίας ὄντος τοῦ ἀγαθοῦ, ἀλλ' ἔτι ἐπέκεινα τῆς οὐσίας πρεσβείᾳ καὶ δυνάμει ὑπερέχοντος.

[3] *Ep.* 2, p. 312 d : Φραστέον δή σοι δι' αἰνιγμῶν... Περὶ τὸν πάντων βασιλέα πάντ' ἐστὶ, καὶ ἐκείνου ἕνεκα πάντα· καὶ ἐκεῖνο αἴτιον ἁπάντων τῶν καλῶν· δεύτερον δὲ περὶ τὰ δεύτερα, καὶ τρίτον περὶ τὰ τρίτα.

[4] *Ep.* 9, p. 323 d : Τὸν τῶν πάντων θεὸν ἡγεμόνα τῶν τε ὄντων καὶ τῶν μελλόντων, τοῦ τε ἡγεμόνος καὶ αἰτίου πατέρα κύριον ἐπεμνύντας.

Un philosophe pythagoricien et platonicien du premier siècle de notre ère, comme on vient de le voir, Modératus de Gadès, compte, avec la matière, trois principes des choses : la première unité, supérieure à l'être et à toute existence ; la seconde unité, qui est le véritable être ou l'intelligible, c'est-à-dire encore les *idées ;* la troisième, qui est l'âme, et qui participe et de l'unité absolue et des *idées*[1].

Dans l'Introduction d'Alcinoüs à la doctrine de Platon, composée probablement vers la même époque, les changements que la philosophie platonicienne a déjà éprouvés sont visibles. Les *idées* ne sont plus représentées ici, ainsi qu'elles l'étaient chez Platon, comme des essences séparées, subsistant par elles-mêmes. Elles ne sont plus seulement les modèles d'après lesquels Dieu fait les choses, et les premiers objets ou même les formes de sa pensée : elles sont ses pensées mêmes[2] et les actes de son intelli-

---

[1] Simplic. *in Phys.*, f° 50 b : Οὗτος γὰρ κατὰ τοὺς Πυθαγορείους τὸ μὲν πρῶτον ἓν ὑπὲρ τὸ ὂν καὶ πᾶσαν οὐσίαν ἀποφαίνεται· τὸ δὲ δεύτερον ἕν, ὅπερ ἐστὶ τὸ ὄντως ὂν καὶ νοητόν, τὰ εἴδη φησὶν εἶναι· τὸ δὲ τρίτον, ὅπερ ἐστὶ ψυχικόν, μετέχειν τοῦ ἑνὸς καὶ τῶν εἰδῶν.

[2] Alcin. *Introd. in Plat. dogm.*, c. 9 : Ἔστι δὲ καὶ ἡ ἰδέα, ὡς μὲν πρὸς θεόν, νόησις αὐτοῦ, ὡς δὲ πρὸς ἡμᾶς, νοητὸν πρῶτον. — Εἴτε γὰρ νοῦς ὁ θεὸς ὑπάρχει εἴτε νοερόν, ἔστιν αὐτῷ νοήματα, καὶ ταῦτα αἰώνιά τε καὶ ἄτρεπτα. εἰ δὲ τοῦτο, εἰσὶν αἱ ἰδέαι. Plutarch. *de Plac. phil.*, I, 3 : Ἰδέα δ'οὐσία ἀσώματος ἐν ταῖς νοήμασι καὶ ταῖς φαντασίαις τοῦ θεοῦ. — Ammonius, le commentateur d'Aristote, et Jean Philopon ont bien vu la différence qu'il y a entre cette conception et celle de Platon. Voy. Ammon. Herm. *in Porph. isag.*, præf; Philopon. *de Ætern. mundi*, l. II, et *in Anal. pr.* (*Schol. in Aristot.*, ed. Brandis, p. 228).

gence [1]. Les *idées* ainsi réduites à l'intelligence qui les contemple, trois principes suffisent à tout : l'âme du monde, l'intelligence du monde, et Dieu. L'âme du monde, coétendue à toute sa substance, la lie et la tient unie [2] : idées et expressions empruntées par Alcinoüs au Stoïcisme [3]. L'intelligence du monde, inséparable de l'âme, embrasse et contient dans sa pensée tous les intelligibles [4]. Dieu enfin (comme Platon l'avait dit du Bien), Dieu donne à l'intelligible d'être pensé, en éclairant la vérité de sa lumière, et à l'intelligence de penser [5]. Néanmoins, tout en proclamant la nature divine supérieure à toute catégorie et même à l'idée du bien [6], Alcinoüs semble n'oser encore, comme le feront plus tard Plotin et ses successeurs, dépouiller Dieu de la pensée même, et le réduire à la pure et simple unité. Avec Aristote, il reconnaît toujours dans la cause première une intelligence qui s'assimile, par l'amour qu'elle excite, ce qui vient après elle [7]. L'âme du

---

[1] Alcin., c. 10 : Ἑαυτὸν ἂν οὖν καὶ τὰ ἑαυτοῦ νοήματα ἀεὶ νοοίη, καὶ αὕτη ἡ ἐνέργεια αὐτοῦ ἰδέα ὑπάρχει.

[2] Id. c. 14 : Ὥστε ὅλῳ τῷ κόσμῳ αὐτὴν παρεκτεῖναι, καὶ τοῦτον τὸν τρόπον αὐτὸν συνδεῖν τε καὶ συνέχειν.

[3] Voy. plus haut, p. 171.

[4] Alcin. c. 14 : Ἴσως οὐχ οἷόν τε ὄντος νοῦ ἄνευ ψυχῆς ὑποστῆναι. Plotin dit également : Ἔννουν μὲν αὐτὸ (sc. τὸ πᾶν) ἔδει εἶναι, ἄνευ δὲ ψυχῆς οὐχ οἷόν τε ἦν τοῦτο γενέσθαι. *Enn.*, IV, l. VIII, c. 1.

[5] C. 10 : Οὐ γὰρ ἂν ὅπερ ἐστὶν ἡ νόησις, παρέχει αὐτῇ τὸ νοεῖν καὶ ταῖς νοηταῖς τὸ νοεῖσθαι, φωτίζων τὴν περὶ αὐτὰ ἀλήθειαν.

[6] Ibid.

[7] C. 10 : Ἐνεργεῖ γὰρ ἀκίνητος αὐτὸς ὤν... καὶ ὡς τὸ ὀρεκτικὸν (leg. ὀρεκτόν)

monde n'avait l'intelligence qu'en puissance : Dieu agit sur elle comme l'objet du désir agit sur ce qui le désire; il l'éveille comme d'un sommeil profond; il la tourne vers lui en lui donnant l'intelligence par laquelle elle le regarde et le contemple, et il la remplit ainsi de lui [1]. C'est la théorie de la Métaphysique, telle, du moins, qu'on l'entendait alors, et avec la supposition d'un monde existant par lui-même, qui ne recevait de l'action divine qu'une forme plus parfaite. Maintenant, il est vrai, tandis qu'Aristote a fait de l'acte même de la pensée la cause première qui donne l'intelligence à tout le reste, Alcinoüs s'efforce de remonter plus haut. Selon lui, l'âme du monde n'a l'intelligence qu'en puissance; l'intelligence en acte est supérieure : c'est l'intelligence du monde. Mais il est quelque chose de supérieur encore, c'est la cause même de l'acte; et cette cause seule est Dieu [2]. Néanmoins Alcinoüs l'appelle encore lui-même la première intelligence [3];

κινεῖ τὴν ὄρεξιν ἀκίνητον ὑπάρχον· οὕτω γε δὴ καὶ οὗτος ὁ νοῦς κινήσει τὸν νοῦν τοῦ σύμπαντος οὐρανοῦ.

[1] Alcin. c. 10 : Ἐμπέπληκε πάντα ἑαυτοῦ, τὴν ψυχὴν τοῦ κόσμου ἐπεγείρας καὶ εἰς ἑαυτὸν ἐπιστρέψας, τοῦ νοῦ αὐτῆς αἴτιος ὑπάρχων. C. 14 : Ἐγείρων καὶ ἐπιστρέφων πρὸς αὑτὸν τόν τε νοῦν αὐτῆς (sc. τῆς ψυχῆς) καὶ αὐτὴν ὥσπερ ἐκ κάρου τινὸς ἢ βαθέος ὕπνου.

[2] Ibid. Ἐπεὶ δὲ ψυχῆς νοῦς ἀμείνων, νοῦ δὲ τοῦ ἐν δυνάμει ὁ κατ' ἐνέργειαν πάντα νοῶν καὶ ἅμα καὶ ἀεί, τούτου δὲ καλλίων ὁ αἴτιος τούτου, οὗτος ἂν εἴη πρῶτος θεός, αἴτιος ὑπάρχων τοῦ ἀεὶ ἐνεργεῖν τῷ νῷ τοῦ σύμπαντος οὐρανοῦ. — Selon le *de Placitis philosophorum*, Platon aurait défini Dieu l'intelligence du monde, I, 3 : Ὁ δὲ θεὸς νοῦς ἐστι τοῦ κόσμου.

[3] C. 10 : Οὗτος ὁ νοῦς, ὁ πρῶτος νοῦς.

et, tout en mettant les *idées* dans l'intelligence du monde, il y voit encore des pensées de Dieu [1].

Après Alcinoüs, tous les Platoniciens dont les opinions sont parvenues jusqu'à nous comptent aussi, outre la matière, trois principes différents de dignité et de nature, trois principes que quelques-uns appellent trois dieux, mais dont le premier et le plus élevé est toujours seul le vrai Dieu, auteur et père de toutes choses; le second, une Intelligence qui lui est subordonnée; et le troisième, l'Ame du monde. Mais, entre ces trois grands principes, marqués de ces caractères généraux, quelles sont exactement les différences et les rapports? Quelles limites précises les séparent? Quels liens les tiennent unis? De quelle manière dépendent-ils les uns des autres, et le monde dépend-il d'eux? Sur cette question complexe la pensée des Platoniciens flotte longtemps indécise.

Platon a mis l'intelligence au-dessus de l'âme, mais il ne l'en a pas rendue indépendante comme Aristote; il l'a crue sujette au mouvement ainsi que l'âme, et inséparable de l'âme. Il a mis le Bien ou l'Un au-dessus de l'intelligence, mais il n'en a fait autre chose encore, ce semble, que la première des *idées*, ou l'*idée* qui les comprend toutes [2].

Dans Alcinoüs, le second principe, l'intelligence

---

[1] Voy. ci-dessus, p. 336.
[2] Plat. *de Rep.*, l. VII.

universelle n'est, comme on vient de le voir, qu'une faculté ou qu'une opération du troisième, qui est l'âme; c'est donc à peine un principe distinct. Le premier, à son tour, n'est lui-même qu'une intelligence; et, en passant de l'un à l'autre, on ne retrouve encore que les mêmes attributs et la même nature. Seulement, des deux intelligences il y en a une, la plus haute, qui subsiste par elle-même, et par qui seule la seconde passe de la virtualité à la réalité. Mais s'il est vrai, comme Alcinoüs le redit après Platon, qu'une intelligence, quelle qu'elle soit, ne puisse pas exister hors d'une âme, que devient cette existence indépendante et séparée qu'il attribue, avec Aristote, à l'intelligence première, à Dieu?

Plutarque unit peut-être plus étroitement encore qu'Alcinoüs l'âme du monde avec la matière. L'âme du monde, c'est Isis, telle que la représente la mythologie égyptienne, Isis, déesse de la nature et de la terre; Dieu, c'est l'époux lumineux de la déesse, le céleste Osiris [1]. Puis, entre Osiris et Isis, Plutarque place encore, dans le ciel et les astres, les *idées* ou formes éternelles, émanations de Dieu. Dispersées dans le monde matériel et passif, l'âme les rassemble en elle, comme Isis recueillait les membres épars de son divin époux [2]. Mais comment ces

---

[1] Plutarch., *de Is. et Osir.*, c. 53 sqq.

[2] Id. ibid., c. 59 : Οἱ μὲν γὰρ ἐν οὐρανῷ καὶ ἄστροις λόγοι καὶ εἴδη καὶ ἀπόρροιαι τοῦ θεοῦ μένουσι, τὰ δὲ τοῖς παθητικοῖς διεσπαρμένα, κ. τ. λ.

*idées* qui forment sans doute le second principe, correspondant à l'intelligence universelle d'Alcinoüs, proviennent-elles de Dieu? Comment l'âme du monde les recueille-t-elle? c'est ce que Plutarque ne tente pas encore d'expliquer.

Numénius[1] compte trois dieux, qu'il appelle le

---

[1] Numénius d'Apamée avait vécu avant Origène, qui le cite (*contra Cels.*, III, p. 198), et qui avait étudié soigneusement ses ouvrages, ainsi que ceux de Longin, de Modératus, etc., et de tous les principaux Pythagoriciens (Porphyr. ap. Niceph. Call. *Hist. eccl.*, V, 13, et Suid., v. Ὠριγ.). D'un autre côté il avait vécu après J.-C., d'après Théodoret (*Therap.*, serm. 2). Il reste à fixer sa date entre ces deux limites. Jonsius (*de Script. hist. phil.*, III, 1, 4) le place sous Antonin, par pure conjecture, de son propre aveu, et sans en donner aucune raison. Fabricius (*Bibl. gr.*, t. II, p. 63) ne détermine rien. Brucker (*Hist. crit. phil.*, II, 176) place aussi Numénius sous les Antonins, parce que Porphyre (*Vit. Plot.*, c. 14) le nomme avec Caius Sévérus et Atticus, dont le second vécut sous Marc Aurèle (Syncell., p. 353). Krug (*Gesch. der Phil. der alt. Zeit.* Leipz., 1827, in-8°, p. 424) considère aussi comme vraisemblable que Numénius a été contemporain d'Atticus. M. Ritter (*Hist. de la phil.*, trad. fr., t. IV, p. 427) lui assigne approximativement la même date. Heeren (ad Stob. *Ecl.*, t. I, p. 834) le fait maître d'Amélius, sans doute sur ce seul fondement qu'Amélius (qui était aussi d'Apamée), le suivait presque en tout point, au rapport de Proclus. — Il me semble qu'il faut placer Numénius à une date un peu plus reculée qu'on ne le fait généralement. D'abord il est certain qu'il vivait, au plus tard, du temps d'Atticus; car Harpocration, élève de ce dernier, était postérieur à Numénius, comme on le voit par un passage de Proclus (*in Tim.*, p. 93). Mais de plus, un des ouvrages de Numénius traitait de la différence de la doctrine des Académiciens et de celle de Platon (Euseb., *Præp. ev.*, XIV); or, du temps de Néron, il n'était déjà plus guère question des Académiciens, comme on l'a déjà vu (ci-dessus, p. 250), et il est probable que Numénius écrivit son livre dans un temps où cette secte subsistait encore, ou du moins venait à peine de s'éteindre. Enfin une lettre d'Apollonius de Tyane était adressée ou supposée adressée à un Numénius (Stob. *Serm.*, CXXIV, 35). Il est assez probable que ce Numénius n'est autre que Numénius d'Apamée, Pythagoricien comme Apollonius lui-même.

Père, le Fils et le Petit-Fils. Le premier est, selon lui, au-dessus de l'être et de l'*idée*; c'est leur principe, le Bien; le second est l'être et l'*idée* par excellence, et la cause de la génération; le troisième est l'âme, par laquelle la génération s'effectue : c'est l'âme du monde, qui est le monde même. Ainsi, le premier Dieu est le Père, le second l'ouvrier, et le troisième l'œuvre; mais en réalité les deux derniers ne font qu'un[1]; c'est un seul et même être considéré dans deux états différents. Un en lui-même, il entre en commerce avec la matière essentiellement diverse, mobile et agitée; il l'unit, mais elle le divise[2]. C'est ce que fait l'âme au corps, et le corps à l'âme. En effet, tant que le second Dieu tient ses regards attachés sur son principe, il demeure dans l'intelligible, livré à la pure contemplation, et ne sort pas de lui-même; mais il regarde aussi du côté

---

[1] Procl. *in Tim.*, p. 93 : Νουμήνιος μὲν γὰρ τρεῖς ἀνυμνήσας θεοὺς, πατέρα μὲν καλεῖ τὸν πρῶτον, ποιητὴν δὲ τὸν δεύτερον, ποίημα δὲ τὸν τρίτον. Ὁ γὰρ κόσμος κατ' αὐτὸν ὁ τρίτος ἐστὶ θεός, ὥστε ὁ κατ' αὐτὸν δημιουργὸς διττός, ὅ τε πρῶτος καὶ ὁ δεύτερος θεός, τὸ δὲ δημιουργούμενον ὁ τρίτος. Ἄμεινον γὰρ τοῦτο λέγειν (suppl. ἢ) ὡς ἐκεῖνο (leg. ἐκεῖνος?) φησὶ τραγῳδῶν, πάππον, ἔκγονον, ἀπόγονον. Euseb. *Præp. ev.* XI, 22 : Καὶ γὰρ εἰ ὁ μὲν δημιουργὸς θεός ἐστι γενέσεως ἀρχή, τὸ ἀγαθὸν οὐσίας ἐστὶν ἀρχή. — 18 : Ὁ μὲν οὖν πρῶτος περὶ τὰ νοητά, ὁ δὲ δεύτερος περὶ τὰ νοητὰ καὶ αἰσθητά. Procl. *in Tim.*, p. 93 : Ὁ γὰρ κόσμος κατ' αὐτὸν ὁ τρίτος ἐστὶ θεός.

[2] Euseb. *Præp. ev.*, XI, 28 : Ὁ θεὸς ὁ μὲν πρῶτος, ἐν ἑαυτῷ ὤν, ἐστὶν ἁπλοῦς διὰ τὸ ἑαυτῷ συγγινόμενος δι' ὅλου μήποτε εἶναι διαιρετός· ὁ θεὸς μέντοι ὁ δεύτερος καὶ τρίτος ἐστὶν εἷς, συμφερόμενος δὲ τῇ ὕλῃ δυάδι οὔσῃ ἑνοῖ μὲν αὐτήν, σχίζεται δὲ ὑπ' αὐτῆς, ἐπιθυμητικὸν εἶδος ἐχούσης καὶ ῥεούσης.

de la matière, le désir s'empare de lui, et il s'oublie pour s'occuper d'elle. C'est alors que descendant de la contemplation à l'action, et de l'intelligible au sensible [1], il devient l'âme du monde et le monde même, et donne ainsi naissance à toutes choses. Revient-il, au contraire, des choses sensibles à lui-même, elles cessent d'exister. — Il regarde vers la matière, et de ce regard naissent et vivent tous les êtres; il ramène sa vue sur lui-même, et ils s'éteignent, et l'intelligence seule subsiste, dans la vie bienheureuse de la contemplation [2].

Ainsi, dans la pensée de Numénius, comme dans celle d'Apollonius de Tyane, comme dans celle des Stoïciens, c'est toujours un même principe, un même Dieu qui est et l'auteur du monde et le monde même. Seulement, tandis que les Stoïciens et Apollonius encore représentent comme des mouvements matériels le passage de la condition de Dieu à celle de la nature, et de la condition de la nature à celle de Dieu, c'est à des déterminations d'un

---

[1] Id. ibid, Τῷ οὖν μὴ εἶναι πρὸς τῷ νοητῷ (ἦν γὰρ ἂν πρὸς ἑαυτῷ) διὰ τὸ τὴν ὕλην βλέπειν, ταύτης ἐπιμελούμενος, ἀπερίοπτος ἑαυτοῦ γίνεται, καὶ ἅπτεται τοῦ αἰσθητοῦ καὶ περιέπει, ἀνάγει τε ἔτι εἰς τὸ ἴδιον ἦθος, ἀπορεξόμενος τῆς ὕλης. Βλέπει τε ἀντὶ τοῦ οὐρανοῦ εἰς τὸν ἄνω θεὸν, προσαγόμενον αὐτῷ τὰ ὄμματα, λαμβάνει τε τὸ μὲν κριτικὸν ἀπὸ τῆς θεωρίας, τὸ δὲ ὁρμητικὸν ἀπὸ τῆς ἐφέσεως.

[2] Id. ibid.: Βλέποντος μὲν οὖν καὶ ἐπεστραμμένου πρὸς ἡμῶν ἕκαστον τοῦ θεοῦ, συμβαίνει ζῆν τε καὶ βιώσκεσθαι τότε τὰ σώματα, κηδεύοντα τοῦ θεοῦ τοῖς ἀκροβολισμοῖς, μεταστρέφοντος δὲ εἰς τὴν ἑαυτοῦ περιωπὴν τοῦ θεοῦ, ταῦτα μὲν ἀποσβέννυσθαι, τὸν δὲ νοῦν ζῆν βίου ἐπαυρούμενον εὐδαίμονος.

ordre plus élevé, à des déterminations intellectuelles, que Numénius en rapporte la cause. Ici donc, comme dans la philosophie d'Aristote, c'est de la Pensée que dépend la Nature. En second lieu, au lieu de s'arrêter à l'âme du monde, qui en est aussi la cause immédiate, Numénius cherche plus haut encore, avec tous les Platoniciens, un premier principe, un et immobile, exempt de toute division et de tout changement [1]. Mais, comme Alcinoüs, il en fait encore une intelligence [2]; et comme Platon lui-même, comme tous les Platoniciens, il ne comprend pas d'intelligence sans mouvement. En sorte que, selon lui, l'éternel repos du premier principe n'est toujours qu'un mouvement éternel [3].

C'est donc encore en vain que Numénius a prétendu remonter à un premier Dieu absolument simple, tel que le cherchait Platon. De ses trois principes, le second est, de son propre aveu, identique avec le troisième, et le premier vient aussi,

---

[1] Id. ibid. Τὸν μὲν πρῶτον θεὸν ἀργὸν εἶναι ἔργων. — Ὁ μὲν πρῶτος θεὸς ἔσται ἑστώς.

[2] Id. ibid., Ὁ μὲν οὖν πρῶτος περὶ τὰ νοητά. Il appelait ses trois dieux νοῦς, εἴδη, ζῶον, d'après ce passage de Platon : Ὁ νοῦς ἐνούσας ἰδέας τῷ ὃ ζῶόν ἐστι... καθορᾷ. Procl. in Tim., p. 268. Cette interprétation fut aussi celle d'Amélius, qui suivit généralement la doctrine de Numénius (Procl. in Tim., p. 226).

[3] Euseb. Præp. ev., XI, 18 : Ἀντὶ τῆς προσούσης τῷ δευτέρῳ κινήσεως τὴν πρόσουσαν τῷ πρώτῳ στάσιν φήμι εἶναι κίνησιν σύμφυτον, ἀφ' ἧς ἥ τε τάξις τοῦ ὅλου, κ. τ. λ.

à son tour, se confondre avec le second. Au lieu de s'élever, dans la recherche d'une cause première et surnaturelle, plus haut que la métaphysique péripatéticienne, les Platoniciens demeurent encore, quelque effort qu'ils fassent, bien loin au-dessous d'elle, au-dessous même du niveau où Alexandre d'Aphrodisiade s'était arrêté, et à ce degré inférieur où Aristote avait placé l'intelligence humaine, l'intelligence assujettie, par ses rapports avec la matière, aux conditions de la multiplicité et du mouvement.

La philosophie d'Aristote semblait laisser séparés, d'un côté, l'intelligence divine, cause finale du monde, de l'autre, le monde, en y comprenant même l'âme humaine; un monde sans principe intérieur d'unité, simple assemblage de parties indépendantes les unes des autres. Le Stoïcisme était venu réunir en Dieu, comme en une âme commune, toute la nature. Mais c'était en faisant de Dieu l'âme du monde, en n'y voyant rien de plus que la nature même. Cette âme universelle, ce principe intérieur d'unité et de vie dans la nature, les Platoniciens essaient, sans le détruire, de le rattacher à un principe plus élevé, à une cause surnaturelle, d'une simplicité, d'une immutabilité véritablement divines. Mais c'est ce que, jusqu'au temps où nous sommes parvenus, ils ont essayé en vain. Aussi le principal reproche que le Platonisme adresse alors à la doctrine péripatéticienne, ce n'est pas celui que lui adressèrent surtout les Plotin et les Proclus, de ne point attribuer à la Divinité une unité assez parfaite, et de ne pas la placer assez haut au-dessus de la nature humaine ; c'est plutôt de briser ou d'affaiblir le lien qui doit rattacher le monde à Dieu : telle est du moins la pensée qui domine dans les fragments que nous avons encore d'un livre composé au deuxième siècle de l'ère chrétienne par le Platonicien Atticus, sur la différence des dogmes de Platon et d'Aristote.

Aristote avait fait le monde éternel. En même temps il l'avait représenté tenant de la cause première, par le mouvement essentiel qu'il en reçoit, non pas seulement son ordre, comme le voulaient jusqu'alors les Platoniciens, mais aussi tout son être. C'est ce que ne sait point voir Atticus. A ses yeux (comme à ceux des théologiens chrétiens qui opposèrent plus tard le même argument au Néoplatonisme lui-même [1]), faire le monde éternel, c'est le faire par cela seul indépendant de Dieu ; et il repousse comme une impiété l'opinion qui retrouvait le même dogme dans Platon [2].

Aristote avait fait l'âme humaine inséparable du corps dans ses puissances inférieures ; mais il l'avait aussi représentée intimement unie dans son essence

---

[1] Voy. le livre suivant.
[2] Euseb. *Præp. ev.*, XV, 9.

à l'intelligence éternelle. Suivant Atticus, comme suivant le Alexandre d'Aphrodisiade lui-même, il a fait l'âme entière inséparable du corps, séparable de l'intelligence; et à cette doctrine le Platonicien oppose celle de Platon, la doctrine d'après laquelle l'âme est au contraire inséparable de l'intelligence, et séparable du corps. Avec tous les Platoniciens, Atticus veut faire l'âme indépendante des corps, et la rattacher étroitement à son principe intelligible. Mais comme eux tous, aussi, il se refuse à retrancher, avec Aristote, l'idée du mouvement de celle de l'âme. Oter à l'âme le mouvement, c'est, dit-il, la réduire à rien [1]. Et nul doute qu'avec tous ses prédécesseurs, il n'étendît de même le mouvement à l'intelligence. Comme eux tous, il assujettit donc la nature intelligible à ces conditions de mutabilité et de diversité au-dessus desquelles Aristote l'avait voulu placer.

Ainsi les Platoniciens veulent remettre la nature dans une plus grande dépendance de Dieu que l'Aristotélisme ne paraissait l'avoir fait; ils veulent rendre Dieu, l'intelligence et l'âme plus indépendants de la nature : et, en même temps, d'un côté, ils font toujours de la nature un second principe qui n'a pas besoin pour exister du principe divin; de l'autre ils ne savent toujours concevoir et l'âme,

---

[1] Id. ibid.

et l'intelligence, et Dieu même, que sous ces conditions de mouvement et de multiplicité, caractères de l'existence naturelle. Les Platoniciens prétendent, sans séparer de la nature l'âme, l'intelligence et Dieu, les placer plus haut que l'Aristotélisme n'a su le faire; et, au lieu d'agrandir l'horizon de la métaphysique, impuissants au contraire à dépasser celui de la physique stoïcienne, ils voient encore dans l'âme, dans l'intelligence, et en Dieu même, des principes soumis en quelque sorte aux lois de la matière, et qui ne donnent le mouvement et la vie à la nature qu'en se mouvant eux-mêmes.

Cependant le temps était venu où, se dégageant davantage des entraves du naturalisme stoïcien, la philosophie platonicienne allait toucher le but vers lequel elle marchait; le temps était venu où, placée à un point de vue plus élevé, elle devait, au lieu de repousser la doctrine d'Aristote, y reconnaître un élément essentiel de la théorie nouvelle qu'elle poursuivait, et s'efforcer de la comprendre tout entière, réconciliée avec le Stoïcisme, dans un plus vaste et plus profond système. C'est l'œuvre qu'essayèrent Ammonius Saccas et Plotin.

Mais cette œuvre qui constitue ce qu'on peut appeler proprement le Néoplatonisme, peut-être la philosophie grecque, parvenue, avec le Stoïcisme, au terme de son développement naturel, et dès lors épuisée, n'y aurait-elle pas suffi. C'est un rayon émané d'une source étrangère, qui devait venir féconder en quelque sorte son sein devenu stérile, et communiquer au dernier germe qu'elle renfermait encore un principe de vie. Cette source était la même d'où sortait alors la religion chrétienne : c'était la théologie judaïque.

La religion grecque consistait essentiellement, comme les religions plus anciennes dont elle tirait son origine, dans le culte des puissances physiques, inséparables du monde, assujetties à la fatalité qui le régit. De là ce Destin auquel les dieux ne sauraient résister, dieu suprême, et au fond unique, dans lequel le Stoïcisme reconnut et adora la Nature [1]. — Le fondement de la religion hébraïque était au contraire l'idée d'une cause première qui avait fait le monde et qui le conservait par la libre résolution d'une volonté toute-puissante; Dieu saint,

---

[1] Simonid. ap. Suid. v. Σιμ. : Ἀνάγκῃ οὐδὲ θεοὶ μάχονται. Sentence attribuée à Pittacus par Diogène de Laërte, I, 77, rapportée sans nom d'auteur par Stobée, *Ecl.*, t. I, p. 154, et qui passa en proverbe; voy. Menag. ad Laert. loc. laud. — Moschion ap. Stob. *Ecl.*, t. I, p. 152 :

Ὦ καὶ θεῶν κρατοῦσα καὶ θνητῶν μόνη
Μοῖρα.

Sophocl. ibid., p. 156 :

Πρὸς τὴν ἀνάγκην οὐδ' Ἄρης ἀνθίσταται.

c'est-à-dire pur [1] de tout élément inférieur et étranger, absolument indépendant de la nature, et de qui la nature dépendait tout entière. De là, chez les Grecs et dans tout le paganisme en général, des mystères et des fêtes où l'on représentait surtout la Divinité en travail dans les phénomènes alternatifs et éternels de la génération et de la mort [2] : chez les Hébreux, un rite fondamental, renfermant en lui seul toute l'essence de leur religion et de leur loi [3], le *sabbath*, la suspension de tout travail, symbole de la liberté avec laquelle Dieu a cessé la création [4].

Cependant, tout en séparant Dieu si profondément d'avec la nature et le monde, la théologie hébraïque ne laissait pas d'admettre quelque chose qui émanait de Dieu sans être Dieu lui-même, et par quoi il entrait en rapport, en communication avec ses créatures. C'est ce que la Bible appelle

---

[1] קדש, saint, signifie proprement *pur*, net, sans mélange. V. *Exod.* XIX, 10. — V. sur les prescriptions de la loi qui défendaient tous les mélanges, par opposition aux pratiques sabéennes, Spencer, *de Leg. Hebr.*, p. 598 sqq.

[2] C'était le principal sujet des fêtes d'Osiris et d'Adonis, de celles de Bacchus, des mystères de Samothrace, peut-être même de ceux d'Eleusis. Voy. Sainte-Croix, *Recherches sur les mystères du paganisme*, I, 54, etc., et un mémoire particulier où nous traiterons le même sujet.

[3] Voy. Selden. *de Jure nat. et gent.*, p. 329.

[4] שבת, cesser (Voy. la note du savant hébraïsant M. M. S. Franck, dans sa traduction française de la Genèse, Paris, 1835, in-8°). — La circoncision était commune aux Égyptiens et à toutes les nations araméennes : le sabbath était le propre des Juifs. Theodoret. *in Ezechiel.*, c. 205. Selden. *de Jure nat. et gent.*, III, 15; Gomar. *de Sabb.*, c. 4. Voy. le livre suivant.

l'habitation de Dieu[1], et la version grecque des Septante, la manifestation, ou la gloire, δόξα [2].

En effet Dieu était en lui-même invisible; nul regard humain ne pouvait pénétrer jusqu'à lui[3]; rien ne pouvait le contenir[4]. Mais, comme les nations parmi lesquelles ils habitaient, les Hébreux reconnaissaient pourtant à Dieu une forme sous laquelle il se laissait apercevoir aux hommes : c'était comme un vêtement dont il était couvert[5]; c'était comme un tabernacle où il habitait[6]; c'était comme un vaisseau où il était contenu[7]. L'Arche[8], le Tabernacle[9], le Temple, en étaient les symboles. —

---

[1] משכן, idée exprimée plus tard par שכינה, mot d'où vient peut-être le grec σκηνή, les *tentes* ou tabernacles ayant été les premières habitations des nomades araméens.

[2] *Exod.*, XXIV, 16 17; XXXIII, 18; XL, 34; I *Reg.*, VIII, 11; *Sam.*, IV, 21; *Is.*, VI; *Habac.*, III, 3; *Job*, I, 14; XII, 47, 55; *Hebr.*, IX, 5; *Rom.*, IX, 4.

[3] *Exod.*, XXIII, 20, etc.

[4] I *Reg.*, VIII, 27.

[5] Voy. *Psalm.*, XCII, 1; CIII, 2.

[6] Voy. *Exod.*, XXIX, 42; *Levit.*, XXVI, 11. — L'Apocalypse appelle la Jérusalem céleste, qui est la Gloire divine, σκηνὴ τοῦ θεοῦ, XXI, 2. Saint Jean dit du Verbe fait chair : ἐσκήνωσεν ἐν ἡμῖν, καὶ ἐθεασάμεθα τὴν δόξαν αὐτοῦ. — Spencer a montré que, dans la Bible, Dieu n'ordonne pas, mais *permet* seulement le Tabernacle, et ensuite le Temple, à l'imitation des Gentils, qui croyaient posséder leurs Dieux enfermés dans les sanctuaires qu'ils leur bâtissaient. Voy. ses savantes recherches *de Leg. Hebr.*, II, 1185 sqq. — Les développements et les preuves qui ne peuvent être donnés ici se trouveront dans le livre suivant.

[7] Voy. le livre suivant.

[8] I *Sam.*, IV, 12.

[9] Le Tabernacle est appelé, comme l'Arche, משכן, δόξα. *Psalm.*,

Or chez les Hébreux, aussi bien que dans l'antiquité païenne tout entière, la forme sous laquelle on se représentait la nature divine était celle de l'air et du feu, les deux éléments qui composaient la région supérieure à nous, les principes subtils et puissants qui semblent produire ou entretenir ici-bas toute vie. Presque toutes les nations voyaient dans leurs dieux un souffle ou *esprit* et un feu ardent et lumineux, tel que celui des astres; et si la théologie hébraïque tendait, par son essence même, à séparer la nature divine de tout ce qui compose le monde, du moins c'était comme un feu, ou comme un souffle [1] qu'elle représentait la forme sensible, habitation de Dieu.

Ainsi ce Dieu saint et caché, pur de tout contact étranger, inaccessible à tout regard, une forme visible lui est jointe, son vêtement et sa demeure; et c'est une flamme qui rayonne de lui.

Cette flamme, ce feu, cet *esprit*, c'est ce par quoi, sortant de la profondeur inconnue de son être, Dieu se manifeste et se fait reconnaître. C'est donc l'ensemble des forces avec lesquelles il agit sur le monde; c'est la totalité de ses puissances [2]; ses puissances, ou les envoyés, les ministres qu'il charge,

---

XLIII, 3; LXXXIV, 2. Il représentait le ciel, l'univers, habitacle naturel de Dieu; Joseph. *Antiq. Jud.*, III, 5.

[1] *Genes.*, I, 2; *Exod.*, III, 2, etc.

[2] Ce sont les Élohim, אלהים, seul nom de Dieu dans le premier chapitre de la Genèse, et associé à celui de Jéhovah, יהוה, dans les suivants.

du fond de sa solitude, de porter ses volontés parmi ses créatures. Dieu et son habitation, ou sa Gloire, c'est donc Dieu avec le cortége de ses anges, souffles vivants, esprits, par lesquels seuls il se communique à nous.

Mais les anges de Dieu ne sont pas seulement les instruments de sa volonté : ils en sont aussi les conseillers ; ils sont les assesseurs avec lesquels il délibère [1]. Ils forment ainsi tous ensemble sa sagesse, non moins que son pouvoir. Aussi dans le développement progressif de la théologie hébraïque, les forces divines se réunissent peu à peu sous une seule et même idée, comme en une même personne : la Sagesse divine [2]. Sagesse, intelligence, science, termes synonymes [3] dans toute la haute antiquité [4]. — Cette sagesse n'est donc pas la simple faculté de savoir ou de juger, telle qu'elle est en nous, et que l'abstraction seule distingue de l'être qui sait et

---

[1] Voy. *Genes.*, XI, 7, où Jéhovah, se consultant, parle de lui-même au pluriel, et surtout le passage célèbre (III, 22) où il dit : « Voilà Adam devenu comme *l'un de nous*. » — Dans les religions païennes, chaque grand dieu avait aussi ses assesseurs, partageant son trône et formant son conseil : c'étaient les dieux πάρεδροι, σύνεδροι, σύνθρονοι, *consentes*. On réunissait les πάρεδροι dans des temples communs ; d'où ils prenaient le nom de συννάοι, ὁμονάοι. Voy. D'Arnaud, *de Diis* παρέδροις, Hagæ Com. 1732, in-8°; cf. Le Moyne, *Varia sacra*, II, 382.

[2] חכמה.

[3] Voy. *Exod.*, XXXI, 3; I *Reg.* II, 6; *Job*, XII, 12.

[4] Sur les différents sens de σοφός et σοφία, voy. Meiners, *Comm. Acad. Gætting*, t. I, p. 301. Σοφία et חכמה ont exactement la même étendue.

qui juge. C'est une figure, sinon une substance complète, distincte de Dieu même, et qu'à mesure qu'on avance dans les monuments de la théologie judaïque, en suivant l'ordre des temps, on voit se détacher d'une manière de plus en plus prononcée sur le fond de la nature divine.

Dans les livres qui nous sont parvenus sous le nom de Salomon, le roi sage, en qui la sagesse divine a sa représentation terrestre, la Sagesse est décidément le médiateur par lequel seul Dieu a tout fait et conserve tout [1]; elle est l'expression efficace de sa volonté et de sa pensée. Or, elle est en même temps le souffle qui sort de sa bouche [2] : c'est donc déjà l'idée complète du Verbe créateur. Ce n'est pas tout : elle est appelée l'arbre de vie [3]; extension nouvelle de l'idée de la puissance divine, qui devait devenir un jour le dogme d'une seconde manifestation de Dieu, l'Esprit saint, conçu comme le principe vital, comme l'âme vivifiante du monde.

La philosophie grecque, après avoir confondu Dieu avec la nature, après en avoir fait l'âme du monde, se voit contrainte de remonter, par l'intermédiaire de la pure intelligence, à un Dieu plus digne de ce nom, exempt de toutes les imperfections de la nature. Par un mouvement contraire,

---

[1] *Proverb.*, III, 19; VIII, 22, 30.
[2] Ibid. II, 6.
[3] Ibid. III, 18; cf. XI, 30, et *Ecclesiastic.*, XLV, 6.

le Dieu pur, le Dieu saint de la religion hébraïque, auteur libre de la nature et séparé d'elle, se développant en quelque sorte, et par l'intermédiaire aussi de l'intelligence ou de la sagesse, tend à descendre enfin jusqu'à la condition d'une âme du monde. Ainsi marchaient d'elles-mêmes au devant l'une de l'autre, la théologie païenne et la théologie juive, que devait unir et concilier le christianisme.

Cependant, par la conquête d'Alexandre, par la fondation d'Alexandrie, la Judée entrait en communication avec la Grèce. Ptolémée Philadelphe transportait des Juifs, au nombre de cent mille, dans la nouvelle capitale de l'Égypte. Bientôt ils y formèrent les deux cinquièmes de la population [1]. La langue grecque était devenue la leur : les dogmes de la philosophie grecque ne pouvaient pas ne pas se marier dans leurs pensées et dans leurs écrits à ceux de leur religion nationale. Or la philosophie qui exerçait alors la plus grande influence dans le monde grec, et qui la conserva jusqu'à la destruction de Jérusalem et la dispersion des Juifs, c'était le Stoïcisme ; et, de toutes les doctrines grecques, le Stoïcisme était justement la plus propre à précipiter la théologie hébraïque sur la pente où elle s'était d'elle-même et de plus en plus engagée.

---

[1] Phil. (Opp. ed. Th. Mangey, in-f°, t. II) *adv. Flacc.*, p. 523.

L'influence du Stoïcisme est déjà manifeste (et non, comme on l'a dit [1], celle du Platonisme), dans un livre attribué à Salomon, mais qui date évidemment du temps des Ptolémées, le livre de la Sagesse.

Dans ce livre, la Sagesse divine n'est plus seulement, comme dans d'autres parties plus anciennes de la Bible, une émanation de la gloire de Dieu, le rayonnement de sa lumière, le souffle de sa puissance [2]: elle a de plus les attributs caractéristiques de l'éther actif et animé des Stoïciens. Tendue comme une chaîne d'un bout à l'autre du monde, elle le pénètre, elle le parcourt, et y administre tout [3]; et, en même temps, elle le contient [4]: idées, expressions toutes empruntées à la philosophie stoïcienne.

Dans les fragments que nous avons encore du Juif Aristobule, qui vivait sous le règne de Ptolémée Philométor, environ 150 ans avant Jésus-Christ,

---

[1] Principalement Brucker (*de Vestigiis philosophiæ Alexandrinæ in libro Sapientiæ*, in *Miscell. hist. philos.*, p. 187-225, Aug. Vindel., 1748, in-8°), M. Adolphe Franck, dans ses recherches sur la Kabbale, p. 337, etc. — Jac. Thomasius avait reconnu dans le livre de la Sagesse les doctrines stoïciennes; voy. *Diss. de stoica exust. mundi*, XIV, 178.

[2] *Lib. sap.*, VII, 25 : Ἀτμὶς γάρ ἐστι τῆς τοῦ θεοῦ δυνάμεως, καὶ ἀπόρροια τῆς τοῦ παντοκράτορος δόξης εἰλικρινής. — Ἀπαύγασμα γάρ ἐστι φωτὸς ἀϊδίου. XI, 21 : Πνεύματι δυνάμεως.

[3] Ibid. VIII, 1 : Διατείνει δὲ ἀπὸ πέρατος εἰς πέρας... καὶ διοικεῖ τὰ πάντα. VII, 24 : Διήκει δὲ καὶ χωρεῖ διὰ πάντων διὰ τὴν καθαρότητα.

[4] Ibid., I, 7 : Συνέχον τὰ πάντα.

on voit également la puissance divine parcourant toutes choses¹. Ce dogme était, selon lui, de Moïse. Il prétendait que les Grecs l'avaient dérobé à la Bible; et, pour le prouver, il avait fabriqué, sous les noms de Linus, d'Orphée, de Musée et d'autres anciens poëtes, quantité de vers qu'il avait remplis de ses propres opinions². Il fut surnommé le Péripatéticien; on en peut induire que c'était chez Aristote surtout qu'il croyait retrouver sa doctrine, ou feignait de le croire³. Or, le seul de tous les ouvrages attribués à Aristote où figurât l'idée d'une puissance divine pénétrant et parcourant la nature, c'était le livre du Monde; c'est donc le seul aussi sur lequel Aristobule ait dû s'appuyer. Bien plus: quoi de plus plausible que d'attribuer à l'auteur de tant d'écrits supposés cette production également apocryphe, marquée du même caractère, remplie de la même doctrine, et de reconnaître dans le faux Aristote comme dans le faux Orphée (que, d'ailleurs, il ne manque pas de citer)⁴, le Juif alexandrin, imbu de la physique stoïcienne?

---

¹ Aristobul. ap. Justin., p. 37 (Paris, 1742, in-f°) : Σαφῶς οἶμαι δέδεικται ὅτι διὰ πάντων ἐστὶν ἡ δύναμις τοῦ θεοῦ.

² Voy. l'important ouvrage d'Aug. Gfrœrer, *Kritische Geschichte des Urchristenthums*, Stuttg., 1831, in-8°, t. II, p. 71-121.

³ Clem. Alex. *Strom.*, V, p. 305 : Τὸν Ἀριστόβουλον συγγράψαι ἱκανά, δι' ὧν ἀποδείκνυσι τὴν Περιπατητικὴν φιλοσοφίαν ἔκ τε τοῦ κατὰ Μωσέα νόμου καὶ τῶν ἄλλων ἠρτῆσθαι προφητῶν.

⁴ *De Mundo*, c. 7.

Une histoire fabuleuse de la version des Septante, qui porte le nom d'Aristéas, et qu'on ne sait à quelle époque précise rapporter, mais qui doit dater aussi du temps des Ptolémées [1], nous présente encore le même dogme, exprimé dans les mêmes termes, savoir, que la puissance de Dieu circule à travers tout, et que tout en est rempli [2].

Mais, dans les écrits de Philon, antérieur à Jésus-Christ de quelques années seulement, les dogmes fondamentaux de la théologie judaïque se combinant, soit avec ceux de la philosophie stoïcienne, soit avec ceux de l'Aristotélisme et du Stoïcisme, forment un système complet où achève de se déployer, sur de plus grandes proportions et avec des formes probablement nouvelles en partie, la théorie des puissances et des émanations divines.

Ici les deux éléments que le livre de la Sagesse laissait encore confondus ensemble dans l'idée de la sagesse divine, apparaissent détachés et séparés l'un de l'autre. D'un côté, la Sagesse, que Philon appelle de préférence la raison ou le Verbe [3]; de l'autre côté, le Saint-Esprit [4]; deux degrés par les-

---

[1] Voy. Gfroerer, *Krit. Gesch. des Urchrist.*, II, 61-71.

[2] Arist., p. 116, ed. Haverc. II : Διὰ πάντων ἡ δύναμις. — Παντὸς τόπου πεπληρωμένου τῆς δυναστείας.

[3] Λόγος. Voy. les textes nombreux réunis par Gfroerer, *Krit. Gesch. des Urchrist.*, I, 168 sqq. Cependant Philon parle quelquefois aussi de la Σοφία, dont il fait l'épouse de Dieu; voy. ibid., p. 213-229.

[4] Πνεῦμα ἅγιον. Voy. Gfroerer, loc. cit., p. 229-243.

quels Dieu descend de sa hauteur inaccessible vers le monde; deux principes secondaires, le premier immédiatement issu de Dieu, le second issu du premier, mais l'un et l'autre de même nature, de même substance que Dieu, et formant avec lui une glorieuse Trinité. Le Verbe est ce que l'antique théologie hébraïque appelait déjà l'habitation de Dieu [1]; il est son vêtement [2], il est son image [3] ou son ombre [4]; il est la forme de Dieu et le caractère de son essence [5]; il est le Fils, le premier-né de Dieu ou du Père [6], et il est Dieu lui-même [7] : expressions tirées, pour la plupart, de sources plus anciennes, et qui toutes se retrouveront dans la théologie chrétienne et le nouveau Platonisme. Enfin, dans les puissances [8], dans les anges dont le Verbe est l'ensemble ou plutôt l'unité [9], Philon reconnaît les types des *idées* platoniciennes [10]. La totalité des

---

[1] Philo, *de Migr. Abrah.*, ed. Mangey, t. I, p. 437 : Καὶ γὰρ τὸν τῶν ὅλων νοῦν τὸν θεὸν εἰκόνα ἔχειν φησὶ τὸν ἑαυτοῦ λόγον.

[2] Id. de *Profug.*, t. I, p. 562.

[3] Id. *de Monarch.*, II, 5 : Λόγος δέ ἐστιν εἰκὼν θεοῦ. De *Confus. ling.*, 28. De *Mundi opif.* t. I, p. 7.

[4] Id. *Leg. alleg.*, III, 31 : Σκιὰ θεοῦ δὲ ὁ λόγος αὐτοῦ ἐστίν.

[5] *Fragm.*, t. II, p. 625.

[6] Id. *de Conf. ling.*, t. I, p. 414 : Τοῦτον μὲν γὰρ πρεσβύτατον υἱὸν ὁ τῶν ὄντων ἀνέτειλε πατήρ, ὃν ἑτέρωθι πρωτόγονον ὠνόμασε.

[7] Id. *Leg. alleg.*, III, t. I, p. 128.

[8] Δυνάμεις. Voy. Gfroerer, *Krit. Gesch. des Urchrist.*, I, 143-168.

[9] Id. *de Cherub.*, 9; *de Prof.*, 19.

[10] Id. *de Sacrific.*, t. II, p. 261 : Ταῖς ἀσωμάτοις δυνάμεσιν, ὧν ἔτυμον ὄνομα αἱ ἰδέαι.

puissances que réunit le Verbe, c'est, selon lui, le monde intelligible de Platon [1]. Pour le souffle saint ou le Saint-Esprit, c'est la puissance inférieure par laquelle Dieu entre en rapport intime avec le monde sensible [2]; et, comme l'auteur du livre de la Sagesse, Philon emploie ici les expressions stoïciennes. L'auteur du livre de la Sagesse avait représenté la sagesse divine tendue comme une chaîne d'un bout à l'autre du monde; suivant Philon, c'est par le Saint-Esprit que Dieu tend ses puissances à travers la matière [3]. Il parle comme les Stoïciens de la tension de l'Esprit [4]: en un mot, il voit dans le Saint-Esprit l'âme du monde [5], et, par conséquent, en un sens, le monde même, comme faisaient aussi les Stoïciens.

Enfin, plein de la substance divine, le Verbe, à son tour, par l'intermédiaire de l'Esprit, en remplit toutes choses [6]. C'est comme une eau abondante qui

[1] Id. *de Mundi opif.*, t. I, p. 5.
[2] Ibid. p. 6.
[3] Id. *de Conf. ling.*, t. I, p. 425 : Τὰς δυνάμεις αὐτοῦ διὰ γῆς καὶ ὕδατος ἀέρος τε καὶ οὐρανοῦ τείνας. *De Nomin. mutat.*, t. I, p. 582 : Τῶν δὲ δυνάμεων, ἃς ἔτεινεν εἰς γένεσιν.
[4] Id. *De Mund. incorr.*, t. II, p. 511 : Πνευματικὸς τόνος.
[5] Id. *Leg. alleg.*, l. I, t. I, p. 62 : Ἡ γὰρ τῶν ὅλων ψυχὴ θεός ἐστι κατὰ δύναμιν.
[6] Id. *Quis rer. div. hær.*, t. I, p. 499 : Μονὰς δὲ ..... εἰκὼν οὖσα τοῦ μόνου πλήρους θεοῦ· χαῦνα γάρ τά τε ἄλλα ἐξ ἑαυτῶν· εἰ δέ που καὶ πυκνωθὲν εἴη, λόγῳ σφίγγεται θείῳ· κόλλα γάρ ἐστι καὶ δεσμὸς οὗτος, τὰ πάντα τῆς οὐσίας ἐκπεπληρωκώς· ὁ δ' εἴρας καὶ συνυφήνας ἕκαστα, πλήρης αὐτὸς ἑαυτοῦ κυρίως ἐστίν, οὐ δεηθεὶς ἑτέρου τὸ παράπαν. — Chaque principe est ainsi, selon l'expression gnostique, employée aussi par les Néoplatoniciens, le *plérôme*,

se distribue partout ¹; c'est plutôt encore comme une sève active qui, circulant dans le monde ainsi qu'en un grand arbre, s'y métamorphose successivement en toutes ses parties ². — L'âme humaine, d'abord, est une émanation immédiate de l'Esprit; elle est à l'Esprit ce que l'Esprit est au Verbe, et ce que le Verbe est à Dieu : un prolongement, une extension, un rayonnement ³. Or, de la partie supérieure de l'âme, qui est proprement l'âme humaine, proviennent semblablement les parties inférieures. Comme les Stoïciens, Philon ne voit dans les puissances inférieures de notre âme, par conséquent aussi dans les âmes des êtres inférieurs à nous, que des émanations ou des prolongements de la raison ⁴.

πλήρωμα, du principe précédent. — Sur les idées du plein et du vide dans la théologie hébraïque et la Cabbale, voy. le premier chapitre du livre suivant.

[1] Id. *de Somn.*, t. I, p. 691: Πλήρη τοῦ σοφίας νάματος τὸν θεῖον λόγον διασυνίστησι (sc. ὁ Μωσῆς), μηδὲν ἔρημον καὶ κενὸν ἑαυτοῦ μέρος ἔχοντα.

[2] Id. *de Plant. Noe*, t. I, p. 330.

[3] Id. *de Special. leg.*, t. II, 356 : Τὸ δ' ἐμφυσώμενον ( sc. ἡ ψυχή ) δῆλον ὡς αἰθέριον ἦν πνεῦμα, καὶ εἰ δή τι αἰθερίου πνεύματος κρεῖττον, ἅτε τῆς μακαρίας καὶ τρισμακαρίας φύσεως ἀπαύγασμα. *Leg. alleg.*, III, t. I, p. 119 : Ἡ δὲ ψυχὴ αἰθέριός ἐστιν, ἀπόσπασμα θεῖον. *Quod det. pot. insid. sol.*, t. I, p. 208 : Ἀπόσπασμα οὐ διαιρετόν. Τέμνεται γὰρ οὐδὲν τοῦ θείου κατ' ἀπάρτησιν, ἀλλὰ μόνον ἐκτείνεται.

[4] Id. *de Migr. Abrah.*, t. I, p. 437 : Ὁ νοῦς, σπείρων εἰς ἕκαστον τῶν μερῶν τὰς ἑαυτοῦ δυνάμεις. *De Nomin. mutat.*, t. I, p. 582 : Τῶν δὲ δυνάμεων, ἃς ἔτεινεν εἰς γένεσιν... *Leg. alleg.*, t. I, p. 50 : Τείνοντος τοῦ θεοῦ τὴν ἀφ' ἑαυτοῦ δύναμιν διὰ τοῦ μέσου πνεύματος ἄχρι τοῦ ὑποκειμένου.

Enfin le corps lui-même n'est ce qu'il est que par des forces qui descendent de l'âme, et qui en sont encore le rayonnement [1]. Habitation et vêtement de l'âme, comme celle-ci l'est de l'Esprit, l'Esprit du Verbe, et le Verbe de Dieu, il n'en est également qu'une extension et une transformation.

Le monde n'est donc pas une œuvre contingente de la volonté de Dieu : l'existence du monde, tel qu'il est, résulte nécessairement de la nature divine; il en résulte aussi nécessairement que du soleil provient la chaleur, de la neige le froid, et que l'ombre suit le corps [2] : idées et images empruntées peut-être au Stoïcisme, et que le Platonisme allait bientôt s'approprier.

Ainsi, lentement développée à travers une longue suite de siècles, soumise à l'influence de la religion chaldéenne, ensuite à celle des doctrines grecques, et particulièrement du Stoïcisme, la théologie juive aboutit ici à un système de trois principes divins inégaux, descendant par degrés du Dieu inconnu et caché jusqu'au monde. Et c'est le même système, le même, du moins, dans ces traits généraux, auquel venait se terminer, et vers le même temps, la philosophie grecque.

---

[1] Id. *de Profug.*, t. II, p. 573.
[2] Id. *Leg. alleg.*, I, 3, t. I, p. 44 : Παύεται οὐδέποτε ποιῶν ὁ θεός, ἀλλ' ὥσπερ ἴδιον τὸ καίειν πυρὸς καὶ χιόνος τὸ ψύχειν, οὕτω καὶ θεοῦ τὸ ποιεῖν.

Mais pour se rencontrer, les deux doctrines sont parties des deux extrémités opposées. C'est ainsi qu'elles s'avancent l'une vers l'autre d'un mouvement que presse et précipite une attraction réciproque. Sous l'influence des religions qui divinisent la nature, et de la philosophie qui est venue les consacrer, la théologie judaïque s'est rapprochée du naturalisme païen. A son tour, cette force que la philosophie grecque semblait chercher vainement en elle-même pour remonter du naturalisme stoïcien à la pensée d'un principe placé au-delà et au-dessus de la nature, c'est la théologie juive qui la lui communique.

En faisant de l'Esprit de Dieu l'âme du monde, et une âme de laquelle le monde tient toute sa substance, Philon réduit à une seule essence, à une seule nature, comme les Stoïciens, comme Apollonius de Tyane et Numénius, et le monde et son auteur. Or, c'était justement le caractère principal par lequel la religion hébraïque se distinguait de toute autre, que d'établir entre Dieu et le monde une différence absolue de nature. Philon ne saurait l'oublier entièrement. Au lieu donc de dire que notre âme est quelque chose de détaché de l'âme universelle, ce serait, dit-il, un langage plus pieux et plus convenable à des disciples de Moïse, de l'appeler une empreinte de l'image divine. Notre âme, dit-il encore, est comme une médaille frappée par le sceau de

Dieu, dont le Verbe est le caractère [1]. Pour échapper à la nécessité de faire de notre âme et de Dieu une seule et même substance, Philon essaie ici de se rattacher à l'hypothèse, encore en faveur alors chez les Platoniciens, d'un second principe subsistant par lui-même, auquel le principe divin ne ferait que donner une forme meilleure [2]. — Mais si l'âme humaine est véritablement, comme la Genèse elle-même le témoigne, un souffle sorti de la bouche de Dieu [3]; si, par conséquent, elle est l'Esprit divin descendu dans notre être, et si l'Esprit est Dieu même, comment s'empêcher de reconnaître que c'est Dieu même qui est toute l'âme? Et enfin, comme de l'âme descendent semblablement les puissances inférieures, à peine restera-t-il, au-dessous de la puissance divine, pour rendre raison, s'il se peut, du mal qui se trouve en ce monde,

---

[1] *Id. de Nom. mut.*, t. I, p. 612 : Τῆς τοῦ παντὸς ψυχῆς ἀπόσπασμα, ἢ, ὅπερ ὁσιώτερον εἰπεῖν τοῖς κατὰ Μωσῆν φιλοσοφοῦσιν, εἰκόνος θείας ἐκμαγεῖον ἐμφερές. *de Mundo*, t. II, p. 606 : Ὁ δὲ μέγας Μωσῆς οὐδενὶ τῶν γεγονότων τῆς λογικῆς ψυχῆς τὸ εἶδος ὡμοίωσεν, ἀλλ᾽ εἶπεν αὐτὴν τοῦ θείου καὶ ἀοράτου πνεύματος ἐκείνου δόκιμον εἶναι νόμισμα, οὐσιωθεῖσαν καὶ τυπωθεῖσαν σφραγίδι θεοῦ, ἧς ὁ χαρακτήρ ἐστιν ὁ ἀΐδιος λόγος. *De Prof.*, t. I, p. 547: Ὁ δὲ τοῦ ποιοῦντος λόγος αὐτὸς ἐστιν ἡ σφραγὶς, ᾗ τῶν ὄντων ἕκαστον μεμόρφωται. Cf. *de Mundi opif.*, t. I, p. 5. Cette idée, ou du moins cette figure du σφραγίς est encore une de celles qui jouent un rôle important dans la théologie chrétienne. Voy. le premier chapitre du livre suivant. La comparaison de l'âme avec une médaille à l'empreinte de Dieu, se retrouve dans un passage de saint Cyrille d'Alexandrie, ap. Combefis. *Auct. noviss. biblioth. PP.*, II, 107.

[2] Cf. *de Mundi opif.*, I, 4.

[3] *Phil. de Opif.*, p. 31 (ap. Beausobre, II, 349).

le dernier et le plus bas degré de la matière [1]. Comment donc accorder avec une semblable idée celle de la sainteté, c'est-à-dire de la pureté sans mélange de la nature divine? C'est de ce contraste étrange, bien plus fort ici qu'il ne pouvait être dans la religion et la philosophie grecques, que jaillit la solution nouvelle (du moins en apparence), cherchée en vain jusqu'alors ou à peine entrevue par les Platoniciens.

Dans le livre de la Sagesse, où la sagesse divine est déjà représentée comme un souffle, un *esprit* tendu dans les choses, il est dit : « Elle peut tout, quoique unique, et elle renouvelle tout, en demeurant en elle-même [2]. » L'idée à peine indiquée ici, Philon la développe.

On lit dans l'Exode qu'après avoir communiqué son esprit à Moïse, Dieu en reprit pour en donner à soixante-dix vieillards qui devaient servir d'assesseurs à celui-ci. « Gardons-nous de croire, dit Philon, que prendre signifie ici retrancher et séparer ; c'est ainsi que le feu, après avoir allumé des milliers de flambeaux, demeure tel qu'il était, et sans être en rien diminué. Telle est, en effet, la nature de la science. Pour avoir rendu habiles tel nombre que ce soit de disciples, elle n'est pas diminuée le moins du monde. Si l'esprit propre de Moïse ou de toute

---

[1] Id. *de Mundi opif.*, 24; *Quod Deus immut.*, 17.
[2] *Lib. sap.*, VII, 27 : Μία δὲ οὖσα πάντα δύναται, καὶ μένουσα ἐν αὐτῇ ἃ πάντα καινίζει. Cf. *Psalm.* CIII, 31.

autre créature devait être distribué entre tant de monde, assurément, divisé en un si grand nombre de parties, il se trouverait diminué. Mais l'esprit dont il est dit ici qu'il reposait sur Moïse, c'est l'Esprit sage, divin, insécable, indivisible, l'esprit de science qui remplit toutes choses, qui sert à autrui sans en recevoir aucun préjudice, qui se communique sans être en rien diminué dans son intelligence, sa science et sa sagesse [1]. »

Dieu ne passe donc pas tout entier dans les choses, comme l'avaient d'abord dit les Stoïciens; il ne leur donne pas non plus, à proprement parler, une partie de lui-même; il se donne, il se communique, et pourtant il reste en lui-même dans son intégrité première. Rien ne vient de Dieu par séparation, mais par une sorte d'extension qui ne lui enlève rien. Notre âme est quelque chose qui vient de l'âme divine et n'en est pas retranché [2]. Ainsi s'explique le rapport de l'âme divine ou de l'Esprit saint au Verbe, et du Verbe au Père.

Sur la même conception, appuyée des mêmes

---

[1] Phil. *de Gigant.*, t. I, p. 266 : Ἀλλὰ μὴ νομίσῃς οὕτω τὴν ἀφαίρεσιν κατὰ ἀποκοπὴν καὶ διάζευξιν γίνεσθαι, ἀλλ' οἷα γένοιτ' ἂν ἀπὸ πυρὸς, ὃ, κἂν μυρίας δᾷδας ἐξάψῃ, μένει μηδοτιοῦν ἐλαττωθὲν ἐν ἑαυτῷ. Τοιαύτη τις ἐστὶ καὶ τῆς ἐπιστήμης ἡ φύσις..... Νῦν δὲ τὸ ἐπ' αὐτῷ πνεῦμά ἐστι τὸ σοφὸν, τὸ θεῖον, τὸ ἄτμητον, τὸ ἀδιαίρετον, τὸ ἀστεῖον, τὸ πάντῃ δι' ὅλων ἐκπεπληρωμένον, ὅπερ ὠφελῶν οὐ βλάπτεται μεταδοθὲν ἑτέρῳ, οὐδ' αὖ προτεθὲν ἐλαττοῦται τὴν σύνεσιν καὶ ἐπιστήμην καὶ σοφίαν.

[2] Id. *Quod det. pot. insid. sol.*, t. I, p. 208: Τῆς θείας καὶ εὐδαίμονος ψυχῆς ἐκείνης ἀπόσπασμα... οὐ διαίρετον. Τέμνεται γὰρ οὐδὲν τοῦ θείου κατ' ἀπάρτησιν, ἀλλὰ μόνον ἐκτείνεται.

exemples, tirés de la nature du feu ou de la lumière et de celle de la science, reposera la théorie chrétienne de la Trinité [1].

[1] S. Justin. *Dialog.*, p. 221 : Ὅποιον ἐπὶ πυρὸς ἄλλο γινόμενον, οὐκ ἐλαττομένου ἐκείνου ἐξ οὗ ἡ ἀναψις γέγονεν. Tertull. *Apolog.*, c. 31 : Ita de Spiritu Spiritus, de Deo Deus, aut lumen de lumine accensum. *Concil. Nic. symbol.* : Φῶς ἐκ φωτός. Tatien, *Contra gent.*, p. 145, emploie les deux comparaisons tirées de la communication du feu et de la parole à la fois une et entendue par plusieurs, et en conclut la distinction du simple μερισμὸς d'avec l'ἀποκοπὴ ou ἀποτομή, p. 146 : Τὸ γὰρ ἀποτμηθὲν τοῦ πρώτου κεχώρισται, τὸ δὲ μερισθέν... οὐκ ἔνδεα τὸν ὅθεν εἴληπται πεποίηκεν. Cf. Dion. Petav. *Dogm. theol.*, t. I, l. LIV, c. 10. — Hiérax, disciple de Manès, comparait le Père et le Fils à deux mèches brûlantes plongées par leur base dans la même huile. Saint Hilaire répond qu'ils ressemblent plutôt à deux flambeaux allumés l'un de l'autre. *De Trinit.*, VI, ap. Petav. *Dogm. theol.*, II, 526 : Vera fidei professio est ita Deum ex Deo natum ut lumen ex lumine, quod sine detrimento suo naturam suam præstat ex sese, ut det quod habet, et quod dederit habeat. L. VII : Quæro itaque nunc utrum divisio ac separatio sit, cum ignis ex igne est. Aut numquid abscinditur natura ne maneat, aut non sequitur natura ne insit, cum accenso lumine ex lumine per quemdam quasi nativitatis profectum naturæ nulla defectio sit, et tamen sit lumen ex lumine? etc. Victor Utic. *Prof. fid.* ( *Bibl. PP.*, t. IV ) : Deum ex Deo, lumen ex lumine filium profitendum accipimus. Si ergo in efficientia visibilis ac mundani luminis tale aliquid non (*del.* non) invenitur, ut, lumine ex lumine sumpto, et per quandam generationis nativitatem exorto, ipsam luminis originem, quæ ex se lumen aliud dedit, nec minui nec ullum omnino detrimentum ministrati ex se luminis perpeti patuit, quanto rectius et melius de divini et ineffabili luminis natura credendum est, quæ ex seipsa lumen generans minui omnino non potuit. Cf. Orig. *Hom.* VI, *in Num.*, et *contra Cels.* l. VI, p. 323.

Ennius avait déjà dit, probablement d'après un auteur encore plus ancien :

> Ut homo qui erranti comiter monstrat viam,
> Quasi lumen de suo lumine accendat, facit
> Ut nihilominus ipsi luceat cum illi accenderit.

Sur la différence essentielle de la Trinité chrétienne et de celle de Philon et des Néoplatoniciens, voyez le livre suivant.

Or, c'est cette conception qui, transmise de Philon aux Platoniciens, va devenir le principe organisateur et comme l'âme de leur philosophie. Celui par qui cette transmission s'opéra fut vraisemblablement le Pythagoricien Numénius. Numénius était né en Syrie, où il y avait quantité de Juifs, et où leurs doctrines étaient très-répandues. Il avait lu la Bible : car il comparait les dogmes de Platon à ceux de Moïse et les trouvait identiques. Qu'est-ce que Platon, disait-il, sinon Moïse parlant la langue attique [1] ? Le plus célèbre des Juifs hellénistes d'Alexandrie, Philon, ne pouvait lui être inconnu. Et en effet dans un des fragments peu nombreux qui nous restent de lui, la théorie de Philon sur le rapport du principe supérieur au principe inférieur se retrouve tout entière, appuyée des mêmes analogies, exprimée presque dans les mêmes termes. « Toutes les choses, y est-il dit, qui, passent à celui qui les reçoit en quittant celui qui les donne, ne sont qu'une monnaie creuse : ce sont des choses périssables et humaines. Les choses divines sont celles qui, lorsqu'on les donne, restent là d'où elles proviennent; qui, en servant à l'un, ne font souffrir nul préjudice à l'autre; qui, au contraire, servent à celui-là même qui les donne, en le faisant ressouvenir de ce qu'il oubliait. C'est là la

---

[1] Porphyr. *de Antro nymph.*, 10; Clem. Alex. *Strom.*, I, p. 342.

vraie richesse, la belle science, qui sert à qui la reçoit, sans abandonner qui la donne. De même vous voyez un flambeau allumé à un autre flambeau, recevant la lumière sans que celui-ci la perde, mais seulement parce que la matière du premier s'est embrasée au feu du second. Telle est encore la science qui reste à celui qui la donne, et pourtant passe, identique, à celui qui la reçoit. La cause d'un tel phénomène n'a rien d'humain. Elle consiste en ce que l'essence qui possède le savoir est la même en Dieu qui la donne et en toi et moi qui la recevons [1]. »

C'est donc le caractère de la nature divine que, pour se communiquer à tout, elle n'en demeure pas moins tout entière ce qu'elle était. Et la raison qu'en indiquait Philon, Numénius l'énonce maintenant d'une manière plus précise et plus forte : L'esprit qui se communique sans diminuer, disait le premier, c'est l'esprit pur qui remplit tout. Si la nature divine peut communiquer ses attributs sans rien en perdre, dit maintenant le second, c'est que la

---

[1] Numen ap. Euseb. *Præp. ev.*, XI, 18 : Ὅποσα δὲ δοθέντα μέτεισι πρὸς τὸν λαμβάνοντα ἀπελθόντα ἐκ τοῦ δεδωκότος ἐστὶν ἀνθρώπινα χρήματα, νόμισμα καλὸν, ἐπίσημον· ταῦτα μὲν οὖν ἐστι θνητὰ καὶ ἀνθρώπινα· τὰ δὲ θεῖά ἐστιν, οἷα μεταδοθέντα, ἐνθένδ' ἐκεῖθι γεγενημένα, ἐνθένδε τε οὐκ ἀπελήλυθε, κἀκεῖθι γενόμενα τὸν μὲν ὤνησε, τὸν δ' οὐκ ἔβλαψε καὶ προσώνησε τῇ περὶ ὧν ἠπίστατο ἀναμνήσει. Ἔστι δὲ τοῦτο τὸ καλὸν χρῆμα ἐπιστήμη ἡ καλὴ, ἧς ὤνατο μὲν ὁ λαβών, οὐκ ἀπολείπεται δ' αὐτῆς ὁ δεδωκώς... Τούτου δὲ τὸ αἴτιον... οὐδέν ἐστιν ἀνθρώπινον, ἀλλ' ὅτι ἕξις τε καὶ οὐσία ἡ ἔχουσα τὴν ἐπιστήμην ἡ αὐτή ἐστι παρὰ τῷ δεδωκότι θεῷ καὶ παρὰ τῷ εἰληφότι ἐμοὶ καὶ σοί.

nature divine préexiste partout identique. Les trois principes divins, le Père, le Fils, auteur du monde, et le Petit-Fils, qui est le monde même, ne font donc qu'un; partout une seule et même essence. L'identité est le fond de tout. La fin, le souverain bien de l'âme, c'est comme Philon l'avait aussi indiqué [1], de revenir à l'union et à l'identité absolue avec ses principes [2].

Ainsi partout un seul et même principe qui descend, par degrés, comme le Dieu des Stoïciens, à différentes formes de plus en plus éloignées de sa première nature, mais qui n'en demeure pas moins, en même temps, dans toute son intégrité et toute sa perfection essentielles; un principe qui, en se développant dans une diversité infinie, reste pourtant immuable, et auquel, du milieu même de la diversité, tout peut, tout doit revenir s'unir et s'identifier [3] : telle est l'idée nouvelle introduite maintenant par Numénius au sein de la philosophie Platonicienne. — Mais cette idée, ce n'était pas à Numénius lui-même qu'il appartenait de lui faire porter ses fruits. D'un côté, on l'a déjà vu, il fait encore de la

---

[1] Voy. *de Cherub.*, 9; *de Migr. Abrah.*, 7; *Quis rer. div. hær.*, 53.

[2] Procl. *in Tim.*, p. 93 : Νουμήνιος μὲν γὰρ τρεῖς ἀνυμνήσας θεοὺς, πατέρα μὲν καλεῖ τὸν πρῶτον, ποιητὴν δὲ τὸν δεύτερον, ποίημα δὲ τὸν τρίτον... πάππον, ἔκγονον, ἀπόγονον. — Ὁ δὲ τὸ αὐτὸ καὶ πατέρα καὶ ἔκγονον καὶ ἀπόγονον ἀπέφηνεν.

[3] Iambl., ap. Stob. *Ecl.*, t. I, p. 1066 : Ἕνωσιν μὲν οὖν καὶ ταυτότητα ἀδιάκριτον τῆς ψυχῆς πρὸς τὰς ἑαυτῆς ἀρχὰς πρεσβεύειν φαίνεται Νουμήνιος.

matière, comme Alcinoüs, Plutarque, Atticus, une substance indépendante, entièrement étrangère dans son origine au principe divin : de l'autre, il laisse la nature divine confondue encore avec la dernière de ses puissances, soumise encore comme elles, quoiqu'à un moindre degré, aux conditions de la multiplicité et du mouvement, assujettie aux lois de la matière [1]. — Or, le principe nouveau porté de la théologie Judéo-Alexandrine dans la philosophie Platonicienne, conciliant avec la diversité des effets l'unité du principe, cette double conséquence devait précisément en sortir, d'une part de rendre inutile l'hypothèse d'un second principe subsistant par lui-même hors du principe divin, et de tendre à réduire ainsi à l'unité la dualité et l'opposition, d'autre part, d'élever l'idée du principe divin, considéré dans son essence intime, jusqu'à celle de l'unité la plus pure et la plus absolue. Ce sont ces conséquences que devaient en tirer Ammonius Saccas et Plotin.

Le but qu'Ammonius se proposait n'était pas autre que de dégager la philosophie Platonicienne des éléments étrangers qu'on y avait mêlés, et de la rétablir dans sa pureté première. Or, tandis qu'Atticus avait voulu démontrer que les dogmes

---

[1] Voy. plus haut, p. 344.

péripatéticiens répugnaient au véritable esprit du Platonisme, au contraire, suivant Ammonius, si l'on débarrassait la philosophie de Platon et celle d'Aristote des accessoires superflus dont on les avait chargées, et qu'on les réduisît à leur propre substance, on trouvait qu'elles étaient d'accord sur tous les points essentiels ; et il les avait ramenées ainsi à une seule et même doctrine [1]. — Ammonius était né dans la religion chrétienne, et il l'avait quittée lorsqu'il avait commencé à se livrer à la philosophie. Contemporain des saint Pantène et des saint Clément, qui essayaient alors d'enrichir la théologie chrétienne des dépouilles de la philosophie grecque, peut-être même élevé dans l'école des Catéchumènes qu'ils dirigeaient à Alexandrie, il avait pu voir mieux qu'aucun autre quel avantage donnaient à la religion nouvelle contre les philosophes les dissensions qui les partageaient [2]. Passé dans leur parti, il dut chercher aussi plus que personne à les mettre à l'abri du reproche le plus plausible que leur pussent faire ceux dont il venait de déserter la foi, et à montrer que ces sectes, si divi-

---

[1] Hierocl. ap. Phot. *Biblioth.*, cod. 214 : Τοῦτον γὰρ τὰς τῶν παλαιῶν ἀνδρῶν διακαθάραντα δόξας, καὶ τοὺς ἑκατέρωθεν ἀναφυομένους ἀποσκευασάμενον λήρους, σύμφωνον ἐν τοῖς ἐπικαίροις τε καὶ ἀναγκαιοτάτοις τῶν δογμάτων Πλάτωνός τε καὶ Ἀριστοτέλους τὴν γνώμην ἀποφῆναι. Id. ibid., cod. 251.

[2] Voy. les ouvrages de saint Justin et des autres apologistes, le Διασυρμὸς τῶν ἔξω φιλοσόφων d'Hermias, etc.

sées en apparence, s'accordaient dans le fond [1], du moins les plus célèbres et les plus respectées, celles des Platoniciens et des Péripatéticiens. Mais d'autres avaient tenté avant lui la même entreprise : il l'accomplit le premier. Le premier il réussit à établir un système où les principales doctrines des écoles grecques, unies et subordonnées à celle de Platon, formaient avec elle une seule et même philosophie; système qui éclipsa peu à peu tous les autres, et qui subsista identique dans ses principes fondamentaux jusque vers les derniers temps de la civilisation ancienne, où l'Aristotélisme devait définitivement triompher.

Or, ce système, c'est encore sur une seule idée qu'il s'organise et se développe tout entier, comme autrefois le Stoïcisme, l'Aristotélisme, le Platonisme lui-même; et cette idée est celle que vient de suggérer à Numénius la théologie philosophique des juifs grecs d'Alexandrie.

Ammonius Saccas n'écrivit rien. Mais, indépendamment des ouvrages du plus illustre de ses disciples, Plotin, qui, de son propre aveu, resta fidèle aux doctrines de son maître, un fragment précieux nous a été conservé sous le nom d'Ammonius lui-

---

[1] Hierocl. ap. Phot. cod. 251 : Τὰς τῶν πολλῶν δόξας ὑπεριδὼν τὰς ὄνειδος φιλοσοφίᾳ προστριβομένας, εἶδε καλῶς τὰ ἑκατέρου, καὶ συνήγαγεν εἰς ἕνα καὶ τὸν αὐτὸν νοῦν, καὶ ἀστασίαστον τὴν φιλοσοφίαν παρέδωκε τοῖς αὑτοῦ γνωρίμοις.

même, débris peut-être de ces leçons qu'Hérennius et Origène avaient recueillies, et qu'après s'être engagés à ne les point faire connaître, ils avaient pourtant publiées [1]. Ce fragment renferme une théorie de l'union de l'âme avec le corps, et cette théorie est celle même qu'on vient de voir ébauchée par Philon et par Numénius.

Suivant l'erreur vulgaire, admise, comme on l'a vu, par Atticus, et qu'autorisaient en effet les commentaires d'Alexandre d'Aphrodisiade, Aristote avait fait l'âme tout entière dépendante et inséparable du corps; d'un autre côté, maintenant l'indépendance et l'immortalité de l'âme, Platon avait défini l'homme, et généralement l'animal, comme l'avaient déjà fait les Pythagoriciens : une âme qui se sert d'un corps. Il avait représenté ainsi l'union de l'âme et du corps comme accidentelle et extérieure. C'est après avoir rapporté ces deux théories extrêmes et contraires que le philosophe chrétien Némésius en expose une troisième, qui lui semble les concilier, et qui est, dit-il, celle d'Ammonius [2]. Une seule proposition résume cette théorie : l'intel-

---

[1] Porphyr. *Vit. Plot.*, c. 2.

[2] Nemes. *de Nat. hom.*, c. 3, ed. Chr. Fr. Matthæi, Hal. Magd. 1802, in-8°, p. 129 : Ἀμμώνιος δὲ ὁ διδάσκαλος Πλωτίνου τὸ ζητούμενον τοῦτον τὸν τρόπον ἐπελύετο, etc. L'extrait d'Ammonius paraît finir p. 137 aux mots : ἁρμόσειε δ' ἂν οὗτος ὁ λόγος, etc., où Némésius fait l'application de cette théorie à l'union de la nature divine et de la nature humaine dans la personne du Christ.

ligible, l'incorporel est de telle nature qu'il s'unit à ce qui peut le recevoir aussi intimement que s'unissent les choses qui s'altèrent et se détruisent mutuellement en s'unissant, et qu'en même temps, dans cette union, il demeure tout entier ce qu'il était, comme demeurent les choses qui ne sont que juxtaposées.

D'un côté, l'être animé est un tout sympathique à lui-même et par conséquent véritablement un; l'âme y est donc intimement unie avec le corps : démonstration qu'Ammonius emprunte au Stoïcisme. D'un autre côté, l'âme a le pouvoir de se séparer du corps pour se retirer en elle-même, soit dans le sommeil, où elle acquiert ainsi la connaissance de l'avenir, soit quand elle s'applique à la considération de quelque objet purement intelligible [1]. — L'âme est donc unie au corps aussi étroitement que sont unies les choses qui, en se combinant ensemble, périssent l'une par l'autre et donnent ainsi naissance à un mixte; et en même temps elle demeure distincte du corps, intacte et sans altération, comme demeurent deux choses qui ne sont que placées l'une à côté de l'autre. C'est que les choses qui se confondent en un mixte en changeant de qualités, sont des corps. Mais pour l'incorporel

---

[1] Nemes. loc. cit., p. 129 : Ἔλεγε γὰρ τὰ νοητὰ τοιαύτην ἔχειν φύσιν, ὡς καὶ ἐνοῦσθαι τοῖς δυναμένοις αὐτὰ δέξασθαι, καθάπερ τὰ συνεφθαρμένα, καὶ ἑνούμενα μένειν ἀσύγχυτα καὶ ἀδιάφθορα ὡς τὰ παρακείμενα.

s'altérer serait périr. L'âme n'est que vie. Qu'en resterait-il donc si elle changeait [1]? Ainsi elle modifie selon sa vie propre ce à quoi elle est unie, et elle n'en est pas modifiée [2]. Tel le soleil rend tout l'air lumineux sans changer en rien lui-même, et de la sorte s'y mêle pour ainsi dire sans s'y mêler. Encore y a-t-il cette différence que le soleil étant un corps, et par conséquent circonscrit dans un lieu, il n'est pas partout où est sa lumière; mais l'âme incorporelle, ne souffrant pas de circonscription locale, il n'est pas de partie du corps illuminé par elle, dans laquelle elle ne soit tout entière [3].

C'est qu'en effet l'âme n'est pas dans le corps comme dans un vaisseau qui la renfermerait : ce qui est incorporel ne saurait être ainsi emprisonné dans un lieu. L'âme est dans le corps, non pas d'une manière corporelle et locale, mais en ce sens que, portée d'inclination vers lui (selon la pensée déjà exprimée par Numénius), elle lui est attachée par son penchant et sa disposition, comme un amant est attaché à celle qu'il aime.

[1] Id. ibid., p. 130 : Καὶ ἡ ψυχὴ, ζωὴ οὖσα, εἰ ἐν τῇ κράσει μετεβάλλετο, ἠλλοιώθη ἂν καὶ οὐκέτι ἦν ζωή· τί δὲ συνεβάλλετο τῷ σώματι, εἰ μὴ παρεῖχεν αὐτῷ τὴν ζωήν;

[2] Id. ibid., p. 133 : Τρέπουσα ἐκεῖνα κατὰ τὴν ἑαυτῆς ζωὴν, καὶ μὴ τρεπομένη ὑπ' ἐκείνων.

[3] Id. ibid., p. 134 : Ἡ δὲ ψυχὴ, ἀσώματος οὖσα καὶ μὴ περιγραφομένη τόπῳ, ὅλη δι' ὅλου χωρεῖ καὶ τοῦ φωτὸς ἑαυτῆς καὶ τοῦ σώματος, καὶ οὐκ ἔστι μέρος φωτιζόμενον ὑπ' αὐτῆς ἐν ᾧ μὴ ὅλη πάρεστι.

L'âme n'est donc dans le corps que par le rapport habituel dans lequel elle se trouve avec lui, que par son assistance, et comme Dieu est en nous [1] : à proprement parler elle n'est en aucun lieu; le lieu où elle est, c'est seulement le lieu où elle agit [2]. Bien plus; ce n'est pas le corps qui commande à l'âme, mais l'âme au corps. C'est l'âme qui contient ainsi dans sa sphère d'action les organes corporels. Ce n'est donc pas tant l'âme qui est dans le corps, que le corps qui est dans l'âme. L'intelligible n'a point de lieu que lui-même, ou qu'un intelligible placé encore plus haut. L'âme est en elle-même quand elle raisonne, et, quand elle contemple, dans l'intelligence pure [3].

Cette théorie, il est facile de le voir, c'est celle de Philon et de Numénius sur la communication des dons divins, fondée maintenant sur l'idée même de la nature incorporelle. — Déjà Philon et Numénius avaient dit que la nature divine avait ce privilége de se communiquer sans rien perdre, parce qu'elle

---

[1] Id. ibid., p. 135 : Ἐπὰν οὖν ἐν σώματι λέγηται εἶναι, οὐχ' ὡς ἐν τόπῳ τῷ σώματι λέγεται εἶναι, ἀλλ' ὡς ἐν σχέσει καὶ τῷ παρεῖναι, ὡς λέγεται ὁ Θεὸς ἐν ἡμῖν. Καὶ γὰρ τῇ σχέσει καὶ τῇ πρός τι ῥοπῇ καὶ διαθέσει δεδέσθαι φαμὲν ὑπὸ τοῦ σώματος τὴν ψυχήν, ὡς λέγομεν ὑπὸ τῆς ἐρωμένης δεδέσθαι τὸν ἐραστὴν, οὐ σωματικῶς, οὐδὲ τοπικῶς, ἀλλὰ κατὰ σχέσιν.
[2] Id. ibid., p. 137 : Δέον γὰρ λέγειν, ἐκεῖ ἐνεργεῖ, λέγομεν, ἐκεῖ ἐστιν.
[3] Id. ibid., p. 135 : Οὐδὲ ἐν τῷ σώματι ἐστὶν ὡς ἐν ἀγγείῳ ἢ ἀσκῷ, ἀλλὰ μᾶλλον τὸ σῶμα ἐν αὐτῇ. — Νοητὰ γὰρ ὄντα, ἐν νοητοῖς καὶ τόποις ἐστί· ἢ γὰρ ἐν ἑαυτοῖς ἢ ἐν τοῖς ὑπερκειμένοις νοητοῖς, ὡς ἡ ψυχή, ποτὲ μὲν ἐν ἑαυτῇ ἐστὶν, ὅταν λογίζηται, ποτὲ δὲ, ἐν τῷ νῷ, ὅταν νοῇ.

était partout et remplissait toute chose. Ce qu'ajoute Ammonius Saccas, c'est que c'est une suite nécessaire de la propriété même dans laquelle Platon et Aristote avaient également fait consister l'essence des intelligibles, savoir, l'incorporéité. L'incorporel étant sans étendue et sans parties, aucun lieu ne le circonscrit et ne le limite : rien ne l'arrête ; il pénètre donc dans toute la profondeur, dans toutes les dimensions du corps; il y est partout, et partout entier; donc en se donnant au corps, il reste tout entier ce qu'il était; il descend dans le corps et il reste tout en lui-même. De la sorte, dit Némésius, sans doute encore d'après Ammonius Saccas, et dans les mêmes termes dont Numénius s'était servi, la nature la plus divine sert à la nature inférieure sans en recevoir elle-même le moindre préjudice [1]. L'incorporel pénètre partout sans obstacle, tandis que rien ne pénètre en lui [2]; il s'unit, et pourtant ne se mêle et ne se confond pas [3].

Par cette théorie, d'abord, la doctrine stoïcienne se concilie avec ce qu'on peut appeler l'immatéria-

---

[1] Id. ibid. p. 143 : Μηδὲν παραβλαπτομένης τῆς θειοτέρας ἐκ τῆς ὑποδεεστέρας, ἀλλὰ ταύτης μόνον ὠφελουμένης ἐκ τῆς θειοτέρας.

[2] Id. ibid. : Ἐπείπερ ἡ καθαρῶς ἀσώματος φύσις χωρεῖ μὲν ἀκωλύτως διὰ πάντων, δι' αὐτῆς δὲ οὐδέν. Ce passage semble imité de ce verset du livre de la Sagesse : ... χωρεῖ δὲ διὰ πάντων διὰ τὴν καθαρότητα.

[3] Id. ibid. : Ὥστε τῷ μὲν χωρεῖν αὐτὴν διὰ πάντων ἡνῶσθαι· τῷ δὲ μηδὲν δι' αὐτῆς, μένειν ἄμικτον καὶ ἀσύγχυτον.

lisme d'Aristote et de Platon. C'étaient les Stoïciens qui avaient représenté l'âme parcourant et pénétrant tout le corps, dans toute sa profondeur, et en formant ainsi un tout sympathique à lui-même dans toutes ses parties; seulement ils en avaient fait un corps mêlé avec le corps plus grossier qu'il habite. En représentant l'âme pénétrant en effet tout le corps, y mettant partout la sympathie et l'unité, et pourtant, en vertu de son incorporéité, subsistant tout entière en elle-même ou dans une intelligence plus pure encore, Ammonius Saccas ramène à la fois et subordonne la théorie de Zénon à celle de Platon et d'Aristote, comme à un système plus vaste et plus élevé qui comprend et dépasse le Stoïcisme. — Il accorde, en second lieu, Platon avec Aristote, tel du moins qu'on l'entendait alors; il accorde avec le système qui représentait l'âme comme la forme vivante de l'organisation, le système qui l'en faisait entièrement séparée [1].

Mais pour subordonner la philosophie péripatéticienne elle-même à celle de Platon, c'était dans la théologie qu'il restait un dernier pas à faire, un dernier degré à franchir, que n'avait pas franchi Numénius. Le principe le plus élevé de la Métaphysique, l'Intelligence, semblait encore impliquer quelque multiplicité et quelque mouvement, et exiger

[1] Plat. *Tim.*, p. 28 e.

quelque objet étranger : pour atteindre à la hauteur première de la pensée de Platon, il restait, ce semble, à élever définitivement au-dessus de l'intelligence ce qu'il avait déclaré supérieur et à la vérité et à l'être : l'Un absolu. Ériger en premier principe la pure unité, par suite montrer le souverain bien et la fin de l'âme dans la réunion à l'Un ou l'unification, supérieure à la contemplation la plus pure, c'est là surtout ce que dut accomplir Ammonius Saccas, c'est par là qu'il dut se flatter de rétablir la doctrine Platonicienne dans toute sa pureté; c'est en cela principalement que dut consister cet enseignement que ses disciples s'étaient, dit-on, engagés à tenir secret. Platon n'avait-il pas dit qu'il était difficile de découvrir et impossible de faire connaître à tout le monde le père de toutes choses, c'est-à-dire dans sa pensée l'Un absolu, et les Platoniciens ne comparaient-ils pas la haute théologie aux grands mystères, connus des seuls initiés, à qui il était interdit d'en révéler le secret aux profanes [1] ?

---

[1] Plotin. *Ennead.*, VI, IX, 11 : Τοῦτο δὴ ἔθελον (leg. ἐθέλει?) δηλοῦν τὸ τῶν μυστηρίων τῶνδε ἐπίταγμα, τὸ μὴ ἐκφέρειν εἰς μὴ μεμυημένους· ὡς οὐκ ἔκφορον ἐκεῖνο ὄν, ἀπεῖπε δηλοῦν πρὸς ἄλλον τὸ θεῖον, ὅτῳ μὴ καὶ αὐτῷ δεῖν (leg. ἰδεῖν) εὐτύχηται. Nous suivrons la dernière édition de Plotin donnée par Creuzer en 1835 (Oxon., 3 vol. in-4°), quoiqu'elle ne soit peut-être pas très-supérieure, pour la correction du texte, à celle de Bâle (1580, in-f°). La ponctuation surtout est souvent vicieuse. Quant aux commentaires, le meilleur reste toujours l'admirable traduction de Marsile Ficin, si profondément versé dans la connaissance de la philosophie platonicienne.

De là le nom de *mystique* ou *mystérieuse*, donné à cette théologie qui prétendait pénétrer dans le fond ineffable de l'essence divine, et conduire l'âme, par delà toute science et toute pensée, jusqu'à l'identification entière avec Dieu. — Une fois en possession de l'idée qu'un principe peut se communiquer à une nature différente et inférieure sans sortir de lui-même ni déchoir de sa propre nature, que l'unité, par conséquent, peut devenir multitude, dans une région inférieure, sans cesser d'être en elle-même unité, on devait rapporter enfin l'intelligence elle-même à un principe supérieur, entièrement exempt des conditions auxquelles elle semblait encore assujettie, à un principe affranchi de toute multiplicité, de tout mouvement, de toute activité, tel en un mot que Platon semblait avoir conçu l'Unité, et que personne depuis n'avait su la comprendre. C'est là ce que fit sans doute Ammonius Saccas, et par où il mérita, même après Numénius, d'être considéré comme le véritable fondateur de la nouvelle école Platonicienne.

Maintenant donc le nouveau Platonisme est enfin assis sur sa triple base, la théorie des trois principes divins ou des trois *hypostases archiques* [1] : l'Un, l'Intelligence et l'Ame; principes enchaînés

---

[1] Ἀρχικαὶ ὑποστάσεις.

l'un à l'autre par la nouvelle théorie de la communication de la nature incorporelle.

Des trois principes, le moins élevé, l'Ame du monde, c'est la cause première ou Dieu, tel que les Stoïciens l'avaient compris; le second, l'Intelligence, c'est le Dieu d'Aristote; enfin le principe suprême des Néoplatoniciens, l'Un, est le Dieu de Platon. Ce sont les trois principes des trois grandes doctrines qui ont rempli la période de maturité et de vigueur de la philosophie grecque; ce sont ces trois principes, subordonnés l'un à l'autre, dans le même ordre où ils s'étaient succédé [1]. Le Néoplatonisme recueille ainsi les doctrines qu'ont laissées les âges antérieurs; il les relève en quelque sorte l'une au-dessus de l'autre dans l'ordre inverse des temps qui les ont vues paraître, il en forme les assises successives d'une vaste philosophie que couronne l'antique doctrine de Platon. Tel est le système dont les écrits de Plotin offrent le développement. « Dans ces écrits, dit avec raison Porphyre, sont mêlés secrètement les dogmes stoïciens et péripatéticiens, et la Métaphysique d'Aristote y est condensée tout entière [2]. »

[1] En outre, Plotin compare les trois principes aux trois grands dieux, Uranus, Cronus et Zeus (*Ennead.*, V, 1, 4, 7); qui répondent sans doute à autant d'époques mythologiques. On a dû adorer d'abord le ciel (Uranus); ensuite le mouvement du ciel, ou le temps (Cronus); enfin le principe de ce mouvement (Zeus).

[2] Porphyr. *Vit. Plot.*, c. 14: Ἐμμέμικται δ' ἐν ταῖς συγγράμμασι καὶ τὰ Στωϊκὰ λανθάνοντα δόγματα καὶ τὰ Περιπατητικά· καταπεπύκνωται δὲ καὶ ἡ μετὰ τὰ φυσικὰ τοῦ Ἀριστοτέλους πραγματεία.

Mais le Stoïcisme et l'Aristotélisme n'y figurent que comme des parties d'une philosophie plus compréhensive, comme des éléments organiques que la pensée néoplatonicienne anime d'une nouvelle vie, pénètre d'un nouvel esprit, et qu'elle fait concourir, transformés, à une fin différente.

D'abord Plotin ne considère plus la matière, ainsi que le faisaient les Atticus et les Plutarque, comme une substance indépendante pour son existence de la nature divine, et livrée, sous l'influence d'une âme naturellement mauvaise, à un mouvement aveugle et irrégulier. Pour lui, la matière première n'est que le dernier sujet qu'on est obligé de supposer permanent sous la variation des phénomènes [1]. C'est ce qui reçoit toute forme et toute détermination, et qui, par conséquent, est en soi-même tout à fait informe et indéterminé. Ce n'est donc pas le corps; ce n'est pas même la simple quantité (ainsi que Modératus l'avait dit) [2]. C'est l'infini, le non-être, comme Platon le nommait [3]; ou plutôt, pour la distinguer de la simple absence d'être, qui est la privation, Plotin en fait avec Aristote l'être en puissance, ce qui n'est rien par soi-même et qui peut tout devenir [4]. C'est ce dont on ne doit jamais

---

[1] Plot, *Ennead.*, II, iv, 6.
[2] Voy. plus haut, p. 332.
[3] Plot. *Enn.*, II, iv, 15.
[4] *Enn.*, II, v, 2, 4.

dire qu'il est, mais seulement qu'il sera [1]. — Tout ce qui est actuel dans les choses sensibles, tout ce qui est réel, ce sont donc les qualités par lesquelles est déterminée l'indétermination de la matière. Les qualités apparaissent, il est vrai, comme des accidents passagers dans tel ou tel sujet. Mais les qualités accidentelles et passagères ne sont que des images et des ombres, et elles ont pour archétypes des actes qui émanent de puissances substantielles. Ces puissances sont les *raisons séminales* des Stoïciens [2]; et les raisons séminales remontent elles-mêmes, en dernière analyse, à des âmes.

Aristote et les Stoïciens avaient dit que pour contenir le corps, pour en faire un tout, une unité, un être, il fallait ou une âme, ou bien, sous les noms différents de *nature* ou de simple *habitude*, quelque principe analogue à l'âme, et, dans le fond, de même essence. Sans s'arrêter autant aux différences, Plotin met partout la vie et par conséquent l'âme. A ses yeux tout vit, quoique à des degrés différents et d'une manière plus ou moins apparente ou cachée, plus ou moins sensible ou insensible, avec

---

[1] *Enn.*, II, v, 5 : Πῶς δὲ τῶν ὄντων ὕλη; ἢ ὅτε δυνάμει· οὐκοῦν ὅτι ἤδη δυνάμει, ἤδη ὄν ἐστι καθ' ὃ μέλλει, ἀλλὰ τὸ εἶναι αὐτῇ μόνον τὸ μέλλον ἐπαγγελλόμενον· οἷον τὸ εἶναι αὐτῇ εἰς ἐκεῖνο ἀναβάλλεται ὃ ἔσται.

[2] *Enn.*, II, vi, 2 : Ἢ ταύτας μὲν οὐ λεκτέον ποιότητας, ὅσαι λέγονται συμπληροῦν οὐσίας, εἴπερ ἐνέργειαι αὐτῶν ἀπὸ τῶν λόγων καὶ τῶν δυνάμεων τῶν οὐσιωδῶν ἰοῦσαι. — Quand Plotin parle des λόγοι, il faut presque toujours sous-entendre σπερματικοί, comme l'a fait Marsile Ficin.

plus ou moins de force et d'intensité[1]. Partout où il y a de l'être, il y a donc aussi une âme. Et l'âme n'est pas seulement pour Plotin, comme elle l'était pour Aristote, l'acte auquel tendent les puissances du corps, la fin immobile qui les met en mouvement. Avec les Stoïciens, Plotin y voit un principe qui pénètre et parcourt tout le corps, et y administre tout[2]; il y voit la raison séminale, source des raisons séminales plus particulières d'où naissent toutes les qualités, et dont le corps animé est comme l'expansion et le développement.

En conséquence, pour lui comme pour les Stoïciens, la preuve par excellence de la vie est la communauté d'affections, la sympathie, par laquelle toutes les parties d'un être sont unies entre elles[3]. D'où vient en effet la sympathie des organes les uns avec les autres, sinon de ce qu'une même âme, répandue dans tout le corps, ressent et transmet à tous ce que chacun éprouve? Si l'être animé est un tout sympathique, c'est qu'il est un en une âme essentiellement sympathique à elle-même, qui le pénètre et le parcourt tout entier[4].

---

[1] *Enn.* IV, IV, 36 : Οὕτω γὰρ ὁ λόγος φησίν, ἄλλο ἄλλως ζῆν ἐν τῷ ὅλῳ, ἡμᾶς δὲ, μὴ αἰσθητῶς παρ' αὐτοῦ κινουμένους, ζῆν μὴ λέγειν. Ibid. 37; III, VIII, 3, 7.

[2] *Enn.* IV, II, 2 : Ψυχαὶ, αἱ διοικοῦσαι ἕκαστον ἡμῶν. — Συνέχουσα καὶ διοικοῦσα.

[3] *Enn.* IV, V, 8 : Τὸ μὲν οὖν ζῷον ὅτι συμπαθὲς αὐτῷ δῆλον, καὶ εἰ εἴη ζῷον, ἀρκεῖ· ὥστε καὶ τὰ μέρη, ᾗ ἑνὸς ζῴου.

[4] *Enn.* IV, IV, 32 : Πρῶτον τοίνυν θετέον ζῷον ἓν, πάντα τὰ ζῷα τὰ

Maintenant cette même sympathie qui unit les unes aux autres les parties de chaque être, elle existe, selon Plotin comme selon les Stoïciens, entre tous les êtres que l'univers renferme [1]. Seulement, tandis que la sympathie s'explique, chez les Stoïciens, par la transmission matérielle des impressions dans le fluide subtil dont ils forment chaque âme et l'âme universelle, suivant Plotin elle est l'effet d'attractions réciproques qui n'ont rien de corporel; et de là la magie, déjà remise en honneur par le Pythagorisme. Partout, dans la nature, les semblables s'attirent. De même que si l'on fait vibrer une corde sonore, les cordes voisines vibrent à l'unisson [2], de même tous les êtres exercent les uns sur les autres des attractions plus ou moins fortes, par lesquelles ils concordent ensemble. Et c'est sur ces attractions naturelles et instinctives qu'est fondé l'art de la magie. C'est en les éveillant soit par des philtres, soit par certaines figures ou certains chants, ou par de simples invocations mentales, que le magicien, sans employer aucun moyen mécanique, rapproche les êtres ou les sépare. La magie véritable sur laquelle toute autre magie re-

---

ἐντὸς αὐτοῦ περιέχον, τόδε τὸ πᾶν εἶναι, ψυχὴν μίαν ἔχον εἰς πάντα αὐτοῦ μέρη. — IV, vii, 3 : Ψυχὴ δὲ αὐτῇ συμπαθής.

[1] *Enn.* IV, iv, 32 : Συμπαθὲς δὴ πᾶν τοῦτο τὸ ἕν· καὶ ὡς ζῶον ἕν. IV, v, 8 : Εἰ τὸ συμπαθὲς νῦν διὰ τὴν ζώου ἑνὸς φύσιν. IX, 3.

[2] *Enn.* IV, iv, 41. Cf. Adrast. Aphrod. ap. H. Martin, *Études sur le Timée* (Paris, 1841, in-8°), t. II, p. 5, n. 2.

pose, c'est l'amour qui règne dans l'univers, avec la haine son contraire [1]. Or cet amour, l'unité de l'univers en est la condition. Un être étranger au monde n'exercerait d'attraction sur aucune des choses qu'il renferme. C'est à des êtres compris dans un même ensemble qu'il appartient d'attirer réciproquement et sans bruit leurs puissances pour les faire conspirer encore à une même unité [2]. — Toutes les parties de l'univers étant en sympathie les unes avec les autres, l'univers est donc un tout pénétré d'une même âme. Tandis que la philosophie péripatéticienne semble ne reconnaître d'autre unité dans la nature que la communauté de tendance vers une seule et même fin qui lui est supérieure, avec tous ses devanciers, avec tous les Pythagoriciens et les Platoniciens, Plotin professe cette doctrine antique que le monde est un seul être, organisé et vivant comme l'un des êtres particuliers qu'il renferme, et plein d'une grande âme où toutes les âmes particulières sont contenues.

Mais cette âme qui pénètre le corps dans toute sa profondeur, Plotin n'y peut reconnaître un principe corporel. Par là, avec tous ses devanciers,

---

[1] *Enn.* IV, IV, 40 : Τὰς δὲ γοητείας πῶς; ἢ τῇ συμπαθείᾳ καὶ τῷ πεφυκέναι συμφωνίαν εἶναι ὁμοίων καὶ ἐναντίωσιν ἀνομοίων, καὶ τῇ τῶν δυνάμεων τῶν πολλῶν ποικιλίᾳ εἰς ἓν ζῷον συντελούντων· καὶ γὰρ μηδενὸς μηχανωμένου ἄλλου, πολλὰ ἕλκεται καὶ γοητεύεται· καὶ ἡ ἀληθινὴ μαγεία ἡ ἐν τῷ παντὶ φιλία, καὶ τὸ νεῖκος αὖ etc.

[2] *Ibid.* : Ἐπάγουσιν ἐπ' αὐτοὺς ἀψοφητὶ δυνάμεις ἐν ἑνὶ ὄντες εἰς ἕν.

avec son maître particulièrement, il se sépare tout d'abord des Stoïciens. Premièrement tout corps, étant étendu et divisible, demande quelque chose qui tienne unies entre elles ses parties : à une âme corporelle il faudrait donc encore une autre âme, à celle-ci une autre, et ainsi à l'infini. C'est l'argument par lequel les Péripatéticiens, et principalement Alexandre d'Aphrodisiade, avaient déjà réfuté le Stoïcisme; Plotin le leur emprunte tout entier [1]. Mais après avoir trouvé, avec les Stoïciens, la principale preuve d'une âme une et identique, dans la sympathie des organes les uns avec les autres, c'est de la sympathie de l'âme avec elle-même qu'il tire encore, contre les Stoïciens, la preuve la plus forte de l'incorporalité de l'âme. — Si l'âme était un corps, si par conséquent elle avait des parties, sans une autre âme pour les unir, comment une partie se ressentirait-elle de ce qu'une autre éprouve [2]? Pour la sensation, par exemple, suffit-il de supposer, avec les Stoïciens, une transmission d'une partie de l'âme à une autre, à celle qui dirige et qui juge tout le reste [3]?

[1] *Enn.* IV, vii, 1-5.
[2] Ibid. 6-7.
[3] Ibid. 7 : Πῶς οὖν τοῦτο συμβαίνει; διαδόσει, φήσουσι, παθόντος μὲν πρώτως τοῦ περὶ τὸν δάκτυλον ψυχικοῦ πνεύματος, μεταδόντος δὲ τῷ ἐφεξῆς, καὶ τούτου ἄλλῳ, ἕως οὗ πρὸς τὸ ἡγεμονοῦν ἀφίκοιτο. Cf. IV, ii, 12. On reconnait la doctrine des Stoïciens, quoiqu'ils ne soient pas nommés. Voy. plus haut, p. 176.

# LIVRE I, CHAPITRE III.

Mais pour connaître où a eu lieu l'impression, il faut que ce qui sent, ce qui juge y soit aussi présent. Il faut donc que l'âme soit tout ensemble et sans division partout où est ce qu'elle compare.

A la vérité, qu'une même chose soit partout à la fois, c'est ce que l'esprit a peine à se persuader [1]. Pour échapper à la difficulté, faut-il dire (comme l'avait dit, avec la théologie judéo-grecque, l'auteur du livre du Monde), que l'essence reste à part, et que la puissance seule se répand dans le corps? Mais il est également impossible d'imaginer une essence privée de sa puissance, ou une puissance séparée de l'essence à laquelle elle appartient. La puissance descend donc dans le corps sans se détacher de l'essence : dès lors, elle est à la fois dans l'essence et dans le corps. Pourquoi donc nier de l'essence qu'elle puisse être et dans tout le corps et en elle-même? Mais d'ailleurs il n'est point d'essence sans puissance, ni de puissance sans essence, et l'abstraction seule les sépare [2].

Ainsi la philosophie d'Aristote a semblé placer le premier principe tout en dehors du corps qu'il anime : le Stoïcisme l'a mis tout entier dans le

---

[1] *Enn.* VI, IV, 4 : Ἀπίθανον νομιζούσαις τῆς ψυχῆς τὸ ἐν αὐτῷ πανταχοῦ ταὐτὸν εἶναι.

[2] *Enn.* VI, IV, 9 : Καίτοι οὐχ οἷόν τε ὥσπερ οὐσίαν ἄνευ δυνάμεως, οὕτως οὐδὲ δύναμιν ἄνευ οὐσίας.

corps. Sous l'inspiration de la théologie, mélangée du théisme hébraïque et du naturalisme païen, qui préludait au Christianisme, l'auteur du livre du Monde a essayé de faire descendre le principe dans le corps comme par un médiateur, qui est sa puissance : selon Plotin, selon toute l'école néoplatonicienne, c'est le principe même qui à la fois est tout entier dans tout le corps et demeure tout entier en lui-même.

Ainsi l'âme est partout dans le corps, et partout elle y est tout entière [1]. Donc elle est sans parties, inétendue et incorporelle [2]. Donc, enfin, en même temps qu'elle est partout, elle n'est nulle part; et présente à tout lieu, elle n'est en aucun. — Aussi, comme l'avait déjà dit Ammonius, ce n'est pas l'âme qui est dans le corps, à proprement parler, c'est bien plutôt le corps qui est dans l'âme; car c'est l'âme qui le contient et qui le possède [3]. Et empruntant à Philon une de ces figures caractéristiques de la théologie hébraïque, qui devaient tenir une place considérable dans la doctrine chrétienne [4] : ce n'est pas l'âme, dit Plotin, qui est édifiée sur le corps : c'est plutôt le corps

---

[1] *Enn.* IV, ii, 1 : Ὅλη ἐν πᾶσι, καὶ ἐν ὁτῳοῦν αὐτοῦ (sc. τοῦ σώματος) ὅλη. — Μένει γὰρ μεθ' ἑαυτῆς ὅλη.

[2] Ibid. Ἀμερής τε καὶ ἀμέριστος.

[3] *Enn.* V, v, 9 : Ψυχὴ δὲ οὐκ ἐν ἐκείνῳ, ἀλλ' ἐκεῖνος ἐν αὐτῇ.

[4] Voy. le livre suivant.

qui est édifié sur les puissances de l'âme [1]; l'incorporel subsiste édifié sur lui seul [2].

Maintenant, de même que chaque âme est sans étendue et sans division dans tous les organes qu'elle anime, dans toutes les fonctions qu'elle y exerce, de même dans toutes les âmes l'âme universelle, qui en est la commune origine. Les âmes particulières ne sont pas les parties entre lesquelles se divise et se distribue l'âme totale du monde, comme se l'imaginaient les Stoïciens, et, on l'a vu tout à l'heure, plusieurs encore des Pythagoriciens. Chaque âme est tout entière dans chacune des fonctions et chacun des organes de son corps; chaque science est tout entière dans chaque proposition; elle y est du moins pour le vrai savant, qui remonte par l'analyse à tous les antécédents de chaque idée et en développe toutes les conséquences [3] : c'est ainsi que l'âme universelle est tout entière dans chacune des âmes [4]. Et partout présente sans aucune division, elle demeure aussi, par conséquent, toute entière en elle-même [5]. Elle se donne ainsi à la multitude des âmes particulières,

[1] *Enn.* IV, 7, 4 : Δέον ζητεῖν ὅπου τὰ σώματα ἱδρύουσιν, ὡς ἄρα δεῖ ταῦτα ἐν ψυχῆς δυνάμεσιν ἱδρῦσθαι.

[2] *Enn.* VI, iv, 8 : Ἱδρυμένον αὐτὸ ἐν ἑαυτῷ. Cf. ix, 6.

[3] *Enn.* IV, ix, 5 ; cf. VI, vii, 10 ; V, viii, 9.

[4] *Enn.* III, v, 4 : Καθ' ὅσον δὲ ἑκάστη πρὸς τὴν ὅλην ἔχει, οὐκ ἀποτετμημένη, ἐμπεριεχομένη δὲ, ὡς εἶναι πάσας μίαν.

[5] *Enn.*, IV, ix, 4 : Μενούσης μὲν ὅλης, ποιούσης δὲ παρ' αὐτῆς οὐδὲν ἧττον πολλάς.

et en même temps ne se donne pas. Elle s'abandonne à toutes, et n'en demeure pas moins une [1]. L'âme universelle n'empêche pas les âmes particulières, ni celles-ci n'empêchent l'universelle. Quelque peine qu'ait notre esprit à se persuader une chose si étrange, l'unité, ici, ne fait pas obstacle à la multitude, ni la multitude à l'unité [2].

L'âme universelle est une, et elle est toutes les autres en même temps ; et cela ne veut pas dire qu'elles viennent se perdre en elle. Seulement elles en partent, et en même temps elles restent là d'où elles partent. Tels sont les rayons considérés dans leur point de départ et leur commune origine, le centre, qui se multiplie en eux, et qui n'en demeure pas moins un et indivisible [3].

Cependant l'âme étant toujours, de quelque manière que ce soit, partagée avec les parties du corps qu'elle habite, son unité et son identité ne sont pas parfaites : sa nature est d'être à la fois unité et multitude [4]. Puis donc que tout ce qui est multiple et divisé suppose une unité qui le contienne, de ce

---

[1] *Enn.* IV, ix, 5 : Ἐκείνη μὲν οὖν μία, αἱ δὲ πολλαὶ εἰς ταύτην ὡς μίαν, δοῦσαν ἑαυτὴν εἰς πλῆθος, καὶ οὐ δοῦσαν. Ἱκανὴ γὰρ πᾶσι παρασχεῖν ἑαυτὴν, καὶ μένειν μία.

[2] *Enn.* VI, iv, 4 : Οὔτε μάχεται τὸ πλῆθος ἐκεῖ τῷ ἑνί.

[3] *Enn.* VI, iv, 14 : Πάσας ὁμοῦ οὐ συμφορηθείσας εἰς ἕν, ἀλλ' ἀφ' ἑνὸς ἀρξαμένας καὶ μενούσας ὅθεν ἤρξαντο.

[4] *Enn.* IV, ii, 2 : Δεῖ ἄρα οὕτως ἕν τε καὶ πολλὰ καὶ μεμερισμένην καὶ ἀμέριστον ψυχὴν εἶναι.

qui est de sa nature unité et multitude il faut remonter encore à ce qui n'est qu'unité; des *raisons séminales* il faut remonter aux *idées* pures [1], des formes sensibles aux intelligibles, de l'âme à l'intelligence.

Dans le monde sensible, les formes se divisent, comme l'avait dit Numénius, avec la matière à laquelle elles sont unies; elles se divisent, et se séparent, pour ainsi dire, d'avec elles-mêmes [2]. Cependant elles ne laissent pas pour cela d'être par elles-mêmes sans étendue et sans parties. La matière les divise, et elles restent en elles-mêmes indivises et unes [3]. Les formes telles qu'elles sont dans la matière, les formes sensibles supposent donc, ou plutôt elles sont en leur essence des formes sans étendue et sans matière, par suite purement et simplement intelligibles [4]. — Ces formes intelligibles, c'est ce que Platon a nommé les *idées*. Mais, pour remonter aux *idées*, la méthode de Plotin ne consiste plus, comme celle de Platon, à séparer simplement des individus ce qui s'y trouve de commun, à abstraire l'universel de toutes les déterminations particulières. Sa méthode est plutôt celle

---

[1] *Enn.* IV, iv, 39.
[2] *Enn.* V, viii, 1 : Ἀφίσταται γὰρ ἑαυτοῦ πᾶν διιστάμενον.
[3] *Enn.* IV, ii, 1 ; III, viii, 9.
[4] *Enn.* IV, iv, 39 : Γίγνεται τοίνυν τὰ ἐν τῷ παντὶ οὐ κατὰ σπερματικοὺς, ἀλλὰ κατὰ λόγους περιληπτικοὺς καὶ τῶν προτέρων ἢ κατὰ τοὺς τῶν σπερμάτων λόγους (leg. περιληπτικωτέρους καὶ προτέρους ἢ τοὺς τ. σ. λ.?)

d'Aristote, subordonnée, accommodée au principe directeur de toute la philosophie pythagoricienne et platonicienne. Au lieu de tirer de la comparaison des individus l'universel, Aristote se renferme dans l'individu même, et des opérations imparfaites, ou des mouvements de l'individu, il s'élève à l'acte immobile auquel ils se rapportent et duquel ils dépendent. Comme Aristote, c'est dans l'individu lui-même que Plotin remonte des manifestations au principe. Seulement ce n'est pas de la virtualité et du mouvement à l'acte qu'il procède, mais de la multitude à l'unité. Ce n'est plus, à la vérité, dans l'élimination de la pluralité des individus que sa méthode consiste : mais c'est dans l'abstraction successive et graduée de la multiplicité matérielle de chaque être. Ce n'est plus à l'unité logique de l'espèce et du genre qu'il semble tendre comme à la cause et à la raison dernière des choses, et ce n'est pas non plus à l'acte, opposé de la simple puissance : c'est à l'unité essentielle, intime, abstraite de toute quantité.

Ainsi c'est en poursuivant dans l'analyse de l'être l'unité, que Plotin est remonté du corps aux raisons séminales, et aux âmes qui les comprennent. De la même manière il remonte des raisons séminales aux *idées*. — Déjà, sans sortir même du monde sensible, ainsi que les Pythagoriciens l'avaient remarqué avant les Stoïciens, nous voyons coexister, rapprochées, réunies et confondues dans la semence, les parties organiques qui plus tard seront plus ou moins séparées et distantes. A leur tour les parties de la semence ne font qu'un dans l'unité de la raison séminale [1]. La raison séminale se réduit dans l'*idée* à une unité supérieure encore, exempte enfin de tout commerce avec la multiplicité corporelle.

Au-dessus du monde sensible, il y a donc un monde intelligible, composé des formes pures ou *idées* de tout ce que le premier renferme. Tout ce qui se trouve ici-bas, se retrouve également dans le monde supérieur : terres, mers, fleuves, animaux ou plantes de toute espèce [2]. Mais ce n'est plus ce monde de prototypes, de modèles semblables aux choses sensibles, tel qu'il semblait que Platon l'eût conçu; contre-épreuve fidèle, obtenue par la plus simple abstraction, du monde réel où nous vivons. C'est le monde que forment des unités où se trouvent en essence, concentrées dans la simplicité incorporelle, les choses que le monde sensible nous présente étendues et dispersées dans l'espace et le temps [3].

Ce n'est pas tout. — Dans le monde sensible, si tout s'accorde, tout aussi se fait obstacle et se nuit. Chaque chose occupe un lieu dont elle exclut toute

---

[1] *Enn.* V, ix, 6.
[2] *Enn.* VI, vii, 11.
[3] *Enn.* V, viii, 1.

autre. Déjà dans la semence tout se rapproche et se pénètre, il est vrai, mais jusqu'à un certain point seulement : l'étendue, la distance y figurent encore. Dans l'âme tout est en tout : mais les facultés différentes ont leurs organes propres et exclusifs où elles sont séparées les unes d'avec les autres. Entre les *idées* l'union est plus intime. Par cela seul qu'elles sont les formes intelligibles de toutes choses, les *idées* sont les notions sous lesquelles l'intelligence comprend tout. Or les notions ne sont pas séparées entre elles comme on l'est dans l'espace : elles le sont d'une manière tout intérieure, comme des degrés ou des puissances d'une seule et même nature. Il y a plus : toute notion s'explique par toute autre ; les contraires même, qui s'excluent dans la nature, s'appellent et se constituent réciproquement dans la pensée. Dans la semence, encore plus dans la raison séminale, encore bien plus dans l'âme, chacune des parties est tout, quoique chacune le soit d'une manière différente [1]. Davantage encore dans le monde des idées, tout a beau être différent, tout est tout, et toutes les parties renferment, chacune sous une forme particulière, toutes les autres [2]. Qu'on se figure une

---

[1] *Enn.* VI, vii, 10 : Ἕκαστον μέρος, ὅτι ἂν λάβῃς, πάντα, ἀλλὰ ἄλλως.

[2] *Enn.* V, ix, 6 : Οὕτως οὖν καὶ πολὺ μᾶλλον ὁ νοῦς ἐστιν ὁμοῦ πάντα, καὶ αὖ οὐχ ὁμοῦ, ὅτι ἕκαστον δύναμις ἰδία. VI, ii, 20 ; VI, 7 : Ὁμοῦ δὲ πάντων ὄντων ἕκαστον αὖ χωρίς ἐστιν.

sphère où les astres, la terre, la mer, tous les animaux, toutes les plantes et tous les minéraux aient leur place; qu'on se la figure diaphane, en sorte que par chaque partie on aperçoive le tout; enfin que, sans rien changer à la forme, on en fasse peu à peu disparaître l'étendue : tout, en demeurant ce qu'il est, viendra coïncider avec tout; c'est l'image du monde intelligible des *idées*[1]. Ou encore les intelligibles, les *idées* sont comme des rayons qui concourent au même centre; mais comme des rayons considérés avant tout développement dans l'étendue, et pris à leurs origines, où ils ne forment avec le centre qu'un seul et même point[2].

Or plus une chose, en s'étendant, se sépare et s'éloigne d'elle-même, plus elle devient faible; elle est d'autant plus forte qu'elle demeure plus une[3]. Tout a donc bien plus de force, bien plus d'intensité dans le monde intelligible qu'ici-bas. Tout ce qui est ici-bas inanimé et sans vie, est vivant dans les *idées*; tout ce qui est vivant ici-bas, vit là-haut d'une vie plus énergique. Bien plus, dans le monde des *idées*, non-seulement tout vit, mais tout pense;

---

[1] *Enn.* VI, v, 5 : Πάντα ἂν εἰκότως κατὰ κέντρα λέγοιτο, ἐν ἑνὶ ὁμοῦ κέντρῳ ἡνωμένα, οἷον ἀφέντα τὰς γραμμάς, τὰ πέρατα αὐτῶν τὰ πρὸς τῷ κέντρῳ κείμενα, ὅτε δὴ καὶ ἕν ἐστι πάντα.

[2] Ibid.

[3] *Enn.* V, viii, 1 : Ὅσῳ ἴον εἰς τὴν ὕλην ἐκτέταται, τόσῳ ἀσθενέστερον τοῦ ἐν ἑνὶ μένοντος.

tout y est intelligent autant qu'intelligible. L'existence y est science et sagesse [1].

Les *idées* étaient chez Platon des formes abstraites, des entités logiques, inertes et inanimées : chez Plotin, ce sont plus que des âmes, ce sont des intelligences. Qui ne voit ce que doit ici le Platonisme nouveau à l'influence féconde de la philosophie péripatéticienne ?

Aux yeux de Plotin, comme à ceux d'Aristote, tout dans la nature tend à penser. Non-seulement tout tend à penser, mais encore tout pense, autant qu'il peut, et les animaux raisonnables, et les brutes, et les plantes mêmes, avec la terre qui les porte [2].

En effet ce que fait la nature, elle ne le fait pas par voie d'impulsion, comme avec des leviers et des machines [3]. C'est toujours une *raison*, présente dans la matière, qui par elle seule la met en mouvement et la modifie. Ainsi se fait la reproduction des animaux et des plantes : c'est une forme qui engendre une autre forme, en donnant à un sujet soumis à son influence quelque chose d'elle-même, et demeurant elle-même immobile [4]. La forme engen-

---

[1] *Enn.* V, vIII, 4 : Καὶ ἡ οὐσία ἡ ἐκεῖ σοφία.

[2] *Enn.* III, vIII, 7 : Πῶς οὖν νοήσεις; ὅτι λόγοι· καὶ πᾶσα ζωὴ νόησίς τις, ἀλλὰ ἄλλη ἄλλης ἀμυδροτέρα, ὥσπερ καὶ ζωή.

[3] *Enn.* III, vIII, 1 : Δεῖ δὲ καὶ τὸ μοχλεύειν ἀφελεῖν ἐκ τῆς φυσικῆς ποιήσεως.

[4] *Ibid.* : Ἐν ταῖς ζώαις καὶ ἐν ταῖς φυταῖς τοὺς λόγους εἶναι τοὺς ποιοῦντας,

drée, qui est visible, est morte et ne produit rien; l'autre, invisible, est seule vivante et féconde[1]. Or cette forme, cette raison qui produit ainsi sans sortir d'elle-même, que peut-elle être, sinon pensée et contemplation[2]. Cela veut-il dire que la nature fait les choses avec ce raisonnement, cette délibération qui appartiennent à l'homme? Délibérer est le fait de celui qui cherche, et qui n'a pas encore. La nature ne cherche point; elle a tout en elle; être ce qu'elle est et produire ce qu'elle produit sont donc en elle une même chose. Or ce qu'elle est, puisqu'elle est raison par essence, c'est pensée et contemplation. C'est donc sans raisonner, et pourtant c'est par cela même et en tant qu'elle contemple que la nature produit[3]. Elle

καὶ τὴν φύσιν εἶναι λόγον ὃς ποιεῖ λόγον ἄλλον, γέννημα αὐτοῦ, δόντα μέν τι τῷ ὑποκειμένῳ, μένοντα δ' αὐτόν. III, 11, 2 : Νοῦς τοίνυν δούς τι ἑαυτοῦ εἰς ὕλην, ἀτρεμὴς καὶ ἥσυχος τὰ πάντα εἰργάζετο.

[1] Ibid. : Ὁ μὲν οὖν λόγος, ὁ κατὰ τὴν μορφὴν τὴν ὁρωμένην ἔσχατος ἤδη καὶ νεκρὸς, καὶ οὐκέτι ποιεῖν δύναται ἄλλον. Ὁ δὲ ζωὴν ἔχων, ὁ τοῦ ποιήσαντος τὴν μορφὴν ἀδελφὸς ὤν, καὶ αὐτὸς τὴν αὐτὴν δύναμιν ἔχων, ποιεῖ ἐν τῷ γενομένῳ.

[2] *Enn.* III, VIII, 2 : Εἰ μένων ποιεῖ, καὶ ἐν αὐτῷ μένων, καὶ ἔστι λόγος, εἴη ἂν αὐτὸς θεωρία.

[3] Ibid. : Πῶς δὲ αὐτὴ ἔχει θεωρίαν, τὴν μὲν δὲ ἐκ λόγου οὐκ ἔχει; λέγω δ' ἐκ λόγου τὸ σκοπεῖσθαι περὶ τῶν ἐν αὐτῇ. Διὰ τί οὖν ζωή τις οὖσα καὶ λόγος καὶ δύναμις ποιοῦσα; ἆρ' ὅτι τὸ σκοπεῖσθαί ἐστι τὸ μήπω ἔχειν; εἰ δὲ ἔχει, καὶ διὰ τοῦτο ὅτι ἔχει, καὶ ποιεῖ. Τὸ οὖν εἶναι αὐτῇ ὅ ἐστι, τοῦτό ἐστι τὸ ποιεῖν αὐτῇ, καὶ ὅσον ἐστί, τοῦτό ἐστι τὸ ποιοῦν. Ἔστι δὲ θεωρία καὶ θεώρημα· λόγος γάρ. Τῷ οὖν εἶναι θεωρία καὶ θεώρημα καὶ λόγος, τούτῳ καὶ ποιεῖ, ᾗ ταῦτά ἐστιν· ἡ ποίησις ἄρα θεωρία ἡμῖν ἀναπέφανται· ἔστι γὰρ ἀποτέλεσμα θεωρίας, μενούσης θεωρίας, οὐκ ἄλλο τι πραξάσης, ἀλλὰ τῷ εἶναι θεωρία ποιησάσης. IV, III, 10; V, I, 4.

ne cherche point, elle ne s'agite point. Raison silencieuse, d'autant plus silencieuse qu'elle est plus raison et pensée et cherche moins au dehors, elle demeure dans la conscience paisible de ce dont elle est remplie [1]; et du sein de sa contemplation tombent doucement les lignes qui dessinent le corps [2].

Toute vie est donc pensée. Mais la vie a ses degrés, ce sont autant de degrés de la pensée. La contemplation qui est le propre de la nature est encore imparfaite. Elle est toute action et pratique; or la pratique ne vient que de la faiblesse de la contemplation. C'est quand l'âme est trop faible pour la vie purement spéculative, qu'elle cherche dans la pratique une ombre de la contemplation et de la raison : c'est quand on n'a pas la force de saisir l'intelligible en lui-même, qu'on s'efforce d'atteindre au moins dans l'action ce qu'on n'a pas pu obtenir par la seule pensée. De là le penchant de l'enfance et des esprits faibles pour l'activité extérieure et corporelle. Si donc on peut attribuer à la nature, ou à la *raison séminale* dont elle dépend, la connaissance ou la sensation, cependant celles-ci ne ressemblent à la

---

[1] *Enn.* III, VIII, 4 : Ἀψοφητὶ μὲν δὴ πάντα, ὅτι μηδὲν ἐμφανοῦς καὶ τῆς ἔξωθεν θεωρίας ἢ πράξεως δεῖται. 14 : Ὁ γὰρ ἐν ψυχῇ λαμβάνει λόγῳ οὔσῃ, τί ἂν ἄλλο ἢ λόγος σιωπῶν εἴη; καὶ μᾶλλον ὅσῳ μᾶλλον. Τότε γὰρ καὶ ἡσυχίαν ἄγει, καὶ οὐδὲν ζητεῖ, ὡς πληρωθεῖσα, καὶ ἡ θεωρία ἡ ἐν τῷ τοιούτῳ, τῷ πιστεύειν ἔχειν, εἴσω κεῖται.

[2] *Enn.* III, VIII, 3 : Ἐμοῦ μὴ γραφούσης, θεωρούσης δὲ, ὑφίστανται αἱ τῶν σωμάτων γραμμαί, ὥσπερ ἐκπίπτουσαι.

connaissance et à la sensation véritables que comme ressemblent à celles d'un homme éveillé celles d'un homme qui dort [1].

Mais, on l'a déjà vu, ce qui fait la faiblesse de la nature, de la *raison séminale*, de l'âme, c'est qu'elles sont toujours plus ou moins étendues et divisées dans la matière et le corps. Pour l'*idée*, elle est la raison sans matière : rien n'empêche donc qu'elle pense, qu'elle saisisse en lui-même et contemple sans défaillir le pur intelligible ; elle est la pensée et l'intelligence même.

Maintenant quel est l'objet de l'intelligence, et que contemple-t-elle? Elle-même ; et d'autant plus elle-même qu'elle est davantage intelligence et pensée pure.

Dès le premier degré de l'échelle des êtres, ce qui connaît et ce qui est connu ne font qu'un. La *raison séminale* ne produit qu'en pensant, si obscurément que ce soit, et ce qu'elle pense, c'est elle. Trop faible pour se saisir et se posséder en soi, ce qu'elle cherche encore, en développant dans le corps qu'elle organise une image d'elle-même [2],

---

[1] *Enn.* III, viii, 3 : Καὶ εἴ τε τις βούλεται σύνεσίν τινα ἢ αἴσθησιν αὐτῇ (sc. τῇ φύσει) διδόναι, οὐχ οἵαν λέγομεν ἐπὶ τῶν ἄλλων τὴν αἴσθησιν ἢ τὴν σύνεσιν, ἀλλ' οἵαν εἴ τις τὴν τοῦ ὕπνου (suppl. τῇ) τοῦ ἐγρηγορότος προσεικάσειε... Ταύτῃ δὴ καὶ τὸ γεννηθὲν ὑπ' αὐτῆς ἀσθενὲς παντάπασιν, ὅτι ἀσθενοῦσα θεωρία ἀσθενὲς θεώρημα ποιεῖ, ἐπεὶ καὶ ἄνθρωποι, ὅταν ἀσθενήσωσιν εἰς τὸ θεωρεῖν, σκιὰν θεωρίας καὶ λόγου τὴν πρᾶξιν ποιοῦνται. 4 : Ὥστε τὴν κατὰ τὴν θεωρίαν πρᾶξιν δοκοῦσαν εἶναι τὴν ἀσθενεστάτην εἶναι.

[2] *Enn.* VI, v, 8.

c'est à se mieux connaître et se mieux voir[1].

Dans la sensation, la connaissance est déjà supérieure. C'est que l'identité entre ce qui connaît et ce qui est connu y est déjà plus complète[2]. La sensation ne consiste pas, selon l'opinion vulgaire, accréditée par le Stoïcisme, dans un choc, ou une impression, ou une image qui nous viennent du dehors[3]. S'il en était ainsi, l'âme y serait entièrement passive. Or la passion affaiblit, l'action seule fortifie; et, loin de s'affaiblir par l'usage, les sens n'en deviennent que plus capables de sentir. Il en est de même de la mémoire[4]. — C'est qu'en effet sentir n'est point recevoir en soi des images des choses, ainsi qu'on se le persuade faussement, trompé par des similitudes tirées de ce qui se passe dans les corps. L'âme n'est pas une tablette où viennent se graver des figures; elle est sans étendue, rien de pareil ne peut s'y passer. Sentir n'est pas recevoir en soi les choses comme en un dépôt, c'est les posséder d'une certaine manière qui est précisément l'intuition, c'est-à-dire devenir en acte ces formes qu'on n'était qu'en puissance. Raison séminale qui renferme

---

[1] *Enn.* III, viii, 6.
[2] Ibid. cf. I, i, 8.
[3] *Enn.* IV, vi, 2 : Τὸν μὲν τύπον εἶναι ἐν τῷ ἀέρι, πληγήν τινα οὖσαν διηρθρωμένην, etc. A ces expressions on reconnaît que Plotin fait allusion aux Stoïciens. Voy. plus haut, p. 130.
[4] *Enn.* IV, vi, 3.

toutes les choses sensibles, l'âme en était grosse, pour ainsi dire; par la sensation, elle les met au jour pour les faire briller à ses propres yeux. Ou plutôt, elle était elle-même toutes ces choses d'une manière faible et obscure : elle les devient d'une manière plus forte et plus manifeste; elle passe de l'état du sommeil à celui de la veille, et de la puissance à l'acte [1].

Ceux qui avaient représenté l'âme comme une tablette où les choses viendraient se tracer, c'étaient les Péripatéticiens et les Stoïciens. Cependant les Stoïciens eux-mêmes avaient dit que ce n'était pas dans l'impression de l'objet sensible sur le sens ou sur l'âme que la sensation consistait, mais dans l'assentiment, qui vient de la volonté. Quant à Aristote, il est vrai que le premier il avait comparé l'âme avant la sensation à une table où il n'y a encore rien d'écrit; il est vrai qu'il avait représenté la sensation comme un phénomène passif qui consistait à recevoir en soi les formes des objets sensibles. Mais, sous ces apparences, la véritable théorie qu'il propose, théorie par laquelle il vient rendre à la sensation la valeur que lui refusait le Platonisme, c'est que dans la sensation, en tant qu'elle

---

[1] Ibid. Γιγνώσκει γὰρ τῷ αὐτά πως εἶναι· γιγνώσκει γὰρ οὐ τῷ ἐνιζάνειν αὐτά, ἀλλὰ τῷ πως ἔχειν αὐτά, καὶ ὁρᾶν αὐτά, καὶ εἶναι αὐτὰ ἀμυδρότερον, καὶ γίγνεσθαι ἐκ τοῦ ἀμυδροῦ τῷ οἷον ἐγείρεσθαι ἐναργέστερα, καὶ ἐκ δυνάμεως εἰς ἐνέργειαν ἰέναι.

est une connaissance, il n'y a point de passion, d'altération proprement dite de l'âme, mais seulement cette sorte de changement par lequel on passe de la possession à l'usage, de l'*habitude* à l'acte; c'est que les objets sensibles ne servent qu'à faire agir le sens; c'est que l'âme est en puissance toutes les formes sensibles comme l'intelligence toutes les intelligibles; c'est enfin que les formes sensibles ne sont autre chose, dans le fond, que les fonctions ou les actes de l'âme. La théorie que Plotin oppose à l'opinion vulgaire est donc la théorie même d'Aristote. Seulement ces figures empruntées aux objets corporels, que les Stoïciens avaient prises au sens propre, et par lesquelles seules le Dogmatisme vulgaire, issu du Stoïcisme, expliquait la sensation, Plotin les écarte avec une rigueur toute nouvelle; et, repoussant toute similitude tirée des modifications passives de la matière, il réduit l'idée de la perception sensible, avec plus de précision qu'Aristote lui-même n'avait paru le faire, à celle de l'activité cognitive, qui trouve en soi seule son véritable objet.

Cependant il faut reconnaître qu'entre la forme sensible et ce qui la perçoit il n'y a pas encore une parfaite identité. Si c'est elle-même que l'âme aperçoit dans les objets des sens, c'est encore comme quelque chose d'autre, de différent d'elle, et qui forme avec elle une dualité[1]. C'est que la forme sensible implique la matière, le corps, où elle devient comme extérieure et étrangère à elle-même.

Il n'en est pas ainsi de la forme intelligible, ou de l'*idée*. Aucun élément étranger ne se mêle plus à elle. Toujours présente à elle-même, sans que rien l'en sépare, c'est elle-même qu'elle pense sans obstacle, sans interruption, sans mélange de rien de différent[2]. Telle est la condition de toutes les *idées* dont se compose le monde intelligible : autant d'intelligences[3] livrées éternellement à la contemplation d'elles-mêmes, et dont cette contemplation seule est tout l'être. Non-seulement ce sont les unités dans lesquelles se concentre ce qui est encore étendu et dispersé dans les âmes; mais la dualité qui subsiste dans chacune des perceptions de l'âme, la dualité de ce qui connaît et de ce qui est connu y est réduite encore à l'unité et à l'identité.

Or, maintenant, de même que toutes les âmes ne sont pas seulement étroitement liées les unes aux autres, mais que de plus elles ont leur centre commun en une Ame universelle, au sein de laquelle elles ne font qu'un, de même toutes les *idées* ne sont pas seulement comprises et impliquées les unes dans les autres : elles remontent encore à une

---

[1] *Enn.* IV, vi, 2 : Αὐτὴν μὲν ἡ ψυχὴ δύο καὶ ὡς ἕτερον ὁρᾷ.
[2] *Enn.* III, viii, 7.
[3] *Enn.* IV, iii, 5.

*idée* première qui les embrasse toutes, et dont elles ne sont qu'autant de manifestations particulières. Toutes les *idées* étant des formes diverses de l'être, l'*idée* première, forme des formes, est l'être absolument parlant et sans aucune autre détermination, ou l'être en soi [1]. Ainsi le monde intelligible n'est pas seulement comme une sphère dont on ferait évanouir l'étendue, en sorte que toutes les parties fussent les unes dans les autres [2]. Toutes les *idées* qui le composent se réunissent de plus dans une idée suprême, comme des rayons se réunissent dans leur centre [3]. Ou plutôt ce sont les âmes ou les *raisons séminales*, déjà divisées dans la matière, qui peuvent être comparées aux rayons. Les *idées* sont comme les commencements des rayons, encore unis dans le centre, qui n'apparaissent différents que dans les lignes qui en partent, mais qui, en se distinguant ainsi les uns des autres, demeurent identiques dans leur commun principe [4].

L'*idée* pure, en effet, c'est l'être. Toutes les *idées* particulières ne sont que des expressions différentes de l'être, considéré comme divers par rapport à cette diversité sensible que l'âme déploiera dans la nature; c'est donc le pur être qui est seul, à parler exactement, l'intelligible; c'est lui seul,

---

[1] *Enn.* VI, v, 1.
[2] Voy. ci-dessus, p. 397.
[3] *Enn.* VI, vi, 7 : Ὁμοῦ ἐν ἑνὶ πάντα.
[4] *Enn.* VI, v, 5.

par conséquent, qui est toute l'Intelligence, perpétuellement livrée à la contemplation d'elle-même [1].

Enfin Aristote a montré que non-seulement l'intelligible et l'intelligence ne font qu'un, mais encore, comme, dans l'acte de la sensation, la chose sentie, la chose sentante et la sensation même se confondent, de même et davantage encore la chose pensée, la chose pensante et la pensée même ne font qu'un. En effet, d'abord l'intelligible et la pensée de l'intelligible ne font qu'un; car c'est le propre de la vérité d'être adéquate à son objet. Tant qu'il reste dans l'objet connu quelque chose d'autre que la connaissance, on ne connaît donc encore, selon l'expression stoïcienne, qu'une empreinte; ce n'est pas la vérité absolue, caractère de la pensée pure [2]. Or, d'un autre côté, l'intelligible n'est intelligible que par cela même qu'il est acte : car c'est l'acte et non la puissance qui est l'objet de la pensée. L'intelligible est donc la pensée en action, et par conséquent l'intelligence qui pense. Il est intelligence, et il n'est pas simplement une intelligence en puissance, chez qui la faculté de penser est une chose, et l'acte

---

[1] *Enn.* V, ix, 8 : Οὐχ ἑτέρα τοῦ νοῦ ἑκάστη ἰδέα, ἀλλ' ἑκάστη νοῦς. Μία οὖν φύσις τό τε ἓν ὅ τε νοῦς.

[2] *Enn.* V, iii, 5 : Εἰ οὖν ἐν τῇ θεωρίᾳ ὑπάρχει τὰ τεθεωρημένα, εἰ μὲν τύπῳ αὐτῶν, οὐκ αὐτὰ ἔχει... Εἰ τοῦτο, δεῖ τὴν θεωρίαν ταὐτὸν εἶναι τῷ θεωρητῷ... καὶ γὰρ εἰ μὴ ταὐτὸν, οὐκ ἀλήθεια ἔσται, τύπον γὰρ ἕξει ὁ ἔχων τὰ ὄντα ἕτερον τῶν ὄντων, ὅπερ οὐκ ἔστιν ἀλήθεια.

de penser en est une autre; car alors, ainsi qu'Aristote l'avait dit, la puissance formerait son essence, et non l'acte. Ce n'est pas comme un corps brut, comme une pierre dont la pensée serait un accident : c'est la pensée en essence, et dont l'action de penser forme tout l'être. L'intelligible est tout acte; cet acte, c'est la pensée même de l'intelligible; cette pensée est toute l'intelligence, l'intelligence première et essentielle. Donc, comme l'avait démontré Aristote, l'intelligible, la pensée et l'intelligence ne font qu'un [1]. La pensée étant identique à l'intelligible, et celui-ci à l'intelligence, c'est une intelligence qui se pense elle-même et par une pensée qui est encore elle-même [2].

Ainsi l'être et l'intelligence ne font qu'une même chose : cette chose est la pensée; et, selon la formule de la Métaphysique, la pensée est la pensée de la pensée. Tel est le deuxième principe, la deuxième substance ou hypostase que Plotin place

---

[1] *Enn.* V, III, 5 : Ἐνέργεια γάρ τις τὸ νοητόν· οὐ γὰρ δὴ δύναμις, οὐδέ γε νοητόν, οὐδὲ ζωῆς χωρίς, οὐδ' αὖ ἐπακτὸν τὸ ζῆν, οὐδὲ τὸ νοεῖν ἄλλῳ ὄντι, οἷον λίθῳ ἢ ἀψύχῳ τινί, καὶ οὐσία ἡ πρώτη τὸ νοητόν· εἰ οὖν ἐνέργεια, καὶ ἡ πρώτη ἐνέργεια, καὶ καλλίστη δὴ νόησις ἂν εἴη, καὶ οὐσιώδης νόησις· καὶ γὰρ ἀληθεστάτη. Νόησις δὲ τοιαύτη καὶ πρώτη οὖσα καὶ πρώτως, νοῦς ἂν εἴη ὁ πρῶτος· οὐδὲ γὰρ ὁ νοῦς οὗτος δυνάμει, οὐδ' ἕτερος μὲν αὐτός, ἡ δὲ νόησις ἄλλο. Εἰ οὖν ἐνέργεια, καὶ ἡ οὐσία αὐτοῦ ἐνέργεια, ἓν καὶ ταὐτὸν τῇ ἐνεργείᾳ ἂν εἴη, ἓν δὲ τῇ ἐνεργείᾳ τὸ ὂν καὶ τὸ νοητόν· ἓν ἅμα πάντα ἔσται, νοῦς, νόησις, τὸ νοητόν.

[2] Ibid. : Αὐτὸς ἄρα ἑαυτὸν νοήσει· νοήσει γὰρ τῇ νοήσει ὅπερ ἦν αὐτός, καὶ νοήσει τὸ νοητὸν ὅπερ ἦν αὐτός, etc.

au-dessus de la cause immédiate de la nature, au-dessus de l'âme universelle. Ce n'est point un être à part, absolument détaché de l'âme, c'est le fond même de l'âme [1]; c'est l'âme considérée dans le centre d'où elle rayonne, et où elle se réduit à l'acte simple et indivisible de la conscience intellectuelle de soi-même.

Des raisons séminales des Stoïciens, réunies dans l'âme universelle, Plotin est donc remonté d'abord aux *idées*, centres intelligibles, où la multiplicité des raisons séminales se réduit à l'unité. Il a réuni à leur tour les *idées* dans une *idée* première, celle de l'être, centre de l'âme elle-même. Avec Aristote, reconnaissant dans tout intelligible une intelligence en acte, il a fait de l'*idée* première, source de toute existence, l'intelligence première, source de toute connaissance. S'élevant enfin, dans la métaphysique péripatéticienne, à une hauteur où les successeurs dégénérés d'Aristote, où les Alexandre d'Aphrodisiade eux-mêmes ne savaient plus atteindre, il a reconnu dans cette intelligence suprême, identique avec l'être, la conscience éternelle et uniforme que la pensée a de la pensée.

Cependant, parvenu à ces hauteurs de la contemplation, il ne s'y arrête pas; il prétend s'élever, sur les ailes de Platon, à une région supérieure encore.

[1] *Enn.* V, III, 4 : Τοῦτο γὰρ ἡμεῖς.

Quoique toutes les *idées* soient unies dans une *idée* première, elles ne laissent pas de former une multitude; elles ont, par conséquent, leur matière, une matière tout intelligible, il est vrai, mais qui n'en est pas moins un principe de division et de différence. Tout ce qui est multiple a de la matière, avait dit Aristote. — En second lieu, dans chacune des *idées* ou dans l'*idée* première qui les embrasse toutes, l'intelligence n'a d'autre objet qu'elle-même, l'intelligence et l'intelligible ne font qu'un; mais il ne laisse pas de subsister toujours entre les deux termes de la pensée une distinction quelconque. Qu'on fasse la chose pensante, la chose pensée et la pensée même entièrement identiques, elles s'évanouissent les unes dans les autres, et il n'y a plus de pensée [1]. Si donc l'identité est nécessaire dans l'intelligence, la différence ne l'est pas moins [2]. Quelque simple que soit l'intelligence, par cela seul qu'elle se pense, elle est encore dualité et multitude [3]. Ce n'est pas tout : la pensée est un

---

[1] *Enn.* VI, vii, 42 : Εἰ δὲ ταὐτὸν νοῦς, νόησις, νοητὸν, πάντῃ ἓν γενόμενα, ἀφανιεῖ αὐτὰ ἐν αὑτοῖς.

[2] Ibid. V, 1, 4; iii, 10; VI, vii, 39 : Δεῖ γὰρ τὸν νοῦν ἀεὶ ἑτερότητα καὶ ταυτότητα λαμβάνειν, εἴπερ νοήσει.

[3] *Enn.* V, iii, 10 : Δεῖ τοίνυν τὸν νοῦν, ὅταν νοῇ, ἐν δυσὶν εἶναι. V, iv, 2 : Διὸ οὐχ ἁπλοῦς, ἀλλὰ πολλά. — Ἔστι μὲν οὖν καὶ αὐτὸς νοητὸν, ἀλλὰ καὶ νοῶν, διὸ δύο ἤδη. vi, 1 : Ὅτι νοεῖ ποιοῦν αὐτὸ δύο, μᾶλλον δὲ ἕν, ἔτι νοεῖ, δύο, καί, ὅτι αὐτὸ (leg. αὐτὸ), ἕν. 2 : Οὐχ ἕν, ἀλλὰ πολλὰ· ἤδη, καὶ πάντα ὅσα νοήσει· καὶ γὰρ εἰ μόνον ἑαυτὸ, πολλὰ ἔσται.

acte. Or, suivant Plotin, il n'y a pas d'acte qui soit absolument sans mouvement [1]. Ici, à la vérité, c'est du même au même que le mouvement a lieu; l'intelligence ne sort, pour ainsi dire, de soi que pour revenir à soi, ou plutôt elle ne saurait se quitter. Rien ne change dans l'intelligence pure; tout y est éternel. Si donc on y trouve encore un mouvement, ce n'est pas un mouvement qui s'accomplit, comme dans le raisonnement et le discours, mais un mouvement toujours accompli et passé [2]. C'est donc un mouvement qui est un repos [3]. Comme la multitude et l'unité, comme la différence et l'identité, le mouvement et le repos ne sont ici qu'une même chose. — Mais encore est-ce toujours du mouvement, de la différence et de la multitude.

C'est que tout en s'élevant, sur les traces de l'auteur de la Métaphysique, à la conception de l'identité complète de l'être et de la pensée, Plotin persiste toujours visiblement à distinguer jusque dans l'intelligence absolue l'acte d'avec la substance, et à considérer la pensée comme une manifestation, une

---

[1] *Enn.* V, III, 10; VI, VII, 39. Simplic. *in Categ.*, ὁ fº 3 b : Πλωτῖνος καὶ οἱ ἄλλοι οἱ ἀπὸ τῆς τῶν Στωϊκῶν συνηθείας εἰς τὴν Ἀριστοτέλους αἵρεσιν μεταφέροντες τὸ κοινὸν τοῦ ποιεῖν καὶ πάσχειν εἶναι τὰς κινήσεις, οὗτοι συγχέουσιν εἰς ταὐτὸ κίνησίν τε καὶ ἐνέργειαν, καὶ τὴν ποίησιν οὐ τηροῦσι καθαρὰν ἀπηλλαγμένην τοῦ πάθους, εἴπερ μετὰ κινήσεως αὐτὴν ὁρῶσι.

[2] *Enn.* III, VIII, 8 : Διεξόδῳ δέ, οὐ τῇ διεξιούσῃ, ἀλλὰ τῇ διεξελθούσῃ.

[3] *Enn.* VI, II, 8.

forme d'existence, par-delà et avant laquelle se trouve toujours l'être. Selon lui, quand on dit, avec Aristote, que là où il n'y a pas de matière, la connaissance et la chose connue ne font qu'un, il ne faut pas entendre que c'est la connaissance de la chose qui est la chose même, mais plutôt, en sens inverse, que c'est la chose qui, étant sans matière, est purement intelligible, et qui est, par cela même, toute connaissance et toute pensée [1]. Car une chose n'existe point parce qu'on la conçoit, c'est parce qu'elle existe qu'elle peut être conçue [2]. Ce n'est donc pas la pensée qui fait l'être et détermine l'intelligible, c'est plutôt par l'intelligible qu'elle est déterminée [3]; c'est elle qui a besoin de l'intelligible, auquel elle est relative, et non l'intelligible qui a besoin d'elle. L'intelligible n'a besoin de rien, il demeure paisible dans sa propre nature [4]; seulement cette nature, c'est la vie, la vie la plus parfaite et la

---

[1] *Enn.* VI, vi, 6 : Εἰ δέ τις λέγοι ὡς ἐπὶ τῶν ἄνευ ὕλης τὸ αὐτό ἐστιν ἡ ἐπιστήμη τῷ πράγματι, ἐκείνως χρὴ νοεῖν τὸ λεγόμενον, ὡς οὐ τὴν ἐπιστήμην τὸ πρᾶγμα λέγει εἶναι, οὐδὲ τὸν λόγον τὸν θεωροῦντα τὸ πρᾶγμα αὐτὸ τὸ πρᾶγμα, ἀλλὰ ἀνάπαλιν τὸ πρᾶγμα αὐτὸ ἄνευ ὕλης ὄν, νοητόν τε καὶ νόησιν εἶναι, οὐχ οἵαν λόγον εἶναι τοῦ πράγματος, οὐδ' ἐπιβολὴν πρὸς αὐτό, ἀλλ' αὐτὸ τὸ πρᾶγμα ἐν τῷ νοητῷ ὄν, τί ἄλλο ἢ νοῦν καὶ ἐπιστήμην εἶναι.

[2] *Ibid.* V, ix, 7 : Ὅθεν καὶ τὸ λέγειν νοήσεις τὰ εἴδη, εἰ οὕτω λέγεται, ὡς ἐπειδὴ ἐνόησε τόδε, ἐγένετο ἢ ἔστι τόδε, οὐκ ὀρθῶς· ταύτης γὰρ τῆς νοήσεως πρότερον δεῖ τὸ νοούμενον εἶναι.

[3] *Enn.* V, iv, 2 : Ἀόριστος μὲν αὕτη (sc. ἡ νόησις)... ὁριζομένη δὲ ὑπὸ τοῦ νοητοῦ.

[4] *Ibid.* : Τὸ νοητὸν ἐφ' ἑαυτοῦ μένον, καὶ οὐκ ὂν ἐνδεὲς ὥσπερ τὸ ὁρῶν καὶ τὸ νοοῦν· (ἐνδεὲς δὲ λέγω τὸ νοοῦν, ὡς πρὸς ἐκεῖνο).

plus pure, et par conséquent la pensée [1]. La pensée naît ainsi de l'essence même de l'intelligible, et elle en est comme l'imitation et le fantôme [2]. A la vérité, elle n'en est pas pour cela réellement distincte; elle n'est pas un acte accidentel à l'essence de l'intelligible, mais son essence même en acte [3]. Néanmoins dans l'intelligence elle-même il faut concevoir d'abord l'existence, à laquelle s'ajoutent ensuite l'acte et la pensée [4]. C'est ainsi que, voyant toujours en toute pensée et en tout acte quelque chose du caractère relatif, divers et mobile de l'accident, Plotin met encore au-delà l'être, comme la substance et la base, immobile sujet du mouvement de la pensée. — Pourtant, encore une fois, force lui est de reconnaître avec Aristote que le premier être, l'être par excellence, doit être tout en acte; force lui est d'avouer en dernière analyse l'identité de l'être, de l'intelligence et de la pensée [5]. Donc tout ce qui est vrai de la pensée est vrai de l'être ; et les imperfections nécessaires de l'une sont aussi celles de l'autre.

Aristote a considéré l'être en soi, identique avec

---

[1] Ibid. : Καὶ οἷον ἐκεῖνο, καὶ μίμημα καὶ εἴδωλον ἐκείνου.

[2] Ibid.

[3] *Enn.* V, ix, 8 : Ἐπεὶ δὲ τὸ ὂν τοῦ νοῦ προεπινοεῖν ἀνάγκη, ἐγκεῖσθαι δεῖ τίθεσθαι ἐν τῷ νοοῦντι τὰ ὄντα, τὴν δὲ ἐνέργειαν καὶ τὴν νόησιν ἐπὶ ταῖς οὐσιν.

[4] Ibid. 8 : Ἔστι δὲ καὶ τὸ ὂν ἐνέργεια· μία οὖν ἀμφοῖν ἐνέργεια, μᾶλλον δὲ τὰ ἄμφω ἕν.

[5] Ibid. : Τὸ γὰρ ὂν οὐ νεκρὸν, οὐδὲ οὐ ζωὴ, οὐδὲ οὐ νοοῦν, νοῦς δὴ καὶ ὂν ταὐτόν.

l'intelligence, comme exempt de tout mouvement et de toute différence. A l'exemple de Platon, Plotin fait de la différence et de l'identité, du mouvement et du repos des attributs inséparables de l'être. C'est ce qu'il nomme, par une fausse analogie avec les catégories d'Aristote, les premiers genres de l'être[1]. A l'exemple de Platon, il tente donc de s'élever, dans la recherche du premier principe, au-delà de l'être comme de l'intelligence. De l'âme, à la fois unité et multitude, il a remonté à un principe qui n'est encore à ses yeux qu'une unité multiple; il aspire enfin à l'unité absolue[2].

L'intelligence n'est point le dernier terme où l'on doive s'arrêter; elle ne se suffit pas, elle suppose, elle exige quelque autre chose qu'elle-même. En effet, la pensée est un acte. Or, puisque tout acte, suivant Plotin, est un mouvement, tout acte tend à une fin, à un bien, et c'est le désir même du bien qui donne naissance à l'acte. Le désir de voir produit le regard, de même le désir a produit la pensée. A proprement parler, l'intelligence ne se contemple elle-même que par accident; car c'est pour trouver le bien qu'elle se regarde[3].

[1] *Enn.* VI, I-III : Περὶ τῶν γενῶν τοῦ ὄντος.
[2] *Enn.* V, VI, 3 : Εἰ ἄρα πολλά τί ἐστι, δεῖ πρὸ τῶν πολλῶν ἓν εἶναι.
[3] *Enn.* VI, VI, 5 : Καὶ τοῦτ' ἐστι νοεῖν, κίνησις πρὸς ἀγαθόν, ἐφιέμενον ἐκείνου· ἡ γὰρ ἔφεσις τὴν νόησιν ἐγέννησε, καὶ συνυπέστησεν αὐτῇ. Ἔφεσις γὰρ ὄψεως ὅρασις. — Καὶ γὰρ αὖ ἐν τῇ νοήσει αὐτοῦ κατὰ συμβεβηκὸς αὐτὸ (leg. αὐτό?) νοεῖ· πρὸς γὰρ τὸ ἀγαθὸν βλέπων αὐτὸ (leg. αὐτό?) νοεῖ.

# LIVRE I, CHAPITRE III.

Ainsi, tandis qu'Aristote avait fait consister dans l'acte immobile et simple de la pensée le bien suprême, cause première et dernière fin de tout mouvement, Plotin voit encore dans la pensée un mouvement qui tend à une fin supérieure, et il cherche plus haut l'absolu bien.

Ce qui correspond à l'intelligence, suivant lui, c'est le beau, que le Stoïcisme avait identifié avec le bon. Or le bien est un principe supérieur que suppose et duquel dépend la beauté. La beauté ne consiste pas, comme on l'a dit, dans la proportion[1]; car alors comment pourrait-il y avoir quelque beauté dans ce qui est simple? Une belle chose est celle où ce qui est par soi-même sans forme et sans ordre est ordonné par la forme; c'est celle où la forme, dominant la matière, l'assujettit à sa propre unité. Une chose laide est celle où la matière n'est pas assujettie à l'empire de la forme[2]. Or, la forme, c'est l'incorporel. La lumière est ce qui existe de plus beau dans le monde sensible, parce que c'est ce qu'il y a de plus incorporel dans les corps[3]. Ce qui fait la beauté du corps, c'est donc une forme incorporelle par elle-même, et qui, par conséquent,

---

[1] *Enn.* I, vi, 1. C'est évidemment aux Stoïciens que Plotin fait allusion. Voy. plus haut, p. 187.

[2] Ibid. 2 : Αἰσχρὸν δὲ καὶ τὸ μὴ κρατηθὲν ὑπὸ μορφῆς καὶ λόγου, οὐκ ἀνασχομένης τῆς ὕλης τὸ πάντῃ κατὰ τὸ εἶδος μορφοῦσθαι.

[3] Ibid. 3.

en se donnant au corps, n'en demeure pas moins en soi tout entière [1]. Les harmonies que forment les voix sont l'image d'autres harmonies que l'âme a en elle; seulement, en les entendant au dehors, la beauté lui en devient plus sensible [2]. Or, la forme incorporelle est bien plus dans l'âme ce qu'elle est, qu'associée dans le corps avec la matière. Aussi la beauté des vertus efface-t-elle, pour qui sait la voir, celle que tous les corps peuvent offrir aux sens. La face de la justice est plus belle que l'étoile du soir [3]. Enfin, les vertus elles-mêmes, en quoi consistent-elles, sinon dans la domination de l'intelligence sur les parties inférieures de l'âme? La laideur pour l'âme est de se mettre dans l'esclavage des sens; la beauté, de s'en affranchir; et c'est en quoi consiste la vertu. D'où on l'a justement appelée une purification [4]. Les corps tirent de l'âme toute leur beauté; l'âme emprunte à l'intelligence toute la sienne. C'est que toute forme vient de l'intelligence, et n'est, au fond, que l'intelligence même [5].

Mais les belles choses ne se font pas seulement reconnaître pour belles; elles produisent en ceux

---

[1] Ibid. 7 : Χορηγεῖ μὲν ἅπασιν, ἐφ' ἑαυτοῦ δὲ μένον δίδωσι.

[2] Ibid. 3 : Αἱ δὲ ἁρμονίαι ἐν ταῖς φωναῖς αἱ ἀφανεῖς τὰς φανερὰς ποιήσασαι, καὶ ταύτῃ τὴν ψυχὴν σύνεσιν καλοῦ λαβεῖν ἐποίησαν, ἐν ἄλλῳ τὸ αὐτὸ δείξασαι.

[3] *Enn.* VI, vi, 6.

[4] *Enn.* I, vi, 5-7.

[5] Ibid. 9.

qui les voient un doux trouble, une agitation mêlée de plaisir, du désir et de l'amour; non pas de même en tous, mais davantage dans certaines âmes, celles qui sont naturellement plus aimantes [1]. Or ce n'est plus la beauté qui possède par elle-même ce pouvoir. Par-delà la forme de ce qui est beau, quelque chose se laisse entrevoir qui est plus beau que la beauté, qui en est comme la fleur, et à quoi la beauté elle-même doit d'être belle. Ce n'est plus une forme : partout où l'âme voit encore une forme, elle sent qu'il y a quelque chose au-delà à désirer, d'où la forme même tire son origine; quelque chose qui est par soi-même sans forme et sans bornes, et qui engendre un amour sans bornes et sans mesure [2]. C'est le principe et le terme de la forme et de la beauté : c'est le bien. Faire naître l'amour est le propre du bien; c'est le bien dont le désir trouble l'âme, c'est au bien qu'elle aspire à s'unir. L'objet

---

[1] *Ibid.* 4 : Ταῦτα γὰρ δεῖ τὰ πάθη γενέσθαι περὶ τὸ ὅ τι ἂν ᾖ καλόν, θάμβος, καὶ ἔκπληξιν ἡδεῖαν, καὶ πόθον, καὶ ἔρωτα, καὶ πτόησιν μεθ' ἡδονῆς· ἔστι δὲ ταῦτα παθεῖν, καὶ πάσχουσιν αἱ ψυχαὶ καὶ περὶ τὰ μὴ ὁρώμενα, πᾶσαι μὲν, ὡς εἰπεῖν, μᾶλλον μέντοι αἱ τούτων ἐρωτικώτεραι.

[2] *Enn.* VI, vii, 32 : Ἀρχὴ δὲ τὸ ἀνείδεον. — Καὶ μὴν ὅτου ἂν ποθεινοῦ ὄντος μήτε σχῆμα μήτε μορφὴν ἔχοις λαβεῖν, ποθεινότατον καὶ ἐρασμιώτατον ἂν εἴη, καὶ ὁ ἔρως ἂν ἄμετρος εἴη· οὐ γὰρ ὥρισται ἐνταῦθα ὁ ἔρως, ὅτι μηδὲ τὸ ἐρώμενον, ἀλλ' ἄπειρος ἂν εἴη ὁ τούτου ἔρως, ὥστε καὶ τὸ κάλλος αὐτοῦ ἄλλον τρόπον, καὶ κάλλος ὑπὲρ κάλλος· οὐδὲν γὰρ ὂν τί κάλλος ; ἐράσμιον δὲ ὂν τὸ γεννῶν ἂν εἴη τὸ κάλλος. Δύναμις οὖν παντὸς καλοῦ ἄνθος ἐστὶ κάλλους καλλοποιόν· καὶ γὰρ γεννᾷ αὐτὸ καὶ κάλλιον ποιεῖ τῇ παρ' αὐτοῦ περιουσίᾳ τοῦ κάλλους, ὥστε ἀρχὴ κάλλους καὶ πέρας κάλλους. 33 : Διὸ ὅ τι ἂν εἰς εἶδος ἀνάγων τῇ ψυχῇ δεικνύῃς, ἐπὶ τούτῳ ἄλλο τὸ μορφῶσαν ζητεῖ.

n'est en lui-même que ce qu'il est; il devient désirable quand le bien l'illumine et le colore, pour ainsi dire, donnant aux choses les grâces, et à ce qui les désire les amours. L'âme en reçoit un rayon; elle s'émeut alors, elle se trouble, elle se sent atteinte d'un aiguillon caché, elle entre dans le transport et le délire, et l'amour naît en elle [1]. La beauté de l'intelligible n'est pas capable à elle seule de l'émouvoir; c'est une beauté morte tant qu'elle n'a pas reçu la lumière du bien, et l'âme reste en sa présence insensible et engourdie. Mais une chaleur secrète en émane-t-elle pour s'insinuer dans l'âme, c'est alors que celle-ci s'éveille et qu'elle ouvre ses ailes. Tel visage est d'une irréprochable beauté, qui pourtant n'attire point, parce qu'à la beauté ne s'y ajoute pas le charme de la grâce. C'est que la vraie beauté est plutôt ce quelque chose qui resplendit dans la proportion que la proportion même, et que c'est là proprement ce qui se fait aimer [2]. Pourquoi voit-on plutôt sur la face d'un vivant l'éclat de la beauté, et n'en voit-on après la mort que le ves-

[1] Ibid. 22 : Ἐφετὸν δὲ γίγνεται ἐπιχρώσαντος αὐτὸ τοῦ ἀγαθοῦ, ὥσπερ χαριτὰς δόντος αὐταῖς καὶ εἰς τὰ ἐφιέμενα ἔρωτας· καὶ τοίνυν ψυχὴ λαβοῦσα εἰς αὐτὴν ἐκεῖθεν ἀπόρροην κινεῖται, καὶ ἀναβακχεύεται, καὶ οἴστρων πίμπλαται, καὶ ἔρως γίγνεται.

[2] Ibid. : Οἷον γὰρ προσώπῳ πελάζει, καλῷ μὲν, οὔπω δὲ ὄψιν κινεῖν δυναμένῳ, ᾧ μὴ ἐμπρέπει χάρις ἐπιθέουσα τῷ κάλλει. Διὸ καὶ ἐνταῦθα φατέον μᾶλλον τὸ κάλλος τὸ ἐπὶ τῇ συμμετρίᾳ ἐπιλαμπόμενον ἢ τὴν συμμετρίαν εἶναι, αἱ τοῦτο εἶναι τὸ ἐράσμιον.

tige, alors même que les traits ne sont encore aucunement altérés? Pourquoi, entre plusieurs statues, les plus vivantes paraissent-elles plus belles que d'autres mieux proportionnées, et pourquoi un animal vivant est-il plus beau qu'un animal en peinture, celui-ci fût-il d'ailleurs d'une forme plus parfaite? N'est-ce pas que celui-là est plus désirable? et cela parce qu'il a une âme, et que cette âme est, en quelque sorte, colorée et éclairée de la lumière du bien, qu'elle en est comme plus éveillée et plus légère, et, à son tour, allége, éveille et fait participer au bien, autant qu'il en est capable, le corps dans lequel elle réside[1]? Ainsi la forme n'est que le vestige de ce qui n'a pas de forme; et ce principe sans forme, c'est le bien, qui produit dans la matière, lorsqu'elle s'approche de lui, la forme et la beauté[2].

Dans la doctrine d'Aristote, le bien même auquel tend tout désir est l'Intelligence, mais réduite à l'acte absolument simple de la contemplation, dont toute autre pensée n'est qu'une imparfaite image; et la beauté résulte de la participation de la matière et de la quantité au bien de l'intelligence qui, avec

[1] Ibid. : Ἢ ὅτι τοδὶ ἐφετὸν μᾶλλον· τοῦτο δ' ὅτι ψυχὴν ἔχει· τοῦτο δ' ὅτι ἀγαθοειδέστερον· τοῦτο δ' ὅτι ἀγαθοῦ ἀμηγέπη φωτὶ κέχρωσται, καὶ χρωσθεῖσα ἐγήγερται καὶ ἀνακεκούφισται, καὶ ἀνακουφίζει ὃ ἔχει καὶ ὡς οἷόν τε αὐτῷ ἀγαθοποιεῖ αὐτὸ καὶ ἐγείρει.

[2] Ibid. 33 : Τὸ γὰρ ἴχνος τοῦ ἀμόρφου μορφή· τοῦτο γοῦν γεννᾷ τὴν μορφήν, οὐ μορφὴ τοῦτο, καὶ γεννᾷ ὅταν ὕλη προσέλθῃ.

l'acte, leur départit la forme. Plotin ne veut plus comme les Stoïciens comprendre tout bien dans la seule beauté; mais, comme eux, il ne reconnaît pas de pensée, ni d'acte, ni de forme, enfin où il n'y ait toujours quelque matière, au moins intelligible, et quelque quantité. Il n'élève donc point au-dessus de la beauté l'intelligence même la plus pure; et c'est au-delà de toute pensée, de tout acte et de toute forme qu'il cherche le principe supérieur de la beauté elle-même, ou le Bien.

Maintenant, si le bien est au-dessus de toute forme, de tout acte et de toute intelligence, qu'est-il donc en lui-même? car l'idée du bien n'exprime qu'un rapport aux choses dont il est le bien; qu'est-il en son essence? Suivant Plotin comme suivant Platon, il est l'Un.

En effet, qu'est-ce que la forme confère avant tout à la matière? Selon Aristote, c'est l'acte, qui en détermine et en réalise les puissances. Selon Plotin, fidèle au principe dirigeant de toute la philosophie platonicienne, c'est quelque chose de supérieur à l'acte, savoir l'unité. C'est par l'unité que la raison séminale l'emporte sur la matière, et l'*idée* pure sur la raison séminale; c'est par l'unité que l'âme l'emporte sur le corps, et l'intelligence sur l'âme. Et, enfin, qu'est-ce que cherche l'intelligence même? quel est le bien qu'elle poursuit, si ce n'est de s'identifier, de se réunir à soi? C'est pour se retrouver, se reprendre et se posséder qu'elle se pense. Or, dans la conscience de soi, la multitude, la dualité est déjà unité. Que reste-t-il au-delà, et, par conséquent, quel est le suprême bien, sinon l'unité pure et simple, l'Un absolu [1]?

Ainsi, après l'Intelligence, il y a encore un troisième et dernier principe, qui lui est supérieur comme elle-même est supérieure à l'Ame; et ce principe est l'Un. Ce n'est pas un être un, un être qui ait l'unité pour attribut, mais qui soit quelque autre chose encore : au-dessus de l'Intelligence il n'y a plus aucun être; c'est donc simplement l'Un, dont il n'y a rien à dire, si ce n'est qu'il est l'Un.

C'est ici, c'est dans la théorie de la plus haute des trois hypostases que se prononce et paraît au grand jour la différence essentielle qui séparait, dès le principe, l'Aristotélisme et le nouveau Platonisme.

Aristote avait pris pour mesure, dans la recherche des causes, la vie, la réalité, l'énergie actuelle de l'existence; s'élevant de la Physique à la Métaphysique, il remontait ainsi de l'être en puissance à l'être en acte, de la puissance à l'acte. De la sorte, à la vérité, il remontait aussi de la multiplicité à une unité de plus en plus parfaite. Mais c'était, se-

---

[1] *Enn.* V, vi, 3; III, viii, 9.

lon lui, que l'unité ou indivisibilité était une conséquence de l'être, qu'elle en était absolument inséparable; qu'ainsi le degré de l'unité correspondait d'une manière exacte et adéquate au degré de l'être, que mesure celui de l'acte. Au contraire, conformément à la pensée dominante de la philosophie platonicienne, envisageant toutes choses du point de vue de la quantité et du nombre (point de vue qui est à la fois celui des mathématiques et celui de la logique), Plotin cherche avant tout l'unité. Tandis que, suivant Aristote, c'est par l'acte auquel elles tendent que les choses sont unes, et que, par conséquent, c'est dans l'être, dont l'acte est la mesure, que se trouve la raison de l'unité; pour Plotin, comme pour Platon et les Pythagoriciens, c'est l'unité qui est la raison de l'être. De là, si les deux doctrines s'accordent, se côtoient dans leur marche, et souvent même coïncident l'une avec l'autre, elles se séparent enfin d'une manière décisive sur la nature du premier principe.

Parvenu, dans sa marche ascendante, à l'acte de la pensée, renfermée dans la contemplation d'elle-même, Aristote y trouve, avec le plus haut degré de l'être, le plus haut degré de l'unité, dans le sens le plus rigoureux, ou la simplicité absolue. Suivant Plotin c'est bien là, en effet, le plus haut degré de l'être, c'est l'être premier, dont toute existence participe et dépend : mais ce n'est pas pour cela l'unité et la simplicité parfaites [1]. — Point de pensée où ne subsiste au moins la dualité de l'intelligence et de l'intelligible; point d'acte sans quelque mouvement, point d'être sans quelque multiplicité. Au-delà de la pensée et de l'acte, au-delà de l'être, il faut donc quelque chose encore de plus simple et de plus un, d'où ils proviennent, en quoi ils subsistent, où ils retournent; et ce ne peut être suivant lui que l'Un lui-même.

Ainsi Aristote a posé comme le premier principe l'être en acte, qui est la pensée se contemplant elle-même. Le premier principe, selon Plotin, n'est pas intelligible; car il est sans forme, et il n'y a d'intelligible que la forme. Il n'est pas intelligent; car toute intelligence implique, dans l'acte par lequel elle pense, une dualité que l'unité absolue n'admet pas. Que servirait, d'ailleurs, la pensée à une pareille nature? La pensée est donnée à ce qui a besoin de se retrouver soi-même par la conscience de soi. Mais de même que l'œil cherche la lumière, et qu'il n'aurait pas besoin de voir s'il avait en lui, s'il était lui-même la lumière, que servirait la conscience, la connaissance de soi à ce qui est toujours indivisiblement en soi et avec soi [2]? Ainsi le précepte « Connais-toi toi-même » ne s'adresse pas à l'Un; l'Un n'a que faire

---

[1] *Enn.* V, 1, 9 : Ἀριστοτέλης δέ... χωριστὸν μὲν τὸ πρῶτον καὶ νοητόν· νοεῖν δὲ αὐτὸ ἑαυτὸ λέγων, πάλιν αὖ οὐ τὸ πρῶτον λέγει.

[2] *Enn.* VI, ix, 6 : Ἓν δὲ ὂν συνὸν αὑτῷ οὐ δεῖται νοήσεως ἑαυτοῦ.

de se connaître et de se contempler [1]. Enfin, puisque tout être a nécessairement une forme déterminée, puisque l'Un est au-dessus de toute forme, et par conséquent de l'être, on ne peut pas même dire qu'il existe [2]. Il n'existe que là où commence l'être, dans l'opération de l'Intelligence. Considéré en lui-même, et avant qu'il prenne dans l'intelligence une forme déterminée, tout ce qu'on peut dire de lui, c'est ce qu'on peut dire de la matière, c'est qu'il sera [3].

Tandis que la métaphysique péripatéticienne prend pour premier principe l'acte parfait, dans lequel seul rien ne subsiste à l'état de simple virtualité, Plotin cherche le principe de l'acte lui-même; par conséquent, il ne peut trouver à ce principe d'autre caractère, sinon qu'il est la puissance de tout [4]. Ainsi cet élément de l'être en puissance, ou de la simple possibilité, placé par Aristote au-dessous du véritable être, comme la matière qui en reçoit la forme, le Platonisme le rétablit maintenant, avec les caractères de l'infinité et de l'indétermination, non pas seulement dans l'être, comme le Stoïcisme avait fait, mais encore au-dessus de l'être. Par suite, tandis qu'Aristote semble, bien

---

[1] *Ibid.* 38 : Ἔστι (leg. ἔτι) δὲ οὐδὲ τὸ ἔστιν, οὐδὲν γὰρ οὐδὲ τούτου δεῖται. viii, 8 : Καὶ τὸ ἔστιν ἀφαιροῦμεν, ὡς τε καὶ πρὸς τὰ ὄντα ὁπωσοῦν.

[2] *Enn.* VI, vii, 41.

[3] *Enn.* V, ii, 1 : Μᾶλλον δὲ οὔπω ἐστίν, ἀλλ' ἔσται.

[4] *Enn.* V, i, 7 : Τὸ ἓν δύναμις πάντων. iv, 2 : Ἐκεῖνο γὰρ ἐπέκεινα οὐσίας ἦν καὶ ἐκεῖνο μὲν δύναμις πάντων.

# LIVRE I, CHAPITRE III.

moins pourtant que Platon lui-même, laisser en dehors du principe divin un second principe, qui concourt avec le premier à la constitution de la nature, Plotin fait tout sortir d'une seule et même source. Après avoir partout distingué comme deux éléments radicalement opposés celui de la matière et celui de la forme, il les rapporte en définitive à un même principe. C'est de la puissance, de l'indétermination et de l'infinité de l'Un que tirent leur origine, d'abord la matière intelligible de l'intelligence et des *idées*, puis la matière sensible [1].

Cependant si l'Un n'était absolument point, comment pourrait-il être la cause première de tout le reste? Si du moins il n'était rien en acte, mais une simple puissance, comment serait-il Dieu, et ce qu'il y a de plus parfait? Ne serait-il pas au contraire de toutes les choses la plus imparfaite et la plus défectueuse [2]? L'acte est plus parfait que la simple existence. Force est donc de reconnaître aussi l'acte dans le premier principe. Bien plus, simple comme il l'est, l'acte ne peut différer en lui de la substance, et, par conséquent, il est tout acte [3]. Si déjà dans l'intelligence l'acte n'est pas plutôt une suite de l'existence que l'existence une suite de

---

[1] *Enn.* III, viii, 9.

[2] *Enn.* VI, viii, 20 : Εἰ δὲ ὑπόστασιν ἄνευ ἐνεργείας τις θεῖτο, ἐλλιπὴς ἡ ἀρχὴ καὶ ἀτελὴς ἡ τελειοτάτη πασῶν ἔσται.

[3] *Ibid.* : Εἰ οὖν τελειότερον ἡ ἐνέργεια τῆς οὐσίας, τελειότατον δὲ τὸ πρῶτον, πρῶτον ἂν ἐνέργεια εἴη.

l'acte, à plus forte raison cela est-il vrai de l'Un, où nulle différence ne saurait trouver place. L'être, la vie, l'acte n'y sont donc qu'une seule et même chose [1].

En second lieu, il est bien vrai qu'on ne peut attribuer à l'Un la pensée. Ce serait le faire descendre au rang du deuxième principe. Tout ce qu'on lui ajoute le diminue; donc il ne se contemple pas, il ne se pense pas lui-même [2]. Mais le priver de toute espèce de raison, ne serait-ce pas aussi le rabaisser au-dessous de tout ce qui est raisonnable; et comment donc alors serait-il la racine première de toute raison [3]? Pour ne pas le mettre au-dessous de tous les êtres dont il est le principe, encore faut-il lui accorder quelque conscience et quelque intuition ineffable de lui-même [4]. Or c'est reconnaître en lui une sorte d'intelligence [5].

En outre, si, dans le premier principe, l'existence n'est en aucune manière l'antécédent et la condition de l'acte, si ce n'est pas en vertu de ce qu'il est qu'il agit, c'est par son acte qu'il commence d'être. Dès lors on peut dire qu'il est la cause de son être, et la cause de lui-même [6].

---

[1] *Enn.* VI, VIII, 7 : Εἴ γε μηδὲ ἐπὶ τοῦ νοῦ τοῦτο ὅτι μᾶλλον κατὰ τὸ εἶναι ἢ ἐνέργεια ἢ κατὰ τὴν ἐνέργειαν τὸ εἶναι.

[2] *Enn.* VI, VII, 38, 39, 41; VI, IX, 6.

[3] *Enn.* VI, VIII, 15 : Ῥίζα γὰρ λόγου παρ' αὑτῆς.

[4] *Enn.* VI, VII, 39 : Ἀλλὰ ἁπλῆ τις ἐπιβολὴ αὐτῷ πρὸς αὑτὸν ἔσται.

[5] *Enn.* VI, VIII, 16 : Οἷον νοῦς.

[6] Ibid. 7.

Enfin cet acte par lequel il pose lui-même sa propre existence est un acte de volonté et de liberté. Car qui pourrait le contraindre [1]? A la vérité on ne saurait concevoir dans l'Un ce libre arbitre qui délibère et choisit entre des contraires. Mais c'est là une imperfection des êtres bornés, incapables de se tenir toujours au meilleur [2]. La volonté de Dieu est immuable; elle est sa nature même. Mais en est-elle moins libre? Qu'y a-t-il au contraire de plus libre que ce qui agit conformément à sa nature? En Dieu, la volonté et l'être ne font qu'un. Sa volonté, c'est lui. Donc tel il a voulu être, tel il est, et il n'est que parce que et comme il l'a voulu [3]. Il est le maître de son existence, il est l'auteur et le maître de lui-même [4]. — Suit-il de là que le premier principe eût pu à son gré être tout autre qu'il n'est? Mais l'objet de tout désir et de toute volonté est le bien. Nulle chose qui ne préfère être le bien plus encore que d'être ce qu'elle est, et qui ne croie être d'autant plus qu'elle participe davantage du bien [5]. Que souhaiterait donc

---

[1] *Enn.* VI, viii, 13.

[2] Ibid. 21 : Καὶ γὰρ τὸ τὰ ἀντικείμενα δύνασθαι ἀδυναμίας ἐστὶ τοῦ ἐπὶ τοῦ ἀρίστου μένειν.

[3] *Enn.* VI, viii, 13 : Ὡς ἄρα ἐβούλετο, οὕτω καὶ ἔστιν. 21 : Πᾶν ἄρα βούλησις ἦν. — 21 : Πρῶτον ἄρα ἡ βούλησις αὐτός, καὶ τὸ ὡς ἐβούλετο ἄρα, καὶ οἷον ἐβούλετο.

[4] Ibid. 12 ; 13 : Κύριος ἄρα πάντῃ ἑαυτοῦ, ἐφ' ἑαυτῷ ἔχων καὶ τὸ εἶναι. 15 : Αὐτός ἐστιν οὗτος ὁ ποιῶν ἑαυτὸν καὶ κύριος ἑαυτοῦ.

[5] *Enn.* VI, viii, 13 : Τῶν ὄντων ἕκαστον ἐφιέμενον τοῦ ἀγαθοῦ βούλεται ἐκεῖνο μᾶλλον ἢ ὅ ἐστιν εἶναι.

d'autre que soi celui qui est le bien absolu ? Rien en lui qui puisse lui déplaire et qu'il voulût changer. Il est tout ce qu'il veut et tout ce qu'il peut vouloir être [1]. Il est à la fois et ce qui est aimable par excellence et l'amour : il est l'amour éternel de lui-même [2]. En lui volonté, amour, désir, ne font qu'un avec l'être. Ce n'est donc ni par force qu'il est ce qu'il est, ni par hasard non plus ; il est ce qu'il doit être, par une volonté immuable, également supérieure à la fortune et à la nécessité [3]. — Plotin rend ainsi l'un après l'autre à son Dieu tous les attributs que doit avoir celui de la métaphysique péripatéticienne : mais c'est pour finir toujours par les lui retirer. Il le déclare en définitive : ce n'est qu'improprement et par abus qu'on peut étendre à l'Un de telles qualifications. Comment porter l'intelligence et la volonté dans ce que nous ne pouvons pas seulement nommer un être ? Le nom même d'Un ne lui convient pas, à parler rigoureusement : du moins nous n'arrivons d'ordinaire à l'idée de l'unité que par la réduction successive de la quantité, et comme au *minimum* qui en est le terme ; or, le premier principe est ce qu'il y a de plus grand, non pas, il est vrai, par l'étendue, mais bien par

---

[1] Ibid. : Σύνδρομος αὐτὸς ἑαυτῷ, θέλων αὐτὸς εἶναι, καὶ τοῦτο ὢν ὅπερ θέλει, καὶ ἡ θέλησις καὶ αὐτὸς ἕν, etc.

[2] *Enn.* VI, vIII, 15 : Καὶ ἐράσμιον καὶ ἔρως ὁ αὐτὸς καὶ αὑτοῦ ἔρως.

[3] Ibid.

la puissance [1]. Tout vient de l'Un, c'est là tout ce qu'on en peut savoir. Rien ne se peut ajouter à l'idée qu'il est la puissance universelle; il n'est de plus, il n'est actuellement, soit pour nous, soit pour lui-même, qu'un néant. Tel est le dernier principe auquel vient se terminer tout le système Néoplatonicien.

En résumé, au-dessus de la matière, trois *hypostases* ou substances principales, dont chacune est à ce qui lui est inférieur ce que l'unité est à la multitude, et dont la plus haute est l'Un même, sans aucune autre détermination; trois hypostases liées les unes aux autres de telle sorte, que chacune est à celle qui vient après elle ce qu'est un centre aux rayons qui en partent, un centre divisé et multiplié en quelque manière dans ses rayons, sans laisser pour cela d'être tout en lui-même : telle est dans son dessein général la doctrine exposée par Plotin.

Outre le monde corporel et sensible, trois principes placés au-dessus, et aussi, pour ainsi dire, au fond les uns des autres, l'Ame, l'Intelligence et l'Un; en réalité un seul et même principe considéré en rapport avec la matière sensible, avec une matière purement intelligible et idéale, et enfin en lui seul, c'est le système auquel le Platonisme tendait depuis sa renaissance. Ces trois principes mis les uns avec

---

[1] *Enn.* VI, ix, 6 : Μέγιστον γὰρ ἁπάντων οὐ μεγέθει ἀλλὰ δυνάμει.

les autres dans le rapport de l'unité à la multitude, c'est la forme précise à laquelle la méthode Platonicienne devait amener enfin par sa propre force les opinions incertaines et confuses des prédécesseurs d'Ammonius Saccas. La pensée que la relation intime par laquelle dépend de chaque principe ce qui lui est inférieur consiste en ce que ce principe lui a donné de son être sans en perdre, et y descend sans cesser pour cela de subsister tout entier en lui-même, c'est la pensée qu'une théologie étrangère a fournie au Platonisme. Maintenant, enfin, qu'en vertu de cette propriété divine et surnaturelle chaque principe ait produit de lui-même, ait tiré de soi seul, comme d'une source abondante, toute la multitude dans laquelle il habite et dont il est l'unité; que chacun soit ainsi comme un centre dont les rayons ne seraient que l'expansion, c'est là la conception par laquelle Plotin en particulier (bien que sur les traces sans doute de son maître) tente une solution nouvelle des problèmes que la Métaphysique d'Aristote et la physique Stoïcienne semblaient avoir laissés encore en suspens.

La philosophie péripatéticienne paraissait représenter le premier principe, ou Dieu, comme absolument séparé d'avec les natures inférieures et sans communication avec elles; c'était l'acte pur, qui formait le monde en lui donnant le mouvement sans se mouvoir. Le Stoïcisme au contraire l'avait représenté tendu dans les choses, et se mouvant en elles tout entier. Sous l'inspiration de la théologie judéo-hellénique encore en son enfance, l'auteur du livre du Monde a déjà indiqué une théorie moyenne, destinée à concilier ces deux théories extrêmes : en laissant Dieu hors du monde, il a fait descendre dans le monde la puissance de Dieu. Philon a inspiré à Numénius, Numénius à Ammonius Saccas une pensée plus hardie : unir, identifier, et non plus seulement rapprocher par un médiateur les extrêmes. C'est encore cette pensée que s'approprie, que développe et que féconde Plotin.

Suivant Plotin, l'essence, ou l'être, ou la substance, ne se séparent pas de la puissance. Comme on l'a déjà vu, c'est le principe lui-même qui tout à la fois reste hors des choses et vient en elles. Depuis l'unité absolue jusqu'à l'âme, chaque principe demeure tout entier en soi, et en même temps, il sort de soi, il s'avance, il procède [1] et s'épand

---

[1] *Enn.* V, ɪɪ, 2 : Προεληλυθώς. VI, ɪɪɪ, 12 : Πρόοδος προϊοῦσα, etc. Modératus de Gadès avait déjà employé le mot προοδισμός. — Les théologiens chrétiens ont aussi exprimé par le mot πρόοδος la procession du Saint-Esprit (voy. Greg. Naz. *Orat.* XIII, p. 211; XXIX, p. 493). Cependant ils ont employé de préférence, pour la procession soit du Fils, soit du Saint-Esprit le mot προβολή, qui indique plus d'activité. Voy. S. Just. *Dialog.* p. 221. Beausobre, *Hist. crit. du Manich.*, I, 548. — Les Pères latins ont employé comme équivalant à l'idée de la *procession* celle de l'*émanation*. Petav. *Dogm. theol.*, I, 294 : « Sciri illud oportet, quam latini theologi emanationem appellant, eam ab illis (sc. græcis) nominari πρόοδον, quæ et ab nostris processio dicitur. » Plotin se sert également des métaphores qui impliquent l'idée de l'émanation. Voy. *Enn.* V, ɪ, 6.

dans des natures inférieures. Par cette *procession* naît de l'Un l'Intelligence, de l'Intelligence l'Ame, de l'Ame l'Univers. Telle est l'idée d'où sort tout le système de Plotin. L'Aristotélisme repose sur l'idée de l'*acte*; le Stoïcisme sur celle de la *tension*; l'idée de la *procession* résume désormais tout le Néoplatonisme, et elle est l'union des deux idées contraires qu'elle vient remplacer. C'est l'acte immobile et séparé, réuni avec l'activité concrète et en mouvement, c'est la cause immanente réunie avec la cause transitive; un même principe, immuable en lui-même, qui se meut et se métamorphose dans ses effets.

Maintenant, comment chaque principe, comment le premier principe, avant tout, se détermine-t-il à *procéder* dans des natures inférieures? Ce qui est bon, dit Platon, ne saurait être envieux [1]. Il ne refuse donc pas de se communiquer; sans changer, il donne l'être en pur don. C'est une loi universelle que tout être arrivé à son point de perfection engendre un autre être semblable à lui [2], quoique moindre que lui [3].

Mais que la génération des choses résulte de la

---

[1] Plat. *Tim.*, p. 30 e : Ἀγαθὸς ἦν, ἀγαθῷ δὲ οὐδεὶς περὶ οὐδενὸς ἐγγίγνεται φθόνος. Aristot. *Metaph.*, I, 2 : Ἀλλ' οὔτε τὸ θεῖον φθονερὸν ἐνδέχεται εἶναι.

[2] Plotin. *Enn.* V, 1, 6 : Πάντα δὲ ὅσα ἤδη τέλεια, γεννᾷ.

[3] *Enn.* V, 1, 7.

bonté du principe, ce n'est pas à dire qu'elle soit l'effet d'une volonté bienfaisante. Les mots de *bon* et de *bonté* ne signifient ici, comme presque partout dans l'antiquité païenne, que la perfection intrinsèque, dans laquelle consiste le bien, et non le désir ou la volonté chez un être de la perfection et du bien d'un autre être[1]. A la vérité, tout ce qui existe tendant, par sa nature même, à être tout ce qu'il peut être, cette pensée ne pouvait manquer de se produire, qu'aussitôt qu'un être n'est plus empêché par rien d'étranger, aussitôt que, parvenu à sa perfection et affranchi du besoin, sa nature se développe librement, il se répand et se communique de tout son pouvoir[2]. Tel est le sens de la maxime de Platon, tel est celui de la preuve que Plotin en donne, et qui est la loi universelle de la reproduction. De cette idée à cette autre que la bonté d'un être consiste précisément à vou-

---

[1] Cette dernière idée s'exprime en grec par εὔνοια ou φιλανθρωπία, et non par ἀγαθότης. Aussi Cicéron traduit ainsi le passage célèbre du Timée (Ἀγαθὸς ἦν etc.): « *Probitate* videlicet præstabat; *probus* autem invidet nemini. » — Au reste *bonitas* et *bonus*, n'ont de même, en général, que la signification d'ἀγαθότης et ἀγαθός, qu'expriment *probitas* et *probus*. Cependant ces mots commencent à prendre dans quelques passages de Cicéron le sens actif et transitif de *bonté* et de *bon*. Voy. *De Nat. Deor.* l. I. cap. pœnult ; III, 34 ; *pro Ligar.* 12 ; *pro Rosc.* 10. Cf. Plaut. *Capt.* II, 1, v. 48.

[2] De là l'intime connexion qui existe dans les langues anciennes aussi bien que dans les modernes entre les idées de *liberté* et de penchant à donner (*libéralité*).

loir le bien de tous les êtres, que la *bonté* véritable et la *bienveillance* ne font qu'un, en d'autres termes, que la perfection et l'amour sont une seule et même chose, il n'y avait qu'un pas : mais ce pas, il n'était pourtant pas donné de le faire ni à la philosophie platonique ni à aucune autre de l'antiquité païenne.

Dans la pensée de Plotin, ce n'est donc pas par une volonté, ni par rien qui y ressemble, que chacun des trois principes, et que le premier principe avant tout se détermine à procéder hors de lui-même dans ce qui vient après lui. Supposer que la procession du premier principe s'est faite par une volonté, ce serait, dit Plotin, supposer qu'il désire, et, par suite, que quelque chose lui manque. Or, comment manquerait-il quelque chose à ce qui est la perfection même [1] ? En second lieu, qui dit volonté, dit pensée et mouvement. Si donc la procession de l'Un dans l'Intelligence se faisait par volonté, l'Intelligence ne viendrait pas immédiatement après l'Un; elle ne serait pas au second rang, mais seulement au troisième. Entre elle et l'Un il y aurait encore la volonté de l'Un [2]. En

---

[1] *Enn.* V, III, 12 : Οὐδ' αὖ ὅλως προθυμηθῇ (οὕτω τε γὰρ ἦν ἀτελής, καὶ ἡ προθυμία οὐκ εἶχεν ὅ τι προθυμηθῇ·) οὐδ' αὖ τὸ μὲν εἶχε τοῦ πράγματος, τὸ δὲ οὐκ εἶχεν· οὐδὲ γὰρ ἦν τι πρὸς ὃ ἡ ἔκτασις.

[2] *Enn.* V, III, 12 : Εἰ δὲ μή, οὐκ ἔσται ἡ πρώτη ἐνέργεια ὁ νοῦς· οὐ γὰρ οἶον προθυμηθῇ νοῦν γενέσθαι. I, 6 : Τὸ οὖν γιγνόμενον ἐκεῖθεν οὐ κινηθέντος

d'autres termes, ce serait imaginer dans le premier principe un mouvement avant le premier mouvement, qui ne commence que dans l'intelligence et l'être.

Ainsi, en premier lieu, ce n'est pas par un acte libre de volonté que le premier principe donne naissance au second : c'est par son essence même, et par la seule nécessité de sa nature [1]. Telle s'exhale une substance odorante; telle la chaleur s'échappe du feu, et le froid de la neige; tel luit et rayonne le soleil; tel déborde un vaisseau trop plein [2]. Toutes images empruntées par le Platonisme à la théologie Judéo-Alexandrine [3].

Ensuite, le second principe, né de la *procession* du premier, ne s'en sépare pas pour cela [4]. C'est ce que Philon avait déjà dit du second Dieu à l'égard du premier, du Fils à l'égard du Père. L'Intelligence est à l'Un ce qu'est au soleil, non la lumière qui en part et s'en éloigne, mais la splendeur qui émane de lui immédiatement, et qui l'environne sans le quitter [5]. En effet, le second

φατέον γίγεσθαι· εἰ γὰρ κινηθέντος αὐτοῦ τι γίγνοιτο, τρίτον ἀπ' ἐκείνου τὸ γιγνόμενον μετὰ τὴν κίνησιν ἂν γίγνοιτο, καὶ οὐ δεύτερον.

[1] *Enn.* III, II, 2.
[2] *Enn.* V, I, 6; II, I.
[3] Voy. plus haut, p. 362.
[4] *Enn.* V, III, 12 : Οὐδὲ γὰρ ἀποτέμνεται τὸ ἀπ' αὐτοῦ.
[5] *Enn.* V, I : Πῶς οὖν καὶ τί δεῖ νοῆσαι περὶ ἐκεῖνο μένον; περίλαμψιν ἐξ αὐτοῦ μέν, ἐξ αὐτοῦ δὲ μένοντος, οἷον ἡλίου τὸ περὶ αὐτὸ λαμπρὸν, ὥσπερ περιθέον, ἐξ αὐτοῦ ἀεὶ γεννώμενον μένοντος. Cf. V, III, 12.

principe n'est plus l'unité pure et simple. Il est, dans l'origine, unité : mais pour se posséder lui-même il se divise, il se développe; il passe ainsi à une condition inférieure; il quitte le meilleur pour le pire [1]. Son but pourtant c'est, en se pensant lui-même, de rentrer dans la plénitude de son essence, et de revenir à l'unité [2]. En se contemplant elle-même, c'est l'Un que l'Intelligence veut contempler et qu'elle contemple. En revenant à elle-même, c'est à son principe qu'elle revient [3]; c'est dans la conscience de l'Unité absolue qu'elle se replie; et c'est par le mouvement même qui la ramène à l'Un qu'elle est intelligence. Ainsi elle est comme une lumière considérée au point même où elle sort de son foyer; elle est comme un cercle qui toucherait encore à son centre par tous les points [4]; elle est comme les rayons pris à leur origine, et au moment précis où ils sortent du centre. L'Un y est développé, sans s'être développé [5]. En un mot, ce que l'Intelligence désire, elle l'obtient à chaque instant; ce qu'elle cherche, elle l'a déjà [6]. Elle ne se divise

---

[1] *Enn.* III, viii, 7 : Ἀρξάμενος ὡς ἕν, οὐχ ὡς ἤρξατο ἔμεινεν, ἀλλ' ἔλαθεν ἑαυτὸν πολὺς γενόμενος, οἷον βεβαρημένος, καὶ ἐξείλιξεν αὑτὸν, πάντα ἔχειν ἐθέλων, ὡς βέλτιον αὐτῷ μὴ ἐθελῆσαι τοῦτο.

[2] *Enn.* V, ii, 1 : Τὸ δὲ γενόμενον εἰς αὐτὸ ἐπεστράφη, καὶ ἐπληρώθη, καὶ ἐγένετο πρὸς αὐτὸ βλέπον, καὶ νοῦς οὗτος.

[3] *Enn.* VI, ix, 2 : Εἰς ἑαυτὸν γὰρ ἐπιστρέφων, εἰς ἀρχὴν ἐπιστρέφει.

[4] *Enn.* VI, viii, 18.

[5] Ibid. : Οἷον ἐξελιχθὲν οὐκ ἐξεληλιγμένον.

[6] *Enn.* III, viii, 10 : Ἐν μὲν τῷ νῷ ἡ ἔφεσις, καὶ ἐφιέμενος ἀεί, καὶ ἀεὶ τυγχάνων.

que pour se réunir, et elle est encore une; c'est une multitude qui est unité, c'est un mouvement qui est repos.

Cependant si, en se pensant elle-même, l'intelligence se voit une, d'un autre côté, dans sa multiplicité, issue de la puissance infinie de l'Un, elle voit tous les êtres [1]. Elle voit que par sa puissance elle est tout. A son tour elle déborde, elle se déploie dans une multiplicité nouvelle; elle procède et s'écoule en un nouveau principe, plus éloigné encore de l'Unité. C'est l'Ame, qui développe en une multitude de puissances distinctes toutes les formes que l'Intelligence enveloppait [2].

Pour séparer ainsi, pour disperser ce que l'Intelligence tenait uni, il faut à l'Ame une étendue où elle se développe. Où procéderait-elle s'il n'y avait aucun lieu pour la recevoir? — Mais ce n'est pas à dire que la quantité, l'étendue, que l'espace et le temps préexistent à la procession de l'Ame. C'est avec cette procession même qu'ils commencent d'être; c'est l'Ame qui se crée elle-même son lieu [3]. Toutes ces choses que l'Intelligence enfermait concentrées en son identité, toutes ensemble et toutes à la fois, dans un présent éternel et une

[1] *Enn.* VI, ix, 2 : Καὶ χρὴ τὸν νοῦν... νοεῖν ἑαυτὸν ὄντα τὰ πάντα.
[2] *Enn.* III, ii, 2.
[3] *Enn.* IV, iii, 9 : Σώματος μὲν μὴ ὄντος οὐδ' ἂν προέλθοι ψυχή, ἐπεὶ οὐδὲ τόπος ἄλλος ἐστὶν ὅπου πέφυκεν εἶναι. Προϊέναι δὲ εἰ μέλλει, γεννήσει ἑαυτῇ τόπον, ὥστε καὶ σῶμα.

unité indivise, l'âme pour mieux les saisir les divise et les désunit. Elle veut être maîtresse d'elle-même, se posséder elle-même dans toutes ses parties; pour y arriver, elle se met en mouvement; elle marche d'une chose à une autre, ici d'abord, là ensuite. Ainsi naît le temps, par l'impuissance où est l'âme de tout embrasser à la fois. Déjà les Péripatéticiens avaient dit que le temps n'existerait pas sans l'âme [1]. Selon Plotin, comme l'éternité est la vie immuable de l'intelligence, le temps n'est que la vie de l'âme dans son passage perpétuel d'une forme à une autre. Que le mouvement de l'âme cesse, il ne restera que l'éternité [2].

De même l'étendue ne préexiste pas dans la matière à la présence de l'âme. C'est la raison séminale procédant du sein de l'âme qui, par le développement de sa puissance, donne à la matière telle ou telle grandeur [3]; en sorte que, comme le temps, l'étendue est le résultat de la *procession*

---

[1] Alex. Aphrodis. ap. Themist. *de An.* 64.

[2] *Enn.* III, vii, 10 : Φύσεως δὲ πολυπράγμονος καὶ ἄρχειν αὐτῆς βουλομένης καὶ εἶναι αὐτῆς, καὶ τὸ πλέον τοῦ παρόντος ζητεῖν ἑλομένης, ἐκινήθη μὲν αὐτή, ἐκινήθη δὲ καὶ αὐτός, καὶ εἰς τὸ ἔπειτα ἀεὶ καὶ τὸ ὕστερον καὶ οὐ ταὐτὸν ἀλλ' ἕτερον εἶθ' ἕτερον κινούμενοι, μῆκός τι τῆς πορείας ποιησάμενοι, αἰῶνος εἰκόνα τὸν χρόνον εἰργασάμεθα. Ibid. 10 : Εἰ οὖν χρόνον τις λέγει ψυχῆς ἐν κινήσει μεταβατικῇ ἐξ ἄλλου εἰς ἄλλον βίον ζωὴν εἶναι, ἆρ' ἂν δοκεῖ τι λέγειν; 11 : Εἰ οὖν ὑποθοίμεθα μηκέτι ἐνεργοῦσαν ἀλλὰ παυσαμένην ταύτην τὴν ἐνέργειαν, καὶ ἐπιστραφὲν καὶ τοῦτο τὸ μέρος τῆς ψυχῆς πρὸς τὸ ἐκεῖ καὶ τὸν αἰῶνα, καὶ ἐν ἡσυχίᾳ μένον, τί ἂν ἔτι μετὰ αἰῶνα εἴη;

[3] *Enn.* III, vi, 16, 17; IV, iii, 9.

de l'imagination. La matière suit, obéissante, et s'étend au gré de la forme qui lui commande et qui l'entraîne [1].

De la puissance infinie de l'Un, l'Intelligence a tiré, en se développant, la matière intelligible, base de la pluralité que toute pensée implique, et, par suite, de la multitude infinie des *idées*. De la puissance qu'enveloppent les diverses *idées*, l'Ame fait sortir encore tout ce qu'il y a de réel dans la matière sensible, nécessaire à ses opérations, lieu où elle se déploie et s'étend. De degrés en degrés, de fonctions en fonctions toujours plus corporelles, elle descend jusqu'au corps sans vie, dernière limite où s'arrête épuisé le développement de son pouvoir, mais à laquelle elle donne encore une forme. L'âme est comme une lumière brillant sur une hauteur : au terme de son rayonnement il n'y a plus que les ténèbres ; mais c'est encore la lumière, c'est encore le regard de l'âme qui détermine leur forme. Tel le soleil dore le nuage qui arrête ses rayons. Ainsi se forme le corps, multitude indéfinie et sans forme par elle-même, limite extrême où vient expirer le bien [2].

Cependant dans son mouvement progressif l'Ame

---

[1] *Enn.* III, vi, 17 : Τὸ μὲν οὖν μέγα, ἐν προόδῳ φαντάσεως θέον, ὅσον εἰς αὐτὸ δὴ τοῦτο τὸ μέγα συνθεῖν ποιῆσαν τὸ μικρὸν τῆς ὕλης, πεποίηκεν αὐτὸ τῇ παρατάσει οὐ πληρούμενον δοκεῖν εἶναι μέγα. — Μεγεθύνεται δὲ ἕκαστα, ἑλκόμενα τῇ δυνάμει τῶν ἐνορωμένων καὶ χώραν ἑαυτοῖς ποιούντων.

[2] *Enn.* IV, iii, 9; I, viii, 5.

ne s'est pas séparée de l'Intelligence. Elle n'est descendue dans le corps que par sa partie inférieure : par sa partie supérieure elle ne laisse pas d'être toujours unie à l'Intelligence comme l'Intelligence l'est à l'Un [1]. Étendue, dispersée, séparée d'elle-même dans le vaste corps du monde, elle conserve dans l'Intelligence, la conscience de soi; et comme l'Intelligence, dans le mouvement par lequel elle se pense, n'a d'autre fin que de revenir par la conscience d'elle-même à l'unité dont elle s'est écartée, de même en se développant sous les diverses formes et à tous les degrés divers de la vie dans le monde sensible, l'Ame n'a d'autre but que de se ressaisir, de se posséder, et de rentrer dans la primitive unité de la conscience d'elle-même et dans l'Intelligence. Toute la pratique ne tend, comme on l'a déjà vu, qu'à la contemplation et à la pensée [2]. C'est l'Unité que l'Intelligence s'exprime à elle-même par la pensée, c'est l'Intelligence que l'Ame s'exprime, se représente et s'interprète à elle-même comme elle peut. L'intelligence est à l'Un, l'Ame est à l'Intelligence ce qu'est à l'idée, encore cachée en nous, la parole qui l'exprime au dehors [3]. Comme Philon et Numénius l'avaient dit,

---

[1] *Enn.* IV, VIII, 8 : Οὐ πᾶσα οὐδ' ἡ ἡμετέρα ψυχὴ ἔδυ, ἀλλ' ἔστι τι αὐτῆς ἐν τῷ νοητῷ ἀεί. — Πᾶσα γὰρ ψυχὴ ἔχει τι καὶ τοῦ κάτω πρὸς τὸ σῶμα καὶ τοῦ ἄνω πρὸς τὸν νοῦν. Cf. IV, III, 12.

[2] *Enn.* III, VIII, 5 : Ἀνέκαμψεν οὖν πάλιν ἡ πρᾶξις εἰς θεωρίαν.

[3] *Enn.* I, II, 3 ; V, I, 3.

comme le dit aussi la théologie chrétienne, la seconde hypostase est donc l'image, la parole ou le Verbe et l'interprète de la première : la troisième est l'image [1], la parole et l'interprète [2] de la seconde.

Ainsi, des trois hypostases ou substances dont se compose la nature divine, la seconde et la troisième sont des développements progressifs de la puissance infinie renfermée dans l'unité absolue de la première. Mais elles n'en demeurent pas moins dans leur source. Tels les rayons du soleil, en descendant jusqu'à la terre, n'en restent pas moins réunis dans le foyer commun d'où ils émanent [3]. Ici le monde n'est donc plus, comme il semblait l'être dans la métaphysique péripatéticienne, en dehors de la Providence divine, et abandonné à lui-même. Rien dans les corps qui ne préexiste en sa raison séminale, au sein de l'âme du monde; pas une raison séminale qui ne préexiste sous la forme éternelle d'une *idée*, dans l'intelligence universelle; pas une *idée* enfin que Dieu n'enveloppe, avant l'éternité elle-même, dans l'infini de son unité. La Providence divine atteint donc et embrasse tout. Mais

---

[1] *Enn.* V, 1, 7 : Εἰκόνα δὲ ἐκείνου λέγομεν τὸν νοῦν.

[2] Ἑρμηνευτική. *Enn.* IV, III, 11. — Selon saint Grégoire-le-Thaumaturge, saint Basile, saint Athanase, saint Cyrille d'Alexandrie, saint Jean Damascène, saint Augustin, etc., ces diverses qualifications ne conviennent pas moins au Saint-Esprit à l'égard du Fils qu'au Fils à l'égard du Père. Voy. Dion. Petav. *Dogm. theol.*, II, 679, 681.

[3] *Enn.* IV, VIII, 4.

cela ne signifie pas que Dieu règle et administre les choses par une volonté et par un raisonnement pareils à ceux dont les hommes font usage. Bien plus, la Providence est supérieure à l'intelligence contemplative la plus pure. La procession de la nature divine n'a pas été l'effet d'une détermination volontaire. Tout ne pouvait pas finir à l'Un : après lui il fallait une seconde nature, puis après la seconde une troisième, jusqu'au complet développement de la puissance divine [1] : ainsi s'est formé le monde; ainsi il se conserve et se conservera toujours. Le premier principe verse sa lumière sur le second, le second sur le troisième, celui-ci sur le corps qu'il anime; c'est là la providence [2]. C'est un même principe qui, par une nécessité naturelle, sans choix et sans raisonnement, rayonne du fond de son unité absolue à travers l'intelligence et l'âme jusque dans la multiplicité du monde. Tout procède d'un même centre, et ne laisse pas d'y demeurer contenu d'une manière supérieure à toute raison et à toute pensée. Telle est l'idée véritable de la Providence divine [3].

Maintenant si la procession des principes divins

---

[1] *Enn.* III, 11, 2 : Γέγονε δὲ, οὐ λογισμῷ τοῦ δεῖν γενέσθαι, ἀλλὰ φύσεως δευτέρας ἀνάγκῃ, etc.

[2] *Enn.* III, 111, 4 : Ἐπιλάμπει τὰ κρείττω τοῖς χείροσι, καὶ ἡ τελεία πρόνοια τοῦτο.

[3] *Enn.*, VI, vii, 39 : Ἡ δὲ πρόνοια ἀρκεῖ ἐν τῷ αὐτὸν εἶναι παρ' οὗ τὰ πάντα.

finit avec l'âme et son expansion dans le vaste corps du monde, la division et la séparation ne s'arrêtent pas là. L'Ame universelle enveloppe une multitude d'âmes particulières, comme l'Intelligence une multitude d'*idées* ou d'intelligences ; et c'est par une *idée*, par une intelligence particulière que chaque âme particulière tient, dans le sein de l'Ame universelle, à l'universelle Intelligence. Mais les âmes ne demeurent pas unies comme les *idées* desquelles elles dépendent, dans l'identité de leur commun principe. En rapport immédiat, comme elles le sont, avec la matière sensible, avec l'élément de l'étendue et de la division, le désir naît en chacune d'elles de se faire dans un corps séparé une vie indépendante. Chacune se voit comme en un miroir dans ce petit monde où elle peut déployer ses puissances, et, éprise de sa propre image [1], obéissant à une fascination toute-puissante, elle descend, ou plutôt, comme disait Platon, ses ailes divines se brisent, et elle tombe. Le désir d'être quelque chose par elles seules et de s'appartenir, la présomption ou l'audace [2], comme disaient les Pythagoriciens, telle est la cause de la séparation des âmes particulières d'avec l'âme universelle, et de leur chute ; telle est la première origine du mal [3].

---

[1] *Enn.*, IV, III, 12 : Ἀνθρώπων δὲ ψυχαὶ, εἴδωλα αὑτῶν ἰδοῦσαι, etc.
[2] Τόλμα.
[3] *Enn.*, V, 1, 1 : Ἀρχὴ μὲν οὖν αὐταῖς τοῦ κακοῦ ἡ τόλμα καὶ ἡ γένεσις, καὶ ἡ πρώτη ἑτερότης, καὶ τὸ βουληθῆναι δὲ ἑαυτῶν εἶναι.

L'âme du monde est semblable, dans sa partie inférieure, au principe vital d'une grande plante, qui y administre tout paisiblement et sans bruit. Les âmes particulières qui s'en détachent sont semblables, du moins dans leur partie inférieure, à ces animalcules auxquels donnent naissance les parties de la plante qui se putréfient [1].

Ce n'est donc pas par une volonté véritablement libre que chaque âme descend dans son corps; la volonté ne tend qu'au bien : qui pourrait, de propos délibéré, quitter le meilleur pour le pire? Mais elle ne descend pas non plus par contrainte. Elle cède à une illusion, en se cherchant où elle n'est pas, hors de ce qui est sa véritable essence, admirant plus qu'elle-même tout ce qui n'est pas elle et où elle imagine se trouver. — Quoique Plotin s'efforce de séparer profondément de la *procession* des trois principes la *descente* des âmes, c'est toujours en définitive une extension de la même pensée; c'est en cédant à la même inclination qui a entraîné l'Ame universelle à sortir, pour procéder dans le monde, du sein de l'Intelligence, que l'âme particulière se détache de l'Ame universelle et s'attache en particulier à un corps.

De cette première détermination suit toute sa destinée. Selon qu'elle a choisi de descendre plus

---

[1] *Enn.*, IV, III, 4.

ou moins bas, toute une vie s'arrange pour elle, qui est la fidèle image de son choix et de sa disposition initiale [1]. C'est ainsi que telles âmes viennent prendre des corps de bêtes, telles des corps d'hommes, et de tels ou tels hommes. Et quand l'heure de chacune est venue, elle descend d'elle-même, comme si elle était appelée par la voix d'un héraut, et entre dans le corps qui lui est conforme [2]; ou plutôt elle vient moitié de son gré et moitié sans le vouloir, comme si une incantation magique l'y obligeait, ou comme on cède sans raisonnement à l'attrait d'un objet qu'on désire [3].

Enfin, une fois descendue dans un corps, l'âme peut s'y complaire; elle peut, oubliant sa patrie intelligible, se donner au monde inférieur qu'elle est venue habiter [4]. C'est là le mal véritable. Et on l'expie après chaque vie, en descendant plus bas encore, dans une nature convenable au mauvais choix qu'on a fait. L'âme coupable tombe comme par son propre poids dans la condition de la brute, qu'elle a préférée à celle de l'homme. La métempsy-

---

[1] *Enn.* IV, III, 12 : Κάτεισι δὲ οὐκ ἀεὶ τὸ ἴσον, ἀλλ' ὁτὲ μὲν πλέον, ὁτὲ δὲ ἔλαττον, κἂν πρὸς τὸ αὐτὸ γένος ἴῃ· κάτεισι δὲ εἰς ἕτοιμον ἑκάστη, καθ' ὁμοίωσιν τῆς διαθέσεως. 13 : Πρὸς ὃ ἐστιν ἕκαστον γενόμενον.

[2] *Ibid.* : Καὶ ἄλλος ἄλλῃ χρόνος, οὗ παραγενομένου, οἷον κήρυκος καλοῦντος, κατίασι, καὶ εἰσέδυ εἰς τὸ πρόσφορον σῶμα, ὡς εἰκάσαι τὰ γιγνόμενα οἷον δυνάμεσι μάγων, καὶ ὁλκαῖς τισὶν ἰσχυραῖς κινεῖσθαί τε καὶ φέρεσθαι.

[3] *Ibid.*

[4] *Enn.* IV, IV, 4.

chose est sa naturelle et nécessaire punition [1], jusqu'au terme de chacune des périodes de la vie du monde, où, affranchies de leurs corps, toutes les âmes rentrent, sans perdre leur nature propre et leur indépendance, dans l'âme universelle.

Mais l'âme tombée dans le corps, dans la région du mal, s'en retire-t-elle au contraire autant qu'il est en son pouvoir, alors sa chute, à tout prendre, ne lui a pas porté préjudice. Si l'Un ne s'était pas développé dans l'Intelligence et l'Ame universelle, ses puissances seraient restées à jamais ensevelies en lui. De même, si l'âme fût demeurée toujours immobile dans une existence incorporelle, elle eût ignoré éternellement ce qu'elle pouvait. C'est l'acte qui révèle la puissance; et sans l'acte, la puissance n'est même véritablement rien [2]. C'est à la grandeur des effets sensibles que la force et la fécondité du principe intelligible se font connaître. — Si donc au lieu de s'enfoncer de plus en plus dans la basse région de la matière, l'âme s'en dégage et s'en retire, non en quittant cette vie (elle

---

[1] *Enn.* IV, III, 15.
[2] *Enn.* IV, VIII, 5 : Κἂν μὲν θᾶττον φύγῃ, οὐδὲν βέβλαπται, γνῶσιν κακοῦ προσλαβοῦσα, καὶ φύσιν κακίας γνοῦσα, τάς τε δυνάμεις ἄγουσα αὑτῆς εἰς τὸ φανερὸν, καὶ δείξασα ἔργα τε καὶ ποιήσεις, ἃ ἐν τῷ ἀσωμάτῳ ἠρεμοῦντα μάτην τε ἂν ἦν, εἰς τὸ ἐνεργεῖν ἀεὶ οὐκ ἰόντα, τήν τε ψυχὴν αὐτὴν ἔλαθεν ἂν ἃ εἶχεν οὐκ ἐκφανέντα, οὐδὲ πρόοδον λαβόντα, εἴπερ πανταχοῦ ἡ ἐνέργεια τὴν δύναμιν ἔδειξε κρυφθεῖσαν ἂν ἅπαντη, καὶ οἷον ἀφανισθεῖσαν, καὶ οὐκ οὖσαν, μηδέποτε ὄντως οὖσαν.

passerait toute semblable en une autre) [1], mais en se retirant du corps dans elle-même et dans ce qui est au-dessus d'elle, alors elle n'a fait qu'acquérir, avec l'expérience des choses d'ici-bas, une plus parfaite connaissance de ce que valent les choses de là haut, et, par la comparaison du mal, apprécier mieux le bien [2], alors elle retourne plus forte et meilleure vers Dieu. Ce retour est ce que Plotin appelle, d'un mot emprunté, comme celui de *descente*, à Héraclite, l'*ascension* des âmes. C'est le mouvement par lequel l'âme, refermant le cercle que sa descente a ouvert, et se rejoignant à l'Ame universelle, rentre avec elle dans le sein de l'universelle Intelligence, et enfin de l'Unité.

En venant dans son corps, notre âme ne s'est pas détachée de l'âme universelle. Elle n'a pas cessé d'y habiter. Bien plus, elle ne s'est pas détachée de l'Intelligence. Si adonnée qu'elle soit au corps, si profondément plongée qu'elle puisse être dans le mal et dans le vice, quelque chose d'elle reste toujours dans la région de l'intelligible ; par sa partie supérieure elle vit toujours, au sein de l'intelligence, de la vie pure de la contemplation [3]. Où se trouvent en effet, si ce n'est dans l'intelligence pure, ces idées du juste, du vrai, du beau, types, règles, lois immuables

---

[1] *Enn.* I, ix, 1.

[2] *Enn.* IV, viii, 7.

[3] *Enn.* IV, 7, 13 ; IV, viii, 2 : Ἔστιν ἀεὶ πρὸς ἐκείναις. I, xi, 12.

auxquelles nous nous référons dans tous nos jugements et tous nos raisonnements[1]? Or, nous nous y référons comme à quelque chose qui est supérieur à nous, mais qui pourtant ne laisse pas d'être en nous; en sorte que l'intelligence, indépendante et séparée, n'est pas nôtre, et que pourtant elle est nôtre[2]. Bien plus, il est essentiel à l'âme de se connaître. Quelque raisonnement qu'elle fasse, quelque jugement qu'elle porte, elle le sait[3]. Or, comment le saurait-elle, sinon en ce qui seul peut se connaître soi-même, l'intelligence pure? C'est dans l'intelligence, du moins dans cette intelligence particulière de laquelle nous avons procédé, que nous avons la conscience de nous-mêmes[4]. C'est en elle qu'est le premier fondement de notre mémoire; c'est en elle que nous avons, sans péril pour notre existence individuelle, l'immortalité et l'éternité même[5].

Pourtant, s'il est vrai que nous vivions toujours, par quelque partie de nous-mêmes, dans la contemplation, comment se fait-il que nous ne nous en apercevions pas toujours? C'est que, comme nous

---

[1] *Enn.* V, i, 11; V, iii, 3 et 4.

[2] *Enn.* V, iii, 3 : Διὸ καὶ προσχρώμεθα αὐτῷ καὶ οὐ προσχρώμεθα· διάνοια δὲ ἀεί, καὶ ἡμέτερον μὲν, χρωμένων, οὐ προσχρωμένων δὲ οὐχ ἡμέτερον.

[3] *Enn.* I, i, 8 : Ἢ ἔχομεν καὶ τοῦτον ὑπεράνω ἡμῶν. Ἔχομεν δὲ ἢ κοινὸν ἢ ἴδιον ἢ καὶ κοινὸν πάντων καὶ ἴδιον.

[4] *Enn.* V, iii, 4 : Ἢ ἐκεῖνον μεταλαβόντες, ἐπείπερ κἀκεῖνος ἡμέτερος καὶ ἡμεῖς ἐκείνου, οὕτω νοῦν καὶ αὐτοὺς γνωσόμεθα.

[5] *Enn.* IV, iii, 26-30; vii, 6-13.

n'existons ici qu'avec la sensibilité, comme nous ne sommes pas une partie seulement de notre âme, mais notre âme entière, ce qui se passe en une partie supérieure de notre être demeure ignoré de nous, s'il ne s'étend pas jusqu'aux sens. Aristote avait dit que l'homme (en tant qu'homme, du moins) ne pouvait rien penser sans image. Selon Plotin, pour que ce qui se passe dans la partie supérieure de notre âme parvienne à notre conscience ou reste dans notre mémoire, il faut que la raison, tirant la pensée indivisible de la profondeur où elle se dérobait, en développe la simplicité, et l'étale pour ainsi dire en notre imagination comme dans un miroir [1].

Ainsi, sans en avoir toujours la conscience distincte, l'âme habite toujours dans l'Intelligence, et pense toujours en elle. Pour revenir à la vie pure de la contemplation, elle n'a donc pas besoin de sortir d'elle-même : il suffit qu'elle soit délivrée des inclinations qui l'entraînent du côté du corps et des sens. Cette délivrance est l'œuvre des vertus morales, la tempérance, la force, la justice, la prudence. Pour les Stoïciens, c'étaient les seules vertus, et le souverain bien y était renfermé. Pour Plotin

---

[1] *Enn.* IV, III, 30 : Τὸ μὲν γὰρ νόημα ἀμερὲς, καὶ οὔπω οἷον προεληλυθὸς εἰς τὸ ἔξω, ἔνδον ὂν λανθάνει. Ὁ δὲ λόγος ἀναπτύξας, καὶ ἐπάγων ἐκ τοῦ νοήματος εἰς τὸ φανταστικὸν, ἔδειξε τὸ νόημα οἷον ἐν κατόπτρῳ, καὶ ἡ ἀντίληψις αὐτοῦ οὕτω, καὶ ἡ μονὴ καὶ ἡ μνήμη. VIII, 8 ; V, I, 12.

comme pour Aristote ce sont les vertus politiques, ou pratiques, qui ne font que préparer les contemplatives; ce sont seulement des purifications dont l'office est de séparer l'âme d'avec les choses inférieures, étrangères à sa vraie nature [1], et de la rendre à elle-même et à sa liberté [2]. Ce sont les vertus d'un Hercule, par lesquelles il mérite de passer de la terre au ciel; ce ne sont pas encore celles des dieux eux-mêmes [3]. Or ce à quoi l'âme aspire, ce n'est pas d'être sans péché, c'est d'être semblable à Dieu, c'est d'être Dieu [4]. — Mais par cela seul que l'âme s'est affranchie des passions, qui ont leur source dans le corps, et de tous les soins de la vie pratique, qui l'arrachaient à elle-même, la vie spéculative est devenue la sienne. Elle est réduite à la simplicité de l'intelligence; elle contemple les *idées* pures, dans tout leur éclat immatériel; enfin elle se contemple elle-même sans obstacle et sans intermédiaire.

C'est le terme où s'arrête Aristote. Suivant Plotin, il y a un degré de plus à monter. L'Un est supérieur à l'Intelligence; pour atteindre jusqu'à lui, pour se réunir ainsi au premier principe, il faut que l'âme se retranche encore toute opération intellectuelle, et

---

[1] *Enn.* I, II, 1.
[2] *Enn.* I, I, 12.
[3] *Enn.* I, II, 4 : Τὸ κεκαθάρθαι ἀφαίρεσις ἀλλοτρίου παντός.
[4] *Enn.* I. II, 6 : Ἀλλ' ἡ σπουδὴ οὐκ ἔξω ἁμαρτίας εἶναι, ἀλλὰ θεὸν εἶναι.

que de la dualité impliquée dans la conscience même que l'intelligence a de soi, elle se réduise enfin à une simplicité absolue. Comme ceux qui, dans les grands mystères, sont admis à pénétrer dans le sanctuaire le plus reculé, où ils doivent jouir de la vue des dieux, se dépouillent de tout vêtement[1], de même l'âme, pour approcher de Dieu, doit se dépouiller de toute forme, même la plus intelligible et la plus pure[2]; qu'elle se prépare ainsi pour le recevoir seule à seul, et elle verra tout à coup Dieu paraître en elle[3]. Vainement se fatiguerait-on à poursuivre par la pensée ce qui est au-delà de toute pensée. Il ne faut que l'attendre en silence jusqu'à ce qu'il apparaisse, comme l'œil attend, tourné vers l'horizon, le soleil qui va se lever au-dessus de l'océan[4]. La pensée, par l'analogie et l'abstraction, ne sert qu'à nous élever peu à peu à la hauteur d'où il est possible de découvrir Dieu. Elle est comme un flot qui nous porte, et qui en se gonflant nous soulève, en sorte que de sa cime tout à

---

[1] *Enn.* I, vi, 7. Ce rite est omis par Sainte-Croix, *Rech. sur les myst. du pag.*

[2] *Enn.* VI, vii, 34.

[3] Ibid. : ἰδοῦσα δὲ ἐν αὑτῇ ἐξαίφνης φανέντα, μεταξὺ γὰρ οὐδὲν, οὐδὲ ἔτι δύο, ἀλλ' ἓν ἄμφω.

[4] *Enn.* V, v, 8 : Διὸ οὐ χρὴ διώκειν, ἀλλ' ἡσυχῆ μένειν, ἕως ἂν φάνῃ, παρασκευάσαντα ἑαυτὸν θεατὴν εἶναι, ὥσπερ ὀφθαλμὸς ἀνατολὰς ἡλίου περιμένει, ὁ δὲ ὑπερφανεὶς τοῦ ὁρίζοντος ἐξ ὠκεανοῦ, φασὶν οἱ ποιηταὶ, ἔδωκεν αὑτὸν θεάσασθαι τοῖς ὄμμασιν.

coup nous voyons[1]. — Mais ce n'est pas au dehors qu'il nous faut regarder. De même que dans la nuit, quand tout objet extérieur a disparu, l'œil aperçoit quelquefois une lueur qui émane de lui, lueur rapide et fugitive : ainsi brille par instants, du fond de nous-mêmes, le suprême bien. Et enfin toute image empruntée au sens de la vue est ici insuffisante. Si l'âme connaît le bien suprême, c'est plutôt, comme Aristote l'avait déjà dit de la pensée contemplative, par une sorte de toucher[2], ou de goût intérieur. — L'âme ne cherche l'intelligible que pour en être éclairée; tout ce qu'elle demande à la beauté, c'est de la voir : mais, pour le bien, elle en veut être remplie. Ou plutôt encore, elle ne veut faire qu'un avec lui. Ce qu'on aime, on désire y être uni, et s'y perdre[3]. Aussi dans la contemplation, œuvre de l'intelligence, l'âme est encore prudente et raisonnable : mais le bien est comme un nectar qui l'enivre de l'ivresse de l'amour. Et mieux vaut pour l'âme être en une telle ivresse que de demeurer plus sage[4]. Dans cet état, on ne sent plus son corps; on ne sent plus si on est homme, ni

---

[1] *Enn.* VI, vii, 36 : Ἐξενεχθεὶς δὲ τῷ αὐτῷ τοῦ νοῦ οἷον κύματι, καὶ ὑψοῦ ὑπ' αὐτοῦ οἷον οἰδήσαντος ἀρθεὶς εἰσεῖδεν ἐξαίφνης.

[2] *Enn.* VI, ix, 9 : Ἐν ἡσύχῳ τῇ πρὸς ἐκεῖνο ἐπαφῇ. Ibid. 11.

[3] *Enn.* VI, 7, 34.

[4] Ibid. 35 : Ὅταν ἄφρων γένηται μεθυσθεὶς τοῦ νέκταρος, τότε ἐρῶν γίγνεται. — Καὶ ἔστιν αὐτῷ μεθύειν βέλτιον, ἢ σεμνοτέρῳ εἶναι τοιαύτης μέθης.

vivant, ni quoi que ce soit au monde [1]. L'âme voit qu'elle est Dieu et tout ce qui est. Ou plutôt elle ne voit rien, et n'a plus d'elle-même nulle conscience. En s'identifiant à ce qu'elle aime, ravie hors de soi, elle s'y anéantit [2]. Quelle félicité est alors la sienne, c'est ce dont ceux qui ne l'ont pas éprouvée peuvent juger jusqu'à un certain point par la félicité que goûte celui qui aime, et qui obtient ce qu'il aime. Mais ces amours mortelles ne s'adressent qu'à des fantômes; ou plutôt ce n'est pas eux que nous aimons véritablement, ce ne sont pas ces apparences sensibles qui sont notre bien, et que nous cherchons. Là-haut seulement est l'objet véritable de l'amour, le seul auquel nous puissions nous unir, parce qu'il n'est pas séparé de notre âme par l'enveloppe de la chair [3]. — Telle est donc la fin dernière et le souverain bien de l'âme, l'union intime avec l'Un, c'est-à-dire la réduction à cette unité absolue qui est Dieu même.

Et pourtant l'âme ne demeure guère dans cette perfection et cette félicité; elle y atteint à grand'-

---

[1] Ibid. 38 : Οὔτε ἑαυτὴν ἄλλο τι λέγει, οὐκ ἄνθρωπον, οὐ ζῶον, οὐκ ὄν, οὐδὲ πᾶν.

[2] *Enn.* VI, vii, 35; ix, 11 : Ἁρπασθεὶς ἢ ἐνθουσιάσας. — Ἔκστασις.

[3] *Enn.* VI, ix, 9 : Καὶ οἷς μὲν ἄγνωστόν ἐστι τὸ πάθημα τοῦτο, ἐντεῦθεν ἐνθυμείσθω ἀπὸ τῶν ἐνταῦθα ἐρώτων, οἷόν ἐστι τυχεῖν ὧν τις μάλιστα ἐρᾷ, καὶ ὅτι ταῦτα μὲν τὰ ἐρώμενα θνητὰ καὶ βλαβερά, καὶ εἰδώλων ἔρωτες... Ἐκεῖ δὲ τὸ ἀληθινὸν ἐρώμενον, ᾧ ἔστι καὶ συνεῖναι, μεταλαβόντα αὐτοῦ καὶ οὕτως ἔχοντα, οὐ περιπτυσσόμενον σαρξὶν ἔξωθεν.

peine, elle en retombe aisément [1]. C'est ce qu'Aristote disait déjà de la contemplation. En effet, lorsque l'âme s'est élevée au-dessus de toute forme sensible et même intelligible, s'avançant dans ce qui est sans forme et sans limites, et n'y trouvant plus rien dont elle ressente une impression quelconque, elle se trouble, elle craint de n'avoir plus devant elle que le néant. Parce qu'il n'y a plus rien qui se fasse voir au dehors, elle s'imagine que ce qu'elle cherchait lui a échappé, et elle redescend en toute hâte jusqu'à ce qu'elle rencontre quelque objet sensible sur lequel elle s'arrête et se rassure [2]. C'est qu'elle ne peut encore, ici-bas, être assez détachée des choses extérieures et de l'illusion du monde sensible [3]. Si du moins elle s'en est éloignée et défendue de tout son pouvoir, affranchie par la mort, elle ira dans quelqu'une des sphères supérieures s'unir plus intimement à l'âme universelle. Mais c'est toujours, selon la doctrine commune des Stoïciens, des Pythagoriciens et des Platoniciens, pour recommencer, avec chacune des grandes années du monde, le cours invariable de la même destinée ; c'est pour tomber derechef dans les vicissitudes de sa vie terrestre, en ressortir, y rentrer encore, et ainsi à l'infini durant l'éternité tout entière.

---

[1] Ibid. 10.

[2] *Enn.* VI, ix, 3 : Μέχρις ἂν εἰς αἰσθητὸν ἥκει, ἐν στερεῷ ὥσπερ ἀναπαυομένη, etc.

[3] Ibid. 9.

Ainsi donc procession et retour, dans l'éternité, des trois principes universels de l'Un, de l'Intelligence et de l'Ame, descente et ascension des âmes particulières dans le temps, ce double mouvement suffit à expliquer tout; et ce double mouvement n'est lui-même qu'une alternative d'expansion et de concentration, de l'absolue unité jusqu'à la multiplicité infinie, et de la multiplicité à l'unité.

C'est de la même manière que dans la philosophie stoïcienne tout s'expliquait par le relâchement et la tension alternative d'un seul et même principe, devenant tour à tour d'unité multitude, et de multitude unité. Mais, dans le nouveau Platonisme, le principe qui procède et se déploie dans la multiplicité n'est plus un corps comme chez les Stoïciens; c'est pourquoi, tout en se multipliant, il reste un; tout en entrant dans le mouvement, il demeure en repos; tout en sortant de lui-même, il subsiste en lui-même : ainsi le veulent l'indivisibilité et l'immobilité de l'incorporel. Chaque principe reste tout entier ce qu'il était, indivis et immuable; et, sans se départir en rien de sa propre nature, il descend, il s'épanche, il rayonne et se disperse dans une nature inférieure. — Dans le Stoïcisme, le principe des choses n'anime et ne meut la nature que d'une manière toute physique, en se métamorphosant en elle tout entier, en s'y abaissant et s'y perdant sans réserve; dans l'Aristotélisme, au contraire, il semble, renfermé dans son unité solitaire, n'exercer, pour ainsi dire, sur le monde qu'une action morale, ou idéale, par le désir qu'il lui inspire et duquel naît le mouvement. La première de ces théories représente le principe des choses dans son rapport avec les choses mêmes, d'une manière purement naturelle, ou matérielle; la seconde (telle du moins qu'on l'entendait) le représente d'une manière tout humaine, comme étant pour le monde ce qu'est pour nous l'objet en vue duquel notre volonté se détermine. Le Néoplatonisme veut s'élever, au-dessus du Stoïcisme et de l'Aristotélisme, à un point de vue véritablement divin, où ces contraires se concilient; c'est la pensée que le caractère des véritables principes est précisément de rester tout entiers en eux-mêmes et de procéder ou de descendre tout entiers dans les choses inférieures pour les ramener à eux[1].

Ainsi c'est la *procession* qui explique tout, la procession, où le mouvement n'empêche pas le repos, ni la multiplication l'unité. Mais, maintenant, Plotin prend-il au pied de la lettre l'idée de la procession? — D'abord que peut-on entendre, dit-il lui-même, par la *descente* de l'âme dans un corps? L'âme incorporelle et inétendue n'est renfermée en aucun lieu et ne change point de lieu; elle est donc

---

[1] *Enn.* VI. iv, 12 : Ὡς οὐκ ὄντος αὐτῆς (sc. τῆς ψυχῆς) τοῦ μὲν ἐν σώμασι, τοῦ δὲ ἐφ' ἑαυτοῦ, ἀλλὰ ὅλου ἐν αὐτῷ (leg. αὐτῷ) καὶ ἐν πολλοῖς αὖ φανταζομένου.

toujours partout, et partout tout entière, mais partout en elle-même. Quand on dit qu'elle vient dans un corps, cela veut donc dire seulement que sa présence devient manifeste là où elle ne l'était pas jusqu'alors, en quelque chose d'autre qu'elle-même [1]. Or si elle n'attendait pas ce corps pour exister au même lieu qu'il occupe, c'est sans cesser d'être toute en elle-même qu'elle lui devient aussi présente. Donc ce n'est pas elle qui est venue dans le corps, mais bien plutôt le corps qui est venu en elle ; c'est le corps qui, étant jusqu'alors en dehors du véritable être, y est entré, et a passé dans le monde de la vie. Or le monde de la vie était tout en soi-même sans étendue, par conséquent sans division. Le corps n'y est donc pas entré comme en une étendue ; il y est entré, c'est-à-dire qu'il a commencé de participer à lui [2].

En conséquence, tandis que l'âme paraît venir plus ou moins entière dans le corps, c'est le corps qui, selon sa disposition, participe plus ou moins à l'âme. Une et indivisible, elle est partout à la fois

---

[1] Ibid. : Καὶ ἐξ ἀφανοῦς αὖ, καὶ τοῦτο ἔχει ὅπερ ἦν καὶ ἐν τοῖς ἄλλοις.

[2] Ibid. : Εἰ οὖν μὴ ἦλθεν, ὤφθη δὲ νῦν παροῦσα, καὶ παροῦσα οὐ τῷ ἀναμεῖναι τὸ μεταληψόμενον, δηλονότι οὖσα ἐφ' ἑαυτῆς πάρεστι καὶ τούτῳ· εἰ δ' οὖσα ἐφ' ἑαυτῆς τούτῳ πάρεστι, τοῦτο ἦλθε πρὸς αὐτήν· εἰ δὲ τοῦτο, ἔξω ὂν τοῦ ὄντως ὄντος, ἦλθε πρὸς τὸ οὕτως ὄν, καὶ ἐγένετο ἐν τῷ τῆς ζωῆς κόσμῳ· ἦν δὲ ὁ κόσμος ὁ τῆς ζωῆς ἐφ' ἑαυτοῦ, οὐ διειλημμένος εἰς τὸν ἑαυτοῦ ὄγκον· οὐδὲ γὰρ ὄγκος ἦν. Καὶ τὸ ἐληλυθὸς δὲ οὐκ εἰς ὄγκον ἦλθε. Μετέλαβεν ἄρα αὐτοῦ, τὸ μέρος, ἔλου.

tout entière. Mais comme un objet plus ou moins transparent laisse plus ou moins briller en lui la lumière, c'est le corps qui souffre plus ou moins que l'âme se manifeste et resplendisse en lui. De même encore que, lorsqu'une voix se fait entendre, tel ne perçoit que le son, tel autre entend aussi le sens, de même le minéral reçoit de l'âme le peu qu'il est capable d'en porter, la plante en reçoit davantage, l'animal plus encore. De même, enfin, une seule et même âme est présente, immédiatement présente à tous les organes d'un même corps, et chacun d'eux en participe, suivant sa nature et sa disposition, d'une manière et dans une mesure différente. Ce n'est pas l'âme qui s'approche du corps, y descend et s'y divise : rien ne change en elle, et tout y demeure tel qu'il a toujours été. C'est le corps qui, en la recevant, la fait paraître divisée et dispersée en lui [1]. A l'idée de la distance plus ou moins grande où l'âme serait du corps, doit être substituée celle du degré de l'aptitude du corps pour participer à l'âme [2]. C'est là le voisinage, à la faveur duquel le corps reçoit de l'âme [3] comme une chaleur ou une lumière qui en émane, et qui excite

---

[1] *Enn.* VI, IV, 14 : Οὐδὲν γὰρ γινόμενον ἐκεῖ, οὐδὲ μεριζόμενον τοίνυν, ἀλλὰ δοκεῖ μερίζεσθαι τῷ λαβόντι· τὸ δὲ ἐκεῖ τὸ ἔκπαλαι καὶ ἐξ ἀρχῆς. 8 : Οὐ τῆς ἰδέας διὰ πάσης διεξελθούσης καὶ ἐπιδραμούσης, ἀλλ' ἐν αὐτῇ μενούσης.

[2] *Enn.* VI, IV, 15 : Ἀλλὰ πῶς προσελήλυθε τὸ προσεληλυθός; ἢ ἐπειδὴ ἐπιτηδειότης αὐτῷ παρῆν, ἔσχε πρὸς ὃ ἦν ἐπιτήδειον.

[3] Ibid. : Οἷον ἐγγὺς γενόμενον τῇ ἐπιτηδειότητι.

en lui les désirs féconds [1]. — Qu'est-ce que cette théorie, si ce n'est la théorie d'Aristote ?

Or, ce que Plotin ne dit ici que de la *descente* des âmes individuelles, évidemment il le faut étendre à la *procession* des trois grands principes, à la *procession* de l'Ame universelle, de l'Intelligence et de l'Un.

Aucun de ces principes n'est en un lieu; aucun n'est ni près ni loin de quoi que ce soit; chacun est partout tout entier. La procession de chacun ne consiste donc en autre chose qu'à apparaître dans le sujet capable de le recevoir, selon le mode et dans la mesure de la réceptivité de ce sujet [2]. Ce n'est donc pas, à vrai dire, le principe qui descend lui-même de son unité dans la multiplicité, de son repos dans le mouvement; il demeure immuable dans sa sage quiétude; et la nature inférieure vient se suspendre à lui, cherchant comme avec amour où il se trouve. Ainsi l'amant veille à la porte de ce qu'il aime, agité du désir de le posséder et de s'y unir [3]. Qui ne voit, encore une fois, que c'est là la théorie même d'Aristote ? Dégagée de l'appareil des

---

[1] Ibid. VIII, 15.
[2] Ibid. 2 : Εἰ δὲ μήτε τὸ πόρρω μήτε τὸ ἐγγύθεν, ἀνάγκη ὅλον παρεῖναι εἴπερ πάρεστι, καὶ ὅλως ἐστὶν ἐκείνων ἑκάστῳ, οἷς μήτε πόρρωθέν ἐστι μήτε ἐγγύθεν, δυνατοῖς δὲ δέξασθαί ἐστιν.
[3] Enn. VI, v, 10 : Μένει μὲν οὖν ἐν ἑαυτῷ σωφρονοῦν, καὶ οὐκ ἂν ἐν ἄλλῳ γένοιτο· ἐκεῖνα δὲ τὰ ἄλλα ἀνήρτηται εἰς αὐτό, ὥσπερ οὗ ἐστι πόθῳ ἐξευρόντα. καὶ οὗτός ἐστιν ὁ θυραυλῶν ἔρως, παρὼν ἔξωθεν ἀεὶ καὶ ἐφιέμενος τοῦ καλοῦ. καὶ ἀγαπῶν ἀεὶ οὕτως, ὡς δύναιτο μετασχεῖν.

figures poétiques, la doctrine fondamentale des Ennéades se trouve n'être autre que celle de la Métaphysique. — En apparence, Plotin expliquait toutes choses par le développement progressif d'un seul et même principe; en réalité, à quelque hauteur qu'il essaie de remonter pour trouver une source unique de toutes choses, il confesse la nécessité d'établir à côté de la première cause un élément inférieur, principe de multiplicité, à qui elle donne, par le désir qu'elle y fait naître, le mouvement et la vie. — L'auteur du livre du Monde avait dit que la cause première restait, dans son essence immobile, en un lieu séparé, et que par sa puissance seule elle se communiquait. Plotin a rejeté comme une fiction la distinction de la puissance et de l'essence. Il a fait voir la cause incorporelle et incirconscriptible présente partout et tout entière par elle-même. Mais comment se montre-t-elle différente d'elle-même en des natures inférieures? Ce n'est pas par des puissances qui descendent de son sein, qui rayonnent de son unité, c'est parce qu'il y a en dehors d'elle, dès l'origine, quelque autre chose encore où elle se manifeste, et dont la puissance, dont la capacité mesure et limite ses manifestations [1]. Ainsi se retrouve encore, au fond de ce système où tout

---

[1] *Enn.* VI, IV, 3 : Οὐ μὴν οὐδ' ὡς ἐκεῖνο μὴ ὅλως παρεῖναι, ἐπεὶ καὶ τότε οὐκ ἀποτέτμηται ἐκεῖνο τῆς δυνάμεως αὐτοῦ, ἣν ἔδωκεν ἐκείνῳ· ἀλλ' ὁ λαβὼν τοσοῦτον ἐδυνήθη λαβεῖν, παντὸς παρόντος.

paraissait s'expliquer par un principe unique, le dualisme de la métaphysique d'Aristote.

Au lieu que le premier être, qui est l'Intelligence, soit une émanation de l'Un, sans le concours d'aucun autre principe, il faut donc avec l'Un une première matière, quelle qu'elle soit, source de toute autre matière, une première matière dont l'Intelligence n'est, pour ainsi dire, que la première mise en œuvre, et de laquelle elle tire ensuite tout le reste. Aristote considérait les âmes comme la première manifestation de la cause première, qui est l'Intelligence, dans la matière qu'elle appelle à l'acte. Cette première manifestation, Plotin la voit plus haut, dans l'Intelligence elle-même; il établit ainsi un degré de plus dans le même système de dualisme (au moins apparent); c'est là, à ce qu'il semble, toute la différence.

Cependant, tandis que, dans la doctrine d'Aristote, le premier principe était tout en acte et que la matière, qui n'est rien qu'en puissance, n'en pouvait être issue, et semblait, comme dans la doctrine de Platon, n'en recevoir que l'ordre et non l'être, Plotin cherchant le premier principe au-dessus de tout acte, dans l'Un absolu, veut y trouver l'origine de la matière elle-même. L'Un serait alors la source première de l'élément de l'infinité et de l'indétermination, duquel l'Intelligence aurait formé tout le reste. — Telle était déjà la pensée de Philon lorsqu'il attribuait au premier Dieu ou au Père la création, au Verbe l'arrangement des choses [1]; telle fut celle d'une partie des Gnostiques; telle fut, sans doute, pendant longtemps, la pensée des théologiens chrétiens [2]. Seulement, à mesure que la théologie chrétienne entrait davantage dans la possession et la conscience de ses propres principes, elle devait faire de plus en plus de la matière, non une émanation naturelle de Dieu, comme Philon, les Gnostiques et Plotin, mais une libre création de sa volonté.

Mais, s'il est impossible de faire émaner naturellement la simple puissance de ce qui n'était qu'acte, l'est-il moins de faire émaner naturellement de ce qui n'est qu'unité l'infinité et la quantité ? Comment ce qui était déjà vrai, à cet égard, suivant Plotin lui-même, de l'Ame et de l'Intelligence, ne serait-il pas vrai, à plus forte raison,

---

[1] Phil. *de Somn.*, ed. Mang., t. II, p. 632 : Ὁ Θεὸς τὰ πάντα γεννήσας, οὐ μόνον εἰς τοὐμφανὲς ἤγαγεν, ἀλλὰ καὶ ἃ πρότερον οὐκ ἦν ἐποίησεν, οὐ δημιουργὸς μόνον, ἀλλὰ καὶ κτίστης αὐτὸς ὤν. — Procl. *in Tim.*, p. 91 : Πορφύριος δέ φησιν ὅτι πατὴρ μέν ἐστιν ὁ ἀφ' ἑαυτοῦ γεννῶν τὸ ὅλον, ποιητὴς δὲ ὁ παρ' ἄλλου τὴν ὕλην λαμβάνων... Εἰ δὲ τοῦτο ἀληθὲς ὡς οὐκ ἔδει πατέρα λέγειν τὸν δημιουργόν.

[2] Methodius ap. Phot. cod. 235 (ed. Bekk. p. 304) : Δύο δὲ δυνάμεις.... ἔφαμεν εἶναι ποιητικάς, τὴν ἐξ οὐκ ὄντων γυμνῷ τῷ βουλήματι χωρὶς μελλησμοῦ ἅμα τῷ θελῆσαι αὐτουργοῦσαν ὃ βούλεται ποιεῖν· τυγχάνει δὲ ὁ Πατήρ· θατέραν δὲ κατακοσμοῦσαν καὶ ποικιλλοῦσαν κατὰ μίμησιν τῆς προτέρας τὰ ἤδη γεγονότα· ἔστι δὲ ὁ Ὑιός, ἡ παντοδύναμος καὶ κραταιὰ χεὶρ τοῦ πατρός, ἐν ᾗ μετὰ τὸ ποιῆσαι τὴν ὕλην ἐξ οὐκ ὄντων κατακοσμεῖ. Cf. Justin. *Cohort. ad gent.*, p. 21, ed. Francof., Voy. le livre suivant.

de l'Un absolu? Si l'Un est la simplicité même, si en conséquence on ne peut concevoir qu'il devienne, sans le concours d'une matière quelconque, la dualité de l'Intelligence, comment le concevoir se développant d'abord par lui seul dans l'infinité de la matière, et se transformant ainsi dans ce qui est justement le contraire de sa propre nature? Donc il faut toujours imaginer la première matière, nécessaire à la formation du second des principes divins, comme distincte du premier, si étroitement qu'on le lui veuille unir, et comme coexistant dès l'origine avec lui; et la doctrine de Plotin coïncide encore une fois avec celle d'Aristote. Le Néoplatonisme a voulu réunir dans une nouvelle et plus haute idée de la nature divine les contraires, qui partout s'excluent, et toujours il est ramené à les partager, comme Aristote, entre la nature divine et une nature différente, principe mystérieux de toute imperfection.

Néanmoins une impulsion puissante arrache en quelque sorte la philosophie de Plotin à l'attraction continuelle de la métaphysique péripatéticienne, et l'entraîne dans une direction tout opposée; c'est l'impulsion que lui a donnée l'esprit même du Platonisme. Poursuivant toujours le premier principe au-delà de toute détermination et de toute forme, il tend invinciblement à résoudre l'Un lui-même dans l'indétermination absolue de la matière.

Aristote a pris pour la cause première l'acte pur, qui est la Pensée se contemplant elle-même; Plotin cherche au-delà un principe supérieur encore, en qui se rencontre, s'il se peut, la source commune et de l'acte et de la puissance. Au-delà de la beauté il trouve le bien, et il rapporte la beauté, comme toute forme, à l'intelligence, et le bien à l'amour. Est-ce donc à l'amour qu'il s'arrêtera? l'amour, principe fécond duquel venait de naître, dans l'obscurité de la Judée, une nouvelle religion, une nouvelle philosophie, un nouveau monde. — Mais l'amour implique encore quelque action, et, par conséquent, selon Plotin, la multiplicité et le mouvement. C'est donc plus loin encore qu'il cherche la cause première. Or, en faisant abstraction de tout acte quelconque, il ne reste, d'abord, que le simple fait d'exister, sans nulle autre détermination.

Aussi a-t-on vu Plotin, après avoir fait la pensée supérieure à la simple existence, après avoir identifié la pensée et le véritable être, placer l'être au-dessus de la pensée; contradiction inévitable qui deviendra chez ses successeurs plus manifeste encore. En conséquence, tandis que dans le système d'Aristote, c'est par l'acte de la pensée que le premier principe engendre dans les êtres naturels le désir, duquel suit le mouvement, selon Plotin, pour que la cause produise sans mouvement ce qu'elle produit, il faut qu'elle le produise par son existence seule, ou son être distingué de tout acte. — Ainsi, après avoir marché dans la voie ouverte par Aristote, plus loin, ce semble, qu'Aristote lui-même n'avait fait, après avoir représenté Dieu comme l'auteur, et même comme l'auteur volontaire et libre de sa propre existence, fidèle néanmoins à l'esprit du Platonisme, il lui fait produire tout par son existence seule, séparée de toute pensée, de toute volonté et de toute action, comme végète une plante inintelligente, insensible et inerte.

Enfin l'existence, même toute seule, sans nulle autre détermination, impliquant toujours quelque acte par où elle se manifeste, il faut, pour dépasser entièrement la sphère de l'action, remonter plus loin encore, jusqu'à la pure et simple possibilité d'être. Et c'est à cette idée, dont lui-même, après Aristote, il a fait la définition de la matière, dernier degré de l'être, c'est à l'idée de la puissance indéfinie et indéterminée que Plotin réduit enfin son Unité et son Dieu; c'est à ce néant d'existence, à ce rien mystique que, selon lui, la perfection et la félicité suprême consistent à se réduire. « Vouloir s'élever au-dessus de l'intelligence, disait-il aux Gnostiques, c'est en déchoir [1]. » Il semble que ce soit du moins ce qui lui arrive ici. Pour remonter au-delà de l'intelligence elle-même, il traverse, pour ainsi dire, la région de

---

[1] *Enn.* II, ix, 9 : Τὸ δὲ ὑπὲρ νοῦν ἤδη ἐστὶν ἔξω νοῦ πεσεῖν.

l'amour, et retourne se perdre dans celle de l'existence informe et indéterminée, qui est à peine le premier degré de la nature. Comme le moment où la planète qui gravite autour du soleil arrive le plus près de lui, est celui même où elle est emportée avec le plus de force et de vitesse vers son aphélie, de même le Néoplatonisme ne semble se rapprocher dans sa marche du centre ardent et lumineux de la pensée chrétienne, que pour aller s'enfoncer aussi avant que jamais dans les plus ténébreuses régions du Naturalisme païen.

Tel est, en effet, le mouvement général et irrésistible qui entraîne désormais à sa perte la dernière philosophie de l'antiquité. D'un côté ces principes incorporels que Plotin avait semblé faire descendre, par leur *procession*, de la hauteur de l'unité absolue au dernier degré de la matière, remontent dans leur région intelligible, loin de l'élément inférieur de la puissance et de la matérialité : c'est le résultat de l'abstraction particulière à l'Aristotélisme. D'un autre côté, de plus en plus dépouillés de toute action et de toute vie, ils vont se réduisant de plus en plus aux conditions de l'existence la plus imparfaite et la plus voisine du néant : c'est le résultat que ramène toujours avec une nécessité invincible l'abstraction platonicienne, qui marche, non, comme celle d'Aristote, de la matière à la forme, de la puissance à l'acte, mais du particulier au général, et de la multitude des individus à l'unité logique de l'universel. Ainsi, séparation croissante des principes surnaturels d'avec la région de la nature, réduction de plus en plus complète de ces mêmes principes à la condition la plus basse de l'existence naturelle et de la matérialité : telle est la marche progressive que la philosophie platonicienne va suivre jusqu'à sa fin. En un mot, ses principes vont toujours s'éloignant de la nature et de l'homme; et c'est pour se réduire de plus en plus au dernier degré de l'être, et bientôt à l'absolu néant.

Porphyre [1], qui mit en ordre les écrits de Plotin et qui les publia tels que nous les avons encore, ne s'écarta, à ce qu'il semble, de l'enseignement de son maître en rien de considérable. Les sentences [2] dans lesquelles est renfermé presque tout ce que nous savons de sa doctrine sur la nature des principes, présentent en abrégé celle des Ennéades; seulement il y règne, au lieu de l'obscurité ordinaire à Plotin, cette heureuse clarté qu'on remarquait dans

---

[1] Amélius, autre disciple célèbre de Plotin, paraît s'être rapproché dans sa doctrine de celle de Numénius, et par conséquent de celle des Stoïciens, à l'école desquels il avait d'abord appartenu. Voy. Stob. *Ecl.*, t. I, pp. 866, 886-8, 898; Procl. *in Tim.*, pp. 4, 93, 103, 110, 121, 131, 226, 268.

[2] Ἀφορμαὶ πρὸς τὰ νοητά, titre traduit par Holsténius : *Sententiæ ad intelligibilia ducentes* (Romæ, 1630, in-8º).

tous les ouvrages de Porphyre [1], et les principes fondamentaux de la philosophie Néoplatonicienne y sont mis dans une lumière toute nouvelle.

La base sur laquelle Porphyre assied le Platonisme, est la même qu'Ammonius Saccas lui avait sans doute donnée, une théorie générale de la nature incorporelle et de ses propriétés. — Il y a, dit-il, deux sortes d'incorporel, dont les sectateurs de Zénon n'ont connu qu'une seule, et la moindre. L'incorporel n'est pour eux que ce qu'on sépare du corps par abstraction, mais qui n'a pas d'existence hors du corps : ainsi le temps, le lieu, le vide, la matière, prise à part de toute forme, la forme sensible sans sa matière. Mais il y a de plus ce qui est par sa nature indépendant de tout corps : telle est déjà l'âme, telle encore plus l'intelligence, tel surtout est l'Un. C'est cette seconde espèce d'incorporel qui en mérite proprement et éminemment le nom [2].

Maintenant tout corps occupe un lieu, où il est étendu : nul incorporel n'occupe un lieu, nul n'a de l'étendue. C'est là la différence spécifique qui les distingue. Pourtant l'incorporel peut être présent au corps; mais c'est sans y être dispersé et divisé. Il n'a pas une partie ici, et une autre là [3]; partout où

---

[1] Eunap. ap. Holsten. *de Vit. et script. Porphyrii*, c. 5.
[2] Porphyr. *Sentent. ad intellig. duc.*, 44.
[3] Ibid. 1, 2.

il est, il est tout entier, un et identique. Qu'on ne se le représente donc pas comme grand : on ne pourrait concevoir comment il peut se trouver tout entier dans le plus petit espace; qu'on ne se le représente pas comme petit : on ne comprendrait plus comment il peut être présent dans toute l'étendue d'un grand corps. Il est à la fois au-dessus du grand et du petit; et c'est pour cela même qu'il est tout entier en chaque partie d'une étendue, quelle qu'elle soit, et pourtant en aucune [1].

Aussi, pour exprimer le caractère propre de l'incorporel, autant que cela se peut faire par le discours, les anciens ne se contentaient pas de dire : il est un. Ils ajoutaient aussitôt : et il est tout. Et de plus, pour empêcher qu'on ne s'imaginât par là un tout de collection, tel qu'est un corps, tandis que l'incorporel n'est un tout qu'en vertu de son unité indivisible, ils ajoutaient aussi : et il est tout en tant qu'un. Après avoir dit qu'il est partout, ils ajoutaient : et nulle part. Enfin, après avoir dit qu'il est en tout ce qui a la disposition nécessaire pour le recevoir, ils ajoutaient encore : il est tout entier en tout [2]. Ils le représentaient ainsi à la fois sous les attributs les plus contraires, afin d'en écarter toutes

---

[1] Ibid. 35 : Οὔτε ἄρα μέρος μέντοι ἔσται αὐτοῦ τῇδε, μέρος δὲ τῇδε· οὐκέτι γὰρ ἐκτὸς ἔσται τόπου, οὔτε ἀδιάστατον· ἀλλ' ὅλον ἐστίν, ὅπου καὶ ἔστιν.

[2] Ibid. 37.

les fausses imaginations, empruntées de la nature des corps, et qui ne peuvent qu'obscurcir la véritable idée de l'être[1].

Ainsi l'incorporel est à la fois un et multiple; un en lui-même, multiple par son rapport avec le corps. De même le corps est à la fois multitude et unité; mais c'est par lui-même qu'il est multitude, c'est par l'incorporel auquel il participe qu'il est unité. L'incorporel, dans son commerce avec le corps, est une unité multipliée; le corps est une multitude unifiée[2].

Maintenant donc, comment l'incorporel, sans cesser d'être un, devient-il multitude? Par la *procession*.

Ainsi l'incorporel *procède* sans sortir de sa propre assiette, et tout en demeurant ferme et inébranlable dans sa nature; il donne de son être à ce qui est au-dessous de lui sans rien perdre, et sans changer en rien.

Mais comment se peut-il qu'une même chose, en restant où elle était, descende pourtant ailleurs? C'est que l'incorporel ne devient pas présent au corps en essence et en substance : car il ne se mêle

---

[1] Ibid. 35 : Μᾶλλον δὲ τὰ πρόσοντα τοῖς σώμασιν ἢ (leg. ᾗ) ταῦτα μὴ φαντάζεσθαι καὶ δοξάζειν περὶ τὸ ἀσώματον. 41 : Ἅμα ταύτας λαμβάνοντες, ἵνα τὰς ἀναπλαστικὰς ἀπὸ σωμάτων ἐξορίσωμεν ἀπ' αὐτοῦ ἐπινοίας, αἳ παρασκευάζουσι τὰς γνωριστικὰς ἰδιότητας τοῦ ὄντος.

[2] Ibid. 39 : Διόπερ ἐκεῖνο μὲν ἐν ἀμερεῖ πεπλήθυνται· τοῦτο δὲ, ἐν πλήθει καὶ ὄγκῳ ἥνωται.

pas avec lui. Mais par son inclination pour les corps, il engendre et leur communique une puissance de lui-même, capable de s'unir avec eux[1]. L'incorporel produit donc des puissances qui de son unité rayonnent au dehors; et c'est par elles qu'il descend dans le corps et s'unit avec lui. C'est par cette ineffable extension de lui-même qu'il vient dans la matière et s'y enferme[2].

Ainsi cette contradiction que l'idée de la *procession* enveloppe, c'est avec la distinction de l'essence et de la puissance du principe, avec cette distinction repoussée par Plotin, que Porphyre semble essayer encore une fois de la résoudre. Mais les puissances émanant et descendant de la substance de l'incorporel, ne sont évidemment plus chez Porphyre qu'une image, une métaphore, sous laquelle il suppose, comme Plotin, son maître, la doctrine d'Aristote : l'idée que l'incorporel est en tout par son essence même, et que ce qui le modifie et le limite dans ses manifestations, ce sont les dispositions, les puissances plus ou moins élevées du sujet qui le reçoit. L'incorporel, dit-il, devient présent aux corps par le penchant qu'il a pour eux, et qui le porte à

---

[1] Ibid. 4 : Τὰ καθ' ἑαυτὰ ἀσώματα, ὑποστάσει μὲν καὶ οὐσίᾳ οὐ πάρεστιν· οὐ γὰρ συγκιρνᾶται τοῖς σώμασι· τῇ δὲ ἐκ τῆς ῥοπῆς ὑποστάσει τινὸς δυνάμεως μεταδίδωσι, προσεχοῦς τοῖς σώμασιν· ἡ γὰρ ῥοπὴ δευτέραν τινὰ δύναμιν ὑπέστησε, προσεχῆ τοῖς σώμασιν. Voy. plus haut, p. 376.

[2] Ibid. 30 : Δι' ἐκτάσεως οὖν ἀρρήτου τῇ ἑαυτοῦ ἡ εἰς σῶμα σύνερξις.

se les assimiler. Il leur est présent en tant qu'ils sont capables d'être rendus semblables et conformes à lui, et qu'il peut se manifester en eux. L'incorporel n'est pas présent aux corps, en tant que les corps sont incapables de s'assimiler à lui[1]. Et en effet, le monde corporel reste toujours bien loin de la puissance du véritable être, et celui-ci de l'impuissance du monde corporel[2].

Maintenant l'incorporel n'est pas d'un seul degré; loin de là, ce que le corps est à l'âme, l'Ame l'est à l'Intelligence, et l'Intelligence à l'Un. La multiplicité et le mouvement ne cessent donc pas entièrement dès qu'on s'élève au-dessus du corps. A la vérité, il n'y a plus de mouvement dans l'âme, à proprement parler; Porphyre l'avoue avec Aristote d'une manière plus expresse encore que ne l'avait fait Plotin. L'âme semble se mouvoir en passant d'une pensée à une autre pensée. Pourtant, en réalité, aucune pensée ne lui échappe, aucune ne lui est nouvelle. Seulement son regard s'attache à telle ou telle partie de ce qu'elle possède toujours; elle ne se meut que d'elle à elle; elle est comme une source qui, au lieu de s'écouler au dehors, reflue-

---

[1] Ibid. 38 : Ἡ οὖν παρουσία, οὐ τοπική, ἐξομοιωτικὴ δὲ, καθόσον οἷόν τε σῶμα ἐξομοιοῦσθαι ἀσωμάτῳ, καὶ ἀσώματον θεωρεῖσθαι ἐν σώματι ὁμοιωμένῳ αὐτῷ.

[2] Ibid. : Πολὺ ἄρα τὸ ἀπὸν, τῷ μὲν κόσμῳ τῆς δυνάμεως τοῦ ὄντος, τῷ δὲ ὄντι τῆς ἀδυναμίας τοῦ ἐνύλου.

rait perpétuellement en elle-même [1]. Ainsi il n'y a pas dans l'âme un mouvement véritable, et pourtant quelque chose s'y trouve d'analogue au mouvement.

Pour l'Intelligence, le mouvement lui est encore plus étranger qu'à l'Ame. L'intelligence a pour essence de se connaître elle-même, d'être seule et tout entière l'objet de sa propre contemplation : elle ne pense donc pas tantôt à un intelligible, tantôt à un autre. Il y aurait alors des moments où telle ou telle partie d'elle-même ne serait pas l'objet de sa pensée. Donc elle pense à la fois tout ce qu'il est possible de penser : tout lui est présent ensemble, sans aucune succession, dans une éternité indivisible. Par conséquent l'Intelligence n'est pas un mouvement : elle est un acte, un et simple, qui exclut tout changement [2]. C'est avec la pensée changeante, qui laisse un objet pour un autre, que le temps a pris naissance; et cette pensée ne commence qu'avec l'âme [3]. Il semble que Porphyre se renferme ici plus étroitement encore que Plotin dans la théorie péripatéticienne de l'immobilité absolue de l'intelligence.

Cependant l'éternité elle-même n'est pas sans tenir encore quelque chose du temps. La perpé-

---

[1] Ibid. 45 : Πηγῇ γὰρ ἔοικεν οὐκ ἀπορρύτῳ, ἀλλὰ κύκλῳ εἰς ἑαυτὴν ἀναθλιζούσῃ ἃ ἔχει.

[2] Ibid. : Οὐδὲ κίνησις ἄρα· ἀλλὰ ἐνέργεια, καθ' ἓν ἐν ἑνί, αὔξην τε ἀφῃρημένη καὶ μεταβολῆς καὶ διεξόδου πάσης.

[3] Ibid.

tuité indéfinie du mouvement simule l'éternité; mais l'immobile aussi semble multiplier son continuel présent à mesure que le temps passe. En sorte que l'éternité figure le temps, comme le temps figure l'éternité [1]. Dans l'immobilité même de l'intelligence éternelle, il y a donc quelque chose encore qui répond et qui ressemble au mouvement.

C'est qu'en effet, quelle que soit l'unité de l'intelligence, elle enveloppe toujours quelque multitude [2]. Cette multitude est le monde des *idées*. De là dans toute pensée quelque chose toujours d'analogue à la distance et au mouvement.

Or maintenant, si l'objet de l'Intelligence est multiple, elle est multiple elle-même, puisqu'elle est à elle-même son propre objet. Mais, ainsi que Plotin l'avait dit, la pluralité suppose avant elle l'unité [3]. Donc par delà, avant l'Intelligence, il y a encore l'Unité absolue. Là seulement cessent enfin toute division, toute pluralité et tout mouvement. Cependant, à l'exemple de Plotin, Porphyre laisse un moment subsister jusque dans l'Un lui-même une sorte de pensée supérieure à la pensée proprement dite. Comme Aristote l'avait montré, la pensée

---

[1] Ibid.
[2] Ibid. 15 : Εἰ δὲ πολλὰ καὶ τὰ νοητὰ (πολλὰ γὰρ ὁ νοῦς νοεῖ, καὶ οὐχ ἕν), πολλὰ ἂν εἴη καὶ ἐξ ἀνάγκης καὶ αὐτός.
[3] Ibid. : Κεῖται δὲ πρὸ τῶν πολλῶν τὸ ἕν· ὥστε ἀνάγκη πρὸ τοῦ νοῦ εἶναι τὸ ἕν.

est partout, mais partout différente, suivant la nature où elle se trouve. Intellectuelle dans l'intelligence, rationnelle ou discursive dans l'âme, séminale dans la nature, simple figure dans le corps, elle subsiste, dans ce qui surpasse l'être et l'intelligence, d'une manière supérieure et à l'intelligence et à l'être [1]. — Mais pourtant, à proprement parler, si le premier principe est au-dessus de l'être, c'est un non-être [2], non pas ce non-être qui n'est autre chose que la privation de l'être, mais celui qui surpasse et qui précède l'être. De même, par conséquent, la pensée n'y a plus de place; on atteint jusqu'à l'Un par une absence de pensée bien mieux que par la pensée [3].

Ainsi, Porphyre suit Plotin pas à pas dans la poursuite du premier principe, jusqu'à la profondeur mystique où il n'y a plus ni être, ni pensée. Néanmoins, loin de précipiter la philosophie platonicienne sur sa pente naturelle, il l'y retint plutôt, autant qu'il fut en son pouvoir. Il était fort attaché aux opinions de Numénius [4], ainsi que son condisciple Amélius. Mais surtout il était profondément imbu de la philosophie d'Aristote; il avait fait de

---

[1] Ibid. 10 : Οὐχ ὁμοίως μὲν νοοῦμεν ἐν πᾶσιν, ἀλλ' οἰκείως τῇ ἑκάστου οὐσίᾳ... ἐν δὲ τῷ ἐπέκεινα, ἀνεννοήτως τε καὶ ὑπερουσίως.

[2] Ibid. 22.

[3] Ibid. 27 : Θεωρεῖται δὲ ἀνοησίᾳ κρεῖττον νοήσεως.

[4] Procl. in Tim., p. 24 : Ὁ φιλόσοφος Πορφύριος, ὃν καὶ θαυμάσειεν ἄν τις, εἰ ἕτερα λέγει τῆς Νουμηνίου παραδόσεως.

tous ses ouvrages, ou de presque tous, le sujet de longs et savants commentaires [1]; il suivait volontiers ses opinions; il avait écrit un traité considérable, en sept livres, pour démontrer l'identité de la doctrine de Platon et de celle d'Aristote [2]; et Proclus, enfin, lui reproche de résoudre les questions platoniciennes par les principes péripatéticiens. Le nom de *philosophe* devint et resta toujours dans l'école Néoplatonicienne son titre caractéristique; titre d'honneur sans doute, mais par lequel ceux qui le lui donnèrent voulaient dire, pourtant, que, comme Aristote, il restait en général au point de vue purement humain de la philosophie, étranger à cette haute inspiration religieuse, à ce mystique enthousiasme qui firent donner de préférence à son successeur Jamblique le surnom de *divin* [3].

De Jamblique date pour la doctrine platonicienne une nouvelle période : c'est le temps où elle ne demande plus à la philosophie proprement dite le moyen de connaître et de posséder le premier principe et le souverain bien, mais où, se réunissant avec la religion, c'est par des pratiques, par des

---

[1] Holsten. *de Vit. et script. Porph.*, c. 6.
[2] Ibid. c. 8. Boeth. *in libr. de Interpr.*, ed. alt., init.
[3] Cependant Proclus *in Tim.*, p. 71, compte aussi Porphyre parmi les θεῖα ἄνδρες, et d'autre part il appelle Jamblique lui-même ὁ φιλόσοφος ; *in Tim.*, p. 248 ; *in Alcib.*, ed. Creuz. 1820, in-8°, p. 13. — Les Néoplatoniciens nomment habituellement Plotin ὁ μέγας, Porphyre ὁ φιλόσοφος, Jamblique ὁ θεῖος, Théodore d'Asiné ὁ θαυμαστός.

rites mystérieux qu'elle veut consommer l'identification de l'âme avec Dieu. C'est le temps aussi où elle prétend dépasser de plus loin ces régions de la pensée et de la contemplation où la métaphysique péripatéticienne s'arrêtait.

Ce que nous savons de plus considérable des opinions particulières par lesquelles Jamblique se sépara de ses prédécesseurs, touchant la nature et les rapports des principes, c'est que, tandis que les âmes, soit en descendant dans les corps, soit même en péchant, ne cessaient pas, selon Plotin, de demeurer dans l'Intelligence par leur partie supérieure, et d'y vivre de la vie pure de la contemplation, selon Jamblique elles descendaient et elles péchaient tout entières. Qu'est-ce qui pèche, en effet, quand nous cédons aux séductions des passions, si ce n'est la volonté? Or, qu'y a-t-il de plus élevé dans notre âme? Et comment, au contraire, ne serions-nous pas tous parfaits et parfaitement heureux, si la plus haute partie de nous-mêmes demeurait toujours dans l'état divin de la contemplation [1]. — Pourtant, d'un autre côté, toute âme reste nécessairement inséparable de l'intelligence; toute la philosophie platonicienne implique que les principes incorporels, en procédant les uns des autres, ne se séparent

---

[1] Procl. *in Tim.*, p. 341 : Τί κωλύει καὶ νῦν ἡμᾶς εὐδαίμονας εἶναι ἀνθρώπους ἅπαντας, εἰ τὸ ἀκρότατον ἡμῶν ἀεὶ νοεῖ καὶ ἀεὶ πρὸς τοῖς θεοῖς ἐστίν;

jamais. Donc il faut distinguer ici les actes de l'âme et son essence. Elle se sépare de l'intelligence par ses actes, dès qu'elle pèche; elle s'en sépare même par ses puissances, desquelles émanent ses actes : elle lui reste unie par son essence, sa substance, son être [1].

Ce n'est pas tout. Toutes les âmes ne font qu'un, non-seulement en essence, mais en acte aussi, dans l'Ame universelle. Or, l'âme universelle ne saurait déchoir de la contemplation de l'intelligence. Comment se peut-il donc que les âmes particulières n'y restent pas toujours avec elle? C'est qu'il faut distinguer, selon Jamblique, l'Ame descendue dans le monde, ou l'Ame intramondaine, dans laquelle toutes les âmes se meuvent, et l'Ame supramondaine [2]. C'est celle-ci qui seule reste éternellement livrée à la contemplation dans l'Intelligence universelle [3]; et par conséquent cette Ame même, les âmes qui tombent n'y tiennent plus que par leur substance et leur être.

Ainsi l'intervalle augmente entre les différents principes. En chacun d'eux on distingue ce qui n'était distingué, selon la philosophie péripatéticienne, que dans les choses sensibles; l'essence, la puis-

---

[1] Id. ibid., 342 : Ἡ μὲν ἄρα οὐσία καὶ ἀειζωός ἐστι καὶ ἀεικίνητος, αἱ δὲ δυνάμεις καὶ ἐνέργειαι περὶ τὴν ζωὴν καὶ περὶ τὸν νοῦν ἁμαρτάνειν πεφύκασιν.

[2] D'après Proclus, *in Tim.*, p. 93-94, Porphyre aurait déjà fait cette distinction.

[3] Procl. *in Tim.*, p. 171.

sance et l'acte. On sépare de plus en plus dans leurs actes et dans leurs puissances les principes contigus l'un à l'autre : on ne les laisse unis d'une manière intime et nécessaire que par le fond de l'être, racine obscure d'où ils sont mystérieusement sortis. Aussi comment chaque chose dépend-elle de son principe, comment en est-elle venue et émanée? Il nous est impossible de le savoir. C'est, selon Jamblique, le privilége de la nature divine, supérieure à toute connaissance [1].

Dès lors ce n'était plus à la philosophie que Jamblique devait demander de nous conduire, soit dans la spéculation, soit dans la pratique, jusqu'à la cause première et la dernière fin. — Il s'était rattaché à la secte religieuse par excellence des Pythagoriciens, et prétendait ramener à leur doctrine toute celle de Platon. Il suivait leur manière de vivre, déjà préconisée par Porphyre [2]. Il renouvelait aussi leurs miracles, et la biographie qu'Eunape nous a laissée de lui ne consiste presque en autre chose que dans le récit des prétendus prodiges qu'il opéra. Enfin il voulait rapporter les doctrines du Platonisme et du Pythagorisme à une source sacrée, à une révélation des Dieux mêmes. Il opposait à la série des prophètes et des patriarches dont le Judaïsme et le Christianisme se glorifiaient, une tra-

---

[1] Procl. *in Tim.*, p. 348.
[2] Voy. le livre de Porphyre *de Abstin. carn.*

dition non moins antique, qui de Platon et de Pythagore remontait, par l'intermédiaire d'Orphée, jusqu'au dieu Hermès, révélateur de toutes les sciences. La règle suprême du vrai et du faux se trouvait, selon lui, dans l'autorité des prétendus livres Hermétiques [1], et de la tradition sacerdotale.

Mais surtout ce n'était plus ni à la science ni à la contemplation que Jamblique attribuait désormais le pouvoir de conduire l'âme où tend toute sagesse, à Dieu. Il plaçait au-dessus de toutes les vertus de l'âme et de l'intelligence, la vertu qui nous unit avec Dieu, en nous réduisant nous-mêmes à l'unité, et il l'appelait la vertu unitive. C'était là, sous une dénomination peut-être nouvelle, la pensée de tous

[1] Ces livres sont très-certainement apocryphes; mais ils ne sont pas tous aussi récents que quelques critiques l'ont supposé. Si le Pœmander et le Discours sur la montagne sont évidemment d'un auteur chrétien, et probablement d'une époque postérieure à Jamblique (voy. Casaub. *Exerc. I ad Baron.* p. 71), il n'en est pas de même de tous les autres livres hermétiques que nous avons en entier ou par fragments. On en comptait quarante-deux du temps de saint Clément d'Alexandrie (*Strom.* IV, p. 633). Le passage de l'Asclépius où Fabricius (*Biblioth. gr.*, t. I, p. 56) et Mosheim (*ad Cudw. syst. intell.*, p. 386) ont cru voir une allusion aux persécutions exercées sous les empereurs contre les chrétiens, n'est autre chose qu'une description des catastrophes qui terminent chacune des grandes années du monde; quant à la doctrine de ce livre important et peu étudié, elle présente de singuliers rapports avec celles de Philon et des Kabbalistes (principalement pour les dogmes du Verbe, de l'homme considéré comme image de Dieu et du monde, du rapport mystique des deux sexes, etc. Voyez le livre suivant.) C'est vraisemblablement encore une production de l'école juive d'Alexandrie, et qui ne doit pas être plus récente que le premier siècle de l'ère chrétienne.

les Platoniciens. Mais de plus cette vertu *unitive* il la nommait, par opposition aux autres vertus, renfermées dans la sphère de la philosophie, la vertu *hiératique* ou sacerdotale [1]; il la nommait enfin la vertu *théurgique* [2] : or le sens de cette expression, c'était sans nul doute qu'à la théurgie seule il appartenait de nous conférer la perfection suprême, et de nous identifier avec Dieu.

Telle est la pensée dont le livre des *Mystères des Égyptiens* présente le développement. Ce livre n'est probablement pas de Jamblique lui-même, à qui il est attribué par Proclus [3]. Mais, quel qu'en soit l'auteur, c'est un monument important de cette nouvelle phase du Néoplatonisme, qui avait commencé avec Jamblique, et dont le caractère est la subordination de la philosophie à la théurgie [4].

---

[1] Olympiodor. *in Plat. Phæd.* (ed. V. Cousin, *Journ. des sav.*, 1835, p. 149) : Προστίθησιν ὁ Ἰάμβλιχος ..... ὅτι εἰσὶ καὶ ἱερατικαὶ ἀρεταὶ κατὰ τὸ θεοειδὲς ὑφιστάμεναι τῆς ψυχῆς, ἀντιπαρελθοῦσαι πάσαις ταῖς εἰρημέναις οὐσιώδεσιν οὔσαις, ἑνιαῖαι δὲ ὑπάρχουσαι.

[2] Marciu. *Vit. Procli*, c. 26 : Τὰς ἀκροτάτας τῶν ἀρετῶν ..... ἃς ὁ ἔνθους Ἰάμβλιχος ὑπερφυῶς θεουργικὰς ἀπεκάλεσεν.

[3] Aux arguments par lesquels on a déjà cherché à démontrer que ce livre n'est pas de Jamblique (voy. Meiners, *Comm. soc. Goetting*, t. IV, p. 50 sqq.), il faut ajouter qu'on y attaque l'idolâtrie (p. 99, ed. Th. Gale, Oxon. 1678, in-f°), que Jamblique avait défendue.

[4] Th. Gale dit très-bien (ad lib. *de Myst.*, p. 213) : « Animæ unionem cum Diis acquiri per philosophiam voluit Porphyrius, Plotinus, reliquique proprie dicti philosophi : per theurgiam Iamblichus, Syrianus, Proclus, et ἱερατικοὶ omnes. »

On entendait proprement par la *théurgie*, conformément à l'étymologie de ce mot, l'art de faire des Dieux; de faire des Dieux, c'est-à-dire, au moyen des rites nécessaires, de faire descendre les Dieux dans des images ou idoles qui les représentaient, et par lesquelles ils devaient habiter leurs temples[1]. Par la théurgie, les images des Dieux devenaient donc réellement et proprement des Dieux. Sur cette croyance, commune à l'antiquité tout entière, si l'on en excepte la Perse et la Judée, mais dont la Grèce rapportait l'origine à l'Égypte, comme celle de toute sa religion, sur cette croyance se fondait le culte qu'on rendait aux idoles sacrées, comme à autant de divinités, ou l'idolâtrie [2], que Porphyre et Jamblique défendirent, dans deux traités exprès, contre les attaques des chrétiens [3].—Mais ce n'était pas assez que les Dieux vinssent habiter parmi les hommes. Il fallait que les hommes fussent mis en état d'entrer en commerce avec eux; il fallait pour cela

---

[1] Procl. *Theol. platon*, I, 29 : Ἡ θεουργία διὰ δή τινων συμβόλων εἰς τὴν τῶν τεχνικῶν ἀγαλμάτων ἔλλαμψιν προκαλεῖται τὴν τῶν θεῶν ἄφθονον ἀγαθότητα. Plutarch. *de Pyth. orac.*, 8 : Τὸν θεὸν εἰς σῶμα καθειργνύναι θνητόν.

[2] C'est ce qu'on a souvent nié; entre autres Voltaire, *Encyclop.*, art. *Idolâtrie*.

[3] Voyez les fragments du livre de Porphyre, Περὶ ἀγαλμάτων, dans Stobée, *Ecl. phys.* init., et Eusèbe, *Præp. ev.*, III, 7, et de celui de Jamblique, intitulé de même, et que Jean Philopon réfuta, dans Photius, cod. CCXV.—Il est dit aussi dans l'Asclépius attribué à Hermès, que c'est faute de pouvoir faire des âmes qu'on appelait dans les idoles celles des démons ou des anges.

qu'ils leur fussent rendus semblables autant que possible ; il fallait que, devenus ainsi eux-mêmes des images, des *idoles* vivantes de la Divinité, elle vînt habiter en eux, et enfin se les unir intimement, et les identifier avec elle. Rendre l'homme semblable à Dieu, et, en définitive, le réunir, l'identifier à lui, telle est la fin dernière, plus ou moins cachée ou apparente, de toute religion. Tel était devenu aussi, de plus en plus, l'objet de l'art sacré de faire des Dieux, et la théurgie se confondait avec la religion même. — La philosophie était sortie de la religion. Elle était venue pour procurer aux hommes et la connaissance et la possession des choses divines, d'une manière plus parfaite que la religion ne l'avait pu faire. Maintenant, au terme d'une carrière qu'elle avait mis près de mille ans à parcourir, et dans le même temps où une croyance nouvelle s'emparait du monde, elle revenait, désespérant d'atteindre par ses seules forces le but suprême qu'elle avait poursuivi, demander le secours des pratiques et des symboles religieux, et s'abandonner à la théurgie.

Plotin n'avait reconnu aux rites, aux cérémonies, aux paroles sacrées, aux invocations, aux prières même [1] qu'une vertu magique, dérivant des sympathies naturelles des choses, et qui, puissante sur

---

[1] Plot. *Enn.* IV, iv, 40.

l'âme[1], ne pouvait étendre son empire jusqu'à la sphère plus haute du monde intelligible[2]. Aux yeux de Porphyre, la théurgie avait une efficacité véritable pour le perfectionnement de l'homme : mais c'était seulement en purgeant de la matière grossière l'*esprit*, véhicule éthéré de l'âme[3], et en lui rendant par là plus facile ce commerce avec les autres esprits, héros, démons ou anges[4], qui peuplaient les régions de l'air et de l'éther[5]. Il avait aussi vanté la prière; il avait dit que tous ceux qui croyaient à l'existence des Dieux, à leur providence, et à la contingence des événements du monde, avaient reconnu l'utilité de la prière pour la direction de la vie; il l'avait fait voir pratiquée avec zèle chez les peuples les plus éminents en sagesse, chez les Indiens par les Brachmanes, chez les Perses par les Mages, chez les Grecs par les théologiens qui avaient institué les mystères. Les Chaldéens aussi ne l'avaient pas négligée. Néanmoins ce n'était à ses yeux qu'un moyen secondaire, auxiliaire de la

---

[1] *Enn.* IV, III, 11 : Καί μοι δοκοῦσιν οἱ πάλαι σοφοί, ὅσοι ἐβουλήθησαν θεοὺς αὐτοῖς παρεῖναι, ἱερὰ καὶ ἀγάλματα ποιησάμενοι, εἰς τὴν τοῦ παντὸς φύσιν ἀπιδόντες, ἐν νῷ λαβεῖν ὡς πανταχοῦ μὲν εὐάγωγον ψυχῆς φύσις κ. τ. λ.

[2] *Ibid.* 39, 43; 44 : Μόνη δὲ λείπεται ἡ θεωρία ἀγοήτευτος εἶναι.

[3] Ὄχημα. Sur la nature et les propriétés de l'ὄχημα πνευματικὸν ou σῶμα αὐγοειδές, οὐράνιον, αἰθέριον, selon les Platoniciens, voy. Cudworth, *Syst. intell.*, p. 1027 sqq.

[4] Augustin. *de Civ. Dei*, X, 9.

[5] Cf. Lips. *Physiol. stoic.*, I, 18, 19.

vertu [1]. En somme, les pratiques extérieures du culte religieux ne pourraient servir dans l'âme qu'aux puissances du second ordre, et la mettre en communication qu'avec les divinités inférieures [2]. A la philosophie seule il appartenait de nous unir avec le Dieu suprême [3].

Jamblique avait réfuté ces opinions. Selon lui la prière, par la vertu même des formules symboliques que les Dieux avaient enseignées aux hommes, nous rattachait à eux d'une manière intime et essentielle, et nous rétablissait, nous réédifiait ainsi dans l'unité primitive dont nous étions sortis [4].

C'est l'idée qui fait aussi le fond du livre des Mystères des Égyptiens [5].

Ce livre est une prétendue réponse d'un prêtre égyptien, nommé Abamon, à une lettre adressée à l'un de ses confrères, et composée d'une suite de questions sur la théurgie. Dans cette lettre, attribuée à Porphyre, mais qui pourrait bien être elle-même une production apocryphe [6], on ne se contente pas

---

[1] Procl. *in Tim.*, p. 64.

[2] Porphyr. ap. Cyrill. *adv. Julian.*, l. IV.

[3] Porphyr. *Epist. ad Marcell.*, 18, 21, 24, 33; *de Abstin.*, I, 28; *Sentent.*, 34.

[4] Procl. *in Tim.*, p 65 : Καὶ τοῦτο πέρας ἐστὶ τὸ ἄριστον τῆς ἀληθινῆς εὐχῆς, ἵνα συνάψῃ τὴν ἐπιστροφὴν τῇ μονῇ, καὶ πᾶν τὸ προελθὸν ἀπὸ τοῦ τῶν θεῶν ἑνὸς αὖθις ἐνδρύσει τῷ ἑνί, καὶ τὸ ἐν ἡμῖν φῶς τῷ τῶν θεῶν φωτὶ περιλάβῃ.

[5] Publié par Th. Gale, Oxon. 1678, in-f°.

[6] Meiners (*Comm. soc. Goetting.*, t. IV), et Tiedemann (*Geist der specul. Philos.*, p. 454), en ont déjà révoqué en doute l'authenticité.

de dire, comme Porphyre l'avait fait, que l'art théurgique n'a qu'une utilité secondaire : on met en doute si ce n'est pas une superstition sacrilége qui, en présentant les Dieux comme capables de céder à la force de rites ou d'invocations symboliques, porte atteinte à leur immutabilité et à leur indépendance essentielles. — La réponse du prétendu Abammon est fondée tout entière sur un seul principe : que tout vient des Dieux, et qu'en conséquence rien ne les détermine à entrer en communication avec nous, qu'ils n'aient eux-mêmes déterminé et institué par avance. Dès lors, loin que la théurgie ne soit qu'impiété et sacrilége, toutes ses pratiques sont autant d'actes de religion et de piété [1]. — Hermès a enseigné que la matière même vient de Dieu. C'est Dieu qui l'a produite en séparant de l'essence la matérialité qu'elle contenait. Ainsi a été formée d'abord une matière parfaite, pure, conforme au bien, et digne de recevoir les Dieux. C'est la matière vivante de laquelle sont composées les sphères éternelles; du reste sont formés les corps qui naissent et qui périssent [2]. — La matière ainsi représentée, d'une manière bien plus formelle qu'on ne l'avait jamais vu chez les Platoniciens, comme tirée de l'être

---

[1] *De Myst.*, sect. I, c. 12 ; sect. III, c. 16, etc.
[2] Ibid. VIII, 3 : Ὕλην δὲ παρήγαγεν ὁ θεὸς ἀπὸ τῆς οὐσιότητος ὑποσχισθείσης ὑλότητος, ἣν παραλαβὼν ὁ δημιουργὸς ζωτικὴν οὖσαν, τὰς ἁπλᾶς καὶ ἀπαθεῖς σφαίρας ἀπ' αὐτῆς ἐδημιούργησε, τὸ δὲ ἔσχατον αὐτῆς εἰς τὰ γεννητὰ καὶ φθαρτὰ σώματα διεκόσμησε. V, 23.

même de Dieu, et capable, par conséquent, de lui servir de réceptacle et d'organe [1], les symboles et les pratiques matériels de la théurgie ne sont pas seulement justifiés d'avance ; ils deviennent les moyens les plus efficaces de communication avec Dieu.

Chacun aime ce qu'il a produit : les Dieux se plaisent donc dans leurs créatures. Or, tout vient d'eux, à l'exception du mal. On peut donc faire avec la matière des simulacres qui les représentent, qui leur plaisent, et auxquels ils attachent des vertus surnaturelles. Mais ce n'est là, pour l'auteur du livre des Mystères, que la moindre partie de la théurgie, et les idoles, tant vantées par Porphyre et Jamblique, n'ont à ses yeux presque aucune valeur. Ce sont des œuvres de l'homme, vaines images qui n'ont qu'un semblant de vie, et qui ne valent pas la moindre des créatures de Dieu [2]. Il n'est rien de plus absurde que de les honorer comme des divinités et les démons eux-mêmes ne sauraient consentir à habiter des corps bruts et inanimés,

---

[1] *De Myst.* V, 23 : Μὴ δή τις θαυμαζέτω ἐὰν καὶ ὕλην τινὰ καθαρὰν καὶ θείαν εἶναι λέγωμεν· ἀπὸ γὰρ τοῦ πατρὸς καὶ δημιουργοῦ τῶν ὅλων καὶ αὐτὴ γενομένη, τὴν τελειότητα ἑαυτῆς ἐπιτηδείαν κέκτηται πρὸς θεῶν ὑποδοχήν... Οὐ γὰρ δὴ δεῖ δυσχεραίνειν πᾶσαν ὕλην, ἀλλὰ μόνην τὴν ἀλλοτρίαν τῶν θεῶν, τὴν δὲ οἰκείαν πρὸς αὐτοὺς ἐκλέγεσθαι, ὡς συμφωνεῖν δυναμένην, εἴς τε θεῶν οἰκοδομήσεις καὶ καθιδρύσεις ἀγαλμάτων, καὶ δὴ καὶ εἰς τὰς τῶν θυσιῶν ἱερουργίας.

[2] Ibid. III, 28.

ouvrages de l'art humain [1]. — Dans le sacrifice on offre aux Dieux des êtres organisés, qu'ils ont faits, et qui présentent dans leur nature l'empreinte pure et manifeste de la volonté de leurs auteurs [2]. Ou on les conserve religieusement, comme font les Égyptiens de leurs animaux sacrés, ou on les livre au feu, qui, dévorant l'élément terrestre, rend à la liberté l'élément éthéré et divin qui y était contenu [3]. De là la puissance du sacrifice. Ce n'est pas, comme le vulgaire se l'imagine, que les dieux ou les démons aient besoin pour se nourrir du sang des victimes ou de la vapeur qui s'en élève [4]; ce n'est pas non plus que l'on contraigne leur volonté par un procédé magique, au moyen des rapports et des sympathies naturelles qui lient entre eux tous les ordres d'êtres; ou du moins ce n'est là qu'une cause concomitante et secondaire [5]. La cause première de l'efficacité du sacrifice, c'est l'amour, c'est l'affinité essentielle de l'ouvrier pour l'œuvre, de celui qui a engendré pour ce qui est né de lui [6].

[1] Ibid. 29, 30.
[2] Ibid. V, 9 : Ὅταν..... λάβωμέν τι ζῶον, ἢ τῶν φυομένων ἐπὶ τῆς γῆς ἀκραιφνῶς διασῶζον τὸ βούλημα τοῦ πεποιηκότος.
[3] Ibid. 11-24.
[4] Ibid. 10. Cf. Cudworth, *Syst. intell.*, V, III, 35.
[5] Ibid. 8 : Εἰ δ' ἄρα τι καὶ τοιοῦτον ἐν ταῖς θυσίαις, συνακολουθεῖ ὡς συναίτιον, καὶ τῶν ὧν οὐκ ἄνευ λόγον ἔχον, καὶ οὕτω συνήρτηται ταῖς προηγουμέναις αἰτίαις.
[6] Ibid. 9 : Βέλτιον οὖν φιλίαν καὶ οἰκείωσιν αἰτιᾶσθαι, σχέσιν τε συνδετικὴν τῶν δημιουργούντων πρὸς τὰ δημιουργούμενα καὶ τῶν γεννώντων πρὸς τὰ γεννώμενα.

Enfin, dans la prière, qui est la plus haute partie de la théurgie, nos volontés ne subjuguent pas la volonté des dieux. C'est leur action qui prévient la nôtre d'aussi loin que la volonté divine l'emporte sur le choix délibéré de l'homme [1]. Par leur libre vouloir, par leur bonté et leur miséricorde, les Dieux appellent à eux les âmes, et, les accoutumant à se séparer du corps pour remonter à leur principe intelligible et éternel, ils leur donnent enfin de s'unir et de s'identifier avec eux. Les invocations ne contraignent pas les Dieux à descendre vers nous : elles purifient l'âme, et, en la détachant du corps comme par une douce persuasion, la rendent propre à entrer en participation de la nature divine [2]. Puis les Dieux répandent sur elle leur lumière intelligible; puis enfin ils se l'unissent [3]. Ainsi la théurgie nous rattache successivement aux puissances divines de tous les degrés, à partir de celles qui descendent le plus bas dans la nature et dans la matière, et elle nous ramène en dernier lieu à leur source éternelle [4]; mais ce n'est point par des opérations magiques qui

---

[1] *De Myst.* I, 12 : Πρόεισιν εἰς τὸ ἐμφανὲς καὶ τοσούτῳ προέχει τῆς ἑκουσίου κινήσεως, ὅσον ἡ τἀγαθοῦ θεία βούλησις τῆς προαιρετικῆς ὑπερέχει ζωῆς.

[2] Ibid.

[3] Ibid. : Ἀφθόνως οἱ θεοὶ τὸ φῶς ἐπιλάμπουσιν, εὐμενεῖς ὄντες καὶ ἵλεῳ τοῖς θεουργοῖς, τάς τε ψυχὰς αὐτῶν εἰς ἑαυτοὺς ἀνακαλούμενοι, καὶ τὴν ἕνωσιν αὐταῖς τὴν πρὸς ἑαυτοὺς χορηγοῦντες. Ce sont les trois degrés de la *purgation*, de *l'illumination* et de *l'union*, distingués par toute théologie mystique.

[4] Ibid. X, 6.

enchaînent et contraignent les dieux : c'est par une suite de la volonté, de l'institution divine.

Cependant, et tout en purifiant de tant de superstitions grossières l'idée de la religion et du culte divin, ce n'en est pas moins à des rites, à des pratiques et des formules matérielles que l'auteur du livre des Mystères égyptiens attribue la puissance de conduire l'homme à la dernière fin de la religion et de la sagesse, à l'union avec Dieu. Selon Plotin et Porphyre, ce n'était pas par l'intelligence qu'on y pouvait atteindre : c'était par une extase mystique, supérieure à toute opération intellectuelle. Mais au moins pensaient-ils que la contemplation était un échelon nécessaire pour s'élever à l'extase, et l'extase elle-même une sorte de contemplation ineffable, analogue en un sens, bien qu'opposée, en un autre, à celle de la pensée. L'auteur du traité des Mystères va plus loin. Ce n'est pas, dit-il, la pensée qui met le théurge en communication avec les Dieux; car alors qui empêcherait ceux qui se livrent à la philosophie spéculative d'obtenir par cela seul l'union théurgique avec la Divinité? Or il n'en est pas ainsi [1]. Cette union, on ne l'obtient que par l'observance d'actes ineffables, supérieurs à toute pensée, par la vertu de symboles inexplicables

---

[1] *De Myst.* II, 11 : Οὐδὲ γὰρ ἡ ἔννοια συνάπτει τοῖς θεοῖς τοὺς θεουργούς· ἐπεὶ τί ἐκώλυε τοὺς θεωρητικῶς φιλοσοφοῦντας ἔχειν τὴν θεουργικὴν ἕνωσιν πρὸς τοὺς θεούς ; νῦν δὲ οὐκ ἔχει τόγε ἀληθὲς οὕτως.

que les Dieux seuls connaissent. Ce n'est donc pas par la pensée que nous en avons, que nous accomplissons ces actes : car alors ce seraient des actes intellectuels, et qui proviendraient de nous; et c'est ce qui n'est pas vrai : même sans que nous y pensions, les symboles opèrent d'eux-mêmes ce qu'ils doivent opérer, et la puissance ineffable des Dieux, à laquelle ils s'adressent, reconnaît d'elle-même les images dans lesquelles elle est fidèlement représentée [1]. Les principes divins ne sont donc pas déterminés à agir par nos pensées; ces pensées, les meilleures dispositions de l'âme, la pureté intérieure ne sont que des causes concomitantes, et ce qui éveille proprement la volonté divine ce sont les symboles divins [2].

L'empereur Julien, platonicien zélé et admirateur de Jamblique [3], disait semblablement : la nature ineffable des caractères sacrés a son effet, même sans

---

[1] Ibid. : Ἀλλ' ἡ τῶν ἔργων τῶν ἀρρήτων καὶ ὑπὲρ πᾶσαν νόησιν θεοπρεπῶς ἐνεργουμένων τελεσιουργία ἥ τε τῶν νοουμένων τοῖς θεοῖς μόναις συμβόλων ἀφθέγκτων δύναμις ἐντίθησι τὴν θεουργικὴν ἕνωσιν. Διόπερ οὔτε τὸ (leg. τῷ) νοεῖν αὐτὰ ἐνεργοῦμεν· ἔσται γὰρ οὕτω νοερὰ ἡ αὐτῶν ἐνέργεια, καὶ ἀφ' ἡμῶν ἐνδιδομένη· τόδ' οὐδ' ἕτερόν ἐστιν ἀληθές· καὶ γὰρ μὴ νοούντων ἡμῶν, αὐτὰ τὰ συνθήματα ἀφ' ἑαυτῶν δρᾷ τὸ οἰκεῖον ἔργον, καὶ ἡ τῶν θεῶν, πρὸς οὓς ἀνήκει ταῦτα, ἄρρητος δύναμις αὐτὴ ἀφ' ἑαυτῆς ἐπιγινώσκει τὰς οἰκείας εἰκόνας. VII, 4 : Καὶ δὴ κἂν ἄγνωστος ἡμῖν ὑπάρχῃ (sc. ὁ συμβολικὸς χαρακτήρ), αὐτὸ τοῦτό ἐστιν αὐτοῦ τὸ σεμνότατον.

[2] Ibid. : Τὰ δ' ὡς κυρίως ἐγείροντα τὴν θείαν θέλησιν αὐτὰ τὰ θεῖά ἐστι συνθήματα.

[3] Julian. *Orat.*, IV, p. 156. Il le trouvait plus ἐποπτικὸς que Porphyre; voy. Th. Gale, ad libr. *de Myst.*, p. 213.

qu'on la connaisse, et fait par elle-même que les dieux nous deviennent présents [1].

Quels sont donc ces symboles doués d'une vertu supérieure à celle de la plus haute contemplation? Suivant l'auteur du livre des Mystères, ce sont principalement les caractères [2] et les noms des choses sacrées, tels qu'ils se trouvent chez ces peuples qu'on appelle barbares, et qui ont été les premiers à honorer les dieux, chez les Assyriens et les Égyptiens [3]. — Non seulement ce n'est pas à la philosophie qu'il appartient de nous unir à Dieu; mais les mystères de la religion grecque n'y suffisent point. L'esprit léger des Grecs, amant de la nouveauté, a tout changé et tout corrompu. Les Barbares, plus graves, plus stables dans leurs mœurs, ont su mieux conserver le dépôt de la science sacrée; ils ont gardé plus fidèlement les mots et les symboles qui avaient servi dès le principe à désigner les choses sacrées, et qui sont le plus agréables aux Dieux [4]. De là la vertu de ces signes barbares qui sont pour nous inexplicables et dépourvus de sens. — Encore chez

---

[1] Julian. ap. Th. Gale, loc. cit. : Ἡ τῶν χαρακτήρων ἄῤῥητος φύσις ὠφελεῖ καὶ ἀγνοουμένη, καὶ ποιεῖ θεῶν παρουσίας.

[2] Cf. Porphyr. ap. Euseb. *Præp. ev.*, V, 9; Mich. Psell. *Comm. in Greg. Naz. orat.* XLII. Th. Gale ad libr. *de Myst.*, p. 231.

[3] *De Myst.*, VII, 1, 4.

[4] Ibid. 5 : Φύσει γὰρ Ἕλληνές εἰσι νεωτεροποιοὶ, καὶ ἅπτοντες φέρονται πανταχῇ..... Βάρβαροι δὲ μόνιμοι τοῖς ἤθεσιν ὄντες, καὶ τοῖς λόγοις βεβαίως τοῖς αὐτοῖς ἐμμένουσι. διόπερ αὐτοί τε εἰσι προσφιλεῖς τοῖς θεοῖς, καὶ τοὺς λόγους αὐτοῖς προσφέρουσι κεχαρισμένους.

les Égyptiens les symboles qui se rapportent aux démons sont-ils mêlés à ceux qui ne concernent que les Dieux; chez les Chaldéens seuls, le plus ancien des peuples, les choses divines se sont conservées dans toute leur pureté originelle [1].

C'est que la théologie des Égyptiens ne semblait pas remonter, comme celle des Chaldéens, jusqu'à cette Unité mystérieuse, inaccessible à toute intelligence, dans laquelle le Néoplatonisme cherchait de plus en plus le véritable Dieu. Les prétendus livres d'Hermès, probablement rédigés, du moins les plus anciens, sous l'influence des idées des Philon et des Numénius [2], ne faisaient, à la vérité, de l'intelligence que le second principe, et plaçaient au-dessus d'elle l'Unité. Mais cette unité, ils l'appelaient encore, avec Numénius et Philon, l'intelligence antérieure à l'intelligence, la lumière avant la lumière [3]. La théologie assyrienne, ou chaldéenne (dénominations sous lesquelles on confondait et la religion primitive de l'Assyrie, et celle des Mèdes qui était venue s'y mêler), semblait dépouiller plus complétement la cause première de toute ressemblance avec les principes inférieurs, de tout mouvement et de toute activité. C'était sur de prétendus

---

[1] *De Myst.*, VI, 7.
[2] Voyez ci-dessus, p. 480.
[3] Herm. Trismeg. *ad Asclep.* (ap. Patric. *Nova de univ. philos.*, Venet. 1593, in-f°, f° 50 b) : Ἓν μόνον ἦν φῶς νοερὸν πρὸ φωτὸς νοεροῦ· καὶ ἦν καὶ ἔστιν ἀεὶ νοῦς φωτεινός, καὶ οὐδὲν ἕτερον ἦν ἢ τούτου ἑνότης.

livres de Zoroastre que les Gnostiques s'étaient appuyés, dès le commencement de l'ère chrétienne, pour atteindre, disaient-ils, à la profondeur de l'essence intelligible, où Platon n'avait pas su pénétrer [1]. Plotin, il est vrai, les avait réfutés; et c'était dans cette réfutation que, blâmant leur exaltation mystique, il avait dit qu'en voulant s'élever au-dessus de l'intelligence, on ne saurait qu'en déchoir. De plus, Porphyre avait démontré que les livres attribués à Zoroastre par les Gnostiques étaient des productions apocryphes et récentes [2]. — Mais, comme on l'a vu, le terme où tendait la philosophie de Plotin était celui-là même auquel il blâmait les Gnostiques d'aspirer; et les Platoniciens devaient de plus en plus le reconnaître et l'avouer. Les Gnostiques appelaient le premier principe le Silence et l'Abîme [3]. Or, Porphyre, déjà, déclare que le silence est le seul culte digne du Dieu suprême [4]. L'auteur du livre des Mystères répète après lui la même sentence [5]. Bientôt leurs successeurs mettront ce silence mystique au-dessus de l'unification même [6]; et leur premier principe prendra le nom de l'Abîme [7].

[1] Porphyr. *Vit. Plot.*, c. 16; Plot. *Enn.*, II, ix, 6.
[2] Porphyr. *Vit. Plot.*, c. 16.
[3] Σιγή, Βυθός.
[4] Porphyr. *de Abstin.* II, 34.
[5] *De Myst.* VIII. 3 : Τὸ πρῶτον νοητὸν, ὃ δὴ καὶ διὰ σιγῆς μόνης θεραπεύεται.
[6] Voy. Proclus, *Theol. plat.*, p. 132, et Damascius, *de Princip.*, 7.
[7] Damasc. *de Princip.*, ap. Th. Gale, ad libr. *de Myst.*, p. 301.

Les Platoniciens ne pouvaient donc manquer de reporter aussi leurs regards vers cette théologie antique, soit véritablement chaldéenne, soit persane ou médique, à laquelle les Gnostiques avaient emprunté leurs principes. Un recueil d'Oracles, ou sentences, attribué à Zoroastre, devint le livre saint en quelque sorte de toute l'école néoplatonicienne. Sans doute ce n'était pas le même ouvrage sur lequel les Gnostiques s'étaient fondés, et la doctrine non plus n'en devait pas être entièrement la même. Le dogme d'un mauvais principe, en lutte contre la bonté divine, qui jouait un rôle important dans la religion des Mages et dans les théories de la plupart des Gnostiques [1], comme aussi, du reste, dans celles des Platoniciens antérieurs à Ammonius Saccas, ce dogme, probablement, ne figurait plus dans les Oracles [2]. Mais l'idée d'un premier principe, consistant en une essence incompréhensible, placée au-dessus de toute intelligence et de toute activité, y régnait d'autant plus.

Aristote avait déjà dit que la théologie des Mages était plus ancienne encore que celle des Égyptiens, et il en avait vanté la sagesse supérieure [3]. Mais ce dont il louait les Mages, c'était qu'au lieu de prendre

---

[1] Voy. le livre suivant.
[2] Voy. les fragments recueillis par Patrizzi, *Zoroaster*, in *Nova de univ. philos.*
[3] Arist. *Metaphys.*, XIV, 4.

pour le premier principe le Chaos ou la Nuit, en d'autres termes l'absence même de l'être et de la réalité, comme avaient fait les premiers théologiens grecs, ils avaient vu dès l'origine que la cause première devait être ce qu'il y a de meilleur et de plus parfait, c'est-à-dire, selon lui, l'intelligence et l'activité même. Au contraire, ce que le Néoplatonisme révère dans la théologie chaldéenne, c'est ce dogme sur lequel il croit la voir reposer tout entière, que la perfection de Dieu exclut toute pensée et toute action, et que, placé au delà de toute intelligence, la seule voie qui mène jusqu'à lui est l'extase où nous plonge l'opération mystérieuse de figures, de caractères et de formules inexplicables et inintelligibles. En un mot, si l'auteur du livre des Mystères et ses contemporains exaltent sur toute autre la théologie chaldéenne, c'est parce que c'est celle, à leur gré, qui élève le plus haut au delà de l'intelligence la plus pure et de la contemplation la plus sublime, l'essence inerte et ténébreuse, qui ressemble au néant, et les rites mystérieux de la théurgie.

Maintenant était-il nécessaire, pour rentrer avec les plus anciens des Barbares dans le sein de la religion primitive, d'abandonner la tradition de la philosophie grecque? Ne pouvait-on, au contraire, par un dernier effort, retrouver dans la doctrine de Platon les plus profonds mystères de la théologie chaldéenne? Telle fut la pensée que voulurent réaliser, dans le siècle qui suivit celui de Jamblique et dans la ville même où Platon avait enseigné, les maîtres qui y occupaient alors la chaire publique de la philosophie platonicienne.

C'était le temps, d'ailleurs, où le Paganisme, proscrit par Constantin, puis relevé et soutenu un moment par les efforts de Julien, succombait enfin dans tout l'Empire, devant la religion chrétienne. Si le culte des anciennes divinités était toléré encore, toutes les pratiques de la magie étaient sévèrement interdites [1]. Les Platoniciens étaient forcés, comme Édésius l'avait été sous Constantin, de cacher soigneusement leurs miracles [2]. Il fallut se renfermer davantage dans l'ombre de l'école, et, de la pratique désormais dangereuse des rites de la théurgie, revenir de plus en plus à la seule culture de la philosophie. C'est ce que durent faire ceux qui se trouvaient encore chargés de l'enseignement dans l'école d'Athènes, au ve siècle, Plutarque, fils de Nestorius, Syrianus, Proclus et ses élèves. Nous ne savons si le premier laissa des écrits. Ceux de Syrianus ont péri, à l'exception d'un traité de rhétorique et d'un commentaire sur les parties de la Métaphysique d'Aristote qui contiennent la

---

[1] Voy. Amm. Marcell. XXVIII, 1, XXIX, 1, 2; Zozim. IV, 216-218; Eunap. *Vit. sophist.*, p. 88-9.
[2] Marin. *Vit. Procli*, 15.

critique des théories de Platon. Mais nous connaissons suffisamment par Proclus, par sa vie, que son disciple Marinus nous a transmise, et par ses nombreux ouvrages, la pensée de cette dernière école néoplatonicienne dont il fut le représentant le plus illustre.

Suivant Proclus, la philosophie de Platon et la théologie chaldéenne n'étaient qu'une même doctrine. Orphée était l'intermédiaire par lequel avait eu lieu la transmission de l'une à l'autre [1]. Aussi, malgré la haute estime qu'il professait pour les poëmes orphiques, ou pour ce qu'on appelait ainsi, ce qu'il vénérait le plus avec les ouvrages de Platon, c'étaient les prétendus Oracles de Zoroastre. Il disait que, s'il en était le maître, il ne laisserait circuler, de tous les livres des anciens, que le Timée et les Oracles, parce que tous les autres pouvaient nuire à ceux qui les lisaient sans y être convenablement préparés [2]. C'étaient donc là, selon lui, les sources pures où l'on ne pouvait puiser que la vérité, une même vérité, dépouillée de toute apparence trompeuse. Mais comment amener en effet le Platonisme à cette théosophie, encore plus élevée que celle des Plotin et des Porphyre au-dessus de la sphère de l'intelligence, encore plus incompréhensible et plus ineffable, et dans laquelle consistait l'essence des antiques

---

[1] Ibid. 26.
[2] Marin. *Vit. Procli*, 38.

religions de l'Assyrie ou de la Perse? Par un nouveau et dernier développement de l'idée première sur laquelle tout l'édifice du Néoplatonisme reposait, celle de *l'émanation* ou de la *procession* des principes; développement qui, ajoutant à la procession même une procession antérieure, recule la cause première plus loin encore au delà de toute intuition et de toute conception, dans cet Abîme mystique dont parlaient les Oracles.

Comme tous ses prédécesseurs, Proclus établit d'abord ce principe que les causes sont d'une nature incorporelle. En effet, la cause première en toutes choses est le bien. Le propre du bien est d'unir ce qui participe à lui. Le bien et l'unité sont donc une même chose[1]. Mais ce qui est un est incorporel; car le corps est, par son essence, étendu et divisé d'avec lui-même. Donc, toute cause première est incorporelle[2].

Or, l'incorporel a beau entrer en relation avec le corps, il est impossible qu'il déchoie de sa nature. Plotin et Porphyre l'avaient dit, après Ammonius : tout en étant partout dans le corps, l'incorporel n'est nulle part. Car, tout en remplissant l'étendue corporelle, il ne demeure pas moins sans division et tout entier en lui-même. A cette pensée,

---

[1] *Instit. theol.* 13 : Πᾶν ἀγαθὸν ἑνωτικόν ἐστι τῶν μετεχόντων αὐτοῦ, καὶ πᾶσα ἕνωσις ἀγαθόν, καὶ τἀγαθὸν τῷ ἑνὶ ταὐτόν.
[2] *Instit. theol.* 15.

Proclus ajoute une pensée nouvelle : que le privilége, l'attribut caractéristique de l'incorporel, est de revenir sur lui-même [1]. Non-seulement l'incorporel a ce pouvoir, mais c'est sa tendance naturelle; d'où il suit qu'il subsiste par lui seul, et qu'il est son principe à lui-même : car toute chose tendant naturellement au bien, et le principe propre de chaque chose étant son bien propre, toute chose retourne naturellement à son principe [2]. — Ainsi, le caractère d'une véritable cause, c'est qu'elle est, comme Aristote l'avait dit, indépendante de ses effets, et séparée de tout ce qui participe d'elle; partout et nulle part, en tout et en elle seule [3]. Déjà à la preuve générale qui se déduit de l'unité indivisible de l'incorporel, on avait ajouté cette démonstration de fait et d'expérience que l'incorporel a le pouvoir de se retirer à part du corps [4]. A cette idée Proclus ajoute une détermination nouvelle et plus précise : savoir que c'est la tendance

---

[1] Ibid. : Πᾶν πρὸς ἑαυτὸ ἐπιστρεπτικόν, ἀσώματόν ἐστι. — Εἴ τι ἄρα πρὸς ἑαυτὸ ἐπιστρεπτικόν ἐστιν, ἀσώματόν ἐστι καὶ ἀμερές. 16 : Πᾶν τὸ πρὸς ἑαυτὸ ἐπιστρεπτικόν, χωριστὴν οὐσίαν ἔχει παντὸς σώματος.

[2] Ibid. 31 : Πᾶν πρόεισιν ἀπό τινος κατ' οὐσίαν, ἐπιστρέφεται πρὸς ἐκεῖνο ἀφ' οὗ πρόεισιν. — Ὀρέγεται ἄρα καὶ τῆς ἑαυτῶν αἰτίας ἕκαστα. 34 : Πᾶν τὸ κατὰ φύσιν ἐπιστρεφόμενον, πρὸς ἐκεῖνο ποιεῖται τὴν ἐπιστροφήν, ἀφ' οὗ καὶ τὴν πρόοδον ἔσχε τῆς οἰκείας ὑποστάσεως.

[3] Procl. *in Parm.*, ed. V. Cousin, Paris, 1823, in-8°, t. V, p. 126 : Τὸ ὡς ἀληθῶς αἴτιον ἐξῄρηται τῶν ἀποτελεσμάτων, καὶ ἵδρυται ἐν ἑαυτῷ καὶ ἐφ' ἑαυτοῦ χωριστῶς ἀπὸ τῶν μετεχόντων.

[4] Voy. plus haut, p. 375.

essentielle et constitutive, que c'est la nature même de l'incorporel de revenir et de se réfléchir sur lui-même [1]. Le Néoplatonisme fait ici un pas nouveau dans cette voie de l'expérience intérieure où la philosophie, depuis son origine, était toujours entrée de plus en plus ; il avance d'un degré dans la conscience intime de ce monde immatériel par lequel tout le reste devait de plus en plus s'expliquer. Mais quelle conséquence en tire d'abord Proclus? C'est qu'il faut introduire dans l'idée des principes incorporels une nouvelle distinction. C'est qu'il faut séparer du principe en tant que le corps y participe, le principe *imparticipable* qui reste pur de toute relation avec le corps. S'élever à la connaissance des idées, c'est le fait, dit-il, de celui qui a su se retirer dans son intelligence, se séparer du composé (d'âme et de corps), considérer séparément de lui la vie de l'âme et celle du corps, et ne pas s'étonner que le sujet, ce à quoi le sujet participe et qui est en lui, et la forme séparée et *imparticipable* soient trois choses différentes. Mais pour l'homme vulgaire, qui a confondu sa vie avec la vie du composé, il est incapable de discerner le *participé* d'avec l'*imparticipable* [2]. — Cette distinction, ce n'est pas seulement pour Proclus celle de deux états, de deux manières d'être différentes dans

---

[1] Procl. *in Parm.*
[2] Procl. *Inst. theol.*, 63.

un seul et même être : c'est une distinction d'essence et de nature. Jamblique avait déjà séparé de l'âme qui habitait le monde et qui se communiquait à toutes ses parties, une âme supérieure qui subsistait indépendante, entièrement détachée du monde [1]. Proclus étend à tous les principes la même division. Au-dessus de toutes les âmes particulières auxquelles les corps participent, il établit une âme supérieure et *imparticipable* ; au-dessus de toutes les intelligences particulières, auxquelles participent les âmes, une intelligence imparticipable. Ce n'est pas tout ; il ne pense plus comme Plotin et tous ses successeurs, jusqu'à Syrianus exclusivement, qu'au fond de toute intelligence se trouve l'absolue unité, l'Un lui-même. Syrianus avait dit le premier que les intelligences ne participaient qu'à des unités particulières, issues de l'unité absolue, et que l'unité absolue était au delà, *imparticipable*, incommunicable, inaccessible. Celle-ci était le Dieu suprême ; celles-là étaient les dieux secondaires, par lesquels il se manifestait. Telle est aussi la pensée de Proclus [2].

En résumé, outre le sujet qui participe à chaque

[1] Procl. *Theol. plat.*, ed. Æm. Port., Hamb. 1618, in-f°, p. 21-22.
[2] Procl. *in Parm.*, VI, 40 : Καὶ τῶν πολλῶν ἄρα ψυχῶν ..... ἡγεῖται κατ' οὐσίαν ἡ ἀμέθεκτος ψυχή. ..... καὶ τῶν πολλῶν νόων ὁ εἷς ἀμέθεκτος νοῦς, ὁ χωριστὸς καὶ ἐν ἑαυτῷ διαιωνίως ἱδρυμένος, καὶ συνέχων ἄνωθεν πᾶσαν τὴν νοερὰν οὐσίαν. ..... Καὶ τῶν πολλῶν ἄρα καὶ μετεχομένων ἑνάδων ἐπέκεινα τὸ ἀμέθεκτόν ἐστιν ἕν, πάντων, ὥσπερ εἴρηται, τῶν θείων διακόσμων ἐξηρημένον.

principe, outre ce principe auquel participe un sujet, il y a une troisième chose encore, savoir un principe de même nom, auquel rien ne participe, principe unique pour toute l'espèce, et dont celle-ci tient sa nature, sa forme, son *idée* [1]. C'est ce que Proclus appelle en conséquence la *monade imparticipable*, ou monade principale [2].

Cependant, si entre le principe imparticipable et chacun des principes participables de même nom il n'y avait nulle filiation et nul commerce, comment le premier serait-il la cause du second? — Le premier ne se donne ni ne se communique; il ne procède en rien, et pourtant le second a en lui son origine. Donc, à chaque degré de l'échelle des êtres, nulle *procession* immédiate du premier principe universel à ses effets [3]. Entre le premier principe et la procession ou l'émanation de sa nature il y a un intermédiaire nécessaire : c'est le passage de la monade imparticipable à la multitude des principes particuliers, sujets de la procession proprement dite [4]. C'est ce que Proclus appelle l'*abaissement* (ὑπόβασις [5], ὕφεσις [6]).

---

[1] *Inst. theol.*, 97 : Πᾶσι τὴν μίαν ἰδέαν καθ' ἣν ὑπὸ τὴν αὐτὴν τέτακται σειρὰν, ἐκεῖνο (sc. τὸ ἀρχικὸν αἴτιον) δίδωσιν.

[2] Ἀρχικὴ μονάς, ἀμέθεκτος μονάς. *Inst. theol.*, 64.

[3] *Inst. theol.* 175 : Οὐδαμοῦ γὰρ αἱ πρόοδοι γίνονται ἀμέσως.

[4] *Ibid.* 21 : Ἡ μὲν γὰρ μονὰς, ἀρχῆς ἔχουσα λόγον, ἀπογεννᾷ τὸ οἰκεῖον ἑαυτῇ πλῆθος.

[5] *Ibid.* : Διὸ καὶ μία σειρὰ καὶ μία τάξις ἡ ὅλη, παρὰ τῆς μονάδος ἔχει τὴν εἰς τὸ πλῆθος ὑπόβασιν.

[6] *Ibid.* 125 : Αἱ μὲν γὰρ πρόοδοι δι' ὑφέσεως γινόμεναι τὰ πρῶτα παν-

Dans la *procession*, il y a changement d'essence, ou de nature, de telle sorte que la chose produite n'est que l'image du principe qui procède en elle : l'*abaissement* est l'acte préalable par lequel la monade, en chaque ordre, devient particulière, d'universelle qu'elle était, sans que, pour cela, il se fasse en elle le moindre changement de nature [1]. Ainsi l'Unité procède dans les intelligences particulières, mais par l'intermédiaire d'unités particulières qu'elle pose, qu'elle constitue d'abord par un simple abaissement, et qui sont comme les sommets et la fleur des intelligences [2]. L'Intelligence universelle procède dans les âmes, mais par des intelligences particulières auxquelles elle est préalablement descendue. L'Ame universelle se multiplie par la procession dans les natures, qui se divisent avec les corps; mais c'est par l'intermédiaire des âmes particulières, premier résultat de son abaissement [3].

ταχοῦ πως πληθύνουσιν εἰς τὰς τῶν δευτέρων ὑποβάσεις. 64 : Καθ' ὕφεσιν ἡ πρόοδος διὰ τῶν οἰκείων τοῖς ὑποστατικαῖς αἰτίοις. 97 : Καὶ ὅ ἐστιν ἐκεῖνο (sc. τὸ ἀρχικὸν αἴτιον) πρώτως, τοῦτό ἐστιν αὔτη (sc. ἡ σειρὰ) καθ' ὕφεσιν. *De Provid.* (Procl. *opp.*, ed. V. Cous., t. I), p. 103 : Unumquodque omnium semper factum aliud præter id quod ante ipsum, quousque ad ultimum pertingat ipsius seiræ id est ordinis. *Theol. plat*, p. 120.

[1] *In Parm.*, IV, 172 : Πᾶσαι τῶν ὁπωσοῦν εἶναι λεγομένων αἱ μονάδες τὰ μὲν παράγουσιν ὡς ἀπὸ ὁλικῶν ἑαυτῶν καθ' ὑπόβασιν μερικώτερα, τῆς ἰδιότητος τῆς αὐτῆς μενούσης, μερικωτέρας δὲ τούτων γιγνομένης, τὰ δὲ κατ' οὐσίας ἐξαλλαγὴν, ὡς ἀπὸ παραδειγμάτων εἰκόνων γίνεσθαι προόδους.

[2] *In Parm.*, VI, 16 : Ὑπερούσιαι γάρ αἱ ἑνάδες αὗται, καί, ὥς φησί τις, ἄνθη καὶ ἀκρότητες.

[3] Ibid. p. 121.

C'est donc par les âmes particulières, desquelles elles procèdent, que les natures se rattachent à l'Ame universelle ; c'est par les intelligences particulières que les âmes se rattachent à l'universelle Intelligence; c'est, enfin, par les unités que les intelligences particulières sont en communication avec l'Unité absolue. Car pour unir entre elles des natures dissemblables, il faut un moyen terme [1].

Tandis que, dans la Métaphysique, toutes les existences résultaient de la participation différente et inégale des puissances de l'élément matériel à un seul et même principe, principe un et simple dès que toute matière en était éloignée, et que la matière seule représentait multiple et divers, le Néoplatonisme a tenté de tout expliquer par le développement d'un seul et même principe, placé plus haut que celui de la Métaphysique. Mais alors comment s'expliquer que ce qui est par sa nature la perfection absolue descende, sans que rien l'y contraigne, jusqu'au dernier degré de l'imperfection? Pour atténuer, pour dissimuler du moins la contradiction, pour tenir, tout ensemble, les extrêmes éloignés l'un de l'autre, et ménager le passage de l'un à l'autre, les Platoniciens devaient être conduits, comme l'avaient été les Gnostiques, à insérer entre le point de départ et le point d'ar-

---

[1] *Theol. plat.*, p. 123 : Οὐδὲ γὰρ τῷ ἐξῃρημένῳ τοῦ πλήθους αἰτίῳ δυνατὸν ἀμέσως ἑνοῦσθαι τὰ ἀνόμοια γένη τῶν δευτέρων.

rivée, entre le premier principe et le dernier effet, tous les moyens termes imaginables. De là les généalogies sans fin[1] des *éons* des Valentiniens; de là les différents degrés déjà distingués par Jamblique dans les processions de chaque ordre de principes[2]. De là, enfin, cet *abaissement* placé par Proclus entre chaque principe et le premier moment de sa *procession*, pour expliquer encore, avant tout changement de nature, la simple plurification.

Les Platoniciens ne reconnaissant point l'acte simple de l'intelligence pure, la pluralité commençait, suivant eux, dès le monde intelligible. Antérieurement à la division, plus complète encore, des âmes et des corps, le monde intelligible était déjà partagé en une multitude d'*idées*; d'*idées*, c'est-à-dire, selon Plotin, d'intelligences particulières, manifestations diverses de l'Intelligence universelle. En conséquence, dans le système de Plotin, les intelligences particulières étaient les intermédiaires nécessaires par lesquels les âmes particulières procédaient de l'intelligence universelle et y retournaient. Mais, selon lui la multiplicité des intelligences ne commençait, à vrai dire, que dans celle des âmes qui en émanaient ; c'étaient comme les origines des rayons, qui n'apparaissent différentes du centre que

---

[1] Paul. *Epist. ad. Tit.*, III, 9.
[2] Procl. *in Tim.*, p. 299.

dans les rayons mêmes, et qui, considérées antérieurement aux rayons, ne sont autre chose que le centre. De la sorte, la différence entre l'Intelligence universelle et les intelligences particulières, considérées antérieurement aux âmes, se réduisait à une différence toute logique. En revenant à l'intelligence particulière qui était comme son sommet et son point de départ, c'était à l'Intelligence universelle elle-même que chaque âme revenait s'unir. — Maintenant, en supposant tous les principes particuliers déjà détachés par eux-mêmes du principe universel, avant toute procession dans une nature inférieure, Proclus soustrait définitivement à l'intuition, à la conscience immédiate de toute nature particulière chacun des trois grands principes universels, Ame, Intelligence ou Unité. Ce n'est plus par aucune connaissance directe qu'on y peut arriver, mais uniquement par l'analogie, et par la négation de toutes les déterminations particulières [1].

Cependant, en supposant même le principe universel de chaque ordre abaissé, mais sans le moindre changement de nature, à la multitude des principes particuliers, comment se peut-il encore que chacun procède, sans changer en lui-même, dans une nature différente et inférieure? — Plotin avait dit que faire procéder l'Un dans l'In-

[1] Procl. *Inst. theol.*, 162; *Comm. in Tim.*, p. 289; *in Parm.*, VI, 16, 46, etc.

telligence par un acte quelconque, c'est-à-dire, selon lui, par un mouvement, c'était lui attribuer des propriétés qui ne commencent qu'avec l'Intelligence elle-même, et que par conséquent la procession de l'Un ne pouvait être qu'un effet de son essence et de la pure nécessité de sa nature. — Or, que reste-t-il dans une cause, si l'on en retranche rigoureusement tout acte par lequel se caractérise et s'exprime sa manière d'être, que reste-t-il, sinon le simple fait de son être, ou de son existence? Que signifie donc de dire qu'elle ne produit pas par un acte, sinon qu'elle produit par le simple fait de son être? Telle est la condition nécessaire pour que la procession de la cause en ses effets s'effectue sans qu'elle change, et sans qu'elle participe à leur imperfection. C'est la pensée que Proclus dégage (après Syrianus son maître) de la théorie de Plotin, et qui, ainsi simplifiée, devient pour lui la théorie universelle de la procession des principes. Supposer que c'est par un mouvement, par un acte, que le principe, quel qu'il soit, procède dans la nature inférieure, c'est l'y abaisser lui-même. C'est pour cela, suivant Proclus, qu'Aristote n'a fait de Dieu que la cause finale du monde : il n'a pas voulu, en faisant de Dieu une cause efficiente, lui attribuer un mouvement qui n'appartient qu'aux êtres placés au-dessous de lui [1]. — On ne recourt à

---

[1] *In Parm.*, VI, 161 : Καί μοι δοκεῖ καὶ ὁ δαιμόνιος Ἀριστοτέλης διὰ

l'action que par défaut de puissance; produire par son seul être est le propre de la cause parfaite qui n'a pas besoin, pour produire, de déroger en rien à sa nature et de sortir de son inaltérable quiétude [1].

Ainsi, ce n'est pas par une opération intellectuelle et volontaire que l'âme produit le corps, ni l'intelligence l'âme. Ce n'est pas sans connaissance, il est vrai [2], mais ce n'est pas par la connaissance : c'est par l'être, par l'existence seule. Et c'est par son être, également, que l'Unité produit l'intelligence [3].

Chaque principe fait, par son seul être, ce qui vient après lui. Et c'est pourquoi, comme on le voit dans la génération naturelle, il le fait semblable à lui, il le fait son image; en sorte que la cause est tout ce qu'elle produit, mais d'une manière différente et supérieure [4].

ταῦτα τὸ καθ' ἑαυτὸ πρῶτον ἀπλήθυντον φύλαττων τελικὸν αἴτιον τῶν πάντων ποιεῖν μόνον, ἵνα μή, ποιῶν πάντα διδοὺς, ἀναγκασθῇ δοῦναι τὴν πρὸς τὰ μετ' αὐτὸ ἐνέργειαν αὐτῷ· εἰ γὰρ μόνον τελικόν ἐστι, πάντα μὲν πρὸς αὐτὸ ἐνεργεῖ, αὐτὸ δὲ πρὸς οὐδέν.

[1] *In Parm.*, VI, 159 : Κινδυνεύει ἄρα τὸ τῷ ἐνεργεῖν τι παράγον δι' ἔλλειψιν τοῦτο πάσχειν δυνάμεως, κρεῖττον δὲ εἶναι τὸ τῷ εἶναι μόνῳ παράγειν. Τοῦτο οὖν ἀπράγμον ἐστι ποιήσεως. V, 7 : Ἀπράγμον γὰρ ἡ ποίησις τῶν αὐτῷ τῷ εἶναι ποιούντων ὃ ποιοῦσι.

[2] *In Parm.*, V, 16.

[3] *In Parm.*, VI, 159; V, 16.

[4] *In Parm.*, V, 7 : Εἰ τοίνυν ἔστιν αἰτία τοῦ παντὸς αὐτῷ τῷ εἶναι ποιοῦσα, τὸ δὲ αὐτῷ τῷ εἶναι ποιοῦν ἀπὸ τῆς ἑαυτοῦ ποιεῖ οὐσίας, τοῦτο ἐστι πρώτως ὅπερ τὸ ποιούμενον δευτέρως. Syrianus *in Aristot. Metaph.*, cod. MS. Bibl. Reg. Paris. 1895, fo 54 a : Πᾶς θεὸς αὐτῷ τῷ εἶναι ποιεῖ· πᾶς αὐτῷ τῷ εἶναι

De là la théorie de la providence universelle déjà ébauchée par Plotin, et à laquelle Syrianus et Proclus donnent sa dernière forme.

Suivant Proclus, les Péripatéticiens et les Stoïciens ont également supposé vraie cette maxime : qu'on ne connaît les choses que de la même manière qu'elles sont, par un acte de même ordre que leur manière d'être, les choses sensibles par les sens, les intelligibles par l'intelligence. De là les deux conclusions contraires, et également fausses, auxquelles les deux sectes se sont arrêtées. De cette supposition que des choses contingentes, et par conséquent indéterminées, ne pourraient être connues, même de Dieu, que d'une manière indéterminée, Aristote a conclu, selon Proclus, que Dieu ne les connaît pas, et il a nié que la providence divine descendît au-dessous des mouvements nécessaires et invariables du ciel. Au contraire, du même principe, Zénon a conclu qu'il n'y avait rien de contingent et d'indéterminé; de l'universalité de la Providence, il a conclu celle du Destin[1]. Le premier a voulu

---

πιῶν, ὁμοίωμα αὐτοῦ ποιεῖ. — F° 92 : Εἰ μὲν αὐτῷ τῷ εἶναι δημιουργοίη, τήν τε αἰτίαν ἔχει τῶν ἀποτελουμένων ἐν ἑαυτῷ, καὶ εἰκόνας ἀφίησιν ἑαυτοῦ.

[1] *De Provid.*, Opp. I, 71 : Sed ii quidem falsum esse aiunt Deum determinate nosse omne, sed aiunt etiam ipsum indeterminari in fientibus indeterminate, ut salvet contingens. Alii autem determinatam cognitionem attribuentes Deo, admiserunt necessitatem in omnibus quæ fiunt. Peripateticorum et Stoicorum hæresium hæc sunt dogmata. *De Dec. disput. circ. provid.*, ibid., p. 98 : Hi quidem providentiam esse concedentes, contingentis

maintenir Dieu pur de tout commerce avec la matière; dans la pensée que les choses sensibles ne pourraient être connues que par les sens, il l'a borné à l'intelligence de lui-même. Le second n'a rien voulu exclure de la Providence, et il l'a fait descendre et circuler dans les choses sensibles, tout pénétrer par une présence locale, tout mouvoir par une véritable impulsion [1]. — Selon la doctrine de Syrianus et de Proclus, toute chose, étant produite par l'être même de son principe, lui est à la fois semblable et inférieure; et par conséquent elle existe en son principe d'une manière plus relevée qu'elle n'existe en elle-même; et comme elle y existe, ainsi elle y est connue. Tel nous voyons uni dans la semence ce qui est divisé dans son produit [2]. Donc, ce qui est divisé et multiple existe et est entendu en son principe d'une façon indivisible et simple; ce qui est indéterminé et incertain, d'une manière certaine et déterminée [3]. C'est de la sorte que l'Ame

---

naturam ab entibus exciderunt, alii autem ad evidentiam subsistentiæ contingentis nullatenus contradicere habentes, providentiam usque ad hæc pertingere abnegarunt.

[1] *In Parm.*, V, 222 : Καὶ διὰ ταῦτα οἱ μὲν ἀφήρουν, ὡς ἔφην, αὐτοῦ (sc. τοῦ θεοῦ) τὴν γνῶσιν τῶν αἰσθητῶν καὶ τὴν πρόνοιαν, οὐ δι' ἀσθένειαν, ἀλλὰ δι' ὑπερβολὴν γνωστικῆς ἐνεργείας..... οἱ δὲ διδόντες καὶ ἐκείνῳ τὴν τῶν αἰσθητῶν γνῶσιν ἵνα καὶ προνοεῖν αὐτὸν φῶσιν, ἔτρεψαν αὐτοῦ τὴν ἀντίληψιν εἰς τὸ ἐκτός, καὶ ἐποίησαν διὰ τῶν αἰσθητῶν διήκειν καὶ ἅπτεσθαι τῶν διακουμένων, καὶ ὠθεῖν ἕκαστα, καὶ παρεῖναι πᾶσι τοπικῶς.

[2] *De Dec. dub.*, p. 99.
[3] Ibid. Cf. *in Parm.*, VI, 47.

renferme en essence tout ce que développe et disperse le corps, l'Intelligence tout ce que déploie l'Ame; c'est de la sorte enfin que l'Un renferme dans son indivisibilité absolue, d'une manière supérieure, éminente, tout ce qu'embrasse la multiplicité de l'intelligence. Il y a donc dans l'Un une prédétermination antérieure à la vision de l'intelligence même la plus pure : c'est ce qu'exprime le mot de *pro-vidence*[1]. — Toute unité, c'est-à-dire toute divinité, a la providence par elle-même; nous l'avons par participation. Dans chaque âme il y a une trace, une image cachée de l'Un, plus divine que notre intelligence même : en s'y réduisant, l'âme remonte à la condition divine, elle se divinise, et elle s'élève par cela seul à la providence universelle que possède la Divinité[2]. Alors, elle aussi, elle a en elle-même, sans division ni intervalle quelconques, ce que divisent l'étendue et le temps; elle unit, elle concentre, comme en un point indivisible, tout ce qu'embrasse la simultanéité éternelle de l'intelligence.

Qu'est-ce que Syrianus et Proclus ont ajouté ici

---

[1] *De Provid.*, I, 15 : Nam πρόνοια, id est providentia quidem eam quæ ante intellectum qualificat omnino operationem, quam soli bono attribuere necessarium.

[2] *De Dec. dub.*, I, 176 : Etenim in nobis injacet aliquod secretum unius vestigium, quod et eo qui in nobis intellectu est divinius, in quod et consummans anima et locans seipsam divina est, et vivit divina vita secundum quod et huic licitum.

à Plotin et à Porphyre? Une seule chose, conséquence nécessaire, entrevue seulement par leurs devanciers, du principe général de la philosophie platonicienne : et cette chose, encore une fois, c'est que toute cause véritable renferme d'une manière supérieure tout ce qui vient après elle, parce qu'elle le produit, non par un acte du même ordre, comme un mouvement produit un mouvement, mais par son être seul. Dès lors, non-seulement, comme Plotin et Porphyre l'avaient pensé, la providence ne consiste pas dans une prévision intellectuelle et une prédétermination volontaire; non-seulement elle consiste en cela seul que le premier principe renferme toutes choses à l'avance ramassées en un centre indivisible, d'où elles procèdent sans s'en échapper; mais de plus c'est par son être que le premier principe produit tout, et par conséquent sa providence n'est que son être même, antérieur à toute espèce de détermination.

Enfin, comme c'est par leur être, par leur pure existence que les principes, et le premier principe surtout, produisent et conservent tout ce qui existe, comme c'est dans leur être que consiste ce qu'il y a en eux de plus élevé et de plus excellent, de même, et par une conséquence nécessaire, c'est dans la réunion de notre être à leur être, au delà de toute action et de toute pensée, que consiste la fin du mouvement de retour ou d'ascension de notre âme.

Selon Plotin, le souverain bien ne se trouvait pas, comme Aristote l'avait cru, dans l'acte de la pensée contemplative, mais dans un transport, une extase, où l'âme, sortant d'elle-même, se confondait avec l'absolue unité. Proclus donne à la faculté par laquelle l'âme s'identifie avec Dieu, un nouveau nom, ou plutôt un nom emprunté soit à la théologie chrétienne, soit à l'école juive d'Alexandrie, le nom de *foi*. Cette dénomination que Platon avait appliquée au mode de connaissance le plus imparfait, à la croyance, toujours confuse et peu sûre, que nous donnent les sens, Proclus la transporte, avec les chrétiens et avec Philon, aux choses divines; avec eux il ajoute, dans la définition de la *foi*, à l'idée de la simple persuasion, opposée à la certitude du savoir, celle de la confiance que produit dans l'âme la présence du bien [1]; mais c'est pour placer la foi encore plus haut que le Christianisme lui-même ne l'a fait. Selon lui, Dieu se manifeste par ces trois attributs, la beauté, la sagesse, la bonté, qui nous ramènent à lui. La beauté nous ramène par l'amour qu'elle fait naître; la sagesse, par la vérité; la

---

[1] *Theol. plat.*, p. 62 : Ἀναγκαῖον ἄρα καὶ τὸν μὲν φιλαλήθη πιστὸν εἶναι, τὸν δὲ πιστὸν εἰς φιλίαν εὐάρμοστον.

bonté, essence même de Dieu, par la foi [1]. — Plotin a montré qu'à travers le beau, ce que l'amour cherche, c'est le bien : pour réserver à une faculté plus exempte d'intelligence et d'action le privilége de s'élever jusqu'au bien, Proclus borne l'amour à la seule beauté. Le Christianisme, en exaltant la foi, lui préfère la connaissance, ou la contemplation qui fait succéder à la croyance la vue actuelle de Dieu [2]; il lui préfère plus encore l'amour, qui réunit à Dieu [3]. Proclus met la simple foi au-dessus et de la contemplation et de l'amour. L'amour, selon lui, nous ramène et nous attire à ce qui est beau : il ne nous met pas encore en possession du bien [4]; aussi Platon en a-t-il fait un démon, un demi-dieu [5], et non un Dieu. La connaissance est un mouvement par lequel l'intelligence tourne pour ainsi dire autour de l'intelligible [6], sans cesser de lui être toujours extérieure en quelque manière. Mais pour le bien, ce qu'on veut et dont on a besoin, c'est de se reposer en lui, c'est, selon l'expression que le Néoplatonisme a empruntée à

---

[1] Ibid. p. 59-61. *In Alcib. pr.*, p. 51.
[2] Paul. I *Corinth*. VIII, 13.
[3] Voy. le livre suivant.
[4] Procl. *in Alcib.*, p. 51 : Πίστις καὶ ἀλήθεια καὶ ἔρως· ἡ μὲν ἐδράζουσα τὰ πάντα καὶ ἐνιδρύουσα τῷ ἀγαθῷ, ἡ δὲ ἐκφαίνουσα τὴν ἐν τοῖς οὖσιν ἅπασι γνῶσιν, ὁ δὲ ἐπιστρέφων καὶ συνάγων εἰς τὴν τοῦ καλοῦ φύσιν.
[5] Ibid. p. 63.
[6] *Theol. plat.*, p. 62 : Καὶ ὅλως κίνησίς ἐστι νοερὰ περὶ τὸ νοητόν.

la théologie judaïque, d'être édifiés en lui [1]. Ce repos, cette édification, la foi seule les opère [2].

Or, cette foi qui consomme notre identification avec Dieu, ce n'est pas l'exercice de la pensée, ce n'est pas la philosophie qui la donne. C'est, dit Proclus, à peu près dans les mêmes termes que l'auteur du livre des Mystères, c'est la puissance théurgique, supérieure à toute sagesse humaine, et comprenant les biens de la divination, les vertus purifiantes, et en un mot toutes les opérations qui produisent la possession de l'âme par Dieu, ou l'enthousiasme [3]. Et enfin cette possession même, et cette identification finale consiste à nous dépouiller de toute connaissance, pour nous plonger les yeux fermés dans l'unité inconnue et mystérieuse qui est l'intérieur de nous-mêmes; à nous défaire de toute pensée, pour nous réfugier dans notre être tout seul; à rentrer enfin dans le

---

[1] Ibid p. 61 : Πρὸς δὲ αὖ τὸ ἀγαθὸν οὐ γνώσεως ἔτι καὶ συνεργείας δεῖ ταῖς συναφθῆναι σπεύδουσιν, ἀλλ' ἱδρύσεως καὶ μονίμου καταστάσεως καὶ ἠρεμίας. Herm. in Phædr. (ed. Frid. Ast., Lips. 1810, in-8°), p. 111 : Αἱ δὲ τελεταὶ λοιπὸν ἐνδρύουσι τοῖς θεοῖς.

[2] Procl. in Alcib. pr. Ἡ πίστις ἰδρύουσα τῶν ὄντων ἕκαστον ἐν τῷ ἀγαθῷ. Voy. le livre suivant.

[3] Theol. plat., p. 63 : Σώζεται δὲ πάντα διὰ τούτων καὶ συνάπτεται ταῖς πρωτουργαῖς αἰτίαις· τὰ μὲν διὰ τῆς ἐρωτικῆς μανίας, τὰ δὲ διὰ τῆς θείας φιλοσοφίας, τὰ δὲ διὰ τῆς θεουργικῆς δυνάμεως, ἣ κρείττων ἐστὶν ἁπάσης ἀνθρωπίνης σωφροσύνης, καὶ ἐπισυλλαβοῦσα τά τε τῆς μαντικῆς ἀγαθὰ, καὶ τὰς τῆς τελεστουργικῆς καθαρτικὰς δυνάμεις, καὶ πάντα ἁπλῶς τὰ τῆς ἐνθέου κατοκωχῆς ἐνεργήματα.

fond ténébreux, dans l'abîme insondable [1] de l'existence pure.

A quoi se réduit donc cette simplification, cette unification placée par le Néoplatonisme au-dessus de la contemplation intellectuelle ? A se confondre, non avec l'Un lui-même, mais avec une des Unités, manifestations particulières de l'Un absolu, et pour cela, dépouillant toute propriété quelle qu'elle soit, et, en quelque sorte, l'unité elle-même, à se réduire, par les pratiques d'une théurgie stupéfiante, à la simple existence, dans le sens le plus indéterminé et le plus abstrait.

Et en effet, ramené par la marche nécessaire de la doctrine platonicienne au même point d'où elle était partie, Proclus rétablit enfin hautement, comme la règle dominante de toute la philosophie, cette maxime qui avait dirigé Platon : savoir, que le rang des principes à l'égard les uns des autres, que le degré de leur causalité, pour ainsi dire, est en raison directe du degré de leur généralité [2]. — Ainsi la raison principale pour laquelle l'Un

---

[1] Ibid. p. 61 : Ὡς μὲν τὸ θεῖον εἰπεῖν, τῶν θεῶν πίστις ἐστὶν ἡ πρὸς τὸ ἀγαθὸν ἀρρήτως ἑνίζουσα τὰ θεῶν γένη σύμπαντα κτλ. Δεῖ γὰρ οὐ γνωστικῶς οὐδὲ ἀτελῶς τὸ ἀγαθὸν ἐπιζητεῖν, ἀλλ' ἐπιδόντας ἑαυτοὺς τῷ θείῳ φωτί, καὶ μύσαντας, οὕτως ἐνιδρύεσθαι τῇ ἀγνώστῳ καὶ κρυφίῳ τῶν ὄντων ἑνάδι. P. 62 : Καὶ τὸ μὲν νοεῖν ἀφίησιν (sc. ἡ ψυχή), εἰς τὴν ἑαυτῆς ὕπαρξιν ἀναδραμοῦσα. P. 96 : Ἡ πρὸς αὐτὸ (sc. τὸ ἕν) τῶν πάντων ἕνωσις κρύφιός ἐστι, καὶ ἄφραστος, καὶ ἄγνωστος τοῖς πᾶσι.

[2] *In Parm.*, V, 7.

est le premier principe, supérieur même à l'Être, ce n'est plus, dans la pensée de Proclus, comme ce l'avait été dans celle de Plotin, que l'Un est plus simple et plus indivisible encore que l'Être : c'est qu'il est plus universel, puisque même d'un non-être on dit encore qu'il est un.

Mais si ce qui est plus général est par cela seul d'un ordre supérieur à ce qui l'est moins, l'Intelligence ne saurait être le premier principe après l'Un : car la vie est plus générale que l'intelligence, et l'être que la vie ; n'y a-t-il pas beaucoup de vivants qui ne pensent pas, et beaucoup d'êtres qui ne vivent même point? Donc la vie doit être un principe supérieur à l'intelligence, et l'être un principe supérieur encore à la vie [1]. C'est ce que Plotin déjà inclinait à dire, et que proclame ouvertement Proclus. Que l'être, la vie et l'intelligence ne fassent qu'un, il le soutient encore. Mais, dans cette unité, Plotin accordait déjà quelque priorité à l'être. Proclus va plus loin : tout en affirmant que l'être, la vie et l'intelligence se contiennent mutuellement [2], il n'en fait pas moins trois processions différentes, trois produits différents du mélange des deux élé-

---

[1] *Inst. theol.*, 101 : Πᾶσι γὰρ οἷς νοῦ μέτεστι, καὶ ζωῆς μέτεστιν, οὐκ ἔμπαλιν δέ... Εἰ οὖν πλειόνων αἴτιον τὸ ὄν, ἐλασσόνων δὲ ἡ ζωή, καὶ ἔτι ἐλασσόνων ὁ νοῦς, πρώτιστον τὸ ὄν, εἶτα ζωή, εἶτα νοῦς. *Theol. plat.*, p. 128 : Προϋφέστηκεν ἄρα τῆς πρωτίστης ζωῆς τὸ ὄν. Τὸ γὰρ ὁλικώτερον καὶ πλειόνων αἴτιον ἐγγυτέρω πως τοῦ ἑνός ἐστιν.

[2] *Inst. theol.*, 103, 115; *Theol. plat.*, p. 180.

ments avec lesquels l'Unité divine forme tout, la limite et l'illimité ou infini, principes, l'un de toute forme, l'autre de toute matière. Et la deuxième des trois grandes hypostases divines se décompose ainsi en trois triades : la limite, l'illimité, et l'Être; la limite, l'illimité et la Vie; la limite, l'illimité et l'Intelligence; trois triades dont la seconde procède de la première, et la troisième de la seconde [1].

Mais alors, comment se fait-il que l'âme ne vienne, dans l'ordre des principes, qu'après l'intelligence? L'âme n'est-elle donc pas le principe de la vie, la vie même en essence? C'est ainsi que l'avaient définie et Platon et l'antiquité tout entière; c'est ainsi que Proclus la définit lui-même [2]. Va-t-il donc, de la place qu'elle a toujours occupée dans le système platonicien, la transporter à un rang plus élevé, au-dessus de l'intelligence? — Il la maintient au rang que ses prédécesseurs lui avaient tous assigné [3]; mais là où il établit la priorité de la vie sur l'intelligence, il oublie ou il dissimule l'équation qu'il a établie lui-même, partout ailleurs, entre l'âme et la vie [4]. Il ne donne plus au mot d'âme que le sens particulier et restreint d'âme raison-

---

[1] *Theol. plat.*, p. 141; *Inst. theol.*, 89; *in Tim.*, p. 80, 251; *in Parm.*, VI, 64.

[2] *Inst. theol.*, 188 : Πᾶσα ψυχὴ αὐτοζωὸς ἐστίν ..... τὸ ἄρα εἶναι αὐτῆς ταὐτὸν τῷ ζῆν.

[3] *In Tim.*, p. 178-179; *Inst. theol.*, 183 sqq.

[4] *Inst. theol.*, 101-102.

nable, c'est-à-dire d'âme humaine[1] : il affirme même que Platon ne l'entendait pas autrement[2]. Et l'intelligence, au contraire, qui a toujours été, pour tous les Platoniciens et pour lui-même, l'intelligence pure, à laquelle l'homme seul participe, il la prend dans le sens le plus général et le plus étendu. Ainsi, il y a un grand nombre d'animaux doués de quelque connaissance, de quelque imagination, de quelque mémoire, mais qui n'ont pas la raison en partage : Proclus leur accorde l'intelligence et leur refuse l'âme. Bien plus, même lorsqu'il représente l'âme comme le principe de la vie, il trouve moyen encore d'attribuer à l'intelligence plus de généralité et d'étendue : les êtres inanimés ont une forme, du moins; or la forme vient de l'intelligence; donc l'intelligence s'étend plus loin, s'étend à plus de choses que l'âme[3]. Tel est l'étrange expédient par lequel Proclus échappe un moment à une contradiction inévitable.

---

[1] *Theol. plat.*, p. 128 : Οὐκοῦν ψυχὴ μέν ἐστι τὸ πρώτως ὑπεριδρύμενον σωμάτων, νοῦς δὲ ἐπέκεινα ζωῆς (leg. omnino ψυχῆς), ζωὴ δὲ νοῦ πρεσβυτέρα, τὸ δὲ ὂν ἐφ᾽ ἅπασιν ἵδρυται τὸ πρώτως ἕν. Καὶ πᾶν τὸ ψυχῆς μετέχον πολλῷ πρότερόν ἐστι νοῦ μετειληφός· οὐ πᾶν δὲ τὸ τῆς νοερᾶς ποιήσεως ἀπολαῦον, καὶ ψυχῆς μετέχειν πέφυκε. Ψυχῆς μὲν γὰρ τὰ λογικὰ μετέχει ζῶα μόνον, ἐπεὶ καὶ ψυχὴν τὴν λογικὴν ὄντως εἶναι φαμέν.

[2] Ibid. : Ψυχῆς γὰρ ἔργον φησὶν ἐν Πολιτείᾳ, τὸ λογίζεσθαι καὶ τὰ ὄντα σκοπεῖν.

[3] Ibid.; *Inst. theol.*, 57 : Οὐχ ὅσων δὲ νοῦς, καὶ ψυχὴ αἰτία, ἀλλὰ καὶ πρὸ ψυχῆς ἐνεργεῖ. — Καὶ γὰρ τὸ ἄψυχον, καθόσον εἴδους μετέσχε, νοῦ μετέχει καὶ τῆς νοῦ ποιήσεως.

C'est que deux méthodes contraires se disputent, le Néoplatonisme, à l'insu du Néoplatonisme lui-même; dans le système de Proclus, leur opposition secrète éclate enfin, et, pour les accorder, sa pensée incertaine flotte de l'une à l'autre. Ces deux méthodes sont celles de Platon et d'Aristote; ce sont les deux méthodes qui conduisent en effet, dans la recherche des principes, à deux sortes d'unité, deux sortes d'universalité, deux sortes de causalité entièrement opposées.

Platon avait considéré comme l'essence des choses particulières la forme générale qui est tout entière en chacune d'elles : c'est ainsi que l'homme se trouve dans tous les hommes, l'être dans tous les êtres. Dès lors la généralité étant prise pour le caractère même de l'essence et de la cause, le degré de la généralité devenant la mesure précise de la causalité, la cause première devait être ce qui est le plus général, ce qui appartient tout entier au plus grand nombre de choses. C'était, comme Aristote le fit voir, placer au plus haut rang le moindre degré de l'être et de la perfection.

Au contraire Aristote, avait vu le principe des choses dans l'acte qui spécifie, détermine et achève l'être. Il avait donc dû prendre pour le premier principe la plus parfaite de toutes les natures, parfaitement individuelle en elle-même, universelle seulement en ce sens indirect et secondaire que tout en dépend et que tout s'y rapporte. De là, tandis que pour le premier la cause suprême est le pur *être*, ou l'*unité* plus vague encore, qui est en tout et partout également, pour le second, c'est la Pensée, le Simple, à quoi tendent et aspirent, et dont s'approchent inégalement tous les êtres.

Telles sont les deux conceptions opposées que le Néoplatonisme, pour les concilier, a confondues, et dont la contradiction se manifeste à la fin dans le système de Proclus.

Comme Aristote, les Platoniciens veulent classer les principes dans la proportion de leur perfection, et selon le degré de leur être. C'est en ce sens qu'ils ont placé l'Intelligence au-dessus de l'Ame. Or, de la sorte, le plus élevé de tous les principes est celui duquel le plus de choses dépendent, parce qu'il en est la cause, mais qui, par cela même, n'est dans sa perfection qu'en soi seul. Or c'est à une conclusion diamétralement opposée que conduisent inévitablement la méthode même et l'idée génératrice de la philosophie platonicienne : c'est à ériger de préférence en principe ce qui est en toute chose, et qui est en toute chose tout ce qu'il est. A ce point de vue, la vie doit être placée au-dessus de l'intelligence, et au-dessus de la vie l'existence pure et simple; et au-dessus de l'existence même, l'unité, plus générale encore, plus dépourvue d'attributs, plus voisine du néant, et dans laquelle l'être et le non-être s'identifient.

Syrianus et Proclus défendirent l'un après l'autre contre Aristote les *idées* de Platon, le premier dans son commentaire sur les parties de la Métaphysique où Aristote avait fait la critique des idées platoniciennes et pythagoriciennes, le second dans son commentaire sur le Parménide de Platon. C'est dans cette double défense que se manifeste de la manière la plus évidente la contradiction radicale des principes et des méthodes opposées que le Néoplatonisme s'est efforcé de réunir.

Avant tout, Syrianus et Proclus repoussent les interprétations erronées de la doctrine platonicienne qui refusaient aux *idées* l'existence substantielle. Les *idées* ne sont pas des mots, comme Chrysippe, Archédème et la plupart des Stoïciens l'avaient dit; ce ne sont pas des universaux tirés par l'abstraction des choses particulières, selon l'opinion de Boéthus le Péripatéticien et du Stoïcien Cornutus; ce ne sont pas de simples conceptions de l'âme humaine, comme l'avaient pensé Cléanthe, et même Longin, l'un des principaux disciples d'Ammonius Saccas; ni enfin, ainsi que le croyaient les Atticus et les Plutarque, des notions résidant éternellement dans l'âme universelle[1]. Les *idées* ne

---

[1] Syrian. *in Aristot. Metaph.*, cod. MS. Bibl. Reg. Paris. 1895, in-fol., f° 51 b.

sont pas seulement les objets éternels de l'intelligence divine, ni les conceptions qu'elle en a. Fondées, édifiées en elle, elles ne diffèrent pas d'elle, elles forment sa substance, elles constituent son être [1]. Ainsi les *idées* ne sont pas uniquement des causes finales qui attirent à elles les choses et les amènent à la perfection : ce sont aussi les causes génératrices, efficientes, qui donnent l'existence [2]. Elles ne tiennent donc pas seulement à l'intelligence en tant qu'intelligente, mais à l'intelligence en tant qu'intelligible. L'intelligence en tant qu'intelligible est l'ensemble ou la plénitude des *idées* [3]. Les *idées* sont donc en quelque façon antérieures à l'intelligence elle-même. Avant d'exister dans l'artisan suprême, c'est-à-dire dans la pensée, elles existent déjà dans le monde intelligible, c'est-à-dire dans l'être [4].

---

[1] *Ibid.*, f° 52 a : Οὐδὲν ἄρα τῶν ὄντων ὄντως ἀπολείπεται τῆς οὐσίας τοῦ νοῦ, ἀλλ' ἱδρύει ἀεὶ τὰ εἴδη ἐν αὐτῷ, οὐχ ἕτερα ὄντα παρ' αὐτὸν καὶ τὴν οὐσίαν αὐτοῦ, ἀλλὰ συμπληροῦντα αὐτοῦ τὸ εἶναι. Procl. *in Parm.*, t. V, p. 8.

[2] Syrian. *in Arist. metaph.*, f° 53 a : Αἰτίαι γὰρ οὖσαι γεννητικαὶ καὶ τελεσιουργικαὶ πάντων αἱ ἰδέαι, καὶ ὑφίστασι τὰς οὐσίας καὶ τελειοῦσι πρὸς ἑαυτὰς ἀποστρέφουσαι.

[3] Procl. *in Parm.*, t. V, p. 152 : Πλήρωμα ἔσται τῶν εἰδῶν κατὰ τὸ ἐν ἑαυτῷ νοητὸν ὁ νοῦς.

[4] Syrian. *in Arist. Metaph.*, f° 52 a : Πῶς οὖν κατ' αὐτοὺς ὑφέστηκε τὰ εἴδη τοὺς τῆς ἀληθείας φιλοθεάμονας ; νοητῶς μὲν καὶ τετραδικῶς ἐν τῷ αὐτῷ ζώῳ, νοερῶς δὲ καὶ δεκαδικῶς ἐν δημιουργικῷ νῷ. La tétrade pythagoricienne répond, suivant Syrianus et Proclus, au Παράδειγμα ou Αὐτοζῶον, qui est le νοητόν, et la décade au Δημιουργός, qui est le νοερόν. Voy. Procl. *in Tim.*, pp. 98, 136.

Maintenant les *idées* forment-elles l'être des choses comme les lettres forment celui des syllabes qu'elles composent, ou comme les prémisses forment la conclusion? Ce ne seraient alors que les *raisons séminales* des Stoïciens. Mais les raisons séminales, qui se meuvent et se transforment dans la nature, présupposent des types éternels et invariables, d'après lesquels elles se reproduisent perpétuellement semblables [1]. Ce n'est donc pas assez de reconnaître, outre les individus, leurs ressemblances, qui n'en diffèrent que par l'abstraction. En outre, il faut des types d'où les ressemblances proviennent. Ces types sont les *idées* [2].

Aristote disait : les *idées* étant des genres, les êtres qu'on veut en faire résulter ne devraient être encore que des genres. Car de prémisses générales, il ne résulte aussi qu'une conclusion générale. — Mais les prémisses sont les causes matérielles de la conclusion; elles passent en elle, elles se donnent à elle tout entières. Au contraire, si l'*idée* se communique aux individus, c'est sans sortir d'elle-même ni cesser de subsister à part. Tel est le caractère de toute cause efficiente, de toute cause proprement dite [3]. Le soleil produit tout à lui seul, et il n'y a

---

[1] Syrian. *in Arist. Metaph.*, f° 91-2; Procl. *in Parm.*, t. V, p. 125.
[2] Syrian. *in Arist. Metaph.*, f° 55 b.
[3] Id. ibid., f° 93 a : Εἰ γάρ, φησί, καθόλου αἱ ἀρχαί, καθόλου καὶ τὰ ἐξ αὐτῶν, ὥσπερ ἐπὶ τῶν ἀποδείξεων. Ἀλλ' ἐπὶ μὲν τῶν ἀποδείξεων, φαίη τις ἄν,

rien où passe toute sa puissance [1]. Ce qu'Aristote avait dit de la cause, Syrianus et Proclus le transportent ainsi à toutes les *idées*.

L'*idée* n'est donc point du même ordre, du même genre que les individus, pas plus que la copie n'appartient au même genre que le modèle [2]; et le rapport qui existe entre l'*idée* et les individus n'est pourtant pas non plus purement nominal [3]. L'*idée* est éminemment ce que les individus sont d'une manière secondaire et inférieure : elle est ce dont ils dépendent, et à quoi ils se réfèrent [4]. C'est le rapport, moyen entre l'identité de nature et la simple identité de nom, dans lequel Aristote avait reconnu celui qui unit la cause et les effets; et Proclus emprunte pour l'exprimer les formules mêmes et les termes de la Métaphysique [5].

Mais d'abord, tandis que dans le système d'Aristote, c'est par l'acte, qui est son essence même,

---

ὑλικαὶ ἦσαν αἱ προτάσεις ἀρχαί, καὶ οὐ μένουσαι ἐφ' ἑαυτῶν ὑφίστησαν τὸ συμπέρασμα, ἀλλ' ἑαυτὰς ἐπιδιδοῦσαι πρὸς τὴν τοῦ προβλήματος κατασκευήν· ἐπὶ δὲ τῶν ποιητικῶν ἀρχῶν οὐκ ἀνάγκη τὰ γεννώμενα συμπαρεκτείνεσθαι ταῖς αἰτίαις. F° 90 b : Αἱ μὲν (sc. ἀρχαί) στοιχειώδεις, ἀχώριστοι, αἱ δὲ κυρίως ἀρχαί, χωρισταί.

[1] Ibid. f° 93 a Αὐτίκα ὁ ἥλιος εἷς ὢν, πάντα δημιουργεῖ τὰ ζῶα, καὶ οὐδὲν αὐτῷ τὴν πᾶσαν δύναμιν παραδέχεται.

[2] Ibid. f° 55 b : Οὔτε γὰρ συνώνυμα τὰ τῇδε τῇ ἰδέᾳ· πότε γὰρ αἱ εἰκόνες συνώνυμοι τῷ σφετέρῳ γένοιτ' ἂν παραδείγματι;

[3] Ibid.; Procl. *in Parm.*, t. V, p. 125.

[4] Ἀφ' ἑνὸς καὶ πρὸς ἕν. Procl. *in Parm.*, t. V, p. 125; cf. Damasc., *de Princip.* (ed. Jos. Kopp, Francof. ad Mœn., 1826, in-8°), p. 5.

[5] Voy. plus haut, 1er volume, P. III, l. III, c.

que la cause fait naître dans les choses le mouvement, acte imparfait dans lequel consiste à leur tour leur imparfaite essence, dans le système de Syrianus et de Proclus, c'est par son être seul que la véritable cause, que la cause première produit tout, c'est par son être conçu comme antérieur à toute manière d'être et à tout acte, par son existence seule, abstraite de toute essence.

En second lieu, dans la doctrine péripatéticienne, le principe, Dieu ou âme, ne se communique pas tout entier; il est dans les choses d'une manière différente et dans une mesure inégale, selon leurs différentes puissances. Au contraire l'*idée* est tout entière identique dans toutes les choses qui prennent son nom; l'*idée* de l'animal est tout entière en chacun des animaux, si différents qu'ils soient. —Or, d'un autre côté, il faut, comme l'a montré Aristote, que le principe demeure tout entier en lui-même. Donc, précisément parce que l'*idée*, tout entière présente dans tous les individus, se mêle et se confond presque avec eux, il n'est d'autre moyen, pour la maintenir intacte en elle-même, que de la dédoubler pour ainsi dire, et de séparer de l'*idée* qui se donne à tout, une *idée* antérieure qui ne se donne à rien, qui reste pure, séparée de tout alliage étranger, et qui, par conséquent, est seule la véritable *idée*. Dès lors, suivant Syrianus et Proclus, ce n'est pas aux *idées* que participent les choses particulières, mais à de simples figures des *idées*[1]. Si l'*idée* se communique, c'est par des images d'elle-même, auxquelles elle *s'abaisse* antérieurement à toute procession ; et elle demeure en elle-même une, indivise et imparticipable.

Toutes les *idées* nous sont donc par elles-mêmes inaccessibles ; nous ne les connaissons que par des images, qui en sont comme des signes, ou des symboles. C'est par ces signes, c'est par ces symboles que nous remontons jusqu'à elles[2], et que, sans les comprendre ni les apercevoir, nous rentrons dans la mystérieuse profondeur de leur être.

Ainsi la doctrine des Néoplatoniciens de l'école d'Athènes sur les *idées*, c'est leur théorie générale des principes. Et en effet, à leurs yeux, les *idées* et les causes se confondent. De là, tout au contraire de la physique stoïcienne, qui réduisait toutes les divinités de la mythologie à un seul Dieu répandu dans les diverses parties de la nature, la *théologie* de Proclus transforme en autant de dieux toutes les *idées*[3] dans lesquelles peuvent se décomposer les trois trinités du monde intelligible, les trois ordres de l'Être, de la Vie et de la Pensée[4]. Toutes

---

[1] Procl. *in Parm.*. t. V, p. 118 : Οὐκ αὐτῶν ἐκείνων, ἀλλ' εἰδώλων μετέχει.

[2] Ibid. p. 213 : Ἡμᾶς ..... εἰκόνας ἔχοντας οὐσιώδεις τῶν ὅλων, διὰ τούτων ἐπιστρέφειν εἰς ἐκεῖνα λεκτέον, καὶ νοεῖν ἀφ' ὧν ἔχομεν συνθημάτων κτλ.

[3] Procl. *in Plat. de Rep.*, p. 357 : Πᾶσα ἰδέα θεός. Chaque idée, ou μονάς, est en même temps, par son unité essentielle, ἑνάς, c'est-à-dire Dieu ; *in Parm.*, t. V, p. 126 ; cf. p. 204. — Plotin disait déjà, *Enn.* V, 1, 7 : Γενόμενον δὲ ἤδη (sc. τὸν νοῦν), τὰ ὄντα σὺν αὐτῷ γεννῆσαι, πᾶν μὲν τὸ τῶν ἰδεῶν κάλλος, πάντας δὲ θεοὺς νοητούς.

[4] *Theologia platonica*, passim.

les notions abstraites que multiplie à plaisir la vaine fécondité de son analyse, viennent prendre place, réalisées et personnifiées, dans ce panthéon où il veut recueillir les divinités de toutes les nations et de tous les siècles. Le philosophe, disait-il, devait être l'hiérophante du monde entier [1]. Puis, à la suite des dieux, la foule innombrable des anges, des démons et des héros. Ainsi cette théologie, entièrement fantastique en apparence, c'est un système logique des *idées*, transformées, plus que jamais, en autant de substances et de causes efficientes.

En redevenant, comme au temps de Platon, autant d'*idées*, les principes, les causes des Platoniciens ne font que revenir à leur véritable nature, et rentrer dans leur source. Et le vice qui s'y trouvait, et qui ne se trahissait jusque-là que par ses conséquences, se manifeste enfin dans sa racine première.

Dans la doctrine néoplatonicienne, les principes sont présents partout par leur procession, et en même temps ils demeurent en eux-mêmes, indépendants et séparés. Mais ce n'est pas tout : chaque principe est partout tout entier; il descend tout entier jusqu'aux derniers confins et dans les plus basses régions de la matière. C'est pour cela même, on l'a déjà vu, qu'afin de lui conserver son indé-

---

[1] Marin. *Vit. Procl.*, c. 19.

pendance, il faut séparer en quelque sorte de lui-même sa pure essence, et la reculer comme à une profondeur inaccessible, d'où elle ne se communique que par un inexplicable et chimérique *abaissement*. Or, pourquoi ce caractère imposé aux principes par les Platoniciens, d'être partout à la fois tout entiers? C'est que c'est le caractère de l'*universel* logique, à la fois tout entier, sans différence et sans distinction de degrés, dans tous les individus de même espèce. — Dans la doctrine d'Aristote, le principe est un acte, qui n'est tout entier lui-même que séparé absolument de la matière, et qui ne se trouve partout ailleurs qu'à des degrés différents, dans des proportions inégales, selon la capacité, selon le pouvoir des choses. Dans la doctrine platonicienne, le principe est l'essence considérée comme le sujet universel et indifférent des modifications qui constituent l'existence actuelle; et de là cette maxime, inconnue à l'Aristotélisme [1], que le principe incorporel, en vertu de son indivisibilité, est partout de même et tout entier.

En second lieu, en même temps que la philosophie néoplatonicienne, précisément parce que ses principes sont véritablement moins distingués des choses qui en procèdent, s'efforce de les élever au

---

[1] C'est ce qui n'a pas échappé au génie pénétrant de Cesalpini; voy. *Quest. peripat.* V, 7 : « Vulgata est sententia animam esse totam in toto corpore, etc.

dessus d'elles plus encore que ne l'avait fait Aristote, c'est dans l'indéterminé, c'est par conséquent dans l'imparfait qu'elle tend de plus en plus à les faire consister. C'est que le résultat nécessaire de la généralisation, c'est-à-dire de la gradation logique des idées, est de placer au-dessus de l'intelligence la vie, au-dessus de la vie la pure et simple existence. C'est qu'en marchant, dans la recherche des principes, du particulier au général, et en passant, par une abstraction progressive, de la pensée à la vie et de la vie à l'existence, on en vient enfin à préférer à toute opération intellectuelle l'anéantissement dans l'indéfini absolu du pur être, et, après ce sublime effort pour s'élever plus haut que le plus haut degré de la contemplation, à prendre pour l'idéal suprême de la perfection, une condition inférieure à celle même de la matière brute. Tel est le résultat, encore obscur chez Plotin, que mettent enfin en lumière les Syrianus et les Proclus.

Pour s'élever au delà de la dualité de principes opposés à laquelle la métaphysique péripatéticienne semblait s'arrêter, le Néoplatonisme n'a pu que remonter à cette Unité indéterminée que Platon avait autrefois poursuivie. Les contraires séparés par l'Aristotélisme, s'y retrouvent d'abord réunis, conciliés en apparence; puis l'élément matériel l'emporte nécessairement, et le premier principe est réduit, par le progrès nécessaire de la même méthode dialectique qui sert à le découvrir, à l'existence pure, dépourvue de toute qualité, de toute forme, être virtuel, qui n'est, à vrai dire, que l'absence même de toute réalité.

Aussi, après cette dernière tentative, accomplie par Syrianus et par Proclus, forcé de reconnaître enfin dans l'unité qu'il érige en principe, soit la contradiction des éléments qu'elle renferme, ou l'insuffisance de la pure possibilité, le Platonisme renonce pour ainsi dire encore une fois à lui-même, pour rentrer avec l'auteur du traité des Mystères égyptiens dans l'abîme du mysticisme oriental, ou pour se rendre avec Plotin à la Métaphysique péripatéticienne.

Dans le dernier monument considérable que la théologie platonicienne paraisse avoir produit, les *Questions et solutions sur les premiers principes*, Damascius met le premier principe plus loin encore, s'il se peut, par-delà toute intelligence et toute activité que les Plotin, les Jamblique et les Proclus même n'avaient fait. Tous avaient déjà dit que l'Un, étant au-dessus de l'être, était comme un non-être, supérieur à toute détermination, quelle qu'elle fût, et par conséquent impossible à connaître. Selon Damascius, on ne peut pas même savoir s'il peut ou ne peut pas être connu[1]. On

---

[1] Damasc. *de Princip.*, p. 20 : Ὅπερ οὕτως ἐστὶν ἄγνωστον, ὡς μηδὲ τὸ

n'en saurait avoir la moindre idée ni le moindre soupçon ¹. On ne peut l'honorer que par un silence absolu ². C'est un néant, un vide dans lequel il faut se perdre; c'est la Nuit ou le Chaos des premiers théologiens grecs ³, l'Obscurité inconnaissable des Égyptiens ⁴, ou l'Abîme des Chaldéens et des Gnostiques ⁵.

Aussi, tandis que Proclus avait cru retrouver dans la philosophie de Platon les mystères de la plus profonde sagesse, Damascius, comme Jamblique, celui de ses prédécesseurs qu'il vénère le plus, n'hésite pas à placer plus haut encore une fois la théologie des poëmes orphiques, celle des livres d'Hermès et de ses modernes interprètes ⁶, surtout celle des Chaldéens, qu'il croit une révélation des dieux mêmes ⁷. C'est là seulement, selon lui, que le premier principe est représenté comme il doit l'être, exempt de tout mouvement, de toute pluralité, de toute différence, de toute délimitation et

ἄγνωστον ἔχειν φύσιν, μηδὲ ὡς ἀγνώστῳ προσβάλλειν ἡμᾶς, ἀγνοεῖν δὲ καὶ εἰ ἄγνωστον.

¹ Ibid. p. 9 : Τὸ δὲ σεμνότατον ἄληπτον εἶναι δεῖ πάσαις ἐννοίαις τε καὶ ὑπονοίαις.

² Ibid. p. 23 : Καὶ τί πέρας ἔσται τοῦ λόγου, πλὴν σιγῆς ἀμηχάνου καὶ ὁμολογίας τοῦ μηδὲν γινώσκειν;

³ Ibid. p. 383.

⁴ Ibid. pp. 122, 138, 383, 385.

⁵ Ibid. pp. 332, 351.

⁶ Par exemple Héraïscus, dont il cite une lettre à Proclus; p. 386.

⁷ Ibid. p. 351 : Οἵ τε ἐκδεδωκότες θεοὶ τὰ πολυτίμητα Λόγια. Cf. p. 345

détermination [1]. Le nom même d'*imparticipable*, que lui donnait Proclus, renferme encore quelque idée de détermination et de distinction, et aucune distinction ne vient qu'après le premier principe. Il n'est donc ni participable ni imparticipable. C'est d'une manière supérieure à l'une et à l'autre de ces deux conditions, qu'il existe (autant toutefois qu'on peut dire qu'il existe), qu'il produit, qu'il conserve et qu'il perfectionne tout [2].

Mais plus l'Un se réduit, par le progrès de l'abstraction, à la pure et simple unité, à l'unité absolue, plus aussi il devient impossible d'en faire provenir par aucun changement, quel qu'il soit, ce qui lui est inférieur. Plus le premier principe est réduit à une immobilité et une simplicité rigoureuses, plus il est impossible de concevoir ni qu'il *procède* ni qu'il *s'abaisse* à une multitude quelconque.

De l'aveu de Proclus, on ne peut pas comprendre, que l'Un, sans cesser d'être absolument un, procède dans la multiplicité de l'Intelligence. Damascius déclare qu'on ne comprend pas mieux l'*abaissement* de l'Un à une multitude d'unités secondaires. Comment concevoir que cette nature exempte de toute différence devienne à quelque égard diffé-

---

[1] Διορισμὸς, p. 99.
[2] Ibid. : Αὐτὸ ἄρα οὔτε μετεχόμενόν ἐστιν οὔτε ἀμέθεκτον, ἀλλὰ τρόπον ἄλλον τὸν πρὸ ἀμφοῖν ἔστι τε καὶ τὰ ἄλλα σώζει καὶ παράγει κτλ.

rente d'elle-même ; comment concevoir que la simplicité absolue devienne d'elle-même multiplicité [1] ? Ce n'est donc pas du principe simple tout seul que vient la procession, soit celle du semblable au semblable, qui est la procession proprement dite, soit celle du semblable au dissemblable, qu'on a nommée abaissement [2] : aucune procession ne vient de l'unité, mais bien de la multitude [3]. Le centre contient à la fois toutes les extrémités des rayons, mais il les contient antérieurement à leur séparation ; la séparation ne vient qu'après le centre, et ce qui en est la cause, ce n'est pas le centre, c'est le mouvement du continu vers l'unité [4].

Partout où il y a de la pluralité, l'unité n'est donc pas la seule cause : il faut en outre un élément de multiplication et d'extension, ce que Platon appelait le lieu ou l'espace [5]. C'est faute de pousser assez loin l'analyse qu'on ne fait qu'une même cause de la cause de l'unité et de celle de la distinction [6].

---

[1] Ibid. : Οὐδαμῶς· οὐδὲ γὰρ οἷόν τε ἦν αὐτὸ ἑαυτοῦ διαστῆναι κατὰ ὑπόβασιν, οὐδενὸς ἑτέρου φανέντος τοῦ διαστήσοντος, οὐδὲ θέμις ἦν τὴν διάφορον (leg. ἀδιάφορον) φύσιν ἐν διαφορᾷ τινι γενέσθαι πρὸς ἑαυτήν, οὐδὲ τὴν ἁπλότητα πάντων εἰς διπλόην τινὰ προελθεῖν.

[2] Ibid. p. 101.

[3] Ibid. p. 94 : Ὥστε οὐδ' ἀπ' αὐτῆς (sc. αἰτίας τῆς πρώτης) ἡ πρόοδος, ἀλλ' ἀπὸ τοῦ πλήθους ἀπογεννᾶται.

[4] Ibid. : Μετὰ δὲ τὸ κέντρον ἡ διάστασις, καὶ οὐκ αἴτιον αὐτῆς τὸ κέντρον, ἀλλ' ἡ ῥύσις τοῦ συνεχοῦς ἐφ' ἕν.

[5] Ibid. p. 95 : Καὶ τὸ πολλοποιὸν αἴτιον θέμενος (suppl. τὴν) χώραν, ἔσχε (sc. ὁ Πλάτων) διακρῖναι τὰ πολλὰ ἀπὸ τοῦ ἑνός.

[6] Ibid. : Αἱ δὲ ἡμέτεραι ἔννοιαι οὐ διαρθροῦσι τὰς πρώτας ἀρχὰς ἀκριβῶς, ὅθεν ἁπλῶς τὴν αὐτὴν ὑποτίθενται καὶ ἑνώσεως καὶ διακρίσεως αἰτίαν.

Avant toute naissance de la pluralité, il faut donc nécessairement que la cause de la distinction se soit d'abord séparée de la cause mystérieuse, supérieure à toute distinction [1]. Comment ce second principe a-t-il pu se séparer du premier, ou plutôt, puisque, pour cela, il faudrait encore un principe antérieur de division, comment subsiste-t-il avec lui de toute éternité? C'est une question que Damascius se pose et n'essaie pas de résoudre [2]. Il se contente, dit-il, de prendre pour accordé qu'il y a un élément de multitude où se divise la simplicité de l'Un, en sorte que, modifiée selon la nature du sujet qui la reçoit [3], elle se multiplie dans la première et imparticipable pluralité des Unités divines. Partout dans la nature on voit également deux principes, dont le concours produit tout.

Ainsi c'est vainement que Proclus a prétendu ne placer le second principe, l'élément matériel, sous le nom d'infini, qu'au-dessous des Unités divines, immédiatement avant l'intelligence, pour rendre possible la première *procession*. L'*abaissement* prétendu de l'Un aux unités secondaires se confond avec la *procession*, de laquelle on l'a arbitrairement

---

[1] Ibid. p. 96 : Μήποτε οὖν αὐτὸ τὸ τῆς διακρίσεως αἴτιον, ὅ τι ποτέ ἐστι, παρήγαγεν αὐτὸ πρῶτον ἀπὸ τῆς ἀφανοῦς ἐκείνης παντελοῦς ἀδιακρίτου αἰτίας.

[2] Ibid. p 97.

[3] Ibid. : Ἀλλ' οὕτω γε τὸ ζητούμενον ὡς ὁμολογούμενον ληψόμεθα, τὴν τοῦ ἑνὸς φύσιν, ἑνὸς οὔσαν καὶ ἕν, ἐπιδέχεσθαί τινα διάκρισιν· ἢ οὐκέτι μένει ἓν ἀκραιφνῶς, παθοῦσά τι ἀπὸ τοῦ δευτέρου, εἰς ὃ προῆλθε. Γενόμενον γὰρ ἐν πολλῷ ἕν, πέπονθε.

distingué, et le principe matériel revient se placer au-dessus des Unités, immédiatement au-dessous ou plutôt à côté de l'Unité première, comme l'origine primitive de toute division et de toute pluralité.

Or, expliquer toutes choses par le concours d'un principe un et simple avec un élément de multitude et de diversité qui y participe, auquel il se communique, qu'est-ce que cette théorie, sinon, sous une forme vague et mal définie, celle de la Métaphysique d'Aristote ?

Après avoir donné pour l'explication universelle des deux mondes, intelligible et sensible, l'idée de la procession, ou de l'émanation, Plotin lui-même a déjà reconnu que, si l'on écarte le voile de la métaphore, ce à quoi tout se réduit, c'est le mouvement par lequel tend vers un principe supérieur une puissance inférieure qui en reçoit tout ce qu'elle a d'être. Pour tout expliquer par un seul principe, pour trouver dans l'Unité seule, ou dans Dieu, et la cause formelle et l'élément matériel des choses, Syrianus a imaginé, par un nouvel effort, une procession antérieure à la procession même, un changement insensible et qui n'en est pas un, un indéfinissable abaissement, moyen terme mystérieux par lequel s'opérerait sourdement le premier passage de l'unité à la multitude et à la diversité. Maintenant cette vaine machine est abandonnée à son tour, ce moyen terme arbitraire est éliminé, et sous les formules brisées du Platonisme reparaît encore une fois, victorieuse, la pensée générale de la métaphysique péripatéticienne. L'acte de la pensée pure n'est pas redevenu le premier principe : c'est toujours l'Un, et l'Un toujours plus dépouillé de tout acte et de toute réalité; c'est toujours et de plus en plus à la pure existence, si ce n'est à quelque chose de plus indéterminé encore, qu'est rapportée toute causalité. Mais au lieu de la procession par laquelle la nature divine descendait d'elle-même, sans descendre, à une condition inférieure d'existence, de plus en plus reparaît et domine l'idée de la manifestation de la cause première en un élément inférieur qui aspire à elle et tend à l'égaler; au lieu d'un seul principe d'où émane, avec ce qui lui ressemble, ce qui lui est contraire, deux principes dont l'un n'est rien que par le désir que l'autre lui inspire et l'attraction puissante qu'il exerce sur lui.

Bien plus, un des maîtres de Damascius, un disciple de Proclus, Ammonius, fils d'Hermias, venait de commencer ouvertement dans l'école platonicienne la restauration de l'Aristotélisme.

Proclus avait redit, après tous ses prédécesseurs, que Dieu, tel qu'Aristote l'avait conçu, était la cause finale, et non la cause efficiente du monde. Mais avait-il donc pu lui-même expliquer autrement que ne faisait Aristote comment la cause première donnait l'être aux choses inférieures? Selon lui c'était par la bonté, ou en tant que bien, que l'Un donnait l'être à ce qui venait après lui [1]. Mais comment le bien même donne-t-il l'être? C'est, dit-il, en tant qu'il est désirable; c'est par le désir qu'il excite [2]. On voit que c'est la théorie d'Aristote, transportée seulement de l'Intelligence à l'Un? Ammonius fit un livre pour démontrer que Dieu, dans la théologie péripatéticienne, n'était pas uniquement la cause finale du monde, mais que par cela seul il en était aussi la cause efficiente [3]. De même, tandis que Proclus avait encore compté les Péripatéticiens parmi ceux dont la doctrine ne pouvait se concilier avec l'idée d'une providence divine, au contraire, dans son Commentaire sur le traité de l'Interprétation, Ammonius étend au Dieu d'Aristote cette théorie de la providence, restreinte par Proclus à l'idée seule de l'Un. Il montre qu'en se contemplant elle-même, la divine intelligence contemple dans leur cause, d'une manière supérieure, éminente, tous les effets possibles [4]. C'était confes-

---

[1] *In Tim.*, p. 109; *Inst. theol.*, 119, 121; *in Remp.*, p. 355.

[2] *Theol. plat.*, I, 21; *in Parm.*, t. VI, p. 199 : Πάντα γάρ ἐστιν ἅ ἐστι πόθῳ τοῦ ἑνὸς διὰ τὸ ἕν.

[3] Simplic. *in Phys.*, f° 321 : Γέγραπται δὲ βύβλιον ὅλον Ἀμμωνίῳ τῷ ἐμῷ καθηγεμόνι, πολλὰς πίστεις παρεχόμενον τοῦ καὶ ποιητικὸν αἴτιον ἡγεῖσθαι τὸν θεὸν τοῦ παντὸς κόσμου τὸν Ἀριστοτέλην.

[4] Ammon. Herm. *in Aristot. de Interpr.*, sect. II.

ser hautement ce que Proclus n'avait pas su ou n'avait pas voulu reconnaître ; c'était avouer que le Platonisme n'avait fait tout ce vaste circuit que pour revenir enfin au même point où la métaphysique péripatéticienne s'était arrêtée. La pensée d'Aristote triomphait dans le sein même de l'école de Platon. Aussi la philosophie péripatéticienne tint-elle en réalité le premier rang dans l'enseignement d'Ammonius et dans les écrits de ses disciples.

Les successeurs de Plotin avaient presque tous pris pour sujets de leurs travaux et de leurs commentaires les ouvrages d'Aristote autant que ceux de Platon. Sans parler de Porphyre, Jamblique et Maxime, maître de l'empereur Julien, en avaient reçu le nom de péripatéticiens [1]. La célèbre et infortunée Hypatie expliquait Aristote dans la chaire qu'elle occupait à Alexandrie [2]. Proclus composa des éléments de physique, qui ne sont qu'un abrégé de la Physique d'Aristote, et il avait donné des leçons à Ammonius, fils d'Hermias, sur une partie de l'Organum. Damascius commenta le livre du Ciel et la Physique. — Tandis que le Platonisme ne faisait guère autre chose par lui-même que diviser et subdiviser de plus en plus toutes les espèces possibles des Idées de la dialectique et des

---

[1] Patric. *Discuss. peripat.*
[2] Socrat. *Hist. eccles.*, VII, 15 ; Nicephor. XIV, 16 ; Suid. v. *Hypat.*

Dieux de la mythologie, couvrant mal le vide de sa stérile analyse par ces faux ornements d'une poésie emphatique qu'on voit étalés dans Proclus, l'école péripatéticienne avait conservé, avec la tradition d'une méthode et d'un langage exacts et rigoureux, celle du culte assidu de toutes les sciences et de tous les arts qui avaient fait dès l'origine une partie de sa gloire. C'est chez elle que les Platoniciens venaient toujours puiser les connaissances positives et précises par lesquelles leur philosophie avait besoin de se soutenir. Mais, jusqu'au fils d'Hermias, ce que le Néoplatonisme croyait avoir besoin d'emprunter à Aristote et à ses successeurs, c'étaient surtout les sciences qu'on appelait encycliques, encyclopédie, et qui formaient la partie inférieure et accessoire de la philosophie. Dans l'école d'Ammonius, Aristote prend partout la première place et en dépossède Platon; il occupe la scène, tandis que la dialectique platonicienne, avec les dogmes théologiques de l'Égypte et de la Chaldée, n'apparaît qu'au second plan.

Partout la philosophie péripatéticienne, si longtemps subordonnée au Platonisme, le domine et l'éclipse. Tel est le spectacle que nous offrent les écrits qui nous restent d'Ammonius et de ses principaux disciples, Simplicius, Jean Philopon, et ce David d'Arménie qui traduisit dans sa langue maternelle tous les ouvrages d'Aristote, et fut ainsi un des premiers à fonder dans les écoles de l'Orient l'empire durable de la philosophie péripatéticienne[1].

Vers le même temps, ou du moins sous l'influence du même esprit dut être composé un ouvrage qui, pour être apocryphe, n'en est pas moins un monument précieux de la dernière période de la philosophie grecque. C'est une *Théologie*, écrite en grec, sous le nom d'Aristote[2]. Le texte en est malheureusement perdu[3], et il n'en a encore été publié que des traductions latines[4], faites elles-mêmes d'après une traduction arabe[5]. Ce livre est,

---

[1] Sur la vie et les ouvrages de David l'Arménien, voy. le mémoire de M. Neumann, *Journ. asiat.*, 1829.

[2] Holstenius, à la vérité grand partisan des idées néoplatoniciennes, appelle ce livre *admirandum opus*. *Observ. ad vit. Pythag.*, Rom. 1630, in-8°, p. 96.

[3] Ce texte existait encore du temps de saint Thomas d'Aquin, qui atteste l'avoir vu *De Unit. intell. adv. Averr.*, opp., t. XVII, p. 99.

[4] Sur ces traductions et les éditions qui en ont été données, voy. Fabricius, *Bibl. græc.*, l. III, c. VI, 36.

[5] Casiri, *Bibl. Escorial.*, I, 306, 310, a parlé de ce livre d'après la *Bibliothèque arabe des philosophes*. La Bibliothèque du Roi (n° 994 du supplément) possède un manuscrit de la traduction arabe. Voici le commencement du prologue du traducteur, qui n'est pas reproduit dans les versions latines, et que le savant M. Reinaud a bien voulu traduire, à ma prière : « Au nom du Dieu clément et miséricordieux, à qui nous avons recours ; louanges à Dieu, le maître des mondes ; vœux et salut à Mahomet, le plus noble des hommes sages et sensés. » Premier *mymar* (livre) du livre d'Aristote le philosophe, intitulé en grec *atsoulougia* (theologia), c'est-à-dire traité de l'Être suprême. Ce livre a été éclairci par Porphyre de Tyr, et il a été traduit en arabe par Abd-Almessyh, fils d'Abd-Allah, fils de Naïmah, originaire de la ville d'Emesse. Il a été ensuite amélioré, pour Ahmed, fils d'Ahmed Motassem Billah, par Abou-

suivant son auteur, le complément de la Physique, du traité de l'Ame et surtout de la Métaphysique; les doctrines qu'on y trouve sont, dit-il, conformes à l'enseignement secret qu'il a recueilli de la bouche de Platon, et à celui des sages de Babylone et de l'Égypte. — En effet, la plus grande partie en est empruntée au Platonisme. On y voit une âme universelle qui vivifie et gouverne le monde sensible, un monde supérieur composé de formes intelligibles, enfin un premier principe supérieur à ce monde même et auquel on ne peut s'élever que par l'extase. On y voit en

Youssouf Yacoub, fils de Ishac Alkendy. Il est digne de toute l'attention de toute personne qui voudra apprendre à connaître le but, sujet si important pour les hommes d'élite qui en font l'objet de leurs études. Il aplanit les voies qui conduisent à la source de la certitude, et résout tous les doutes, etc. » — Sur le mot *mymar*, M. Reinaud fait remarquer que c'est un terme syriaque qui signifie livre; sur le mot *atsoulougia*, que c'est une corruption du grec θεολογία, plusieurs mots grecs recevant en arabe un *aleph* au commencement, comme *Platon*, que les Arabes écrivent *Aflatoun*; en sorte que M. Weurich (*de Vers.*, p. 162) s'est trompé quand il a voulu changer *atsoulougia* en *apologia*. Motassem Billah était le troisième fils de Haroun Alraschyd, le frère et le successeur d'Almamoun. — Quant à ce qu'on dit ici de Porphyre, c'est sans doute une erreur; car si ce livre était antérieur à Porphyre, et que celui-ci l'eût en effet commenté, il serait inconcevable qu'on n'en rencontrât pas la moindre mention chez aucun des philosophes plus récents qui sont venus jusqu'à nous. L'auteur du préambule qu'on vient de lire aura probablement pris pour un Commentaire sur le livre qui nous occupe, celui que Porphyre avait fait sur la Métaphysique, qui portait aussi le titre de Θεολογία. — M. Reinaud s'est assuré que la traduction latine est souvent abrégée, mais que d'un autre côté la traduction arabe, du moins dans le manuscrit de la Bibliothèque du Roi, présente des lacunes importantes.

usage ces maximes néoplatoniciennes, étrangères et opposées à la doctrine d'Aristote, que l'essence ou être précède l'acte et en est la cause, que c'est par son être seul que Dieu a tout créé, sans délibération, et l'auteur veut probablement dire aussi sans pensée; enfin que l'intelligence active n'est pas Dieu même, mais seulement la première des créatures de Dieu.[1]. On y rencontre souvent des passages de Plotin, reproduits presque mot pour mot[2]. En outre, s'il est dans la philosophie péripatéticienne des dogmes enveloppés de quelque obscurité, c'est à l'aide des principes, c'est dans le sens et l'esprit du Platonisme que le prétendu Aristote les interprète et les développe. Ainsi l'âme de l'homme est immortelle, selon lui, parce que si elle est la forme d'un corps organisé, c'est une forme séparable, capable d'agir et de connaître par elle-même, et par conséquent aussi de subsister, d'être par elle-même[3]. Car autrement l'acte serait plus noble et plus parfait que l'être, ou l'essence[4]. — Dieu est providence; car les effets se

---

[1] L. XIV, c. 15 : Creavit autem Deus primo substantiam unicam, videlicet intellectum agentem, cui infudit lumen fulgens, omnium creaturarum præcellentissimam.

[2] Par exemple l. VI, c. 2-5 ; l. VIII, c. 3. Cf. *The Classical Journal*, t. XV, p 250.

[3] L. II, c. 10; l. III, c. 6.

[4] L. III, c. 7 : Quare essentia animæ procul dubio restat superstes, corrupto corpore; alioquin operationes ejus forent nobiliores essentia. Quod est absurdum valde. Si quidem essentia est causa actionis.

connaissent par leurs causes, et par conséquent la
cause de toutes choses, en se connaissant elle-même,
connaît tout. Mais les effets sont dans leur cause
d'une manière conforme à la cause et supérieure
à ce qu'ils sont en eux-mêmes. Dieu connaît donc
toutes choses de la même manière qu'il les crée,
d'une manière supérieure à l'intelligence [1], qui n'est
que la première des créatures. C'est pourquoi on
peut dire en un sens que Dieu ignore l'intelligible et l'intelligence même, et que l'intelligence
ignore les choses sensibles et l'âme. Mais il est plus
vrai encore de dire que la connaissance par les sens,
comparée à l'intelligence, n'est qu'ignorance, et de
même l'intelligence comparée à la providence divine. Dieu a fait l'intelligence, qui a fait toutes les
autres choses; il les a faites aussi, par cela seul,
et n'a pas besoin de les connaître en elles-mêmes.
Au contraire l'intelligence ignore l'être, l'essence
des choses, parce qu'elle n'en est pas le premier
auteur, qu'elle ne leur a pas donné l'être, qu'elle
ne les a pas, comme Dieu, faites de rien [2].

Mais sur ces principes platoniciens, c'est la doctrine péripatéticienne que veut en effet raffermir
et relever l'auteur de la Théologie. — L'âme, ici-

[1] L. II, c. 6 : Res autem est altior in causa sua quam in se ipsa. Conditor etiam primus cognoscit eas non pariter intellectui, sed adhuc altius, quando ipsas quatenus creat, eas cognoscit.

[2] Ibid. Et si intellectus ignoraverit, idcirco est quia eas non produxit ex nihilo, neque primo. Sed Deus dicitur sciens, quatenus creavit eas, etc.

bas, ignore les choses intelligibles. Elle n'a donc aucune connaissance innée; elle doit tout apprendre. Elle ne sait rien, et quelques choses qu'elle apprenne, elle en peut toujours savoir davantage. Capable de toute forme, et par conséquent n'en ayant dès le principe aucune déterminée, c'est dans cette réceptivité universelle que sa nature consiste [1]. Son intelligence est donc, comme Aristote l'avait dit, une intelligence passive, qui n'est rien qu'en puissance et ne peut d'elle-même passer à l'acte. Pour l'amener à l'acte, il faut d'abord que les sens lui fournissent des objets de connaissance; il faut ensuite que l'intelligence active et toujours agissante, dépouillant les formes de la matière, les réduise ainsi à l'essence universelle par laquelle elles sont intelligibles [2]. L'âme sensitive ne subsiste que par l'illumination et l'influence perpétuelle de l'intelligence passive, qui est l'âme raisonnable. L'intelligence passive ne subsiste elle-même que par l'intelligence active, qui lui donne la forme en l'amenant à l'acte. En conséquence l'âme sensitive ne tend qu'à s'unir, d'une union intime et substantielle, avec l'intelligence passive, et l'intelligence passive

---

[1] L. XII, c. 6 : Quapropter non habet in substantia sua quampiam hujusmodi formam, sed tantum receptivitatem earum. Atque hoc [ut] est illius forma prima ac propria.

[2] L. X, c. 9 : Intellectus secundus ab agente, qui est possibilis, minime valet ex se depurare formas naturales, easque reducere in essentiam suam formamque universalem, absque excitatione animæ sensualis.

avec l'active [1]. Mais l'âme sensitive, essentiellement dépendante du corps, périt avec lui : l'intelligence active conserve immortelle l'intelligence passive, et la fait entrer en partage de sa propre éternité [2].

Dans l'intelligence pure l'auteur de la Théologie reconnaît avec les Platoniciens une trinité; mais ce n'est plus celle de l'intelligence, de la vie et de l'être, où le rang le plus élevé appartenait à l'être, à la pure existence : c'est une trinité plus conforme et à la philosophie d'Aristote et à la théologie chrétienne [3]; la trinité de l'intelligence, de l'intelligible et de l'amour. — Sans l'amour, l'intelligence demeurerait enfermée en elle-même, solitaire, immobile, et ne pensant à rien. C'est l'amour qui la détermine à penser; c'est lui qui joint et unit l'intelligence à l'objet intelligible [4]. Si donc toute pensée suppose l'intelligence qui pense, l'être qui est pensé et l'amour qui les joint, toute pensée im-

---

[1] Ibid. : Intellectus igitur possibilis et anima sensitiva hominis sese mutuo propter utriusque indigentiam diligunt, simulque unione substantiali conjunguntur, qua perficitur existentia hominis.

[2] L. X, c. 10 : Quapropter cum morte corpus defecerit, anima quoque vegetatrix sensualisque cessabit, perseverabit autem intellectus possibilis, qui illi adfuit, servatus ab agente ; qui dein intellectus agens servatus a Deo (cujus Verbo est proximus) consistet.

[3] Voy. le livre suivant.

[4] L. X, c. 14 : Non enim intellectus intelligit quin adsit amor... Amor enimvero comitatur intelligentem, quoniam si intellectus illo spolietur, fiet solitarius silentiosusque, nihil comprehendens. Si quidem oportet intellectam rem aptari intellectui per amorem.

plique, sinon un mouvement véritable, du moins une sorte de mouvement. C'est un mouvement sans changement, qui n'altère pas, mais au contraire, suivant la théorie péripatéticienne, confirme et perfectionne dans sa nature propre l'intelligence qui en est le sujet[1]. Mais au lieu de trouver, comme les Platoniciens, dans ce mouvement qu'il attribue avec eux à l'intelligence, une marque d'infériorité comparativement à l'immobilité de l'être pur, l'auteur de la Théologie y voit ce qu'Aristote avait fait consister dans le seul acte : la perfection de l'être.

Au lieu que pour Aristote l'intelligence active était Dieu même, l'auteur qui prend ici le nom d'Aristote veut, comme les Platoniciens, mettre Dieu encore plus haut. Mais il n'en fait pas pour cela, comme eux, une inerte et inintelligente unité. Il fait naître l'intelligence active d'un Verbe divin plus simple encore, dont elle est elle-même le verbe et l'expression; et ce Verbe primordial, il le représente entièrement inséparable de Dieu[2]. En sorte que Dieu n'est, à vrai dire, pour lui comme pour l'au-

---

[1] Ibid. : Intellectus intelligit cum motu qui est non transgressio, sed perfectio aptatioque; nec enim a statu pristino evertit.

[2] L. III, c. 2; l. V, c. 6; l. VII, c. 3; l. X, cc. 1, 2, 10, 14-16. Le Pœmandre distingue également 1° Dieu; 2° le Verbe de Dieu; 3° l'Intellect démiurge. La présence de ce dogme du Verbe suffit peut-être pour indiquer, dans le livre apocryphe qui nous occupe, la même influence des idées juives et chrétiennes sous laquelle les livres hermétiques ont été composés. Voy. plus haut, et le livre suivant.

teur de la Métaphysique, que l'Intelligence pure, considérée en elle-même, antérieurement à tout rapport avec les créatures.

Enfin, suivant l'auteur de la Théologie aussi bien que suivant les Platoniciens, Dieu n'a pas lui-même formé le monde : il l'a formé par l'intermédiaire de l'intelligence active. Dieu est comme une lumière qui a rayonné dans l'intelligence active ; c'est l'intelligence active qui, à son tour, rayonne dans l'âme, et l'âme dans le corps, de degré en degré, jusqu'à la matière brute [1].

Mais comment chaque principe donne-t-il l'existence à ce qui vient après lui? Comment, en dernière analyse, tout est-il provenu de Dieu? Comment un seul être, absolument simple, a-t-il pu produire une multitude d'autres êtres sans rien perdre de son unité, bien plus, en s'y confirmant et s'y fortifiant encore? C'est là, dit l'auteur de la Théologie, ce que l'âme désire le plus de savoir, si rien ne vient la détourner de sa nature; c'est la question qui a produit le plus de trouble et de contestations parmi les sages [2]. Pour en obtenir la solution, autant qu'il nous est possible de l'avoir,

---

[1] L. X, cc. 5, 6.
[2] L. X, c. 19 : Atque id in quo turbati sunt altercatique inter se sapientes, videlicet quo modo ens unum absolutum implurificatumque omnino creaverit alia plura entia, sine digressu ab unitate essentiæ, citraque detrimentum unitatis, imo cum roboramento ejusdem.

il faut implorer le secours de Dieu lui-même, non de bouche seulement, mais d'un geste suppliant, et de l'âme surtout, sans cesse et sans mesure, et, nous tournant vers lui, le prier d'éclairer notre intelligence, et d'en éloigner l'ignorance dont le corps est la cause. A qui cherche véritablement sa lumière il ne la refusera pas. — Or, quelle est la solution que le philosophe apporte, après ce préambule, comme s'il la tenait de Dieu même? Dieu, en se contemplant, donne d'abord naissance à l'intelligence active. Celle-ci, dès qu'elle existe, se retourne vers son auteur : aussitôt elle reconnaît qu'il est le seul être véritable, dont toutes les choses intelligibles et sensibles ne sont que d'imparfaites images; et de là le désir qui ramène à l'être absolu tout ce qu'il a produit [1]. — Dans ces termes, rien encore de plus que la *procession* et la *conversion* des Néoplatoniciens. La procession, c'est-à-dire l'origine même des choses, reste toujours, ce semble, à expliquer. Mais tandis que les Néoplatoniciens ont fait de la conversion des choses vers leur principe un second mouvement, postérieur à la procession qui les engendre, suivant l'auteur de la Théologie, comme suivant Aristote, c'est cette conversion même qui est la naissance des choses; c'est à la conversion seule que la pro-

[1] Ibid.

cession se réduit. Ce qui donne aux choses non-seulement l'ordre, la beauté et la perfection, mais le commencement même de leur être, c'est le désir par lequel elles tendent au bien et aspirent à s'y assimiler [1]. La première créature, qui est la cause de tout le reste, l'intelligence renferme des puissances de tout genre, que le désir dont les remplit le premier principe met en mouvement et fait monter vers lui. C'est de la même manière que l'intelligence fait arriver à l'être les puissances de l'âme, et l'âme celles du corps. Par là se réalise tout ce qui est possible. Car Dieu est à la fois tout intelligence, tout puissance et tout bonté. Tout intelligence, rien de ce qui peut être n'est ignoré de lui; tout puissance, rien ne l'empêche de réaliser le possible, et il ne connaît pas la fatigue; tout bonté, il n'est pas avare de ce qu'il peut donner [2]. — Tout ce qui peut être est donc, et chaque chose dans la mesure où elle est capable d'être. Car tout désire le premier principe; par ce désir tout se meut vers lui; et c'est ce mouvement qui produit, qui constitue et qui conserve tout [3]. En

---

[1] Ibid. : Quodlibet productile movetur appetitu ad ipsum ens, alioquin nullatenus foret productile..... Dico item appetitu, quandoquidem optat assimilari ei in permanentia.

[2] L. X, c. 12.

[3] L. IV, c. 1 : Substantia naturalis existit per naturam propriam, cujus firmitas est forma; hujus autem firmitas est imitatio sui exemplaris. Quare omnia appetunt illud; appetentia moventur ad ipsum; mota efficiuntur ab

un mot c'est le désir du bien, mis par le créateur dans toutes les créatures, comme par une infusion perpétuelle, qui leur donne à toutes, à proportion de leur capacité, l'existence et la perfection [1].

Aussi, le terme par lequel est exprimée ici de préférence la communication que Dieu fait de ses dons, ce n'est plus le mot néoplatonicien de *procession* [2] : c'est celui d'*influx* ou d'influence [3], terme dérivé, peut-être de la théologie judaïque [4], et qui suppose l'idée (commune, jusqu'à un certain point, à cette théologie et à la philosophie péripatéticienne), d'un lieu, d'un réceptacle, d'un vaisseau où descende l'émanation divine. Et c'est l'*influx*, ou l'influence qui, chez les héritiers de la philosophie grecque, chez les Arabes et chez les scholastiques du moyen âge, tiendra la place de la *procession*.

Mais, dit ici l'auteur de la Théologie, dans la substance considérée antérieurement à toute forme narelle, c'est-à-dire dans ce qui n'existe qu'en puissance, il ne saurait y avoir ni mouvement ni désir. Or si l'on est obligé de supposer comme antérieur

---

eodem, quodque (leg. quod quidem?) est omnino immobile, sed movens omnia motu per quem existunt.

[1] L. X, c. 19 : Creator enimvero primus movet creaturas, immittendo ejus (leg. eis) desiderium boni absoluti perpetuoque influentis, quale etiam unicuique tribuit juxta capacitatem.

[2] Ce mot est pourtant encore employé l. XIII, c. 1.

[3] *Influxus*.

[4] Voy. le livre suivant.

un sujet de mouvement, ce n'est plus une génération de substance que produit l'influence divine, c'est la simple composition d'une matière préexistante avec une forme, composition telle que peut en produire aussi l'art humain [1]. A cette difficulté capitale, l'auteur de la Théologie oppose la réponse que fournit en effet la Métaphysique d'Aristote. — On s'imagine vainement une matière première existant d'abord sans aucune forme. La matière ne fait que changer de formes; elle n'en prend une qu'en en abandonnant une autre, et n'a jamais pu exister seule. — En remontant de la forme sensible au sujet qu'elle revêt, on ne peut pas aller à l'infini. Il faut donc un premier sujet, sans forme par lui-même, et capable de recevoir toute forme : c'est la matière première. Dépourvue par elle-même de toute forme, la matière première n'est à elle seule, elle n'est en son essence que la capacité de recevoir la forme; la réceptivité est tout son être; si on en retranche cette réceptivité, elle n'est plus rien, et on ne la comprend plus. Or, ce qui est absolument sans forme n'est rien de réel et d'actuellement existant. Donc la matière première ne subsiste que dans le mouvement qui est la réception même de la

---

[1] L. IV, c. 2 : Dicet fortasse quispiam quod substantiæ ad quam resolvitur omnis forma naturalis non inest motus talis proprius, quoniam motus fit per desiderium, illi autem non inest desiderium. Quare.... non etiam est secundum essentiam producta, sed compositum.

forme; et ce mouvement, c'est le désir de la forme qu'elle est capable de recevoir, désir dont la remplit la forme des formes, qui est la cause première. C'est donc par le mouvement que la Cause première donne et conserve perpétuellement l'être à la matière, parce que le mouvement est l'acte de ce qui est en puissance, le passage, l'éduction de la puissance à l'acte [1].

Telle est donc la théorie par laquelle l'auteur de la Théologie d'Aristote explique toute création et toute conservation : au-dessous de la Cause première, pour concourir au reste, un second principe, qui en apparence partage avec elle le privilége d'exister par soi-même et ne reçoit d'elle que l'ordre, mais qui, dans le fond, n'est qu'une puissance d'être, et ne tient la réalité que de l'éternel désir par lequel la Cause première l'appelle à elle et le met en mouvement; la cause efficiente et la cause finale ainsi confondues, la *procession* des Platoniciens et leur *conversion* identifiées, enfin l'organisation qui donne la forme essentielle, et la création,

---

[1] Ibid. : Ideoque movetur (sc. materia) motu qui est appetitus formæ recipiendæ. Et receptivitas formarum est ratio per quam illa est ens, ita quod, si auferatur talis natura recipiendi, non subsistet neque intelligetur. — Quare materia etiam existit per motum, qui est actus perfectus. Est autem imaginabilis transmutatione successiva in infinitum ab una forma ad aliam, nec nisi cum receptione formæ est principium. — Omne factum motu permanet etiam motu, propterea quod motus est actus entis in potentia, id est perfectio eductioque entis ad actum.

qui donne l'être, réunis dans le mouvement primitif par lequel la puissance devient acte, c'est la théorie même de la Métaphysique. Toute la différence qui reste entre Aristote et celui qui emprunte ici son nom, c'est que le premier a trouvé dans l'acte de la pensée qui se contemple la première des causes, et que l'auteur de la Théologie, à l'exemple des Platoniciens, la cherche encore au delà. Ainsi subsiste dans son livre, alliée aux doctrines les plus relevées de la philosophie péripatéticienne, l'idée d'une intelligence médiatrice entre Dieu et l'âme, et qui aurait seule tout formé.

Dans une autre production apocryphe du même temps, le livre des Causes, également attribué à Aristote [1], même alliance de la métaphysique péripatéticienne avec les principaux dogmes du Néo-

---

[1] Ce livre, tel qu'il nous est parvenu, est composé de théorèmes et de démonstrations. Les théorèmes (qui sont un extrait de la Στοιχείωσις θεολογική de Proclus) sont seuls attribués à Aristote, les démonstrations sont un extrait, fait par un juif nommé David, des commentaires composés sur les théorèmes par Alfarabi, Avicenne et Algazel. Le commentaire du premier était intitulé *de la Bonté pure*, celui du second *de la Lumière des lumières*, et celui du troisième *Fleur des choses divines*. Albert. Magn. *de Caus. et process. univers.* opp. t. V. — S. Thom. *in libr. de Caus.* præf., opp. t. IV : In græco quidem invenitur scilicet traditus liber Procli platonici, continens ducentas et novem propositiones, qui intitulatur Elevatio theologica ; in Arabico vero invenitur hic liber, qui apud Latinos de Causis dicitur, quem constat de arabico esse translatum et in græco penitus non haberi. Unde videtur ab aliquo philosophorum Arabum ex prædicto libro Procli excerptus, præsertim quia omnia quæ in hoc libro continentur multo plenius et diffusius continentur in illo. — Selon S. Thomas, le livre des Causes aurait donc été composé en arabe.

platonisme, tels surtout qu'on les trouve dans les Éléments de théologie de Proclus.

Telle était la philosophie qui, vers le v⁰ et le vi⁰ siècle de l'ère chrétienne, s'emparait peu à peu de la domination universelle : le Platonisme avait encore dans cette philosophie une part plus ou moins grande; mais l'Aristotélisme y régnait, et devait y régner de plus en plus.

L'an 529 de l'ère chrétienne, l'empereur Justinien ordonna la clôture des écoles de philosophie d'Athènes[1], où enseignaient depuis plusieurs siècles des maîtres entretenus par l'État. Ces écoles étaient celles probablement où la philosophie était le plus étroitement associée à la religion vaincue; en d'autres termes, c'étaient celles où régnait principalement la philosophie platonicienne, qui s'était en quelque sorte identifiée avec le paganisme. Quelques années plus tard, les principaux philosophes platoniciens, gênés dans l'exercice de leur culte, et s'imaginant trouver dans l'Orient, dont ils admiraient la sagesse, quelque république semblable à celle de Platon, apprenant d'ailleurs que le roi Chosroës aimait et cultivait la philosophie, se rendirent ensemble à la cour de Perse. Et, en effet, ils trouvèrent dans le roi barbare un philosophe qui possédait très-bien les dialogues les plus difficiles de

---

[1] Joh. Malal. *Chron.*, XVIII, p. 187, ed. Oxon.

Platon [1]. Mais il était vraisemblablement plus Péripatéticien encore que Platonicien. Aristote, dit l'historien Agathias, lui était aussi familier que Thucydide l'avait été à Démosthène. A sa cour vivait comblé d'honneurs un certain Uranius, Nestorien et Péripatéticien [2]. En un mot la philosophie d'Aristote était sans doute dès lors plus en crédit dans la Perse que celle de Platon [3]; et ce ne fut peut-être pas le moindre motif qui détermina les infortunés Platoniciens, si Péripatéticiens qu'ils fussent déjà à leur insu, à en sortir au plus vite pour retourner mourir obscurs dans leur patrie. — Il y avait longtemps que la philosophie péripatéticienne avait pris un rôle prépondérant dans les controverses de la théologie chrétienne; depuis près d'un siècle, les Nestoriens l'avaient portée de la Syrie dans la Mésopotamie et ensuite dans la Perse [4]. En même temps un élève d'Ammonius, le chrétien David l'introduisait dans l'Arménie. Elle régnait déjà dans toutes les écoles de l'Asie occidentale, où les conquérants arabes allaient venir la recueillir avec tout l'héritage des sciences grecques. D'un autre côté, un chrétien d'Italie, qui avait étudié à Athènes, et probablement dans l'école d'Ammonius, le célèbre

---

[1] Agath. II, 30, p. 67, ed. Paris.
[2] Ibid. et Suid. v. *Uranius*.
[3] Voy. le volume suivant.
[4] Voy. le volume suivant.

Boëce avait résolu de faire connaître aux Latins, par des traductions et des commentaires, tous les ouvrages d'Aristote et de Platon. La fin de son travail devait être de concilier leurs doctrines et de montrer que loin d'être en désaccord sur tout, comme on se l'imaginait généralement, ils s'accordaient au contraire sur les points principaux de la philosophie [1]. Mais il commença par Aristote la mise à exécution de son entreprise, et n'en vint jamais à Platon. C'est de l'étude de ses traductions et de ses commentaires de l'Organum, auxquels on joignait le traité des Catégories attribué à saint Augustin, que devait naître insensiblement la philosophie scholastique [2].

En un mot, partout, du v° au vi° siècle, dans le même temps où l'Empire tombait sous l'effort des Barbares, le Platonisme s'éteint, avec l'antique religion dont il avait uni la cause à la sienne. Partout il disparaît avec ces superstitions, débris du culte de la nature, qu'il s'est flatté vainement de relever, et qui l'entraînent enfin dans leur irréparable chute. Partout, sur les ruines de l'ancienne civilisation qui s'écroule, l'Aristotélisme reste seul

---

[1] Boeth. *in libr. de Interpr.*, ed. 2ᵃ, l. II, init. : His peractis, non contempserim Aristotelis Platonisque sententiam in unam quodammodo revocare concordiam, ut in his eos non, ut plerique, dissentire in omnibus, sed in plerisque quæ sunt in philosophia maxima, consentire demonstrem.

[2] Voy. le volume suivant.

pour les temps et les peuples nouveaux. Seul il reste, comme ces édifices, dignes par leur immortelle beauté de survivre à la divinité même qui les habita, et qu'une religion nouvelle vient occuper d'abord, pour les approprier ensuite, par une transformation successive, à son nouveau Dieu.

En résumé :

La philosophie, à son premier âge, avait pris pour le principe, et pour la cause suprême, la matière première, dont toutes les choses s'étaient formées, substance unique et invariable des phénomènes naturels, unité radicale du sein de laquelle se développait leur infinie diversité.

Pythagore et Platon avaient reconnu qu'au contraire ce qui faisait les choses ce qu'elles sont, ce qui constituait leur être, leur essence durable et leur nature, c'était la forme; que la matière, sans forme et sans détermination propre, c'était ce qui n'est pas, à proprement parler, l'indéfini auquel la forme seule donnait l'unité, le non-être, par conséquent, auquel elle communiquait seule quelque chose de la véritable existence. C'était donc dans les formes qu'il fallait voir les principes et les causes, objets de la science et de la philosophie. Mais qu'était-ce, maintenant, que les formes? Selon les Pythagoriciens, les nombres, sur lesquels sont fondés les rapports constants des parties; suivant Platon, placé à un point de vue plus élevé, les types dont la matière reçoit, dans la diversité infinie des individus, l'uniforme et indestructible empreinte, les genres invariables auxquels les individualités se ramènent, comme à leur commune unité; ces types, ces genres sont les *idées*, que les sens n'aperçoivent pas, mais qui forment un monde purement intelligible duquel le monde sensible tient tout ce qu'il a d'unité et d'existence, de perfection et de vérité.

Pythagore et Platon ont donc vu dans la forme, opposée à la matière, l'essence véritable et le véritable principe. Mais, avec l'inexpérience de leur analyse naissante, c'est dans le rapport général, ou dans le genre, qui n'existe lui-même que sous des formes plus particulières chez les individus, qu'ils ont cru rencontrer la forme constitutive de l'essence. De là l'essence du genre lui-même devant être, par une conséquence nécessaire, le genre plus général dans lequel il est compris, le rapport plus large et plus indéterminé auquel il se ramène, on ne fait, en s'imaginant remonter les degrés de l'échelle des causes, que remonter de l'existence déterminée que les sens nous font connaître, et par une série de formes de plus en plus indéterminées, ou de plus en plus informes, et par conséquent de plus en plus semblables à la simple matière, jusqu'au pur être dépourvu de toute qualification; puis enfin, par delà l'être même, jusqu'à l'Unité ou l'Un, terme extrême, dernier résidu de l'abstraction. C'est là la cause première, c'est là, en un seul mot, le Dieu auquel conclut inévitablement la dialectique platonicienne. Elle prétend remonter à la source intelligible de l'être, et, en éliminant graduellement, par une généralisation progressive, tous les caractères constitutifs de la réalité, elle va se perdre enfin dans le vide et dans le néant. De là aussi, dans toutes les sphères de la science, dans la physique, dans la morale et la politique, dans la théorie de l'art, partout enfin le principe et la raison des choses cherchés dans l'idée abstraite et générale la plus dépourvue de réalité.

Le point de vue d'Aristote est tout autre. Comme Platon, il est vrai, c'est dans la matière qu'il fait consister la raison de l'imperfection et du néant des choses, et dans la forme la raison de leur être et de leur perfection. Mais la matière et la forme ne se présentent plus à ses yeux sous les conceptions vagues et toutes relatives de diversité et d'unité, ou d'illimitation et de limite. La matière n'est plus pour lui la quantité en général, pure abstraction de l'entendement, ou la multitude qui implique déjà division et détermination, la forme n'est plus l'unité diffuse et divisible d'un genre.

Suivant Aristote, la forme proprement dite d'une chose, c'est l'acte par lequel son existence se détermine et se caractérise. Sa matière, c'est ce qui est susceptible de cet acte; c'est, par conséquent, ce qui est en elle virtualité ou puissance, non-être par soi-même, dans son indétermination radicale, et que l'acte fait être en le déterminant. Par son acte, l'être est un, mais un de l'unité proprement dite, qui est l'indivisibilité ou la simplicité absolue; par l'indétermination inséparable de l'état de la pure puissance, où rien n'est défini, la matière est indéfiniment divisible. Elle n'est donc pas la quantité indéterminée en général et d'une manière abstraite, telle que Platon l'avait conçue, mais la quantité continue, ou l'étendue, dans laquelle consiste la nature du corps. La forme n'est pas cette unité collective du genre, que conçoit et que réalise seul l'entendement: c'est l'acte simple, indivisible par sa nature même, objet immédiat d'intuition. Et enfin, au lieu d'un rapport logique tel que celui par lequel Platon rattachait l'une à l'autre la matière et l'*idée*, un lien réel et vivant unit la matière à sa forme : c'est le mouvement ou le changement, par lequel la puissance passe à l'acte, la virtualité devient effet et réalité.

Si donc la forme est l'essence de l'être, c'est qu'elle est la fin à laquelle tend et pour laquelle existe tout ce qui est en lui. Elle en est la fin : elle en est donc le bien, et c'est par là qu'elle fait tendre vers elle les puissances diverses de la matière, comme autant de moyens conspirant à un même but, et fait ainsi du corps, dès qu'il en est capable, l'organisme vivant. C'est parce qu'elle est le bien, qu'elle fait naître dans les puissances le désir. Et c'est ce désir du bien, c'est cette tendance vers lui qui est toute la nature. Ainsi succède à l'idée toute logique ou toute mécanique du rapprochement de deux principes inanimés et abstraits, tels que l'unité et la diversité, l'idée morale, en quelque façon, de la tendance spontanée de ce qui n'est encore que virtuel et imparfait à la perfection et au bien de l'action.

Cette forme active qui unit en une fin commune, par un commun désir, les puissances qu'elle tire de leur sommeil, c'est, dans la plante, ce qu'on nomme sa nature, ou le principe qui la fait naître et croître; dans l'animal, c'est ce qu'on appelle l'âme; l'âme, qui aux fonctions matérielles de la nutrition et de la reproduction, ajoute l'acte supérieur de sentir. Dans l'homme enfin, au-dessus de l'âme elle-même, ou comme à sa cime la plus haute, c'est la raison et l'intelligence.

Aux degrés inférieurs de la vie, dans la vie végétale et la vie animale, la forme n'est encore qu'imparfaitement dégagée de la matière, l'acte n'est qu'un mouvement par lequel la puissance tend toujours à l'acte, sans y parvenir jamais tout entière. Dans l'opération intellectuelle, il n'y a plus de matière ni de mouvement, rien que forme, rien qu'acte pur : surtout dans l'opération intellectuelle la plus digne de ce nom, celle où l'intelligence, toute en acte, se contemple elle-même, où la pensée n'a d'autre objet que la pensée.

Si donc la pensée de la pensée est l'acte pur, et si l'acte est l'être véritable, et la cause première de tout le reste, c'est la pensée de la pensée, éternellement fixée dans la conscience de soi, qui seule subsiste par elle-même, et par laquelle seule tout le reste subsiste. C'est là l'Être absolu, de qui tout reçoit l'être : c'est la cause première et universelle, c'est Dieu. — Dieu, l'Être premier et absolu, c'est donc l'acte parfait de la Pensée se contemplant elle-même. Chaque être particulier ou chaque nature, c'est un acte imparfait, ou un mouvement, dont la Pensée est la cause, la fin et l'essence; ou, pour réduire le mouvement à son principe, c'est le désir par lequel la divine Pensée, présente à toutes les puissances que la matière enferme, les fait venir à l'existence et à la vie. La nature dans le sens le plus large, le monde, c'est l'ensemble des mouvements, des désirs, des tendances, par lesquels tout ce qu'enserre l'infinité du possible, s'assimilant, s'identifiant par degrés à la Pensée, devient, de simple virtualité, existence réelle, vie, sens et intelligence. Et puisque ces tendances qui font tout l'être de la nature, puisque ces actes imparfaits ont eux-mêmes tout leur être dans la pensée centrale où ils se terminent tous; la nature, c'est encore la Pensée éternelle, invariable et simple, toujours une et identique, mais représentée d'une manière diverse et inégale par les choses, plus ou moins dissemblable ou semblable à elle-même dans les formes élémentaires des corps bruts, dans les natures proprement dites, dans les âmes, dans les intelligences, à tous les degrés et sous toutes les formes possibles de l'existence et de la vie.

Un seul et même Être, qui n'est autre que la Pensée ou l'intuition de lui-même, apparaissant dans les puissances différentes de la matière, sous mille formes et en mille opérations différentes, s'y retrouvant à peine aux différents degrés de la sensation et de l'intelligence, mais en possession éternelle de soi dans l'acte simple de la contemplation; une même lumière réfractée en mille figures et mille couleurs diverses parmi les milieux différents qui la reçoivent, et qui n'en brille pas moins dans le divin éther d'un invariable éclat; mais une lumière intelligible et intellectuelle, transparente et visible à elle-même; telle est la conception générale dans laquelle se résume toute la Métaphysique.

Ainsi, tandis que la philosophie platonicienne procédait à la recherche des principes par l'abstraction de tous les caractères particuliers des choses, remontant de la sorte aux conditions de l'existence les plus simples et les plus générales, par suite les plus insuffisantes, et comme au commencement informe d'où l'être s'est élevé graduellement à ce qu'il est; tandis qu'elle prenait pour le principe suprême l'unité vague, indéfinie en étendue, par cela même qu'elle est nulle en compréhension et en intensité, être pur identique avec le pur néant; tout au contraire, c'est dans la fin, c'est dans le point de perfection auquel chaque être aspire et qui en détermine le caractère propre que l'Aristotélisme en cherche la raison et la cause; et ce point, il y tend par l'abstraction successive des moyens corporels, des organes physiques qui servent à la fin, et qui la représentent, chacun à sa manière, multiple, diverse et incomplète ; c'est ainsi que de la multiplicité de la matière, il marche à l'unité de l'individu véritable, à la simplicité exempte de toute étendue et de toute quantité, et qui est le *maximum* ou plutôt le tout de l'être et de la perfection. De ces deux philosophies, la première procède par l'abstraction qui généralise, et qui tend, de degrés en degrés, à l'absolu Universel, matière intelligible, chaos où tout se confond, néant où tout vient cesser d'être; la seconde procède par l'analyse qui réduit l'être à l'essence de son individualité, c'est-à-dire qui le réduit, par l'élimination graduelle de la matière, à la pensée qui vit en lui, et enfin, au delà de toute pensée particulière à la Pensée absolue, forme de toutes les formes, essence supérieure de toutes les essences, en laquelle tout a la vie et l'action, foyer unique où convergent tous ces rayons qui nous apparaissent dispersés, et où ils ne sont plus qu'une même flamme et qu'une même lumière. — Le Platonisme oppose aux choses sensibles, comme à une multitude désordonnée, l'unité de la notion sous laquelle l'entendement les rassemble, et qui n'est que le signe logique de leur base naturelle ou de leur matière commune : l'Aristotélisme les rattache par le lien vivant du mouvement et du désir, à une Unité surnaturelle qui les fait participer tous, par le désir même dont elle les remplit, à sa propre perfection, selon leur capacité, et qui les surpasse tous. Il relève la nature de la sentence portée contre elle par la dialectique, trop éprise des abstractions de l'entendement, et il la suspend à un principe supérieur, réel à la fois et intelligible, objet et sujet en même temps d'une intuition, d'une expérience intellectuelle également différente et de l'imparfaite intuition des sens et des conceptions de l'entendement. A la place qu'occupaient dans la science de l'être une mathématique et une logique stérile, il élève, fondées l'une sur l'autre, la Physique véritable et la Métaphysique.

Mais si la philosophie péripatéticienne a su prouver que l'essence et le principe des choses ne résident point dans les universaux, que l'entendement de l'homme sépare seul des individus, elle n'a pas fait voir encore avec la même force et la même évidence l'essence véritable résidant dans l'opération seule, dans le pur acte, séparé de tout alliage corporel, par conséquent aussi de tout mouvement, bien plus, de toute multiplicité et de toute différence quelle qu'elle soit, réduit à la pensée immatérielle et immobile, sans autre objet comme sans autre support que la Pensée. Il semble qu'elle n'ait fait encore que substituer à une abstraction une autre abstraction non moins dépourvue de réalité. La réalité, la possibilité même du nouveau principe qu'Aristote est venu substituer à celui de Platon, demeure encore obscure et douteuse. S'il a rendu à la nature la vérité relative que Platon lui refusait, l'existence surnaturelle à laquelle il suspend la nature est encore un problème. La Pensée absolue, la Pensée de la Pensée n'est-elle aussi qu'une pure idéalité, ou bien est-elle, au contraire, l'Être des êtres, bien plus, l'Être unique et total par lequel, dans lequel seul tous les êtres existent? Cette question fondamentale de laquelle dépend le sort de la métaphysique, si Aristote l'a résolue, au moins n'en a-t-il pas converti encore la solution en une démonstration.

C'est que, tout en ajoutant à l'idée de l'intelligibilité, sous laquelle Platon avait représenté le principe des choses, celle de l'action et de l'intelligence, tout en lui assignant ainsi un caractère qui ne se révèle que dans la réflexion de l'âme sur elle-même, cependant l'Aristotélisme n'a pas assez manifestement établi comme le point de vue propre de la métaphysique ce point de vue tout intérieur, où l'esprit, se séparant de tout le reste par la conscience de son activité propre, apprend à reconnaître dans cette activité même, ou du moins dans l'acte simple et éternel qui en est l'essence et la cause, la plus haute et la plus parfaite réalité, celle qui seule se suffit à elle-même, et par laquelle seule subsiste tout ce qui est. Après Aristote, la philosophie entre de plus en plus dans la voie intérieure qui devait la conduire plus près encore de la source des choses; bien des siècles, pourtant, s'écouleront encore, bien des époques se succèderont avant qu'elle se place et se fixe assurément à ce point central et interne, à ce foyer visuel de la réflexion, duquel doit enfin se découvrir dans son harmonie générale et dans sa vérité tout le vaste système de la métaphysique.

Dans les théories qui viennent remplacer la théorie d'Aristote, on s'accorde donc à nier avec lui la réalité de prétendus principes intelligibles, qu'aucune expérience immédiate, qu'aucune intuition ne saurait atteindre. Mais c'est en enveloppant dans la même négation tout immatériel. On ne croit plus aux abstractions des mathématiques et de la dialectique, et on ne croit pas encore à l'abstraction toute différente de la théologie. On borne à la nature tout ce qui est, toute science à la physique; et deux grands systèmes diamétralement opposés l'un à l'autre, mais d'accord contre la métaphysique, se partagent l'empire de la philosophie. Ce sont les deux systèmes contraires dans lesquels la nature s'explique par elle-même, sans aucun principe supérieur, et se suffit toute seule.

De tout temps, la philosophie grecque a voulu mettre la science à l'abri des incertitudes de l'opinion, et placer au-dessus du tumulte des passions la sagesse pratique. Plus le monde sensible se déploie, avec le progrès des temps et de l'expérience, et étale une variété infinie de phénomènes, plus la vie de la nature devient sensible à l'homme et plus il en éprouve, par les passions qui le troublent, la puissante influence, plus aussi il éprouve le besoin, plus il cherche les moyens de s'affermir dans la stabilité de la science et dans le calme intérieur. Ainsi la philosophie est renfermée dans le cercle de la nature et de l'humanité; elle y cherche sa fin comme son point de départ; les bornes de la physique et de la morale pratique sont les siennes; et c'est dans cette région de plus en plus agitée qu'elle cherche plus que jamais le lieu de paix et *d'ataraxie*. Trouver dans les limites de l'ordre physique la science exempte de doute et la félicité inaltérable, double fin où tend la sagesse, tel est donc le problème contradictoire dont la philosophie qui succède à celle d'Aristote cherche, par deux voies opposées, l'impossible solution.

Suivant l'Épicurisme, la principale chose qui confonde l'esprit et trouble le cœur de l'homme est la croyance à un monde surnaturel. Cette chimère écartée, le mot de la science est bientôt découvert, et le but de la sagesse facilement touché. Toute la réalité se réduit à des corpuscules matériels, à la fois inertes et inaltérables, dont le rapprochement ou l'éloignement mutuel font tous les phénomènes; tout le savoir digne de ce nom se réduit aux notions générales et aux noms, qui conservent comme des empreintes durables, hors du changement des phénomènes, ce qu'ils ont de constant; tout le bien se réduit au plaisir, et le plaisir à la cessation de la douleur ou de la crainte, et au repos qui les suit. Épicure ne veut point s'élever, à la suite d'Aristote, jusqu'à cet acte immobile et paisible de l'immatériel, qui n'est à ses yeux qu'une fiction, et il veut s'affranchir du mouvement et du trouble; il reste dans l'horizon de la nature, et il y cherche au moins, comme le terme de la sagesse, l'absence de mouvement.

Cependant, comment trouver, parmi l'agitation perpétuelle des atomes, l'*ataraxie* de la félicité?

Affranchis de la crainte du monde surnaturel, comment échapper aussi à la fatalité du monde physique, à notre propre nature, aux peines et aux terreurs qui en résultent? Par une issue que la métaphysique péripatéticienne ouvre seule encore à la physique d'Épicure : par la liberté. Les atomes, selon Épicure, possèdent, outre leurs propriétés matérielles, le pouvoir de changer, d'une quantité imperceptible, la direction naturelle de leur mouvement ; et c'est par là que déviant de la ligne uniforme de leur chute éternelle, ils se rencontrent et constituent le monde. L'âme humaine, formée des plus subtils atomes, a le pouvoir aussi de se tirer à l'écart de ce monde; elle se détourne, si elle le veut, des impressions et des passions qui l'assiégent, et elle se fixe elle-même dans le souvenir et l'attente paisible du plaisir; du plaisir, c'est-à-dire de l'exemption de peine et de frayeur, ou de la pure et simple impassibilité.

Ainsi, refusant d'admettre l'acte immatériel et immobile dans lequel Aristote a fait consister le principe et la fin de toutes choses, Épicure ne voit rien de réel que la matière inerte et le mouvement. Et reconnaissant, néanmoins, que la perfection et la félicité ne sauraient se trouver dans le mouvement et dans l'agitation, c'est dans l'immobilité et dans l'insensibilité qu'il les place. Enfin Aristote a attribué à l'âme immatérielle la liberté de l'action, indépendante des mouvements du corps, mais qui a son origine dans l'éternelle action de la cause suprême : Épicure la transporte aux atomes inertes, mais détachée de sa source divine, et ainsi réduite au pur hasard. Selon lui, c'est par le hasard d'une *déclinaison* inexplicable que le monde s'est formé; par une déclinaison toute pareille, l'âme humaine se retire à part du monde et de ses mouvements, dans l'apathie et dans l'indifférence.

Le Stoïcisme repousse comme l'Épicurisme l'idée de l'existence immatérielle; comme l'Épicurisme, il renferme dans la nature tout ce qui existe. Seulement, loin de nier le principe de l'action, de la volonté et de la pensée, le Stoïcisme s'y attache au contraire comme à la cause première par laquelle tout doit s'expliquer. Mais il ne le reconnaît que soumis aux conditions de l'existence physique, uni à la matière, en mouvement dans la tension, ou dans l'effort. Ainsi, de l'acte immobile placé par Aristote, comme le point de la perfection divine, au-dessus du mouvement de la nature, l'Épicurisme a pris l'immobilité seule, le Stoïcisme la seule activité. Les deux systèmes dépendent tout entiers de deux idées contraires; ce sont les deux idées opposées que la Métaphysique unissait, complétées l'une par l'autre, dans une conception supérieure, mais qui, dans la nature, s'excluent réciproquement : car elles s'y réduisent à l'inertie, d'une part, et de l'autre à l'effort. De même, par conséquent, de l'indépendance et de la nécessité, réunies par l'Aristotélisme dans l'acte immatériel de l'intelligence pure, l'Épicurisme a retenu pour ses âmes matérielles et pour les atomes mêmes dont il compose tout, un pouvoir arbitraire de se mouvoir sans raison, qui n'est que le pur Hasard; le Stoïcisme en retient la seule nécessité, et il réduit tout sous la loi du Destin.

Ainsi, tandis que dans la philosophie péripatéticienne, la multitude des choses qui forment la nature est coordonnée à l'action supérieure d'une unité immatérielle, tandis que dans l'Épicurisme toute la réalité se compose d'une multitude infinie de corpuscules indépendants, sans action les uns sur les autres, également impassibles et inertes, sauf l'exception inexplicable de la *déclinaison*, suivant les Stoïciens, tout se réduit à un seul et même principe, raison et volonté en son essence, mais qui n'en est pas moins un corps, inséparable d'une matière passive, et soumis avec elle aux conditions de l'étendue et du mouvement: cause dépendante de ses effets, et qui n'est rien qu'en eux, loi qui obéit à ce qu'elle gouverne, Dieu-nature, identique avec le monde qu'il forme, assujetti avec lui et en lui à la nécessité.

Dès lors, le bien n'est plus, comme dans la philosophie péripatéticienne, l'acte pur, la pensée simple où tout aspire, et dont tout reçoit ainsi l'ordre avec le mouvement; et ce n'est pas non plus comme dans l'Épicurisme le sentiment passif du plaisir qui résulte de la cessation du désordre : c'est l'ordre même, ou la beauté. C'est la proportion qu'impose à la matière la raison, ou la volonté, qui y est toujours tendue; c'est cette raison même et cette volonté, dans la conscience active de sa tension essentielle, ou, en d'autres termes, la vertu. De la sorte, le bien, que le Stoïcisme prétend faire indépendant de tout ce qui n'est pas la raison même, le bien n'est rien sans les éléments matériels, qui ne sont pas des biens, mais dont il n'est que l'ordre et le rapport. La raison, dont le Stoïcisme fait la cause première, n'est rien sans le corps, lieu nécessaire de sa tension; l'entendement n'est rien sans les sensations auxquelles il s'applique; la vertu n'est rien, à son tour, sans les instincts qu'elle règle. Dieu dépend du monde, l'intelligence de la matière, la sagesse des circonstances extérieures dont elle prétendait s'affranchir. Le principe supérieur de la volonté et de la pensée, le principe divin, une fois confondu avec le corps, nul effort de raisonnement ne peut l'en faire ressortir et le rendre à une existence indépendante. Nulle autre réalité que celle qui frappe les sens; rien au delà, pour représenter ce principe d'unité auquel la raison même tend invinciblement à coordonner les phénomènes sensibles, rien que la conception vague d'un substrat, d'une substance indéterminée et indéterminable, vain fantôme que dissipe la dialectique du Pyrrhonisme.

Ce n'est donc pas dans les limites et dans les conditions de la nature que peuvent se rencontrer ni la cause première d'où les choses tiennent leur existence, ni le souverain bien et la dernière fin, terme de la perfection et de la félicité. Ce cercle qui bornait la religion du paganisme, la philosophie a essayé en vain de s'y renfermer : elle n'y trouve le principe, ni la fin, ni la raison de rien; et elle tente encore une dernière fois de le franchir.

C'était le temps où le Christianisme venait ouvrir aux nations, à demi désabusées de l'adoration du monde naturel, les secrets encore mal connus du monde supérieur de l'esprit. Dans ce même temps, le Platonisme, se relevant de sa ruine, s'efforce, sans rompre la tradition de la sagesse antique, de retrouver aussi, par delà l'horizon de la nature, la cause première et universelle qu'elle ne renferme pas.

L'Aristotélisme a établi comme le premier principe l'acte, la vie de la Pensée immatérielle, qui semble ne donner à la matière que la forme, non l'existence; bien plus, qui semble ne pouvoir exister elle-même séparément, et sans quelque matière dans laquelle elle trouve un support. Ce principe métaphysique, l'Épicurisme l'a écarté comme une pure fiction; le Stoïcisme l'a réuni et confondu avec la matière, dans l'unité concrète de la nature vivante. Tandis que le Christianisme montre à une profondeur nouvelle, mais dans le principe même que la métaphysique établit, la source première de l'être; remontant, sur les traces de Platon, à l'unité pure, où toute différence et toute détermination s'évanouit, un nouveau Platonisme prétend y découvrir, au-dessus de la pensée comme de la nature, le principe supérieur dont elles tirent leur commune origine.

L'Aristotélisme a représenté le premier principe immobile dans son acte paisible, au delà du mouvement de la nature qu'il appelle par le désir et qu'il attire à lui. Le Stoïcisme l'a montré remplissant les choses de sa tension vivifiante, et se mouvant en elles d'un perpétuel mouvement. Empruntant à une théologie qui avait préludé au Christianisme l'idée de la nature divine, qui se répand sans s'affaiblir et se donne sans diminuer, le Néoplatonisme veut réunir dans une théorie plus large la doctrine d'Aristote et celle de Zénon : au-dessus de la cause immobile comme de la cause mobile, il place une cause suprême, immobile et mobile, une et multiple tout ensemble, qui procède, qui se déploie dans l'intelligence, dans l'âme, dans la nature, jusqu'aux plus bas degrés de l'existence, et qui n'en demeure pas moins en elle-même une, simple et indivisible. Ame du monde par laquelle tout vit, comme l'ont dit les Stoïciens, Intelligence pure dans laquelle tout pense, comme l'a cru Aristote, le premier principe est en son essence l'Unité indivisible, qui fait le fond de l'intelligence même, et dans laquelle tout n'est qu'un.

De même, dans l'ordre de la pratique, tandis que l'Aristotélisme a fait consister le bien suprême dans un acte de contemplation simple qui semble hors des conditions de notre vie et de notre nature, tandis que le Stoïcisme l'a placé dans notre vie propre, mêlée au mouvement du monde physique, le Néoplatonisme trouve ce bien dans l'unité centrale, qui est le fond commun de notre être, mais qui est en même temps au delà de nous-mêmes, et où nul ne rentre qu'en sortant de soi, par le ravissement mystique de l'extase.

Ainsi, l'Un absolu des Néoplatoniciens paraît être ce que l'Amour sera dans le Christianisme : le centre ardent et lumineux qui brille au fond de l'Intelligence même, et dans lequel tout ne fait qu'un en esprit, perfection et vérité, foyer où tout se consomme et s'unit, transformé en sa flamme divine.

Mais si, jusqu'à l'Intelligence, si dans la recherche même de l'Unité au fond de l'Intelligence, la philosophie néoplatonicienne semble ne faire que s'avancer plus loin dans la voie ouverte par Aristote, de l'imperfection de la matière à la perfection de l'essence immatérielle, néanmoins la pensée qui la domine et qui la guide, c'est, en définitive, celle du Platonisme: la pensée que l'essence des choses, par conséquent le premier principe, c'est ce qui est le plus en tous lieux, en tous temps et en toutes circonstances, ce qui reste après toute abstraction des déterminations particulières, en d'autres termes, ce qui est le plus universel, par conséquent le plus indéfini et le plus imparfait. C'est pourquoi, après s'être élevé, avec Aristote, de la simple existence à la vie, de la vie à la pensée, c'est-à-dire du plus imparfait au plus parfait, le Néoplatonicien retourne, sans s'en apercevoir, du plus parfait au plus imparfait. En poursuivant au delà de l'Intelligence même l'Un absolu comme plus simple encore, s'il cherche en apparence une plus grande simplicité réelle, une indivisibilité plus parfaite, en réalité c'est la simplicité logique qu'il poursuit, c'est celle qui consiste dans l'absence d'attributs et de qualifications, et de laquelle résulte immédiatement l'universalité. Aussi, parvenu à cette hauteur, l'ordre des choses, tel qu'il l'avait lui-même établi, se renverse pour ainsi dire à ses yeux, et à l'échelle des perfections qu'il a construite selon les principes d'Aristote, vient se substituer l'échelle diamétralement opposée, résultat nécessaire de la méthode platonicienne d'abstraction. Il avait commencé par mettre la vie au-dessus de la simple existence, puis l'intelligence au-dessus de la vie; et, à la fin, la vie lui semble plus haut placée que l'intelligence, l'être que la vie, et encore plus haut que l'être, l'unité, plus générale encore.

Ce premier principe, ce Dieu suprême, dans lequel on croit trouver, en quelque sorte, une plus haute puissance de l'intelligence, et comme la quintessence de la nature pensante, c'est donc au contraire l'idée abstraite du plus général, c'est-à-dire du plus indéterminé des états, du dernier et du plus vague objet de la conception, et presque du néant. On croyait dépasser la Métaphysique, et l'on retombe au-dessous même de la physique primitive. On s'était flatté de trouver un souverain bien supérieur à la contemplation la plus pure, et l'on n'arrive qu'à un abîme mystique, un vide sans forme et sans nom, où les rites matériels d'une théurgie stupéfiante ont seuls le triste pouvoir de nous plonger assez profondément.

Ainsi, après ce suprême effort pour s'élever non-seulement au-dessus de la physique stoïcienne, mais au-dessus de la métaphysique même d'Aristote, après avoir tenté vainement l'entreprise dont une religion nouvelle devait seule commencer l'accomplissement, la philosophie néoplatonicienne rentre enfin dans ce cercle borné de la nature que la Métaphysique seule avait franchi.

C'est qu'en effet, au lieu de démêler dans la nature la cause, toute différente de ses éléments matériels, qui les fait passer de la puissance à l'acte, la pensée immatérielle qui leur donne l'être avec le mouvement, le Platonisme ne cherche toujours les principes des choses que dans l'idée de l'unité formelle qui les résume, et à laquelle la généralisation les réduit : idée de quantité, d'étendue, et qui par conséquent, loin d'être opposée à celle de la matière, n'en est au contraire, en dernière analyse, que l'expression abstraite, la formule, et en quelque sorte l'équation logique [1]. Dès lors, si près que la philosophie platonicienne puisse sembler de la métaphysique, cependant, par sa dialectique, elle ne sort pas plus que l'Épicurisme et le Stoïcisme n'ont pu le faire de la région du monde naturel. La Métaphysique explique la nature, qui ne peut se suffire à elle-même, par une cause supérieure et indépendante. Le Platonisme l'explique par un principe prétendu d'unité, qui n'est que le signe des conditions implicites les plus générales de son existence, et non la cause positive qui lui donne

---

[1] Leibnitz dit très-bien (dans une de ses réponses à Clarke) : « .... Je ne crois pas qu'on ait sujet d'ajouter que les principes *mathématiques* de la philosophie sont opposés à ceux des matérialistes. Au contraire, ils sont les mêmes. — Ainsi ce ne sont pas les principes *mathématiques* selon le sens ordinaires de ce terme, mais les principes *métaphysiques* qu'il faut opposer à ceux des matérialistes. » Mais il ajoute: « Pythagore, Platon, et en partie Aristote, en ont eu quelque connaissance, » et il faudrait renverser cette dernière proposition. Les principes *mathématiques* sont ceux de Pythagore et de Platon ; les principes *métaphysiques* ont été moins bien connus d'eux que de l'auteur de la Métaphysique.

la vie. C'est l'idée générale de ce sans quoi les choses ne peuvent être, que la dialectique platonicienne prend, par une illusion perpétuelle, pour ce qui les fait être, pour leur raison suffisante et leur cause formelle et efficiente ; c'est le chaos primitif, la matière première, qui n'est que la base des êtres, et qu'elle prend pour leur auteur et leur Père. Puis tirant tout ce qui est de ce chaos idéal, en le chargeant par degrés d'attributs successifs, le Néoplatonisme en fait naître ainsi, par une *procession* apparente, tantôt l'intelligence, la vie, et enfin le simple être, tantôt, dans l'ordre inverse, l'être, la vie et l'intelligence ; descendant ainsi ou montant, au hasard, l'échelle des perfections, errant comme à l'aveugle dans un dédale sans issue, de plus en plus embarrassé, sans savoir pourquoi, dans des contradictions évidentes, conséquences de la confusion irrémédiable cachée dans son premier principe.

Cependant, plus le Néoplatonisme s'efforce de séparer son Unité absolue de la matière, dont elle est réellement si voisine, plus il s'efforce de la réduire, comme Aristote avait fait de la Pensée, à la simplicité parfaite qui est le caractère de l'immatériel, plus aussi il devient manifeste que la multiplicité de la nature et du monde n'en saurait tirer son origine. Par quelque insensible gradation qu'on essaie de ménager le passage de l'Un absolu et absolument simple à la quantité et à la multitude, de plus en plus on s'aperçoit que pour la produire il faut avec l'Un, avec le Simple, encore un second facteur, qui y concoure avec lui. Et d'un autre côté, si ce second facteur, si ce second élément n'est par lui-même et ne peut être qu'imperfection et néant, de plus en plus il devient évident que pour le faire passer à la réalité dont il est susceptible, et pour en tirer tous les êtres, il faut dans le premier principe, il faut en Dieu non pas une unité vague également semblable au néant, mais, tout au contraire, l'être même au plus haut point de la réalité et de la perfection, la vie la plus intense, et par conséquent l'acte pur de la Pensée absolue. L'éternelle Pensée, veillant sans relâche dans l'heureuse contemplation d'elle-même, bien suprême qui attire tout à soi ; au-dessous, le je ne sais quoi indéfini et informe, qui peut être et n'est rien encore, et que par le désir elle fait passer de la puissance à l'acte, et du non-être à l'être : c'est la Métaphysique même d'Aristote ressortant peu à peu des nuages sous lesquels elle avait disparu. Le Néoplatonisme se dissout et s'écroule : à sa place, et au milieu même de ses débris, l'Aristotélisme reparaît, toujours le même dans ses principes constituants, et affermi par l'épreuve de tant de siècles, monument impérissable presque seul debout parmi tous les débris de l'antiquité, et où vont d'abord s'établir, pour l'asseoir plus tard sur des bases plus profondes encore, les doctrines nouvelles qui s'emparent du monde.

FIN DU DEUXIÈME VOLUME.

# TABLE

## DES CHAPITRES DU DEUXIÈME VOLUME.

### QUATRIÈME PARTIE.

#### HISTOIRE DE LA MÉTAPHYSIQUE D'ARISTOTE.

### LIVRE PREMIER.

#### HISTOIRE DE LA MÉTAPHYSIQUE D'ARISTOTE DANS L'ANTIQUITÉ.

                                                                                   Pages.

CHAP. I. — Successeurs d'Aristote : Théophraste, Straton, Dicéarque, etc. .......................... 4

CHAP. II. — Pyrrhoniens, Épicuriens, Stoïciens, Académiciens, Sceptiques, derniers Stoïciens...... 64

CHAP. III. — Nouveaux Péripatéticiens, nouveaux Pythagoriciens, nouveaux Platoniciens. — Avénement de l'Aristotélisme à la domination universelle. — Fin de la philosophie ancienne.......... 292

www.ingramcontent.com/pod-product-compliance
Lightning Source LLC
Chambersburg PA
CBHW070403230426
43665CB00012B/1227